K. Aerni, R. Nägeli, G. Thormann (Hrsg.)

DAS RUHRGEBIET. EIN STARKES STUECK DEUTSCHLAND

Probleme des Strukturwandels in einem "alten" Industrieraum

Bericht des Feldstudienlagers 1986

GEOGRAPHISCHES INSTITUT DER UNIVERSITAET BERN 1987

TEILNEHMER DES FELDSTUDIENLAGERS/AUTOREN DES BERICHTES

Organisation und Leitung

Prof. K. Aerni, Dr. R. Nägeli, G. Thormann (lic. phil. nat)
Mitarbeiter: Hugo Staub, Thomas Bachmann

Arbeitsgruppen

(1) **Regionale Strukturanalyse des Ruhrgebietes im nationalen und internationalen Rahmen**
Ruedi Nägeli, Geogr. Institut der Universität Bern

(2) **Historische Entwicklung des industriell-urbanen Verdichtungsraumes Ruhr**
Klaus Aerni, Geogr. Institut der Universität Bern

(3) **Industriestruktur und industrieller Strukturwandel**
Arnold Gurtner, Tiefenaustr. 149, 3004 Bern
(Ruedi Nägeli)

(4) **Bevölkerung, Arbeits- und Lebensbedingungen**
Daniel Oberholzer, Dahliweg 16, 3004 Bern
Stephan Renggli, Bernstr. 134, 3072 Ostermundigen
Thomas Bachmann, Geogr. Institut der Universität Bern

(5) **Struktur und Strukturwandel der städtischen Zentren**
Peter Wisler, Berchtoldtsr. 9, 3012 Bern
Paul Mathys, Länggassstr. 40, 3012 Bern[*]
Hugo Staub, Geogr. Institut der Universität Bern

(6) **Natürliche Grundlagen, Umweltbelastung, technische Sanierung**
Urs Neu, Im Mösli, 3501 Tägertschi
Manuel Gossauer, Wohlenstr. 4, 3943 Uettligen
Markus Zimmermann, Geogr. Institut der Universität Bern[*]

(7) **Umland, Naherholung, Agrarraum**
Lucienne Rey, Buchrain 26, 3052 Zollikofen
Bernhard Marti, Stöckackerstr. 116, 3016 Bern

---

[*] Teilnahme nur in der Vorbereitungsphase

(8) **Probleme und Politik der Planung und Wirtschaftsförderung im Verdichtungsraum**
    Alfons Ritler, Mühlemattstr. 33, 3007 Bern
    Bernhard Meier, Mühlemattstr. 33, 3007 Bern
    (Ruedi Nägeli)

Konzeption des Vorbereitungsseminars und des Berichtes

Ruedi Nägeli

Redaktion des Berichtes

Ruedi Nägeli und Georg Thormann
Mitarbeit: Arnold Gurtner, Anna Hausmann, Thomas Bachmann

VORWORT UND DANK

Die Absicht, ein Feldstudienlager im Ruhrgebiet durchzuführen, hängt mit unserem langfristigen Vorhaben zusammen, mehr über die ungleiche regionale Entwicklung innerhalb Europas zu erfahren (Zentrum-Peripherie-Problematik).
Zu diesem Zweck haben wir 1982 ein Feldstudienlager in die damals ärmste und peripherste EG-Region "Kalabrien" durchgeführt.

Das Feldstudienlager 1985 soll nun mit dem Ruhrgebiet das funktionale Gegenstück, den industriell-urbanen Verdichtungsraum, unter die Lupe nehmen (in welchem notabene auch viele Kalabresen arbeiten). Hierbei handelt es sich allerdings um eine Region, die nicht mehr auf dem Höhepunkt ihrer wirtschaftlichen Entfaltung steht, sondern seit bald einer Generation mit schwerwiegenden Restrukturierungsproblemen zu kämpfen hat.

Unsere Vorbereitungsarbeiten (im Rahmen eines Seminars im Sommersemester 1986) wie auch das Feldstudienlager selber haben wir unter die folgenden **vier Leitfragen** gestellt:

(1) Welche Faktoren haben massgeblich zur Herausbildung dieses einzigartigen europäischen Verdichtungsraumes geführt?

(2) Welches sind die Konsequenzen dieser konzentrierten industriellen und urbanen Entwicklung
    (a) für die natürliche Umwelt?
    (b) für den Wirtschafts- und Lebensraum?

(3) Welchen Strukturwandlungen und Strukturzwängen unterliegt heute und in naher Zukunft dieser "alte" Industrieraum? Inwiefern ist dieser Wandel beeinflussbar bzw. planbar?

(4) Welche Bedeutung kommt dem Ruhrgebiet heute noch zu als Industrieraum im europäischen bzw. globalen Kontext?

Schlüssige Antworten auf diese komplexen Fragen zu finden ist nicht leicht! In diesem Sinne haben wir uns mit diesem Feldstudienlager einer grossen inhaltlichen Herausforderung gestellt.

Für die **Programmgestaltung im Ruhrgebiet** selber konnten wir u. a. auf Erfahrungen und Kontakte zurückgreifen, welche K. Aerni und G. Thormann anlässlich einer Geographielehrer-Studienwoche im Jahr 1985 gewonnen hatten.
Weitere wertvolle Informationen, Anregungen und Vermittlungen erhielten wir von den Proff. K. Hottes und P. Schöller vom Geographischen Institut der Ruhr Universität in Bochum sowie von Herrn R. Heber vom Amt für Entwicklungsplanung, Stadt Duisburg.

Während des Feldstudienlagers sind uns neben Herrn Heber besonders die drei Dozenten Dr. H. Bronny, Dr. S. Hilsinger und Prof. M. Hommel, alle vom Bochumer Institut, für **Führungen und Referate/Diskussionen** zur Verfügung gestanden.
Allen Genannten möchten wir hier unseren ganz herzlichen Dank aussprechen für ihre spontane Hilfsbereitschaft und kompetente Betreuung, welche wesentlich zum guten Gelingen dieser zwei Studienwochen beigetragen haben.

In unseren Dank möchten wir aber auch ganz besonders die folgenden **Unternehmen, Amtsstellen und Institutionen** einschliessen, welche uns mit Informationen versorgt haben bzw. breitwillig für Gespräche oder Besichtigungen zur Verfügung gestanden sind (in chronologischer Reihenfolge):

- HOESCH Stahl AG, Abt. Besuchswesen, in Dortmund (insbesondere Werkführer Herrn Riegas)
- Amt für kommunale Entwicklungsplanung der Stadt Duisburg (Herrn Heber)
- Gesellschaft für Wirtschaftsförderung in Nordrhein-Westfalen mbH, in Düsseldorf (Herrn Blaudsun und Herrn Dr. Jodas)
- Industrie- und Handelskammer zu Essen (Herrn Nienaber)
- ZENITH GmbH, Zentrum in Nordrhein-Westfalen für Innovation und Technik in Mülheim a.d.Ruhr (Herren Grüter, Römer und Wolfmeier)
- STEAG AG, Steinkohlekraftwerke in Voerde
- Projektgruppe "Ausländerintegration Essen-Katernberg (Herrn Bohrenkämper)
- Betriebsleitung Revierpark Vonderort (Herrn Weseli)
- Emschergenossenschaft in Essen, Emschwerklärwerke (Herrn Dr. te Heesen)
- RWE, Rheinisch-Westfälisches Elektrizitätswerk AG (Abt. Oeffentlichkeitsarbeit, Besucherdienst der RHEINBRAUN AG Herren Michelbring und Steingräber, Kraftwerk Niederaussem Herrn Meyer)
- Landwirtschaftskammer Rheinland, Kreisstelle Erftkreis (Herrn Dr. Brimmers, Herrn Feldkämper)
- Aussiedlerhof "Quadrat" bei Bergheim (Herrn Pütz)

- KVR, Kommunalverband Ruhrgebiet in Essen (Herren Schwachenwalde, Dr.Rechmann, Dr.Reiss-Schmidt)
- ETEC, Essener Technologie und Entwicklungs-Centrum (Herrn Dr. Tröscher, Herrn Katzmeyer)
- BERGBAU AG, Zeche Walsum (Herren Witkopf, Reiske, Schmidt und Messer)
- Amt für Vermessung und Stadtentwicklungsplanung in Neukirchen-Vluyn (Herrn Lück)

Zahlreichen **weiteren Institutionen** verdanken wir die aufgrund einer schriftlichen Anfrage erhaltenen Informationen und Unterlagen, welche uns in vielfältiger Weise bei den Vorbereitungsarbeiten geholfen haben. Ihre Anschriften sind dem weiter hinten folgenden Adressenverzeichnis zu entnehmen.

Auf der Heimreise vom Ruhrgebiet haben wir, veranlasst durch Erfahrungen einer IGU-Exkursion vom Sommer 1984, noch einen **kurzen Abstecher nach Metz** durchgeführt. Wir wollten hier, gewissermassen als Kontrastprogramm zum bisher Erlebten, noch einige Probleme des Industrieraumes Lothringen studieren, welcher aus verschiedenen Gründen noch viel tiefer in der Krise steckt als das Ruhrgebiet.
In diesem Zusammenhang danken wir Herrn Prof. F. Reitel, Direktor des Geographischen Institutes der Universität Metz, für eine spannende Exkursion durch den lothringischen Industrieraum, sowie für die Organisation der Unterkunft in Metz.

Der Verwaltung der Universität Bern sowie dem Kantonskriegskommissariat danken wir für die Unterstützung dieser Auslandexkursion sowie für die Bereitstellung von zwei Fahrzeugen, und der Dr. Karl Bretscher-Stiftung für einen grosszügigen Beitrag an die Exkursionskosten bzw. Drucklegung dieses Berichtes.

Schliesslich danken wir allen Teilnehmern für die termingerechte Ausarbeitung ihrer Gruppenberichte, sowie den Mitarbeitern am Geographischen Institut, welche an der Organisation und Durchführung des Feldstudienlagers bzw. der Drucklegung dieses Berichtes beteiligt gewesen sind, für ihre tatkräftige Mithilfe. Namentlich sind dies: Hugo Staub, Arnold Gurtner, Anna Hausmann, Thomas Bachmann und Res Brodbeck.

Mai 1987   K. Aerni   R. Nägeli   G. Thormann

INHALTSVERZEICHNIS

Vorwort und Dank	V
Inhaltsverzeichnis	VIII
Abbildungsverzeichnis	XIII
Adressenverzeichnis	XVII

TEIL I: PROGRAMM UND TAGESBERICHTE

1. Zur Gestaltung und zum Aufbau des Berichtes	3
2. Reiseprogramm und Themenschwerpunkte des Feldstudienlagers Ruhrgebiet - Kurzübersicht	4
3. Hinweise zu Uebersichtsliteratur und Karten	7
4. Tagesberichte	9

TEIL II: ARBEITSBERICHTE

1. Auch Industrieräume "altern" - Einführende Bemerkungen zur Situation und geographischen Analyse des Verdichtungsraumes Ruhrgebiet	47
1.1 Das Ruhrgebiet als Region: Sterbender Kern einer Megalopole oder Kandidat für einen neuen Aufschwung?	47
1.2 Was also wollten die Berner Geographen vom Ruhrgebiet wissen?	53
1.3 Eigentlich ist die regionale Optik viel zu grob: Einige Bemerkungen zu den Innerregionalen Disparitäten im Revier	58
1.4 Zusammenfassung und Ausblick	62
1.5 Literatur	63

2. Vom hochwertigen Agrarraum zum industriellen Verdichtungsraum - Streiflichter auf die historische Entwicklung des Ruhrgebietes — 65

  2.1 Die vorindustrielle Ausgangslage — 65
  2.2 Der industrielle Aufschwung im Ruhrgebiet — 73
  2.3 Der industrielle Weiterausbau: Krisen und Strukturwandel — 80
  2.4 Literatur — 89

3. Industrieller Strukturwandel als "Motor" der Veränderungsprozesse im Verdichtungsraum — 91

  3.1 Das Ruhrgebiet in der Krise — 91
  3.2 Das Revier steht immer noch auf Eisen und Kohle — 93
  3.3 Die Stahlbarone danken ab, es leben die Stahlkonzerne — 95
  3.4 Auf an den Rhein — 96
  3.5 Ein Riese unter der Lupe: Restrukturierungszwang in der Stahlindustrie am Beispiel der Hoesch AG in Dortmund — 99
  3.6 Augen zu und raus aus dem Pott — 101
  3.7 Verpasstes soll nachgeholt werden — 103
  3.8 Neue Männer braucht das Land — 104
  3.9 Ist Entdichtung positiv? — 105
  3.10 Literatur — 106

4. Das Ruhrgebiet braucht und verbraucht weniger Menschen: Bevölkerungsentwicklung, Ausländerintegration, Humanisierung der Arbeitswelt und Umsiedlungen — 107

  4.1 Man kann nicht sagen, dass hier alles "Friede-Freude-Eierkuchen" wäre: Leben im Ruhrgebiet — 107
  4.2 Ruhrgebiet, das Land der guten Hoffnung — 110
  4.3 Wider die tierische Arbeit: alternative Arbeitsstrukturen — 117
  4.4 Zum Allgemeinwohl zwangsumgesiedelt — 121
  4.5 Fazit: Kein Grund zur Beunruhigung? — 128
  4.6 Literatur — 129

5. Umweltschutz: Die Probleme hat man "im Griff" – Aber die Teufel stecken im Detail ... 131

   5.1 Die Erfolge sind frappant... ... 131
   5.2 Saubere Luft – eine wichtige Visitenkarte ... 132
   5.3 Das Smogalarmsystem – ein perfekter Warndienst ... 136
   5.4 Wasser – zum Verbrauchsgut degradiert ... 138
   5.5 Die Altlasten – das unheimliche Erbe des industriellen Aufschwungs ... 144
   5.6 Abfälle – in anderthalb Jahren der Inhalt des Bodensees! ... 145
   5.7 Schlussbemerkungen: Der schlechte Ruf ist noch nicht weg! ... 146
   5.8 Literatur ... 147

6. Wie sich 5 Millionen Menschen erholen – Erholungsansprüche und Erholungsmöglichkeiten im Revier ... 148

   6.1 Vom Agrargebiet zur Megalopolis: Folgen einer überstürzten Siedlungsentwicklung ... 148
   6.2 Erste Massnahmen und deren Früchte ... 149
   6.3 Die "Erholungsstrategie" des KVR: Ein feinmaschiges Netz von Grünflächen und Freizeiteinrichtungen ... 152
   6.4 Erholungsgebiete und Freizeitanlagen – Was bieten sie, wen sprechen sie an, wie sind sie gestaltet? Persönliche Eindrücke beim Besuch einiger Anlagen ... 153
   6.5 Bilanz und Ausblick: Das "Aschen-Pottel" hat sich "gem(auto)sert" und wird sogar olympiafähig! ... 163
   6.6 Literatur ... 164

7. Im Ruhrgebiet weiden auch noch Kühe – Zum Bedeutungswandel der Landwirtschaft im Ballungsraum ... 165

   7.1 Die Landwirtschaft – Stiefkind wissenschaftlichen Forschens ... 165
   7.2 Bedeutungswandel der Landwirtschaft im Verlauf des Industrialisierungsprozesses ... 166
   7.3 Zur aktuellen Produktionsstruktur ... 169
   7.4 Der Bauer als Bewahrer einer "intakten Umwelt" – neue Ansprüche an den Ruhrlandwirt ... 170

7.5 Rekultivierung - "Neuland" für die Landwirtschaft 173
7.6 Landwirtschaft im Ballungsraum: Milch aus dem Tetrapack 176
7.7 Literatur 176

8. Staatliche Planungskonzeptionen versus wirtschaftliche Entwicklungstrends: Möglichkeiten und Grenzen der lenkenden Planung im Verdichtungsraum 178

   8.1 Zur Geschichte des Siedlungsverbandes Ruhrkohlebezirk (SVR) 179
   8.2 Die Planungsorganisation in der BRD und in Nordrhein-Westfalen: Ein aktueller Ueberblick mit einigen kritischen Nachgedanken 185
   8.3 Zur Entwicklung des KVR seit 1979 192
   8.4 "Eigentlich interessiert uns nur die parzellenscharfe Planung" - Wirtschaft, Politik und Verwaltung im Clinch mit den staatlichen Planungskonzeptionen 195
   8.5 Bilanz: Planung abschaffen? 196
   8.6 Literatur 198

9. Von der schmutzigen Industriesiedlung zum sauberen Lebensraum einer Dienstleistungsgesellschaft - Einflüsse des wirtschaftlichen Wandels auf die Siedlung im Ruhrgebiet 200

   9.1 Städtebau im Schlepptau der Wirtschaftsentwicklung 200
   9.2 Das Ruhrgebiet: Ein polyzentrischer Ballungsraum, aber keine Weltmetropole 202
   9.3 Probleme mit dem Trend 211
   9.4 "Null Bock auf Planung?!" 213
   9.5 Sanierungen - ein Konzept im Wandel 217
   9.6 "...und bin so klug als wie zuvor?" - Eine Art Bilanz 222
   9.7 Literatur 224

10. Neue Industrien und neue Technologien für einen
    alten Industrieraum: Institutionen, Programme und
    Optimismus der Wirtschaftsförderer   226

    10.1 "Neue Industrien", "Neue Technologien": Einige
         Bemerkungen zur allgemeinen Begriffsklärung   226
    10.2 Die Förderinstitutionen: Viele Möglichkeiten,
         neue Bissigkeit   227
    10.3 Exkurs: Strukturpolitische Programme als In-
         strumente der Wirtschaftsförderung   232
    10.4 "Neue Unternehmer braucht das Land"   235
    10.5 Neuer Optimismus mit alter Ideologie?   239
    10.6 Literatur   242

11. Bilanz und Ausblick: Das Ruhrgebiet, bald wieder
    "ein starkes Stück Deutschland"?   244

    11.1 Bilanz: Wichtige Strukturprobleme, Ent-
         wicklungstrends und einige ungelöste Fragen   245
    11.2 Die Probleme mögen erkannt sein, doch welche
         Lösungen sind in Sicht?   251
    11.3 Literatur   257

ABBILDUNGSVERZEICHNIS

TEIL I: TAGESBERICHTE

Abb. 1: Uebersichtskarte Exkursionsraum Ruhrgebiet   6
Abb. 2: Verlauf des Strukturwandels im Ruhrgebiet   12
Abb. 3: Gift kennt keine Grenzen! Wir haben Angst! Wir wollen auch weg!   16
Abb. 4: Duisburger Rheinhafen im Ueberblick   22
Abb. 5: Einige Daten zu den Emscherklärwerken   26
Abb. 6: Einige Daten zur Kohlegewinnung und -verwertung   35

TEIL II: ARBEITSBERICHTE

Abb. 1.1: Siedlungsstrukturelle Regionstypen in der Bundesrepublik Deutschland   48
Abb. 1.2: Niedergang des Ruhrgebietes - Wachstumsboom der Region München (anhand ausgewählter Indikatoren)   51
Abb. 1.3: Schematischer Zusammenhang einer Strukturanalyse im Verdichtungsraum   54
Abb. 1.4: Innerregionale Gliederungen des Ruhrgebietes   59
Abb. 1.5: Die Abgrenzung des Ballungskerns im Ruhrgebiet (nach Bevölkerungsdichte)   61
Abb. 1.6: Nettoeinkommen der privaten Haushalte im Ruhrgebiet 1980 im Vergleich zum Bundesgebiet   61

Abb. 2.1: Die naturräumliche Lage des Ruhrgebietes   66
Abb. 2.2: Schematisches Naturraumgefügeprofil vom Bergisch-märkischen Hügelland ins nördliche Emschergebiet   67
Abb. 2.3: Schnitt durch das Steinkohlengebirge des Ruhrgebietes   67
Abb. 2.4: Die Böden des Ruhrgebietes   69
Abb. 2.5: Der Rheinisch-Westfälische Wirtschaftsraum um 1500   70
Abb. 2.6: Mittelalterliche Fernhandelsverbindungen im Rheinisch-Westfälischen Raum   70
Abb. 2.7: Die territoriale Zersplitterung des Ruhrgebietes um 1750   72
Abb. 2.8: Die territoriale Entwicklung Preussens 1688-1866   72
Abb. 2.9: Die Handelsbeziehungen im Raum Westfalen in der zweiten Hälfte des 18. Jh.   70

Abb. 2.10:	Die Entwicklung der Dampfmaschine	74
Abb. 2.11:	Kumulativer industrieller Wachstumsprozess	75
Abb. 2.12:	Das Ruhrgebiet in der Startphase der Industrialisierung	77
Abb. 2.13:	Die Nordwanderung des Kohleabbaus im Ruhrgebiet	78
Abb. 2.14:	Kohlentransporte auf der Ruhr	78
Abb. 2.15:	Herkunft der Belegschaften zweier Zechen (1901-07)	78
Abb. 2.16:	Der Verdichtungsraum Ruhrgebiet um 1980	81
Abb. 2.17:	Der raum-zeitliches industrielle Entwicklungsprozess im Ruhrgebiet	82
Abb. 2.18:	Frühe Wirtschaftspioniere im Ruhrgebiet	83
Abb. 2.19:	Die Gewinnung von Roheisen, Rohstahl und Walzstahl und deren Verwendung	85
Abb. 2.20:	Der Produktionsstammbaum der Ruhrgebietsindustrien	86
Abb. 2.21:	Stahlproduktion und Rohstahlkapazität	88
Abb. 3.1:	Arbeitslosenquoten September 1980 und September 1985 (nach Bezirken)	92
Abb. 3.2:	Industriebeschäftigte nach Branchen 1984	94
Abb. 3.3:	Unternehmenskonzentration in der Eisen- und Stahlindustrie des Rhein-Ruhrgebietes, 1948-1983/84	97
Abb. 3.4:	Hoesch-Konzernunternehmungen und wesentliche Beteiligungen, Stand 31. Dezember 1982	97
Abb. 3.5:	Die Restrukturierung der Hoesch AG ist noch nicht abgeschlossen...	102
Abb. 4.1:	Bevölkerung im Ruhrgebiet: Aktuelle Situation und Entwicklung	109
Abb. 4.2:	Ausländerintegrationsprojekt Essen-Katernberg	114
Abb. 4.3:	Humanisierung der Arbeitsplätze: Projekt Hoesch AG	119
Abb. 4.4:	Einige Daten zur Rheinbraun	122
Abb. 4.5:	Bisherige und laufende Umsiedlungen	124
Abb. 4.6:	Abbauwürdige Braunkohlelagerstätten nach Entwurf zum Landesentwicklungsplan V	124
Abb. 5.1:	Auswirkungen der Emissionsminderungsmassnahmen im Bereich Industrie 1976-81 im Gebiet Ruhr-West	133
Abb. 5.2:	Umweltschutzmassnahmen im Steinkohlekraftwerk	135
Abb. 5.3:	Das Smogalarmsystem im Ruhrgebiet	137
Abb. 5.4:	Die Wasserwirtschaft im Ruhrgebiet	139
Abb. 5.5:	Das Emscherklärwerk	140

Abb. 5.6:	Bergsenkungen von 1914 bis 1975 und deren Folgen für die Kanalschiffahrt am Beispiel des Rhein-Herne-Kanals	143
Abb. 5.7:	Kanalnetz, Pumpwerk und Schleusen zwischen Ruhr und Lippe	143
Abb. 6.1:	Räumlicher Verdichtungsprozess zwischen Essen und Bochum im Zeitraum 1823 bis 1958	150
Abb. 6.2:	Schematische Darstellung des regionalen Grünflächensystems	151
Abb. 6.3:	Erholungsmöglichkeiten im "Revier"	154
Abb. 6.4:	Einige Daten zu den Revierparks Gysenberg und Vonderort	157
Abb. 6.5:	Das Ruhrgebiet als Austragungsort Olympischer Sommerspiele?	162
Abb. 7.1:	Landwirtschaftsfläche in % der Gesamtwirtschaftsfläche (1977)	168
Abb. 8.1:	Der KVR (SVR) bemüht sich seit 60 Jahren um die Erhaltung von Grünflächen im Ruhrgebiet	181
Abb. 8.2:	Planungssystem der Bundesrepublik Deutschland	186
Abb. 8.3:	Die Landesentwicklungspläne in Nordrhein-Westfalen	189
Abb. 8.4:	Die Aufgaben und Tätigkeiten des KVR	193
Abb. 8.5:	Einige Daten und Fakten über den KVR	193
Abb. 8.6:	Das Ruhrgebiet ist seit mehr als 20 Jahren eine SPD-Hochburg	194
Abb. 9.1:	Wohnwert im Ruhrgebiet	201
Abb. 9.2:	Entwicklung der Siedlungsfläche zwischen 1900 und 1983	201
Abb. 9.3:	Zentren und ihre Einflussbereiche im Ruhrgebiet	204
Abb. 9.4:	Geplante Siedlungsschwerpunkte in Duisburg (Ausschnitt Stadtmitte-Südteil)	206
Abb. 9.5:	Kommunale Neugliederung in Nordrhein-Westfalen	208
Abb. 9.6:	Bevölkerungsentwicklung und Kommunale Neugliederung	209
Abb. 9.7:	Das Planungssystem der Stadt Duisburg	214
Abb. 9.8:	Beispiel für die Planung einer kombinierten Quartiersanierung - das Hochfeld in Duisburg	220
Abb. 10.1:	Uebersicht über die Förderinstitutionen in Nordrhein-Westfalen und im Ruhrgebiet	228
Abb. 10.2:	Neuer Stil in der Wirtschaftsförderung - die ZENITH GmbH	231

Abb. 10.3: Strukturpolitische Programme in der BRD, in
          Nordrhein-Westfalen und im Ruhrgebiet
          seit 1969   233
Abb. 10.4: Die sieben Prinzipien der ETEC-Strategie   236

Abb. 11.1: Die grossräumige Ressourcenausbeutung wird
           weitergegeben   254
Abb: 11.2: Die lokalen Widerstandsaktionen werden häu
           figer und heftiger werden: Giftskandal im
           Dortmunder Dorstfeld   255
Abb. 11.3: Hattingen, Ruhrgebiet: Das brutale Ende der
           Stahlindustrie bedroht eine ganze Stadt   256

ADRESSENVERZEICHNIS

Bergbau Westfalen AG
    Silberstrasse 22   D - 4600 Dortmund

Dr. H. Bronny Geographisches Institut der Ruhr-Univ. Bochum
    Universitätsstrasse 150   D - 4630 Bochum 1

Bundesbahndirektion
    Bismarckplatz 1   D - 4300 Essen

Dienststelle Wirtschaftsförderung
    Ostwall 64   D - 4600 Dortmund

Duisburg-Ruhrorter Häfen AG
    Alte Ruhrorterstrasse 42-52   D - 4100 Duisburg 13

Emschergenossenschaft
    Kronprinzenstrasse 24   D - 4300 Essen 1

Gesellschaft für Wirtschaftsförderung in Nordrhein-Westfalen
    Kavalleriestrasse 8-10   D - 4000 Düsseldorf

HAFAG Duisburg-Ruhrorter Häfen AG
    Postfach 130260   D - 4100 Duisburg 13

Handelskammer Düsseldorf Betr. und Beratungsstelle Essen
    Katzenbruchstrasse 71   D - 4300 Essen

Haus-, Wohnungs und Grundeigentümerverband Ruhr e.V.
    Huyssenallee 50   D - 4300 Essen

Priv.-Doz H. H. Hilsinger Geogr. Institut der Ruhr-Univ. Bochum
    Universitätsstrasse 150   D - 4630 Bochum 1

Hoesch Stahl AG Abteilung Besuchswesen
    Hirtenstrasse 2   D - 4600 Dortmund 1

Prof. M. Hommel Geogr. Inst. der Ruhr-Univ. Bochum
    Universitätsstrasse 150   D - 4630 Bochum

Prof. Dr. K. Hottes Ruhr-Univ. Bochum Geographisches Institut
    Universitätsstrasse 150   D - 4630 Bochum 1

Industriegesellschaft Bergbau und Energie
    Alte Hattinger Strasse 19   D - 4630 Bochum

Industriegewerkschaft Metall
    Pionierstrasse 12   D - 4000 Düsseldorf

Industrie und Handelskammer zu Bochum
    Ostring 30 / Postfach 1012230   D - 4630 Bochum

Industrie- und Handelskammer zu Essen
    Am Waldthausenplatz 2   D - 4300 Essen

XVIII

Industrie- und Handelskammer
    Havensteinstrasse 30   D - 4200 Oberhausen

Industrie- und Handelskammer, Vestische Gruppe der IHK Münster
    Rathausplatz 7   D - 4650 Gelsenkirchen

Industriegewerkschaft Chemie-Papier-Keramik
    Friedrich-Ebert-Strasse 34   D - 4000 Düsseldorf

Industriegewerkschaft Bau-Stein-Erden
    Vagedestrasse 2-4   D - 4000 Düsseldorf

Industriegewerkschaft Druck und Papier
    Friedrich-Ebert-Strasse 34   D - 4000 Düsseldorf

Industriegewerkschaft Bergbau und Energie Hauptverwaltung
    Alte Hattinger Strasse 19   D - 4630 Bochum

Institut für Landes- und Stadtentwicklungsforschung des Landes NRW
    Königswall 38   D - 4600 Dortmund

Kommunalverband Ruhrgebiet
    Kronprinzenstrasse 24   D - 4300 Essen 1

Landesamt für Datenverarbeitung und Statistik
    Mauerstrasse 51   D - 4000 Düsseldorf

Landesamt für Immissionsschutz NRW
    Wallneyerstrasse 6   D - 4300 Essen 1

Landesamt für Landschaftsentwicklung und Forstplanung NRW
    Ulenberg 1   D - 4000 Düsseldorf

Landesamt für Wasser und Abfall NRW
    Auf dem Draap 25   D - 4000 Düsseldorf

Landesinstitut Sozialforschungsstelle
    Rheinlanddamm 199   D - 4600 Dortmund

Landwirtschaftskammer Rheinland, Kreisstelle Erftkreis
    Schützenstrasse 3   D - 5010 Bergheim/Erft

Lippeverband
    Kronprinzenstrasse 24   D - 4300 Essen 1

Max-Planck-Institut für Kohlenforschung
    Kaiser Wilhelm Platz 1   D - 4330 Mühlheim/Ruhr

Ministerium für Wirtschaft und Verkehr des Landes Nordrhein-Westfalen
                                    D - 4000 Düsseldorf

Naturschutzverband Rhein-Ruhr in DBV Städteverband e.V.
    Naturschutzzentrum 14 Garte   D - 4100 Duisburg

Naturschutzzentrum NRW
    Leibnizstrasse 10   D - 4350 Recklinghausen

Niederrheinische Industrie- und Handelskammer
    Mercatorstrasse 22-24   D - 4100 Duisburg

Nordrhein-Westfälischer Städte- und Gemeindebund
    Kaiserwerther 199   D - 4000 Düsseldorf

Prof. Dr. F. Reitel Institut de Géographie
    Ile du Saulcy   F - 57045 Metz Cedex 1

Rheinisch Westfäl. Elektrizitätswerk AG Abt. Oeffentlichkeitsarbeit
    Postfach 103165   D - 4300 Essen

Rheinisch-Westfäl. Institut für Wirtschaftsforschung
    Hohenzollenrstrasse 1-3   D - 4300 Essen

Rheinische Braunkohlenwerke AG Besucherdienst Gruben
    Stüttgenweg 2   D - 5000 Köln 41

Ruhrkohle AG
    Rellinghausersstrasse 1   D - 4300 Essen 1

Ruhrverband und Ruhrtalsperrenverein
    Kronprinzenstrasse 37   D - 4300 Essen 1

Prof. Dr. P. Schöller Ruhr-Univ. Bochum
    Universitätsstrasse 150   D - 4630 Bochum

Sozialforschungsstelle Dortmund Landesinstitut
    Rheinlanddamm 199   D - 4600 Dortmund 1

Stadt Bochum Amt für Verkehrs- und Wirtschaftsförderung
    Rathausplatz 2-6   D - 4630 Bochum 1

Stadt Bottrop
    Stadtverwaltung   D - 4250 Bottrop

Stadt Dortmund Amt für Wirtschaftsförderung
    Ostwall 64   D - 4600 Dortmund 1

Stadt Dortmund Stadtplanungsamt
Katharinenstrasse 9   D - 4600 Dortmund

Stadt Duisburg Amt für kommunale Entwicklungsplanung
    Rathaus, Burgplatz   D - 4100 Duisburg

Stadt Duisburg Amt für Wirtschaftsförderung
    Friedrich-Wilhelm-Strasse 9   D - 4100 Duisburg

Stadt Essen Amt für Wirtschaftsförderung der Stadt Essen
    Rathaus   D - 4300 Essen

Stadt Gelsenkirchen
    Stadtverwaltung   D - 4650 Gelsenkirchen

Stadt Herne
    Stadtverwaltung   D - 4690 Herne

Stadt Oberhausen Amt für Liegenschaften und Wirtschaftsförderung
    Rathaus   D - 4200 Oberhausen 1

Statistik der Kohlenwirtschaft
    Friedrichstrasse 1   D - 4300 Essen

Technologieberatungsstelle Ruhr TBR
    Ostring 30-32   D - 4630 Bochum

Umweltbundesamt Dokumentationsstelle Wasser
    Rochusstrasse 36   D - 4000 Düsseldorf

Verein für Kommunalwirtschaft und Kommunalpolitik e.V.
    Niederrheinstrasse 10   D - 4000 Düsseldorf 30

Verein für wissenschaftliche Presseinformation
    Isenbergstrasse 20   D - 4300 Essen

Vereinigung der Schiffswerften im Ruhrgebiet
    Werftstrasse 8/Postfach 420   D - 6728 Germersheim

Verkehrsverbund Rhein-Ruhr GmbH
    Bochumerstrasse 4   D - 4650 Gelsenkirchen

Verkehrsverein Bochum
    Bahnhofplatz   D - 4600 Bochum

Verkehrsverein Dortmund e.V.
    Königswall 18   D - 4600 Dortmund

Verkehrsverein Düsseldorf e.V.
    Konrad Adenauer Platz   D - 4000 Düsseldorf

Verkehrsverein Essen e.V.
    Im Hauptbahnhof   D - 4300 Essen

Verkehrsverein Gelsenkirchen
    Ebert 19   D - 4650 Gelsenkirchen

Verkehrsverein Oberhausen e.V.
    Berliner Platz 4   D - 4200 Oberhausen

Wirtschaftsförderungsgesellschaft Herne GmbH
    An der Kreuzkirche 1/3   D - 4690 Herne

Wirtschaftsvereinig. Eisen- und Stahlindustrie
    Breite Strasse 69   D - 4000 Düsseldorf 1

Zenit GmbH Zentrum für Innovationen und Technik des Landes NRW
    Dohne 54   D - 4330 Mühlheim/Ruhr 1

TEIL I

"Glück auf" zur Grubenfahrt in die Tiefen der Zeche Walsum - Teilnehmer und Leiter
des Feldstudienlagers mit Untertageführer (Obersteiger Reiske, rechts aussen) und
Begleitpersonen. (Foto: R.Nägeli 1.10.1986)

PROGRAMM
UND
TAGESBERICHTE

1. ZUR GESTALTUNG UND ZUM AUFBAU DES BERICHTES

Wie in den meisten bisherigen Berichten dieser Reihe haben wir auch für unseren Bericht eine Zweiteilung in "Tagesberichte" und "Arbeitsberichte" vorgenommen.

Hierbei sollen die **Tagesberichte** des I. Teils v. a. die chronologische Rekonstruktion (räumlich und zeitlich) des Feldstudienlagers ermöglichen. Die inhaltlichen Aspekte sind deshalb in der Regel knapp gefasst und es wird häufig auf einzelne Arbeitsberichte verwiesen, welche das eine oder andere Thema weiter ausführen. Wo keine entsprechenden thematischen Gefässe bestanden haben, sind die Tagesberichte hingegen breiter gestaltet worden (z. B. Einführungsexkursionen, Braunkohle, Kohle, Exkursion in Lothringen).

Mit den **Arbeitsberichten** im II. Teil (Kap. 1 - 11) haben wir uns den folgenden drei Herausforderungen stellen wollen:

(1) **Analytisch** haben wir nach einem dynamischen Raster gesucht, auf dessen Basis sich eine neue Art problemorientierter und aktualitätsbezogener regionalgeographischer Analyse verwirklichen lassen sollte (vgl. hierzu auch die Ueberlegungen in Kap. 1).

(2) **Inhaltlich** haben wir uns aus Gründen der eher kleinen Teilnehmerzahl auf elf Themenkreise beschränken müssen, wobei die ausgewählten Arbeitsthemen ein einigermassen "rundes" Porträt der Strukturprobleme und Entwicklungsprozesse in einem alternden Industrieraum ermöglichen sollten.

(3) **Stilistisch** haben sich die (meisten) Teinehmer selber das Ziel gesetzt, die in unserer Gilde übliche, aber für den Leser "trockene" Art der wissenschaftlichen Informationsaufbereitung mittels des Einsatzes von essayistischer Gestaltung attraktiver zu machen.

Inwiefern es uns gelungen ist, mit dem vorliegenden Bericht den drei gesteckten Zielen etwas näher zu kommen, müssen wir allerdings dem Leser zur Beurteilung überlassen.

2. REISEPROGRAMM UND THEMENSCHWERPUNKTE DES FELD-STUDIENLAGERS RUHRGEBIET - KURZUEBERSICHT

Hinreise

Sa. 20.9.   Hinfahrt Bern - Bochum (mit zwei Kleinbussen)
Unterkunft: KOLPINGHAUS,
Maximilian-Kolbe-Str. 14-18,
4630 Bochum 1   Tel 0234/13089

Uebersichtsexkursionen

So. 21.9.   Ueberblick über die Raumstruktur in einem S-N-Profil.
Führung: Dr. H. Bronny, Geogr. Inst. Univ. Bochum
Route: Ruhruniversität-Hattingen-Wattenscheid-Herne-Marl-Wulfen-Lembeck

Mo. 22.9.   Aktuelle Strukturfragen und Altlastenprobleme im Raum Bochum
Führung: Dr. S. Hilsinger, Geogr. Inst. Univ. Bochum
Route: Krupp Hüttenwerke-Dalhauser Heide-Herne-Langendreer-Werne-Dortmund

Abendvortrag: Prof. M. Hommel, Geogr. Inst. Univ. Bochum: Probleme der städtischen Entwicklung und politischen Gliederung im Ruhrgebiet

Themenbezogene Besichtigungen I

Di. 23.9.   Besichtigung der Hoesch-Stahlwerke in Dortmund
Anschliessend: Dortmunder Innenstadt resp. Dortmunder Kanalhafen und Schiffshebewerk Henrichenburg

Mi. 24.9.   Probleme der Stadtentwicklung in Duisburg
Führung: R. Heber, Amt für kommunale Entwicklungsplanung, Duisburg
Hafenrundfahrt im Duisburger Rheinhafen

Gruppenarbeit

Do. 25.9.   Gruppenarbeiten zu verschiedenen Themenbereichen

Fr. 26.9.   Gemeinsame Besichtigung der Emscherklärwerke (Gruppe Umwelt) und des Revierparks Vonderort (Gruppe Umland/Erholung)

Sa. 27.9.   Austausch von Gruppenresultaten.
             Zwischenbilanz der bisherigen Arbeit (Plenums-
             gespräch)
             Besichtigung des Ausländerintegrationsprojektes
             Katernberg/Beisen in Essen

So. 28.9.   Fakultative Besichtigung des Bergbaumuseums
             Bochum
             Fakultative Exkursion ins Sauerland
             Route: Bochum-Soest-Arnsberg-Altena-Hagen-
             Bochum

Themenbezogene Besichtigungen II

Mo. 29.9.   Braunkohleabbau und Energiewirtschaft W Köln
             Führung: Rheinische Braunkohlewerke AG
             Probleme der Landwirtschaft im Rekultivierungs-
             gebiet (Besuch eines Aussiedlerhofes bei Berg-
             heim)

Di. 30.9.   Besuch des Kommunalverbandes Ruhrgebiet (KVR) in
             Essen (Vorträge/Diskussion über Verbandstätig-
             keit, Strukturprobleme, Planungsfragen)
             Besichtigung des Essener Technologie- und Ent-
             wicklungszentrums (ETEC)
             Abschlussdiskussion mit den Herren Bronny, Hil-
             singer und Hommel vom Geogr. Inst. Univ. Bochum

Mi. 1.10.   Grubenfahrt Zeche Walsum / Probleme des Kohle-
             abbaus
             Führung durch die Zechensiedlung Neukirchen-
             Vluyn (Siedlungssanierungs-Projekt)

Abschlussphase/Kontrastprogramm

Do. 2.10.   Verschiebung in den Raum Metz (via Maria Laach-
             Mosel-Trier)

Fr. 3.10.   Abschliessende Exkursion im Industrieraum Loth-
             ringen (Themenschwerpunkt: Ein alter Industrie-
             raum in der Krise)
             Führung: Prof. F. Reitel, Geogr. Inst. Univ.
                      Metz

Sa. 4.10   Rückreise Metz-Basel-Bern

Abb. 1: Uebersichtskarte Exkursionsraum Ruhrgebiet

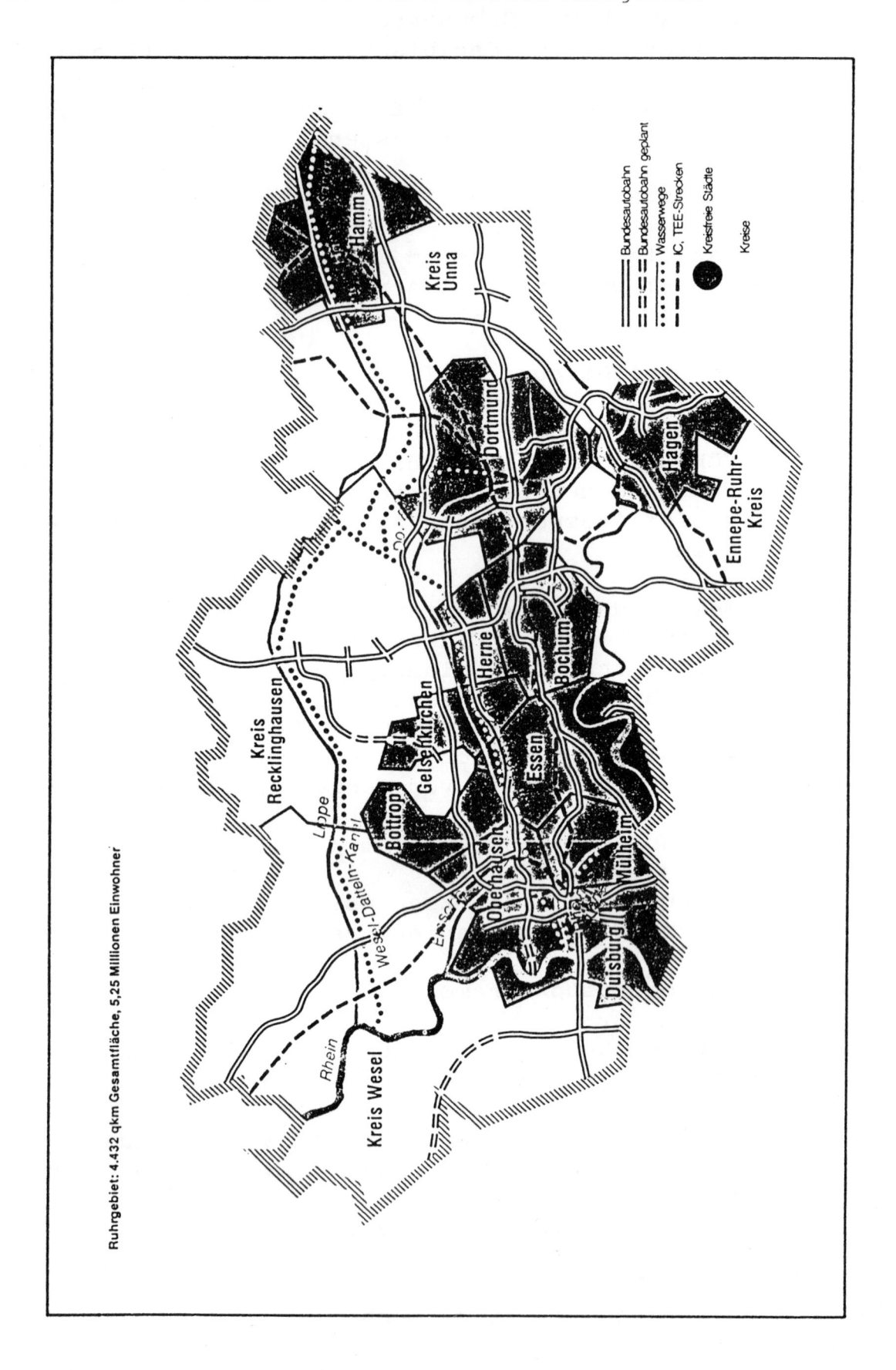

Quelle: KVR 1984

3. HINWEISE ZU UEBERSICHTSLITERATUR UND KARTEN

Ueber das Ruhrgebiet und seine Probleme existiert eine Unmenge von Literatur, von welcher wir im Rahmen dieses Feldstudienlagers allerdings nur einen beschränkten Teil bearbeiten konnten. Aus Platzgründen verzichten wir darauf, die gesamte von uns erstellte Bibliographie hier wiederzugeben, und verzeichnen bei den einzelnen Kapiteln nur die jeweils zitierte Literatur.

Für den interessierten Leser möchten wir hier allerdings **einige Uebersichtswerke** angeben, welche sich als Einführung in die Gebietsproblematik eignen bzw. welche einen, zum Teil unter kritischer Perspektive abgefassten, Ueberblick über aktuelle Diskussionspunkte im Revier geben.

BIRKENHAUER, J., 1984: Das Rheinisch-Westfälische Industriegebiet. UTB 1214. Paderborn: Schöningh.

DEGE, W. und DEGE, W., 1983: Das Ruhrgebiet. Geocolleg 3. Berlin, Stuttgart: Bornträger.

RAGSCH, A. und PONTHOEFER, L., 1985: Wirtschaftsraum Ruhrgebiet. Kollegmaterial Geographie (Lehrerheft/Schülerheft). Frankfurt am Main: Hirschgraben.

HELLEN, J.A., 1974/1982: North Rhine-Westphalia. Problem Regions of Europe. Oxford: Oxford University Press.

KATALYSE TECHNIKERGRUPPE (Hrsg.), 1982: Ruhrgebiet - Krise als Konzept. Untersuchungen zu Situation und Zukunft eines industriellen Lebensraumes. Bochum: Germinal.

KRUMMACHER, M., BRECKNER, I. u.a. (Hrsg.), 1985: Regionalentwicklung zwischen Technologieboom und Resteverwertung. Die Beispiele Ruhrgebiet und München. Bochum: Germinal.

GRYCZAN, W. u.a. (Hrsg.), 1984: Zukünfte für alte Industrieregionen. Raumentwicklungsstrategien in der Diskussion. Dortmunder Beiträge zur Raumplanung Heft 38. Dortmund: IRPUD.

Karten zum Ruhrgebiet gibt es ebenfalls in grosser Auswahl und in verschiedenen Masstäben. Bewährt haben sich für uns die folgenden Blätter:

- ALEXANDER LAENDERKARTE Nordrhein-Westfalen 1:500 000 (Klett Nr.48301) als grobe Uebersichtskarte mit guten thematischen Beikarten

- REGIONALKARTE Rheinisch-Westfälisches Industriegebiet
  1:100 000 (Landesvermessungsamt Nordrhein-Westfalen) als
  detaillierte topographische Uebersichtskarte
- KVR Rheinisch-Wstfälisches Industriegebiet 1:125 000
  (Kommunalverband Ruhrgebiet) als Strassenkarte
- TOPOGRAPHISCHE KARTEN 1:50 000, diverse Blätter (Landesvermessungsamt NRW), als Detailkarten
- RV-STADTPLAENE der einzelnen Städte 1:20 000 (Reise- und
  Verkehrsverlag GmbH) als innerstädtische Orientierungskarten
- IGN CARTE TOPOGRAPHIQUE 1:100 000 Nr. 11 als Uebersichtskarte für den Raum Metz/Lothringen.

4. TAGESBERICHTE

Sa. 20.9.: Hinfahrt Bern - Bochum

Der erste Tag ist ganz der Hinreise gewidmet. Mit zwei VW-Bussen fahren wir in (brutto) rund 9 Stunden via Basel-Frankfurt-Wetzlar-Siegen nach Bochum. Die Autobahn durchs Sauerland ist landschaftlich reizvoll und vermittelt uns einen ersten Eindruck vom historisch nicht ganz unwichtigen "Hinterland" des Ruhrgebietes. Fahrstrecke: rund 670 km.

So. 21.9.: Ueberblick über die Raumstruktur in einem S-N-Profil

Route: Uni Bochum - Ruhr - Kemnader-Stausee - Hattingen - Zeche "Fröhliche Morgensonne" (Wattenscheid) - Landwirtschaftsgürtel - Herne - Revierpark Gysenberg - Solingen-Horsthausen (Emscherkanal) - Zeche "Friedrich der Grosse" - Marl - Wulfen - Wasserschloss Lembeck (südl. Münsterland).

Leitung: Dr. H. Bronny, Geogr. Institut der Universität Bochum.

Der Exkursionsleiter empfängt uns um acht Uhr im Geographischen Institut der Uni Bochum und erläutert uns in einem Kurzvortrag einige Probleme des Strukturwandels im Ruhrgebiet. Zusätzlich gibt er uns einige Informationen zur Universität. 1962 wurde in Bochum die erste Ruhruniversität eröffnet. Auf einer Fläche von 560 ha ist eine Uni entstanden, die für 10'000 Studenten konzipiert, aber heute von 32'000 besucht wird. Davon studieren 1'500 Studenten Geographie. Am Rande notiert: Täglich schluckt die Uni ca. 16'000 PW's!!!

Nach dieser Einleitung suchen wir den **Ruhr-Kemnader-Stausee** auf, der einerseits der Wasserwirtschaft (vgl. Kap. 5), andererseits der Erholung (vgl. Kap. 6) dient.

Hattingen, unsere nächste Station, südlich der Ruhr im Ansteigenden des Bergischen Landes gelegen, wurde 990 erstmals urkundlich als Handelsstadt erwähnt. In der ersten Hälfte des 13. Jh. wurde Hattingen befestigt und erhielt

Stadtrecht. Im Mittelalter herrschte ein reger Austauschhandel zwischen der agrarisch reichen Hellweg-Börde und dem bergisch-märkischen Raum (vgl. Kap. 2). Hattingen gilt heute als gelungenes Beispiel einer Stadtsanierung im Biedermeierstil. Herausgeputzte Fachwerkbauten prägen das Bild der Innenstadt. Diese Idylle trügt aber etwas, denn mit der Sanierung war auch eine soziale Umschichtung der Bevölkerung verbunden. Mietverhältnisse veränderten sich in Grundeigentümerverhältnisse. Aeltere Mieter wurden durch jüngere, beruflich etablierte Eigentümer abgelöst, die nach Bochum an ihren Arbeitsplatz pendeln.

Altlastenprobleme (vgl. Kap. 5) und Industrieneuansiedlungen, sowie politisch-wirtschaftliche "Filzokratie" beschäftigen uns bei der 1962 stillgelegten **Zeche "Fröhliche Morgensonne"** in Wattenscheid, westlich Bochum. Hier begann bereits in den 1950er Jahren die Ansiedlung von neuen Unternehmern in den alten Zechengebäuden (u.a. Grosshandel, Kunststoff, Stahlbau, sowie rund 100 Wohnungen). Das Gelände ist heute der Kern des Industriegebietes "Wattenscheid-West". Von den rund 4500 Arbeitsplätzen sind aber weniger als 2000 "echte" Neuschaffungen; die übrigen sind blosse "Abwerbung" aus anderen Revierstädten.

Ein Eins-zu-Eins-Beispiel zur "Filzokratie" wurde uns etwas westlich vom Zechengelände am Rande des **Grünstreifens D** vorgeführt, welcher die Städte Bochum und Essen trennt (vgl. Kap. 6). Hier baute ein Photofirmenbesitzer sein Verwaltungsgebäude mit Villa mitten ins Grüne und am fernen Horizont steht ein Autokino, obwohl dieser Streifen nur landwirtschaftlich genutzt werden darf. Eine ganze Reihe von Hochspannungsleitungen und -masten lassen schliesslich auch im Grünen den Industrieraum nicht vergessen.

Weiter geht es nach **Herne** (N Bochum) in die zwei Kilometer lange Bahnhofstrasse, die den Zweiten Weltkrieg praktisch ohne Schäden überstanden hat. 95% Zerstörung der Städte im Ruhrgebiet waren nicht selten. In der Bahnhofstrasse Hernes dagegen erkennt man noch die Bauten der Gründer- und Jugendstilzeit. Das unterste Geschoss, ehemals Wohnfläche, dient heute als Geschäftsfläche. Viele Geschäfte haben allerdings mit dem Ueberleben zu kämpfen. Ein erster Grund liegt darin, dass früher die Bahnhofstrasse eine stark befahrene Autoverkehrsachse gewesen ist und die Einwohner ihre Einkäufe deshalb lieber im Stadtzentrum getätigt haben. Obschon heute verkehrsfrei, scheint die Bahnhofstrasse nicht an Attraktivität gewonnen zu haben. Bronny begründet dies unter anderem mit "regionaler Mobilität und geistiger Immobilität" der

Leute. Ein weiterer Grund mag aber auch im rund 30%igen Bevölkerungsschwund der letzten 20 Jahre liegen.

Nach dem Mittagessen, chinesisch, stand der **Revierpark Gysenberg** auf dem Programm (weitere Details im Kap. 6).

Ueber **Solingen-Horsthausen** (Ueberquerung der Revier-Kloake Emscher) und **Zeche "Friedrich der Grosse"** (Altlasten- und Flächenrecyclingsproblematik, vgl. Kap. 5) ging es nach **Marl-Zentrum**, einer Stadtneugründung von 1938 in der Lippe-Zone. Hier liessen sich unter anderem die chemischen Werke Hüls nieder, welche heute 16'000 Arbeitnehmer beschäftigen und eine Palette von über 1000 Produkten herstellen. Das Problem ist, dass es sich um Halbfertigfabrikate handelt, die in Berlin oder Belgien weiterverarbeitet werden. Die eigentliche Wertschöpfung findet also ausserhalb des Reviers statt! Marl-Zentrum beinhaltet auch den sogenannten **Marler-Stern**, ein Geschäftszentrum mit ca. 70-80 Geschäften, einer Volkshochschule, Rathaus und Wohnfläche. Dieses Zentrum sollte die verschiedenen Siedlungsteile Marls integrieren und den Kern zu einem eigentlichen neuen Stadtzentrum bilden. Bis heute ist dies jedoch beim Wunsch geblieben.

Unser letztes Ziel ist die Neustadt **Wulfen**. Diese Neugründung stand lange Zeit als Modell für die ganze Bundesrepublik und war ursprünglich für rund 50'000 Einwohner geplant. Heute wohnen aber kaum 25'000 Leute hier. Erstmals wurde bei einer Stadtneugründung ein ökologisches Gutachten miteinbezogen. Es wurden Stichstrassen zu den Wohnbereichen gebaut, um so den fliessenden Verkehr herauszuhalten. Die ganze Konzeption ähnelt sehr stark dem Modell Waldstadt. Die Stadt war eigentlich als Zechensiedlung mit rund 5000 Bergarbeiterfamilien geplant. Die Zeche wurde aber nicht abgeteuft und heute wohnen nur noch 300 Bergarbeiterfamilien hier. Hinzu kommt eine schlechte Versorgung mit Dienstleistungen (keine Kneipen, kaum Geschäfte).
Fazit: Eine unattraktive Schlafstadt im Grünen, mit grossem Wohnungsleerbestand, vielen Arbeitslosen, einer sozialen Unterschicht, die Bronny als "Neue Armut" tituliert. Wulfen droht heute zu einem "sozialen Slum" in neuen, modernen Wohnhäusern zu werden.

Im **Wasserschloss Lembeck** lassen wir schliesslich den ersten Exkursionstag bei einem Apéro ausklingen. Diese Einführung brachte uns eine Fülle von Informationen und Anregungen, die es in den nächsten Tagen auszuweiten und weiterzuverfolgen gilt.

Daniel Oberholzer

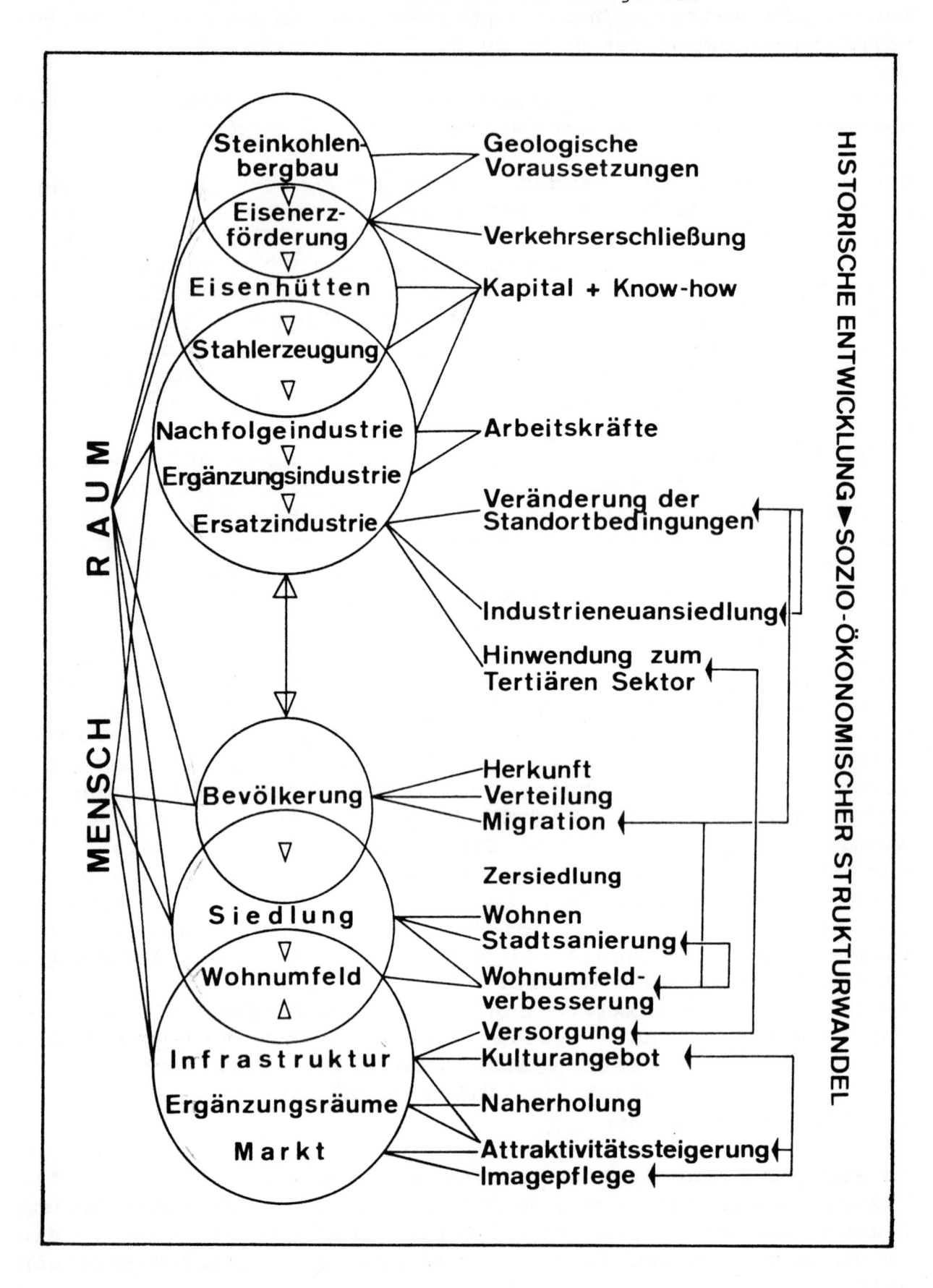

Abb. 2: Verlauf des Strukturwandels im Ruhrgebiet

RAUM
- Steinkohlenbergbau
- Eisenerzförderung
- Eisenhütten
- Stahlerzeugung
- Nachfolgeindustrie
- Ergänzungsindustrie
- Ersatzindustrie

MENSCH
- Bevölkerung
- Siedlung
- Wohnumfeld
- Infrastruktur
- Ergänzungsräume
- Markt

- Geologische Voraussetzungen
- Verkehrserschließung
- Kapital + Know-how
- Arbeitskräfte
- Veränderung der Standortbedingungen
- Industrieneuansiedlung
- Hinwendung zum Tertiären Sektor
- Herkunft
- Verteilung
- Migration
- Zersiedlung
- Wohnen
- Stadtsanierung
- Wohnumfeldverbesserung
- Versorgung
- Kulturangebot
- Naherholung
- Attraktivitätssteigerung
- Imagepflege

HISTORISCHE ENTWICKLUNG ▶ SOZIO-ÖKONOMISCHER STRUKTURWANDEL

nach: BRONNY, Geographisches Institut der Ruhruniversität Bochum, 1986

Mo. 22.9.: Strukturprobleme im Raum Bochum mit einem Abstecher nach Dortmund

Leitung: Dr. S. Hilsinger, Geographisches Institut der Universität Bochum

Das Altlasten-Problem zwischen völliger Verkennung wie im Fall Dortmund-Dorstfeld und völliger Wahrnehmung wie im Fall der verschiedenen Industriebrachen im Raum Bochum soll uns heute anhand ausgewählter Halte vor Augen geführt werden. Das Chemie-Werk der VEBA in Wanne-Eickel (Herne), die Musterzechenkolonie der Firma Krupp in Bochum-Dahlhausen und das Dortmunder Technologie-Zentrum bilden weitere Stationen des zweiten Profils durchs Ruhrgebiet.

Nachfolgend werden in der chronologischen Darstellung des Tagesablaufes die Themenbereiche Stahl, Altlasten und Zechenkolonie nur kurz behandelt, da sie in verschiedenen Arbeitsberichten wieder aufgenommen werden (vgl. Kap. 2,5,9).

Ausgangsort Bochum Kolpinghaus: Hilsinger skizziert kurz die Ausgangslage für das heutige Thema: In Bochum existieren rund 500 schwerbelastete Flächen, eine Uebersicht darüber besteht nicht. Der Begriff "Altlasten" wurde von der Partei der Grünen eingeführt und wird heute allgemein für mit Giften schwerbelastete ehemalige Industrie- und Zechengelände verwendet. Neben diesen Altlastenproblemen ergeben sich im Raume Bochum auch zahlreiche Planungsprobleme, welche vor allem aus der engen räumlichen Verflechtung von Gewerbe, Dienstleistungen und Siedlung entstanden sind.

Krupp-Verwaltungsgebäude W Bochum: Der Blick vom Dach des Verwaltungsgebäudes lässt die räumliche Anordnung der riesigen Industrieflächen der Krupp-Werke in Bochum erkennen: Auf einer Fläche von 8 km^2 produzieren hier rund 18'000 Arbeitskräfte etwa 4,3 Mio t Rohstahl pro Jahr. Der westliche Stadtteil wird räumlich-funktional stark durch diese Situation geprägt; ein grosses Problem besteht in der Gemengelage von Wohn- und Industrienutzung.

Ehemalige Zeche "Präsident" W Bochum: Diese Zeche, die ehemals erste Tiefbau-Anlage auf Bochumer Gebiet, wurde in den 1960er Jahren stillgelegt. Gegenwärtig wird dieses Gelände durch Autoverwertungsbetriebe genutzt, geplant sind - allerdings unter politischen Bedenken wegen Altlasten - eine Gewerbe- und Grünanlage. Hilsinger erläutert uns an diesem Beispiel die grossen methodischen Probleme einer Inventarisierung von Altlasten: Nötig wäre ein richtiggehender "Alt-

lastenkataster" auf der Basis von alten Luftbildern und Befragung ehemaliger Arbeitskräfte. Eine solche Arbeit ist von öffentlicher Seite bisher nicht systematisch in Angriff genommen worden, allerdings gibt es einige Leute an der Uni, die zur Zeit Material in diesem Sinne sammeln.
Gegenüber des Zechengeländes breiten sich bei Hamme riesige **alte Halden** aus. Diese Schlackenberge werden abgebaut und für den Strassenbau wiederverwertet.

Ehemalige Zeche "Hannibal" NW Bochum: Im Rahmen der Industrie-Denkmalpflege wird hier ein sogenannter "Malakov-Turm" als Zeuge des frühen Schachtbaus erhalten. In Bochum besteht ein Ueberangebot an belasteten Flächen, umgekehrt jedoch ein Mangel an unverbrauchten, "jungfräulichen" Flächen. Das Freiflächenangebot in Bochum wird qualitativ zusätzlich durch eine zersplitterte Flächenanordnung und hohe Ankaufspreise (Spekulation!) erschwert.

Dalhauser Heide; Musterzechenkolonie Krupp: Diese 1906-19 erbaute Bergarbeitersiedlung gilt heute als Musterbeispiel einer Zechensiedlungssanierung. Es brauchte allerdings eine Bürgerinitiative, um diese architektonisch gelungene Siedlung mit hoher Lebensqualität vor dem Abreissen zu retten! Es wurde eine "nichtspekulative" Sanierung durchgeführt, um die Sozialstruktur zu erhalten: Hierbei werden die renovierten Miethäuser mit ihren total 726 Wohnungen privatisiert, die ehemaligen Mieter erhalten aber ein Wohnrecht. Weiter werden die Strassen erneuert, die Ver- und Entsorgungseinrichtungen verbessert und die Gemeinschaftsanlagen saniert.

VEBA-Werk 1 Wanne-Eickel (Herne): Die Geschichte der Kohlenchemie zeigt deren innerbetrieblichen Strukturwandel, aber auch die Chemie als wichtigen Faktor in Phasen der Kriegsvorbereitung und dessen Verlauf. Dieses Werk wurde im Zweiten Weltkrieg auf dem Gelände der alten Zeche Hannibal als Kohlehydrieranlage für Dieseltreibstoff gebaut. Auf Gebot der Alliierten durfte später nur noch Ammoniak erzeugt werden.
Heute werden verschiedenste Grundstoffe hergestellt (vgl. Kap. 2). Dass dieser bezüglich Emissionen problematische Standort auch heute noch beibehalten werden kann, wird von Hilsinger als Resultat von wirtschaftlicher Dominanz über politische Entscheidungsträger bezeichnet (Standardargument: "Arbeitsplätze").

WEDAG und INDUMONT N Bochum: WEDAG galt als führendes deutsches Unternehmen im Bau von Mineralien-Förderanlagen und entwickelte sich auf dem Gelände der alten Zeche Konstantin II. Wegen der Integration in den Klöckner-Humboldt-Deutz-

Konzern dürften die Tage des Bochumer Werkes allerdings gezählt sein: Die Produktion wurde nach Köln verlagert und 1000 Arbeitsplätze gingen verloren! Geblieben ist hier nur noch der Spezialzweig INDUMONT (Industriemontagen).

Hofstederstrasse N Bochum: Dieses ehemals stark heruntergekommene Arbeiter-Viertel aus der Jahrhundertwende wurde via Landesentwicklungsgesellschaft als Modell für eine sogenannte "multifunktionale Sanierung" ausgewählt. Das heisst, es werden die verschiedensten Sanierungstypen ausprobiert.
Randbemerkung: Es gibt gewisse Hinweise auf eine "Koinzidenz" zwischen der Herkunft eines SPD-Landesministers und dem Entscheid zur Sanierung eben dieses Viertels ....

Ehemalige Zeche "Mannsfeld" E Bochum: Auf diesem Gelände ist ein Gewerbepark vorgesehen, nach dem englischen Vorbild der "industrial estates". Ausser drei kleineren Produktionsbetrieben und einigen wenigen Dienstleistungsbetrieben hat sich hier bisher allerdings kaum jemand ansiedeln wollen. Der jüngste, 1982 angesiedelte Betrieb wurde einer andern Ruhrstadt "abgeworben" (CEAG, vormals Dortmund).

Sanierungsgebiet ehemalige Zeche "Robert Müser": Etwas nördlich vom vorangehenden Halt erstreckt sich über rund 60 ha ein altes Zechengelände, welches die Stadt Bochum ebenfalls für Gewerbe erschliessen wollte. Ansiedeln liess sich bisher erst ein Backwaren-Grossverteiler, wobei völlig unbekannt ist, ob es negative Einflüsse aus den zu vermutenden Bodenverseuchungen auf die hier zwischenlagernden Backwaren gibt.

Ehemalige Zeche "Amalia", heute Chemische Werke "Amalia" E Bochum: Diese problematische Altöl-Aufbereitungsanlage im östlichen Zipfel Bochums soll nächstens stillgelegt werden. Die künftige Nutzung des vermutlich stark verseuchten Geländes ist unbekannt und wird problematisch werden. Ein pikantes Detail für Kenner der Oertlichkeit: Der die Grünzone durchfliessende Harpener Bach geht neben der Kläranlage in Querenburg vorbei und ungereinigt in den Kemnader-Stausee, welcher seinerseits wieder der Trinkwassergewinnung dient!

Naherholungsgebiet Bochum-Werne: Auf Gelände, das ebenfalls zur Zeche "Robert Müser" gehörte, soll ein städtisches Naherholungsgebiet entstehen. Der heute vorhandene Teich ist durch die Bodensenkung dieses ehemaligen Untertagebaugeländes entstanden. Der nahe Supermarktkomplex "Ruhrpark" illustriert Veränderungen des räumlichen Verhaltens von Konsumenten und die Wanderung bestimmter Geschäfte des Tertiärsektors aus Citylagen in autobahnnahe Shopping-Zentren.

Abb. 3: Gift kennt keine Grenzen! Wir haben Angst! Wir wollen auch weg!
(Flugblatt der Dorstfelder Widerstandsgruppe)

DORTMUND GIFTGEBIET
DORSTFELD-SUED informiert

Die "Randgebietsgruppe" Dortmund - Dorstfeld-Süd streuen

Im Falle des Giftskandals in Dortmund-Dorstfeld-Süd streuen Politiker und Stadtverwaltung den Bürgern immer noch Sand in die Augen! Obwohl schon längst Gutachten mit schockierenden Aussagen vorliegen, müssen immer noch über 1000 Menschen auf einer Vielzahl höchst gefährlicher, auch **krebserregender** Giftstoffe leben.

Ca. 100 Familien haben die Stadt Dortmund schon 1984 aufgefordert, ihre Häuser zurückzukaufen. Etwa 30 Familien durften bisher infolge des schlechten Gewissens von Stadtverwaltung und Politikern die Giftsiedlung für immer verlassen - aber nur aus dem sog. "Kerngebiet"! Und wir, das sog. "R a n d g e b i e t", sollen nach dem Willen der S P D hocken bleiben? Auch wir leben bereits seit fünf Jahren (!) auf Gift!

GIFT KENNT KEINE GRENZEN! WIR HABEN ANGST! WIR WOLLEN AUCH WEG!

Unsere Befürchtungen finden Bestätigung im 1. Gutachten von Professor Dr. W. Schlipköter vom 17. Oktober 1985, das aussagt:
- Benzapyren, berüchtigt als Krebsauslöser, wurde in fast allen Gärten gefunden.
- Die Verteilung von besonders gefährlichen Giftnestern im gesamten Gebiet ist heute nachgewiesen.
- Die Gefahrensteigerung beim Zusammentreffen der verschiedenen Gifte ist wissenschaftlich nicht abschätzbar
- Für Kinder besteht ein **20fach erhöhtes K r e b s r i s i k o !**
- Es wurden bereits 3 Hautkrebsfälle festgestellt (Stand: 10/85).

Heute, am 21. September 1986, sind es bereits 11 Krebsfälle (minus ein Krebstoter)! Und morgen?

WELCHE (ÜBER)LEBENSCHANCEN HABEN UNSERE KINDER? WIR BRAUCHEN HILFE!

V.i.S.d.P.: K. Niestroj, Füllort 9, 4600 DO 1, Tel. 0231/178694
H. Hobucher, Wetterstr. 13, 4600 DO 1, Tel. 0231/175436

Chronologischer Überblick

Datum	Ereignis
Seit 1965	hat die Stadt Dortmund nachweislich von den Bodenverunreinigungen gewußt. Sie kaufte das Kokereigelände im Dezember 1965.
Ende d. 60er Jahre	werden bei Planierungsarbeiten Verunreinigungen (Teersehen) festgestellt, aber nicht beseitigt.
1979	wird das ehemalige Gewerbegebiet per Ratsbeschluß in ein Wohngebiet umgewandelt.
Anf. d.80er Jahre	werden die Grundstücke an Privatleute verkauft. Auch die Grundeigentümer finden Verunreinigungen. Analysen werden gemacht, aber von der Stadt geheimgehalten. Es wird weiter gebaut!
1983	fordern die Bürger eine genaue Beprobung.
Bis März 1984	wird ein Bohrprogramm durchgeführt.
Am 9. 5. 1984	gibt das Hygiene-Institut Gelsenkirchen sein Gutachten bekannt. Dessen Fazit: Absolute Gefahrenabwehr ist nur bei Aufgabe der Häuser innerhalb Jahresfrist gegeben!
Am 14. 6. 1984	gibt die Stadt Dortmund weitere Gutachten in Auftrag.
Am 22. 3. 1985	erklärt Gutachter Professor Dr. Schlipköter, daß wegen des Vorkommens von polyzyklischen Kohlenwasserstoffen 35 Gärten nicht mehr genutzt werden dürfen.
Am 10. 4. 1985	sagt Prof. Schlipköter in einer Bürgerversammlung wörtlich:"Jederzeit kann man sich die Grundlage für eine Schädigung zuziehen."
Am 1. 5. 1985	beginnt die Stadt Dortmund mit Bodenaustauschmaßnahmen.
Am 29. 5. 1985	müssen diese Maßnahmen auf Anordnung des Regierungspräsidenten eingestellt werden.
Im Sommer 1985	werden auch auf bisher als unbelastet geltenden Grundstücken im sog. "Randgebiet" Giftfunde gemacht.
Am 17. 10. 1985	gibt Prof. Schlipköter sein Gutachten bekannt, woraus hervorgeht, daß nicht nur das sog. "Kerngebiet" stark verseucht ist, sondern daß gerade auch von den überall verstreuten "Giftnestern" eine besondere Bedrohung ausgeht.
Im Mai 1986	sind weitere 21, im sog. "Randgebiet" verstreut liegende Grundstücke "nachbeprobt" worden. Bei 14 dieser bisher für unbelastet geltenden Grundstücke sind die Verunreinigungen so hoch, daß das Erdreich ausgetauscht werden muß.
Stand August 1986:	34 Grundstücke sind "nachbeprobt"; 25 Analysen liegen vor. Bei 21 dieser Grundstücke muß der Boden ausgetauscht werden. Die These vom "unbelasteten Randgebiet" ist widerlegt!
Am 14. 8. 1986	sagt Prof. Schlipköter in einem Radiointerview, daß für Besucher von Dorstfeld-Süd keine Gesundheitsgefährdung bestehe. Für die Bewohner dagegen ....?!

Dortmund, 21. September 1986

90'000 Konsumenten mit rund 30'000 Autos suchen an Spitzentagen dieses Einkaufsparadies auf - als Folge ist u. a. eine sinkende Nachfrage in gewissen City-Bereichen festzustellen!

Technologiezentrum Dortmund: Das brandneue Technologiezentrum und der Neubau der Universität (rund 8'000 Studenten) liegen nahe beieinander auf der "grünen Wiese" am W Stadtrand: Damit ist eine gegenseitige Fühlungsnähe beabsichtigt. Probleme zwischen Erarbeitung und Verkauf von Brainware/Software durch die Universität oder deren Mitarbeiter führen u.a. zur Frage nach der Art der Gewinnverteilung. Im Technologiezentrum werden zentrale Funktionen für umliegende Klein- und Mittelbetriebe wahrgenommen, die von einem Einzelbetrieb kaum allein getragen werden können (vgl. Kap. 10).

Bürgerprotest in Dortmund-Dorstfeld: Auf einem verseuchten ehemaligen Kokereigelände sind in den vergangenen Jahren Ein- und Mehrfamilienhäuser gebaut worden, deren Bewohner sich nach Bodenuntersuchungen dafür wehren, dass die Stadt ihre Parzellen und Häuser zurückvergütet, da die Stadt entgegen besserem Wissen diese Bauten nicht verhindert hatte. Für einen "Kernbereich" (ausgeschieden durch eine städtische Untersuchung, die wissenschaftlich unhaltbar zu sein scheint) hat die Stadt Vergütungen vorgenommen. Die Bewohner der "Randbereiche" wehren sich gegen diese diskriminierende Bereichstrennung und verhindern eine geplante "Bodensanierung", die gemäss Aussage der Betroffenen nicht ausreicht, um das Problem zu lösen (vgl. Kap. 11).

Abendvortrag:

Nach diesem reichhaltigen Tag treffen wir uns noch einmal um 20 Uhr im Geographischen Institut der Universität Bochum zu einem Vortrag. Prof. M. Hommel spricht über "Probleme der städtischen Entwicklung und politische Gliederung im Ruhrgebiet".
Er unterscheidet dabei u. a. vier Phasen der jüngeren "Stadtentwicklungsphilosophie":

1) Das Zentrale Orte-Konzept mit seinem normativen zentrenhierarchischen Ansatz (1960/70er Jahre);

2) Die politische Neugliederung, welche einigen Städten erlaubte, ihr Gebiet beträchtlich auszudehnen (Anfang 70er Jahre);

3) Das Siedlungsschwerpunkte-Konzept, welches versucht, Wohnstädte und Arbeitsplätze an Verkehrsknotenpunkten zu konzentrieren (1970/80er Jahre);

4) Den Verkehrsinfrastruktur-Ausbau, in dessen Rahmen ein U-Bahn-ähnliches Stadtbahnnetz entwickelt werden soll (seit 1970er Jahren in Verwirklichung, heute z. T. redimensioniert).

Die Frage, inwiefern Stadtentwicklung im Verdichtungsraum überhaupt planbar ist, lässt sich nicht schlüssig beantworten. Einmal vorhandene "Strukturen" sind sehr schwer zu ändern.

Alfons Ritler/Ruedi Nägeli

Di. 23.9.: Besichtigung der Hoesch-Werke in Dortmund

Der heutige Tag steht ganz unter dem Thema "Stahlindustrie", welches v.a. an einem Besuch der Hoesch in Dortmund erarbeitet werden soll.

Im Tagesbericht werde ich mich allerdings auf eine Beschreibung der Produktionsprozesse beschränken. Weitere Angaben über die Werke, ihre Grösse und Struktur finden sich im Kapitel 3.

Begrüssung, Film: Nach einem historischen Abriss wird ein Film gezeigt, in dem Optimismus Trumpf ist: "Hoesch - auf den Märkten der Zukunft".

Hochofenwerk: Der Hochofen, den wir besichtigen, hat eine Tageskapazität von 5'000 t Roheisen. Erze werden mit Koks und unter Zugabe von Schweröl, Sauerstoff und Wind zu Roheisen reduziert. Dabei fällt Schlacke als Nebenprodukt an. Das reduzierte Roheisen und die Schlacke werden in Hochofenabstichen in Rinnen aufgefangen, das Eisen gelangt anschliessend in Torpedopfannen und wird ins Stahlwerk weitertransportiert.
Technologische Entwicklungen haben es ermöglicht, den Energieeinsatz zu minimieren: Zur Reduktion von 1 t Erz wer-

den nur noch 380 kg Koks benötigt. Im Hochofenprozess wird die energetische Wirksamkeit durch die Verwendung des Gichtgases zu einem Gasgegendruckverfahren gesteigert.

Stahlwerk Phoenix: Im Oxygenstahlwerk Phoenix in Hörde wird das Roheisen in einem ersten Arbeitsgang entschwefelt. Danach gelangt es in den Konverter, wo unter Zugabe von Reinsauerstoff und Schrott (zu Kühlzwecken) die Nebenstoffe gebunden werden. Bei diesem Prozess entstehen Schlacke und Rohstahl, dessen Qualität durch den Kohlenstoffgehalt bestimmt wird (erst Eisen mit einem Kohlenstoffgehalt von weniger als 1,7% gilt als Stahl).
In einem dritten Arbeitsgang werden Legierungen hergestellt, wobei der Rohstahl aus einem Bunker unter Zuhilfenahme von Computer und Fernsehkamera mikrolegiert wird. Nach einer Rohstahlnachbehandlung werden in der Stranggiessanlage quaderförmige Blöcke, sogenannte Bramen, gegossen.

Kaltwalzwerk: Die Bramen aus dem Stahlwerk werden ins Westfalenwerk weiterbefördert, wo sie zu Blech gewalzt werden. Nach der Walzung wird das Blech in der Contiglühe zur künstlichen Alterung aufgeglüht. Die Contiglühe von Hoesch ist für Deutschland einmalig, auf 3'500 Metern Band und insgesamt 7 Stockwerken wird ein Arbeitsgang, der vor Inbetriebnahme der Glühe 5 bis 7 Tage gedauert hat, auf 10 Minuten abgekürzt. Zusätzlich konnte durch die Einführung der Contiglühe die Monatskapazität des Kaltwalzwerkes von 50'000 auf 110'000 t Blech gesteigert werden.

Im Anschluss an die Werksbesichtigung teilen sich die Teilnehmer auf: Eine Gruppe besichtigt die Dortmunder Innenstadt. Die andere Gruppe besichtigt vorerst den **Dortmunder-Kanalhafen**, anschliessend fährt sie zum **Hebewerk Henrichenburg**: Mit seiner Funktion als Schleuse am Dortmund-Ems-Kanal ist das Hebewerk eine der Limitierungen für die Kanalschiffahrt, insbesondere für die Erztransporte der Hoesch. Momentan wird das Hebewerk durch einen neuen Abschnitt ausgebaut und soll dann für grössere Verbände benützbar sein.
Der Mechanismus der eindrücklichen Anlage beruht auf Schwimmern im Grundwasser, die durch ihren Auftrieb den Hebevorgang verrichten.

Persönliche Bemerkungen: Im Unterschied zu anderen Kontaktpersonen (Förderungsinstitute, KVR, Unidozenten) war der Werksführer von Hoesch leider etwas allzu routiniert, was sich oft in Standardantworten auf unsere Fragen äusserte. Trotzdem, oder vielleicht gerade dadurch, dass wir gar nicht die ganze Dimension der Hoesch-Werke erfassen konnten, blieb Staunen über die gesehenen Grössenordnungen. Die grosse Menge an Arbeit und Kapital, die in den Werken gebunden ist (mit Zahlen geklotzt), lässt erahnen, welche Bedeutung Hoesch für Dortmund haben muss - eine Stadt im (Würge)Griff eines Konzerns?

Arnold Gurtner

Mi. 24.9.: Probleme der Stadtentwicklung in Duisburg

Das heutige Tagesprogramm soll am Beispiel der Stadt Duisburg in einige Probleme der Stadtentwicklung und Stadtsanierung einführen.

Morgens um 9 Uhr empfängt uns Herr R. Heber vom Amt für kommunale Entwicklungsplanung im Rathaus zu Duisburg. In seinem **Einführungsreferat** geht Herr Heber zunächst auf die spezielle Lage der elftgrössten Stadt der Bundesrepublik, im Schnittpunkt von Rheinschiene, Niederrhein und Ruhrgebiet gelegen, ein. Nach der Eingliederung einiger grösserer Gemeinden (u.a. Walsum, Rheinhausen) im Jahre 1975, leben heute in Duisburg 520'000 Einwohner. Die Stadt, welche in zehn Siedlungsschwerpunkte gegliedert ist, bildet ein Oberzentrum für eine Region von zwei Millionen Einwohnern. Dabei ist Duisburg, nebst einigen Mittelzentren (Moers, Oberhausen, Mülheim, etc.), von anderen Oberzentren wie Düsseldorf und Essen umgeben. Die Stadt ist verkehrstechnisch gut erschlossen: Grösster Binnenhafen der Welt, mindestens ein Autobahnanschluss pro Stadtbereich, mehrere Bahnlinien, Flughafen Düsseldorf in unmittelbarer Nähe:
Die Einstufung als Oberzentrum innerhalb der Zentrenhierarchie, sowie die weitere Unterteilung des Stadtgefüges in Siedlungsschwerpunkte, erfordern einen hohen Ausbau der Infrastruktur. Dazu fehlen heute aber die finanziellen Mittel. Duisburg hat heute eine Arbeitslosenquote von 13,5%. Der andauernde Bevölkerungsrückgang wird die Einwohnerzahl der Stadt bis ins Jahr 2'000 auf ca. 470'000 schwinden lassen. Unter anderem aus diesen Gründen müssen heute diverse Infrastruktureinrichtungen, wie zum Beispiel Schwimmhallen, wieder abgebaut werden!
Die finanziellen Probleme waren, neben sozialen Problemen (Umsiedlungen), der Grund für den Wechsel der Stadt von grossangelegten Sanierungs- und Neubauprojekten zu Wohnumfeldverbesserungen. Dabei geht es weitgehend um Verkehrsberuhigungsmassnahmen, die aber auch die Eigeninitiative der Hausbesitzer zu Sanierungen fördern sollen. Ein weiteres An-

liegen dieser Projekte ist es, die Wohnen-Industrie-Nahtlagen durch eingeschobene Grünflächen zu mildern.
Ein weiteres Problem stellen die grossen, freistehenden, ehemaligen Industrieflächen im Norden dar, wogegen in der Stadt allgemein ein Mangel an Freiflächen besteht.

Die anschliessend rund einstündige Rundfahrt **im Duisburger Rheinhafen** führt uns durch den Hafenkanal in die verschiedenen Hafenbecken und zur Schleuse 1. Durch den Kaiserhafen, vorbei am Museumsschiff, erreichen wir wiederum den Ausgangspunkt, die Mühlenweide.

Nach dem Mittagessen steht eine **Stadtrundfahrt** auf dem Programm mit folgender Route: 13.00: Stadtrundfahrt: Innenstadt (Rathaus) - Mühlheimerstrasse - Universität - Lötharstrasse (Stadtwald) - Masurenallee (Regattabahn) - Sittardsbergerallee - Stadtbereich Ungelsheim - Ehringerstrasse - Stadtbereich Angershausen - Wanheimerstrasse - Stadtbereich Hochfeld - Stadtbereich Hochemmerich - Stadtbereich Hochheide - Lauerstrasse (Siedlung Johannerhof) - Friedrich-Ebert-Brücke - Stadtbereich Ruhrort - Berliner-Brücke - Innenstadt (Königstrasse).
Vom Rathaus aus führt uns der Bus über die Mühlheimerstrasse, an den Rundbauten der brandneuen Universität und am noch weitgehend erhaltenen Stadtwald vorbei in den Stadtbereich Wedau. In diesem Gebiet liegen die grossen Erholungs- und Sportanlagen der 6-Seenplatte und die Regattabahn. Durch den Stadtbereich Buchholz erreichen wir die ehemalige Mannesmann-Hüttenarbeitssiedlung Ungelsheim. Hier leben heute bis zu 80% Ausländer, davon sind 70 - 80% Türken. Das Gebiet wurde ohne eigentliche Vorplanung privat saniert, nachdem es zuvor als Forschungszentrum von Mannesmann vorgesehen war. Im anschliessenden Stadtbereich Angershausen befinden sich Betriebe von Thyssen und Mannesmann, auf dem gegenüberliegenden Rheinufer diejenigen von Krupp. Diese drei Unternehmen belegen heute in der Stadt Duisburg 75% der Industriefläche. Die Fahrt führt weiter in den Stadtbereich Hochfeld, einem der fünf Sanierungsstädte der Stadt Duisburg. Er liegt in direkter Nahtlage zu Eisenbahnanlagen und zur immissionsträchtigen Kupferhütte. Durch Rheinhausen gelangen wir in den Stadtbereich Hochheide und besichtigen dort die Siedlung Johannerhof. Die Hauseigentümer schlossen sich zu einer Gesellschaft zur Sanierung des Quartiers zusammen. Diese private Initiative wurde durch das Land Nordrhein-Westfalen finanziell unterstützt und stellt ein neues, erfolgreiches Modell der Sanierung dar.
Danach fahren wir in den Stadtbereich Ruhrort, ein weiteres Sanierungsgebiet. Die Friedrich-Ebert-Strasse zeigt hier deutlich einige Probleme von Nahtlagen (Wohnen-Industrie):

Abb. 4: Duisburger Rheinhafen im Ueberblick

DUISBURG-RUHRORTER HÄFEN

Aus der Sicht der Verkehrswirtschaft sind die Duisburg-Ruhrorter Häfen ein Knotenpunkt für weltweite Verbindungen. Als öffentlicher Binnenhafen sind sie das Kernstück der „Duisburger Häfen", des größten Binnenhafensystems der Welt, und zugleich der westlichste Seehafen der Bundesrepublik Deutschland.

Grundlage für die hervorragende Stellung der Duisburg-Ruhrorter Häfen auf dem internationalen Verkehrsmarkt – verbunden mit ihrer Vielseitigkeit und modernen Ausstattung – sind in erster Linie die guten Verkehrsanbindungen. Über den Rhein und dessen große Mündungshäfen öffnet sich der Weg in alle Welt. Als Ausgangspunkt des Rhein-Herne-Kanals sind sie unmittelbar an das westdeutsche Kanalnetz angeschlossen, drei Anschlußbahnhöfe stellen die Verbindung mit dem Netz der Deutschen Bundesbahn her, direkte Zufahrtswege bestehen zu Bundesautobahnen und Fernstraßen, Pipelines verbinden sie mit Raffinerien des Ruhrgebietes.

Über die leistungsfähige Wasserstraße Rhein besteht neben den Transporten in der Binnenschiffahrt ein direkter Rhein-See-Verkehr zu Seehäfen der deutschen Nord- und Ostseeküste, in Skandinavien, der Sowjetunion, in Großbritannien, zu Atlantikhäfen in Frankreich, Spanien und Portugal sowie zu Hafenplätzen an der nordafrikanischen Küste und im Mittelmeerraum.

Waren die verkehrsgeographischen Voraussetzungen für die Entstehung und Entwicklung der Häfen günstig, den Impuls gaben Industrie und Wirtschaft. Mit seiner Wirtschaftskraft hat das rheinisch-westfälische Industriegebiet die Duisburg-Ruhrorter Häfen mit ihrer hohen Leistungsfähigkeit immer intensiver in seine Verkehrs- und Handelsbeziehungen zu den Märkten der Welt einbezogen.

Die Duisburg-Ruhrorter Häfen, die allen Verkehrsträgern eine schnelle, rationelle und umfassende Güterverladung und -lagerung garantieren, verfügen allein für den Schiffsgüterumschlag über mehr als 90 Krananlagen für den Massengut-, Stückgut- und Containerumschlag, über eine Ro/Ro-Anlage für Schwergut- und Trailerverladung, Tanklager für Flüssiggüter mit rd. 1,3 Mio cbm Rauminhalt, Getreidespeicher und -silos, gedeckte Hallen und Schuppen für die Stückgutlagerung, eine Trocken-Umschlaghalle, Kohlenmisch- und -verladeanlagen, ein Containerterminal sowie Betriebe für den Schiffbau und technische Ausrüstung.

Die Duisburg-Ruhrorter Häfen sind eine Hafenanlage, die allen Verkehrsträgern gegenüber offen ist und den neuzeitlichen Verkehrserfordernissen entspricht.

GÜTERUMSCHLAG IN ZAHLEN

Güterart (t)	1936	1978	1983
Erze	1 092 016	10 108 939	6 250 199
Mineralöle	208 617	4 400 537	3 500 773
Kohlen	12 091 988	5 012 292	3 949 035
Eisen/Stahl/NE-Metalle	407 844	3 082 038	2 665 168
Steine/Erden/Baustoffe	2 036 130	1 505 629	1 334 716
Übrige Güter	1 396 028	1 235 800	1 492 889
Empfang und Versand	17 232 623	25 345 235	19 192 780
Lokalverkehr	133 608	418 609	291 137
Gesamtumschlag	**17 366 231**	**25 763 844**	**19 483 917**
Rhein-See-Verkehr	288 134	630 723	1 179 210

Quelle: Prospekt Duisburg-Ruhrorter Häfen AG

Hoher Ausländeranteil, soziale Probleme, Immissionen der Grossbetriebe.
Ueber die Berliner-Brücke gelangen wir zurück in den Siedlungsschwerpunkt Stadtmitte, wo wir auf der Königstrasse unsere Stadtrundfahrt beenden. Die Stadtmitte wird als Siedlungsschwerpunkt den anderen SSP übergeordnet. Dadurch wird sie, und speziell die Königstrasse, speziell gefördert und ausgebaut. Heute leben hier bereits 25% der Stadtbevölkerung. 38% aller Arbeitsplätze befinden sich in diesem Siedlungschwerpunkt, im tertiären Bereich beträgt dieser Anteil gar 44%.

Peter Wisler

Do. 25.9.: Gruppenarbeitstag

Der heutige Tag steht den einzelnen Arbeitsgruppen zur Beschaffung weiterer Informationen für ihren Themenschwerpunkt zur Verfügung. Der Tagesbericht beinhaltet nur eine kurze Formulierung des Tagesziels und der Standorträume der Gruppen; die Ergebnisse finden sich teilweise in den Tagesberichten vom 26. und 27.9., teilweise in den entsprechenden Arbeitsberichten.

Wirtschaftsförderung, Raumplanung, Industrie (A. Ritler, B. Meier, A. Gurtner, R. Nägeli):
Erfassen der Stellung und der Möglichkeiten verschiedener Wirtschaftsförderungsinstitute, Gespräche mit folgenden Institutionen:
- Gesellschaft für Wirtschaftsförderung in Nordrhein-Westfalen GmbH, Düsseldorf
- Industrie- und Handelskammer für Essen, Mülheim a.d.Ruhr und Oberhausen zu Essen
- ZENITH GmbH, Zentrum in Nordrhein-Westfalen für Innovation und Technik, Mülheim a.d.Ruhr

Siedlung, Siedlungsplanung (P. Wisler, H. Staub):
Sammeln weiterer Erkenntnisse zu den Planungsinstrumenten und zum Planungsablauf (mit Schwergewicht Duisburg).
- Stadtentwicklungsamt Duisburg
- Stadtplanungsamt Duisburg
- Amt für Statistik der Stadt Duisburg

Bevölkerung (D. Oberholzer, S. Renggli, T. Bachmann):
Kennenlernen der Beziehungen und Probleme zwischen Deutschen und Ausländern anhand eines konkreten Projekts zur Ausländerintegration.
- Regionale Arbeitsstelle zur Förderung ausländischer Kinder und Jugendlicher, Essen-Katernberg
- Projektgruppe Beisen, Katernberg-Beisen.

Umwelt (U. Neu, M. Gossauer, G. Thormann):
Messung des Salzgehaltes in Ruhr, Emscher und Lippe (S-N-Querschnitt durch das Ruhrgebiet). Haltung und Massnahmen der Grossindustrie zur Luftreinhaltung: Besichtigung eines Steinkohlekraftwerkes.
- Messung an der Ruhr oberhalb des Baldeneysees
- STEAG AG, Essen
- Steinkohlekraftwerk Voerde (STEAG AG)
- Messung an der Lippe bei Wesel
- Zwei Messungen an der Emscher (ober- und unterhalb des Klärwerkes Emschermündung).

Erholung und Landwirtschaft (L. Rey, B. Marti):
Institutionen kennenlernen, die gezielt errichtet wurden, um den Erholungsbedarf der Bevölkerung eines stark verdichteten Raumes abzudecken.
Vergleich eines jüngeren und eines älteren Revierparks (zeitliche Dynamik) und eines kommerziellen Vergnügungsparks.
Struktur der Landwirtschaft im Gelände kennenlernen.
- Revierpark Gysenberg
- Revierpark Vonderort
- Traumlandpark, Feldhausen
- Landwirtschaftsbetrieb in Feldhausen-Kirchhellen.

Historische Entwicklung des Ruhrgebiets (Prof. Aerni):
Aufarbeiten schriftlicher Quellen im Kolpinghaus Bochum.

Stefan Renggli

Fr. 26.9.: Besichtigung der Emscherklärwerke und des Revierparks Vonderort

Fahrstrecke: Bochum - Gelsenkirchen - Oberhausen - Dinslaken - Hünxe - Voerde - Dinslaken - Oberhausen - Gelsenkirchen - Bochum.

Auf dem heutigen Programm stehen die Problekreise **Wasserversorgung und Gewässerverschmutzung** (geleitet durch die Gruppe "Umwelt"), sowie der Themenbereich **Freizeiteinrichtungen** (geleitet durch die Gruppe "Erholung/Landwirtschaft"). Zuerst erfolgt eine Besichtigung der Lippe bei der Brücke N Hünxe, verbunden mit einigen Erläuterungen zu der Problematik im Lippeverbandsgebiet (vgl. Kap. 5.4). Anschliessend werden wir vom Biologen Dr. te Heesen durch die **Emscherklärwerke** geführt und hören uns seinen Vortrag über die Wasserwirtschaft im Ruhrgebiet an.

Am Nachmittag stellt die Gruppe "Erholung/Landwirtschaft" die wesentlichen Resultate ihrer Untersuchungen vom Vortag vor und präsentiert mit dem **Revierpark Vonderort** eines der betrachteten Objekte (vgl. Kap. 6.4). Nachfolgend gibt die Gruppe "Umwelt" noch eine kurze Rückschau auf den Besuch des Kohlekraftwerkes Voerde/West der STEAG vom Vortag. Den Abschluss des Arbeitstages bildet ein 45-minütiger lockerer Rundgang durch den Revierpark.

Beeindruckend war heute sicher die Besichtigung der Emscherklärwerke. Die Problematik eines solch immensen Industrieraumes kam hier sozusagen in konzentrierter Form zum Ausdruck: Die gesammelten Abwässer von rund einem Drittel des Ruhrgebietes (ca. 5 Mio Einwohner) kamen da in einem grün umrandeten, schnurgeraden und gepflasterten Kanal in zähflüssiger, pechschwarzer Form dahergeflossen, verschwanden dann in einem Tunnel, und kamen daneben, ebenso pechschwarz, aber "sauber" und in der Konsistenz wieder etwas mehr an Wasser erinnernd, zum Vorschein. Den Eindruck, den man bei der Diskussion mit den Fachleuten erhält, ist immer der gleiche: "Wir tun, was wir können (technisch und finanziell)", heisst es.

Urs Neu

Abb. 5: Einige Angaben zu den Emscherklärwerken

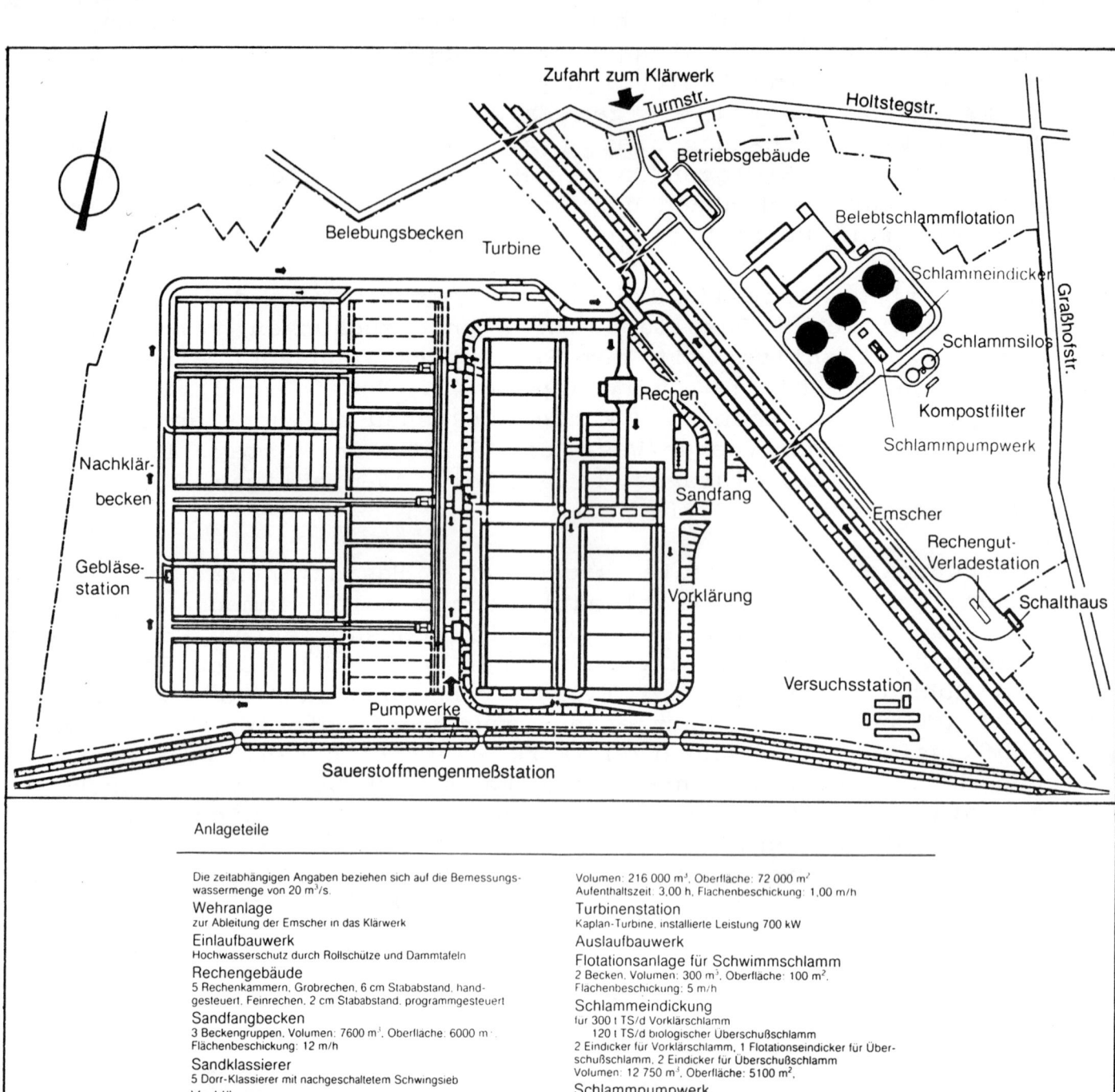

Anlageteile

Die zeitabhängigen Angaben beziehen sich auf die Bemessungswassermenge von 20 m³/s.

Wehranlage
zur Ableitung der Emscher in das Klärwerk

Einlaufbauwerk
Hochwasserschutz durch Rollschütze und Dammtafeln

Rechengebäude
5 Rechenkammern, Grobrechen, 6 cm Stababstand, handgesteuert, Feinrechen, 2 cm Stababstand, programmgesteuert

Sandfangbecken
3 Beckengruppen, Volumen: 7600 m³, Oberfläche: 6000 m²
Flächenbeschickung: 12 m/h

Sandklassierer
5 Dorr-Klassierer mit nachgeschaltetem Schwingsieb

Vorklärung
3 Beckengruppen, Volumen: 157 000 m³, Oberfläche: 54 000 m²
Tiefe : Länge = 1 : 30, Aufenthaltszeit: 2,20 h,
Flächenbeschickung: 1,30 m/h

Pumpwerke
3 Pumpstationen mit je 3 Pumpen, Leistung je Pumpe mit verstellbarem Laufrad 1,5 bis 5,0 m³/s

Belebungsbecken
12 Beckengruppen mit je 5 Becken
Sauerstoffversorgung durch 60 Simplex-Kreisel mit 2 Drehzahlen und zusätzlich in den vorderen 24 Belebungsbecken durch reinen Sauerstoff über perforierte Perbunanschläuche, Länge 5760 m, Nennweite 19 mm, Vordruck 5 bar.
Volumen 144 000 m³, Oberfläche 26 500 m², Aufenthaltszeit 2,00 h, Raumbelastung 1,40 kg, $BSB_5/m^3 \cdot d$ bei 200 t BSB_5/d.
Schlammbelastung 0,50 $\frac{kg\,BSB_5}{kg\,TS \cdot d}$ bei 3 g TS/l
Zeitabdeckung der Belebungsbecken durch 120 Tragkonstruktionen mit darunter gespannten PVC-beschichteten Polyestermembranen.

Nachklärung
6 Beckengruppen mit je 12 Becken, vorgeschaltete Flockungszone mit Paddelwerk
Volumen: 216 000 m³, Oberfläche: 72 000 m²
Aufenthaltszeit: 3,00 h, Flächenbeschickung: 1,00 m/h

Turbinenstation
Kaplan-Turbine, installierte Leistung 700 kW

Auslaufbauwerk

Flotationsanlage für Schwimmschlamm
2 Becken, Volumen: 300 m³, Oberfläche: 100 m²,
Flächenbeschickung: 5 m/h

Schlammeindickung
für 300 t TS/d Vorklärschlamm
120 t TS/d biologischer Überschußschlamm
2 Eindicker für Vorklärschlamm, 1 Flotationseindicker für Überschußschlamm, 2 Eindicker für Überschußschlamm
Volumen: 12 750 m³, Oberfläche: 5100 m².

Schlammpumpwerk
5 Wirbelradpumpen, 2 Rohrleitungen NW 300, Länge der Rohrleitung: rd. 19 km, Fördermenge: 300 m³/h je Leitung,
Fließgeschwindigkeit: 0,8 – 1,2 m/s

Baukosten
ohne Zentrale Schlammbehandlungsanlage Bottrop:
rd. 210 Mio DM

Betriebspersonal
etwa 100 Beschäftigte für drei Betriebsschichten, zwei Reparaturschichten und eine Tagschicht für Unterhaltungsarbeiten

Abwasserkennwerte

Mittelwasserzufluß	=	17,5 m³/s
Bemessungswassermenge	=	20 m³/s
Maximale behandelte Abwassermenge	=	30 m³/s
Einwohner und Einwohnergleichwerte	=	rd. 5 Mio
BSB_5-Fracht des Zulaufes	=	rd. 220 t/d

Betriebsergebnisse

		Zulauf	Ablauf	Abbau
Feststoffe	mg/l	250	12	95 %
BSB_5	mg/l	140	12	91 %
CSB	mg/l	450	46	90 %
Phenole wdfl.	mg/l	4	0,15	96 %

Quelle: Prospekt "Klärwerk Emschermündung" der Emschergenossenschaft 1985

Sa. 27.9.: Plenumssitzung, anschliessend Fahrt nach Essen

Der heutige Tag ist für die Fortsetzung des Informationsaustauschs zwischen den einzelnen Arbeitsgruppen (vgl. Tagesberichte vom 25. und 26.9.) sowie für eine eingehende Zwischenbilanz unserer bisherigen Erfahrungen reserviert. Am späteren Nachmittag ist zudem die Besichtigung eines Quartier-Projektes in Essen vorgesehen.

Bericht der Arbeitsgruppe Siedlung:
Vor einem imposanten Materialberg berichten H. Staub und P. Wisler über die Arbeit der Gruppe "Siedlung" vom Donnerstag. Am Beispiel Duisburg werden die Mittel und das Vorgehen der deutschen Raumplanung aufgezeigt und die Planungsabläufe auf den verschiedenen Planungsebenen (Bund, Land, Stadt, bis hinunter auf die Parzelle) erläutert (vgl. im weiteren Kap. 9).

Referat von Herrn Prof. Aerni:
Anschliessend äussert sich Herr Prof. Aerni zum Thema "Persistenz und Wandel im Gefüge der zentralen Orte" und erklärt anhand einer retro- und einer prospektiven Betrachtung einzelner Zeitschnitte die Entwicklung der Hellwegstädte (vgl. Kap. 2).

Zwischenbilanz der Arbeitsgruppen:
Nach einer kurzen Absprache einigt sich das Plenum, gruppenweise eine Zwischenbilanz der bisherigen Arbeit und der gewonnenen Erkenntnisse zu ziehen. Als Grundlage dient das Papier **"Wichtigste Strukturprobleme, Entwicklungstrends und Zukunftsfragen im Ruhrgebiet"**, welches als Abschluss des Vorbereitungsseminars den damaligen Stand unserer Kenntnisse zusammengefasst bzw. entsprechende Fragen zu offenen Problemen formuliert hat.
Diese Vorkenntnisse resp. Fragen gilt es nun mit den bisher gewonnenen Erfahrungen zu konfrontieren. Die Ergebnisse dieser Diskussion sind zusammen mit der Abschlussdikussion vom 30.9. ins Schlusskapitel dieses Berichtes eingearbeitet worden (vgl. Kap. 11).

Ausländerintegrationsprojekt im Quartier Beisen/Essen:
Die Gruppe "Bevölkerung" (T. Bachmann, D. Oberholzer, S. Renggli) stellt anhand des Beispiels im Quartier Beisen/Katernberg ein Integrationsprojekt für Türken vor. Durch gezielte Aktivitäten (Gemeinsame Kurse, Feste u.ä.) soll die Berührungsangst zwischen Ausländern und Deutschen abgebaut werden.

Ein Gang durch das Quartier, welches sehenswerte Bergsenkungsschäden aufweist, schliesst den Arbeitstag ab und der kurze Besuch des Strassenfestes, welches im Zug des Integrationsprojektes von Türken und Deutschen gemeinsam veranstaltet wurde, leitet zum musischen Teil des Abends über: Um 19.30 Uhr findet man sich erwartungsvoll vor den Toren des Essener Opernhauses ein.

Lucienne Rey

So. 28.9: Freiwilliger Ausflug ins Sauerland

Die landhungrige Hälfte aller Feldstudienlagerteilnehmer versammelt sich vor dem Bochumer Bergbaumuseum, das einige Frühaufsteher bereits zuvor besucht haben. Ohne deailliertes Reiseprogramm und zahlreiche Stadtpläne erreichen wir vorerst **Soest**, eine alte Hellwegstadt, die östlich des Verdichtungsraumes in der Börde liegt. Der kurze Mittagsaufenthalt in der Altstadt gibt uns einen Eindruck der historischen Bausubstanz, wie sie vor dem Zweiten Weltkrieg auch in den anderen Stadtzentren der Hellwegstädte anzutreffen gewesen ist.

Südlich der Soester Börde gelangen wir an den **Möhnesee** (grösster Stausee des Ruhrtals), überqueren ihn und erreichen nach kurzer Fahrt durch den Arnsbergwald **Arnsberg** (Kreishauptstadt). Die Weiterfahrt durch die hügelige Gegend des südlichen Sauerlandes führt uns in den Naturpark Homert (Spaziergang, Zvieri). Dem hübschen, bisweilen jedoch stark industrialisierten Lennetal abwärts folgend, treffen wir auf **Altena**. Für einen kurzen Besuch der mächtigen Burg reicht es nur noch während der Dämmerung.

Gut genährt und frisch aufgetankt mit Landluft verlassen wir einen Landgasthof in der Nähe von Hagen und damit das Erholungsgebiet der Ruhrbevölkerung. Nach ein paar hektischen Autobahnkilometern findet sich die gut gelaunte Reisegruppe wohlauf in ihrem Nachtquartier ein.

Georg Thormann

Mo. 29.9.: Besichtigungen im Rheinischen Braunkohlerevier

Als thematische und räumliche Ergänzung zu unserem Aufenthalt im eigentlichen Ruhrgebiet steht für heute ein Besuch des Braunkohle-Tagebau-Gebietes W Kölns auf dem Programm.

Um 9 Uhr morgens empfangen uns die Herren Michelbring und Steingräber von der Rheinbraun (Rheinische Braunkohlewerke AG) auf Schloss Paffendorf bei Bergheim zu einer **ersten Orientierung über den Braunkohle-Tagebau.**

Die erste Förderung geht auf 1510 zurück. Seit den 1880er Jahren ist die industrielle Förderung möglich (Verbesserung der Transportfähigkeit der Briketts durch Druckpressung). 1950 wurde das Braunkohlegesetz geschaffen (mit landesplanerischen Sonderrechten). Seit 1982 gilt das Bundesberggesetz.
Bedeutung der Braunkohle: Die Vorräte im 2'500 km^2 grossen Revier betragen 55 Mrd Tonnen. Davon sind nach heutigen technischen Massstäben etwa 35 Mrd Tonnen abbauwürdig.
In den gemehmigten bzw. im Genehmigungsverfahren befindlichen Tagebauen der Rheinischen Braunkohlewerke AG sind rund 4,8 Mrd Tonnen erfasst. Die Rheinbraun-Förderung beträgt jährlich bis zu 120 Mio Tonnen. Davon werden heute 85% für die Stromerzeugung verwendet und 15% für die Veredelung zu Braunkohlebriketts, -staub und -koks. Der Braunkohleabbau in diesen riesigen Dimensionen schafft aber auch **zahlreiche Probleme.** Einige davon sollen im folgenden angesprochen werden, die Umsiedlungsproblematik wird zudem im Kapitel 4.4 detaillierter abgehandelt.

(1) Die grossen Tagebaugruben mit einer Generalböschungsneigung von 1:3 erfordern ein grossräumiges Ausholen in Landwirtschafts- und Siedlungsgebiete. Dies erzwingt zahlreiche Umsiedlungsaktionen. Hiervon sind bis heute 26'000 Menschen betroffen. Bis in das Jahr 2050 wird deren Zahl auf etwa 200'000 Menschen anwachsen. Von den Ausgesiedelten lassen sich 75% im neuen Ort nieder. Soziale und menschliche Probleme sind vorprogrammiert, vor allem bei alten, eingesessenen Bewohnern (vgl. hierzu auch Kap. 4.4).
Da die Braunkohleausbeutung in nationalem Interesse liegt, sind die Möglichkeiten der Opposition gering.

(2) Grundwasserspiegelabsenkungen: Um die Braunkohle gewinnen zu können, muss v.a. im nördlichen Teil des Reviers das Grundwasser abgepumpt werden. Dafür sind rund 1500 Brunnen installiert worden, mit einer Pumpleistung von 900 Mio m^3 jährlich. Zusätzlich musste der Kölner Randkanal zur Entwäs-

serung gebaut werden. Rund 300 Mio m³ gehen als Brauchwasser an die Kraftwerke. Weitere 20 Mio m³ werden in das Trinkwasserversorgungsnetz der Stadt Düsseldorf eingespiesen, was rund 20 % des Bedarfs deckt.
Durch die Absenkung des Grundwasserspiegels sind allerdings zahlreiche alte Brunnen versiegt. Die Rheinbraun hat jedoch nach dem Verursacherprinzip die Wasserversorgung des ganzen Gebietes sicherzustellen.

(3) Grosse Teile des Braunkohlereviers sind ursprünglich mit fruchtbarem Löss bedeckt gewesen und gelten als ausgesprochen güstige Agrargebiete. Um die Bodenqualität (Bodenzahl um 90) nach dem Abbau möglichst wieder herstellen zu können, wird nach dem Absetzen des tauben Gesteins der Löss entweder im Nass- oder Trockenverfahren wiederum auf den zu rekultivierenden Flächen ausgebracht. Dabei treten z. T. aber recht schwierig zu sanierende Vernässungsprobleme auf, unter welchen die Landwirte noch jahrelang zu leiden haben (Näheres dazu im Kap. 7).

Führung durchs Braunkohlerevier: Mit unseren beiden VW-Bussen "rasen" wir anschliessend in drei Stunden durch das riesige Revier, wobei wir die folgenden Orte bzw. Probleme besichtigen:
- Im Raum Ville: 50-jährige Rekultivierung
- Bei Berrenrath: Rekultivierte Landwirtschaftsflächen
- Beim Tagebau Frechen: Auslaufender Abbau und Polderverfahren
- In Jülich und Lich-Steinstrass: Umsiedlung, neue Einfamilienhaussiedlung, sterbendes Dorf
- Auf der Sophienhöhe: Rekultivierung eines künstlichen 195 Meter hohen Berges mit einem Inhalt von 1 Mrd m³ Abraum und einer Fläche von 10 km². Begrünung mit schnellwachsenden Pappeln und Laub-Mischwald. Lössanteil bis 25%. Lupine als Pionierpflanzung (wurzelt schnell und tief, Stickstoffbinder).
- Beim Tagebau Hambach I: Abraumbandanlagen
- Beim Tagebau Fortuna: Braunkohleabbau (von weitem)

Nachbemerkung: Leider hat uns die Führung keinen bleibenden Eindruck von dem eigentlichen Braunkohleabbau vermitteln können, da die Besichtigung der Tagebaue kurz und oberflächlich war.

Besichtigung des Braunkohlekraftwerkes Niederaussem: In einem Diavortrag erläutert uns unser Führer, Herr Meyer, den Aufbau des Werkes. Besitzerin ist die RWE (Rheinisch-Westfä-

lisches Elektrizitätswerk AG, Essen). 1963 wurden die ersten zwei Blöcke in Betrieb genommen, 1974 der Endausbau auf acht Blöcke abgeschlossen. Die Gesamtleistung des Werkes beträgt 2'700 MW, der tägliche Bedarf an Braunkohle 73'000 Tonnen und an Wasser 150'000 m^3 (was dem Wasserbedarf einer Grossstadt wie Köln entspricht). Als Wirkungsgrad der Anlage werden stolze 36 % angegeben (rund 5% mehr als AKW's).
Zur Zeit wird die Anlage gerade von Gesetzes wegen mit einer modernen Rauchgasentschwefelungsanlage ausgerüstet, welche 1,3 Mia DM kostet und jährlich rund 350'000 Tonnen Gips produzieren wird. Zur Zeit ist noch völlig unklar, wo dieser Gips dereinst deponiert werden soll.

An ein von der RWE offeriertes Mittagessen schliesst sich noch ein Rundgang durch das riesige Kraftwerk an (Maschinenhaus, Schaltzentrale, Feuerungsräume, Dach 56 m hoch, Kohlenmühlen, Kühltürme).

Aussiedlerhof "Quadrat" bei Bergheim: Gewissermassen als "Kontrastprogramm" zu der uns eher einen Eindruck von Megalomanie hinterlassenden regionalen Energieausbeutung haben wir die Gelegenheit, im Gespräch mit einem angesiedelten Landwirt wieder in den "Mikromassstab" zurückzukehren.

Vorerst gibt uns Herr Feldkämper (Landwirtschaftlicher Berater der Landwirtschaftskammer Köln) einen kurzen Ueberblick über die Agrarstruktur des Erftkreises: Hier finden sich rund 1'400 Betriebe mit einer durchschnittlichen Fläche von etwa 34 ha. Rund 95% der landwirtschaftlichen Nutzfläche wird ackerbaulich genutzt. Die traditionelle Fruchtfolge besteht aus Zuckerrüben-Winterweizen-Wintergerste. Wegen EG-Einflüssen gibt es aber eine zunehmende Verschiebung von der Gerste Richtung Ackerbohnen, Gemüse und ähnlichem.

Nach abgeschlossener Rekultivierung werden im Kreis etwa 8000 ha Neuland anstehen. Zur Zeit gibt es hier rund 60 Betriebe mit Neuland. Grösstes Problem sind die auftretenden Vernässungen, welche Bewirtschaftung und Erträge sehr stark beeinträchtigen können.

Als Sanierungsmöglichkeiten stehen Drainage, Tiefenlockerung und eine spezielle, fünfjährige Fruchtfolge zur Verfügung. Die Landwirte müssen aber einzeln mit der Rheinbraun verhandeln, um Mittel für diese aufwendige Verfahren zu erhalten.

Anschliessend führt uns Herr Pütz über seinen 86 ha grossen Betrieb, welcher mit zwei Arbeitskräften und einem grossen Maschinenpark (inkl. eigenem Mähdrescher) ausschliesslich

Saatgut produziert. Nach seiner Ansicht ist unbedingt eine sorgfältige Drainage der Felder nötig, was allerdings rund DM 10'000.- pro ha kosten würde.

Bernhard Marti/Ruedi Nägeli

Di. 30.9.: Besuch beim KVR und ETEC in Essen - Plenumsdiskussion

Das Schwergewicht des heutigen Tages liegt beim Besuch des Kommunalverbandes Ruhrgebiet (KVR) in Essen. Der kurzfristig zustande gekommene Besuch des Essener-Technologiezentrums (ETEC) bietet am Nachmittag einen Einblick in das praktische Funktionieren eines solchen Zenters. Wieder in Bochum, beendet eine zweistündige Diskussionsrunde mit den Herren Prof. Hommel, Dr. Bronny und Dr. Hilsinger vom Geographischen Institut der Universität Bochum das vollbepackte Tagesprogramm.

Besuch des KVR: Um 09.30 Uhr werden wir an der Essener Kronprinzenstrasse durch Herrn Dr. Schwachenwalde vom KVR begrüsst. Anschliessend erfolgt die Vorführung der Multivision "Ruhrgebiet - ein neues Bild vom Revier". Die Multivision überzeugt als Hauptstütze eines neuen PR-Programms des KVR in technischer und inhaltlicher Hinsicht.
Anschliessend bietet Dr. Schwachenwalde einen Ueberblick über die **Geschichte des Ruhrgebiets** im Allgemeinen und über die Entstehung des KVR im Speziellen. Als Schlüsseldaten stechen 1920, Gründung des SVR (Siedlungsverband Ruhrkohlenbezirk) als öffentlich-rechtliche Körperschaft, und 1975, Auflösung des SVR im Zusammenhang mit der Kommunalen Neugliederung hervor. 1975 erfolgte die Gründung des Kommunalverbandes Ruhrgebiet, der im Gegensatz zum SVR keine Planungskompetenz mehr für das Ruhrgebiet hat (vgl. Kap. 10).

Um 11.30 Uhr orientiert uns Herr Dr. Rechmann, Leiter der Gruppe Statistik und Regionalforschung, über einige **aktuelle Strukturprobleme** des Reviers. Ausgehend von der "Arbeitsmarktstatistik Ruhrgebiet" vom August 1986 erläutert er einige Themen aus den Problemkreisen Migration, Nord-Süd-Gefälle in der BRD, Arbeitslosigkeit, Branchen- und Betriebsstruktur, Strukturwandel und Strukturpolitik. Als Instrument zur Steuerung der zukünftigen Entwicklung des Ruhrgebiets sieht Rechmann eindeutig die branchenorientierte, regionale Strukturpolitik, verbunden mit einer Indu-

striepolitik, die auf den vorhandenen Strukturen aufbaut. Grosse Bedeutung misst er dem Technologietransfer Universität-Wirtschaft zu.
Gesamthaft beurteilt er die Zukunft optimistisch; die Umstrukturierung wird weitergehen, aber das Ruhgebiet hat seinen Strukturwandel im Griff. Schliesslich sei darauf hinzuweisen, dass nicht alle Teilgebiete des Reviers vom Wandel gleichartig betroffen seien.

Um 12.30 Uhr spricht während eines vom KVR offerierten Arbeitslunches Herr Dr. Reiss-Schmidt über **Planungsfragen**: Er stellt dabei schwergewichtig den kürzlich neu herausgekommenen Entwurf zu einer umfassenden Freiflächenplanung ("Regionales Freiraumsystem Ruhrgebiet 1985") vor. Wichtigste Neuerung: Man geht über das 1966 geschaffene System der vertikalen Unterteilung der Ruhrgebietsstädte durch Grüngürtel hinaus und versucht nun die Resten dieser inzwischen stark "angeknapperten" Grünzonen horizontal zu vernetzen. Hierbei verfolgt der KVR eine planungsrechtlich interessante neue Strategie, welche von Dr. Reiss-Schmidt als "persuasive Planung" bezeichnet wird: Obschon dem KVR seit 1975 ja keine regionale Planungsbefugnis mehr zusteht, versucht er nun trotzdem wieder mittels einer kompetenten gutachterlichen Planung und gezielten informellen Koalitionen zu Planungsvorhaben zu kommen, welche auf kommunaler und regionaler Ebene mindestens als dringende Empfehlungen beachtet werden (vgl. im weiteren Kap. 8.5).

Besuch des Essener Technologiezentrums (ETEC): Nach einer kurzen Einführung in die Thematik der "neuen Technologien" durch A. Ritler werden wir im ETEC vom Prokuristen Herrn Kazmeier empfangen.
Anschliessend stellt uns Herr Dr. Tröscher, Mitinitiator und Geschäftsführer des ETEC (hauptamtlich wirtschaftlicher Berater des RWE-Vorstandes) in perfekter Manager-Manier das Zentrum und die dahinterzusteckende Idee vor. Schwerpunkte:
- Ausnutzung der regionalen Stärken
- nur Technologiebereiche mit Markt- und Wachstumschancen werden gefördert.
- enge Kooperation mit Wissenschaft, Verwaltung, Politik und Wirtschaft

Anschliessend erfolgt ein Rundgang durch das sich im Bau befindliche Erweiterungsgebäude des Zentrums (vgl. für Details Kap. 10.4).

Schlussgespräch: Um 17.00 Uhr treffen wir uns wiederum im Kolpinghaus Bochum zu einem Schlussgespräch mit den Herren Prof. Hommel, Dr. Bronny und Dr. Hilsinger vom Geographischen Institut der Uni Bochum. Jede Arbeitsgruppe erhält Ge-

legenheit, eine zentrale Frage aus ihrem Fachbereich zu stellen. Stichworte sind: öffentlicher Verkehr, Verlauf des industriellen Strukturwandels, Chancen der Wirtschaftsförderung, Problematik der Planung bei rückläufiger Entwicklung, Erfassung/Sanierung der Altlasten, Massnahmen gegen die Arbeitslosigkeit (vgl. Details Kap. 11).
Die Frage nach der Zukunft des Ruhrgebietes beantworten alle Referenten mehr oder weniger optimistisch und weisen noch einmal auf die regionalen Unterschiede und die damit verbundenen Entwicklungspotentiale im Ruhrgebiet hin.

Bernhard Meier

Mi. 1.10.: Zeche Walsum / Zechensiedlungen in Neukirchen-Vluyn

Als einer der Höhepunkte unseres Feldstudienlagers hat sicher die heute bevorstehende Einfahrt in eine Kohlegrube zu gelten, welche uns quasi zu den "Wurzeln" des industriellen Verdichtungsraumes führen soll, den Kohleflözen. Da der ganze Problemkreis Kohle in den Arbeitsberichten nicht speziell abgehandelt wird, soll ihm hier etwas breiterer Raum gewährt werden.

Zechenbesuch in Walsum: Bereits um 08.00 Uhr werden wir in der Zeche Walsum empfangen und durch einen kurzen Vortrag des Leiters der Schachtanlage, Herrn A. Witkopf, auf unsere Fahrt unter Tage vorbereitet.
Die Zeche Walsum, deren Grubenfeld sich über (resp. unter) eine Fläche von 80 km^2 erstreckt, liegt sehr nahe am Rhein und untergräbt diesen in weiten Teilen. Die geförderte Gaskohle eignet sich besonders zum Verbrennen in Kraftwerken. Sie steht im Süden (bei Walsum) in mindestens 300 m Tiefe an und fällt generell nach Norden ein (bei Voerde min. 600 m). Die Zeche wurde schon 1904 geplant, jedoch erst 1928 begonnen und förderte 1939 die erste Kohle. Die beiden Schächte in Walsum sind auf je 950 m abgeteuft, in Voerde wurde 1979 ein neuer Wetterschacht (bis 1050 m Teufe) begonnen, um die Versorgung mit Frischluft sicherzustellen und später auch Personen und Material zu fördern.

Um an die Kohlenflöze heranzukommen, werden von den Schächten aus auf verschiedenen Sohlen horizontale Strecken vorgetrieben und von dort aus in Streben, die den Flözen folgen, die Kohle abgebaut. Bei ausreichender Mächtigkeit der Flöze

Abb. 6: Einige Angaben zur Kohlegewinnung und -verwendung

(a) Kohlearten und deren Verwendung

Die Kohlearten werden durch den Gehalt an flüchtigen Bestandteilen bestimmt:

Magerkohlen	5-14 %	hohe Härte, hohe Inkohlung, geeignet für Brikett
Esskohlen	14-19 %	Schmiedekohle (Ess. von Esse)
Fettkohlen	19-28 %	gute Backfähigkeit, beste Kokskohle
Gaskohlen	28-35 %	relativ gute Kokskohle
Gasflamm- und Flammkohlen	über 35 %	

In 200 Jahren Bergbau an der Ruhr sind ca. 8,4 Mrd. t Kohle gefördert worden, davon:

Magerkohlen	9 %
Fettkohlen	60-70 %
Gaskohlen	20 %

In den Kokereien wird die Fettkohle erhitzt und dadurch werden die Gase wie auch die Teerbestandteile abgeschieden. In den Destilliertürmen bzw. Fraktionierungsanlagen werden nacheinander folgende Derivate herausgelöst:

a) Parraffine und Olefine   c) a + b
b) Nephtalin, Phenole   d) Phenantren

Diese vier Stufen machen ca. 40 % der Teermenge aus. Der Rest wird zur Herstellung von Asphalten, Russ (für Gummi), konservierenden Anstrichmassen verwendet. Durch weitere Verkohlung können besonders reiner Koks und Graphit gewonnen werden.

Nach dem Brennen wird der Koks als reiner Kohlenstoff ausgestossen.

Durch die Konkurrenz des Erdöls wird heute nur noch der Koks hergestellt, der für den Hochofenprozess notwendig ist.

Quelle: BIRKENHAUER,1984: 113f.

(b) Kohlegewinnung: Profil der Schachtanlage Walsum

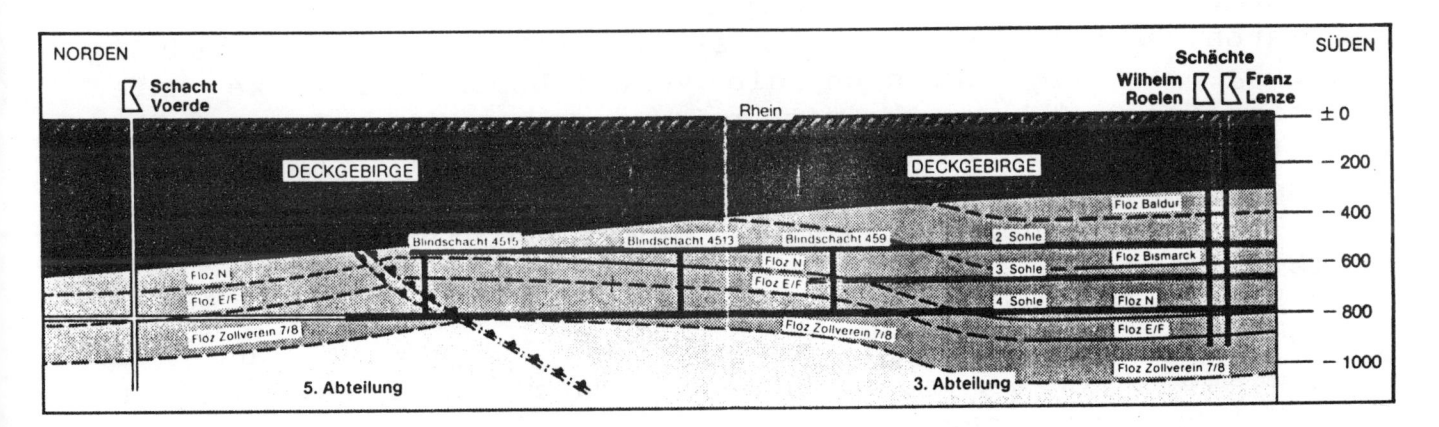

Quelle: RAG Essen (o.J.)

geschieht dies mit Schrämwalzladern unter hydraulischen Schilden, bei geringeren Mächtigkeiten (unter 1,4 m) muss gehobelt werden. Der Abbau innerhalb eines Flözes wird vor allem durch tektonische Störungen begrenzt. Ueber ein ausgeklügeltes Bandsystem wird die Kohle abtransportiert und in den Schächten zu Tage gefördert.

Seit 1965 erfolgt der **gesamte Abbau vollmechanisiert**, die Arbeit unter Tage bleibt jedoch nach wie vor sehr hart und nicht ungefährlich. Auf der Zeche Walsum sind insgesamt 4'100 Arbeitskräfte beschäftigt, davon rund $1/3$ über Tage. Diese Bergleute haben ein Soll von 13'000 t Kohle täglich zu fördern.

Für die ganzen Transporte unter Tage gibt es eine Reihe von "Verkehrssystemen": Fahrplanmässige Güter- und Personenzüge, Transportbänder, Einschienenschwebebahnen, Sessellifte, Busse. Das riesige Gangsystem erweitert sich jährlich um etwa 16 km. Die Arbeit unter Tage gliedert sich in die drei Hauptbereiche Streckenvortrieb, Transport/Förderung und den eigentlichen Kohleabbau.

Nach den Ausführungen von Herrn Witkopf bedingt die hohe Produktionsvorgabe von 13'000 t/Tag einen **"Hochleistungsbetrieb"**, der ständig an der obersten Kapazitätsgrenze arbeitet und keine Puffer für Betriebsunterbrüche mehr aufweist.

Dieser Produktionsdruck ist natürlich auf die sich in den letzten paar Jahrzehnten ständig verschlechternde **wirtschaftliche Lage der Kohle** (wachsende Substitution durch Erdöl, steigende Abbaukosten etc.) zurückzuführen. Was zur Folge hatte, dass die Zahl der fördernden Schachtanlagen im Ruhrgebiet seit den Höhepunkten in den 1860er und 1920er Jahren, und die Fördermenge seit den 1960er Jahren ständig rückgängig war und sich die verbliebenen Bergwerke unter staatlicher Obhut und mit zeitweise massiver finanzieller Unterstützung in einer Kohleverbundwirtschaft (Ruhrkohle AG) zusammenschliessen mussten.

1986 fördern noch 11 Zechen, wobei natürlich zu beachten ist, dass sich die "Strebleistung" durch die Mechanisierung des Abbaus ständig erhöht hat (z.B. von 13 t/Mann/Schicht um 1970 auf durchschnittlich 24 t/Mann/Schicht im Jahr 1986 bzw. 40 t in der modernen Zeche Walsum!). Dies gibt eine jährliche Abbaumenge von 3,2 Mio t Kohle alleine in der Zeche Walsum.

Die gesamte Produktion der Zeche Walsum wird in naheliegenden Kohlekraftwerken laufend verfeuert, was zur Folge hat, dass auf dem Zechengelände auch keine Kohlehalden zu erblicken sind.

Nach der Einführung haben sich alle umzuziehen, von der Unterhose bis zur Stirnlampe und CO-Filter wird uns die ganze Ausrüstung zur Verfügung gestellt. Dann heisst es "Glück auf" und mit Lift, Bahn, Sessellift, Bus und zu Fuss geht es unter Führung der Herren Reiske (Obersteiger) und Schmidt **an die eigentliche Abbaufront im Streb N der 8. Abteilung in der zweiten Sohle.** Es ist sicher für alle beeindruckend zu sehen, wie "selbstverständlich" sich alles bewegt in dieser unterirdischen Welt, welche Anstrengungen der Mensch unternimmt um an Energiereserven heranzukommen und welchen Erfindergeist er dabei entwickelt. Zu sehen, wie sich 400 m unter der Erdoberfläche die Schrämwalze durch das Flöz frisst, dahinter die 70 Mio Jahre alte Kohle, plötzlich einseitig vom Druck entlastet, arbeitet und mit oft lautem Knallen unvermittelt nachbricht, während über einem nur die Hydraulik der stählernen Schilde den Bergdruck trägt, hat schon etwas Faszinierend-Beängstigendes an sich.

Nach der Ausfahrt, so gegen 12 Uhr, kehren wir wieder ans Tageslicht zurück. Jetzt gibt es für alle, noch geschwärzt und verschwitzt, nach guter Bergmannstradition erst mal einen Schnaps, dann Erbsensuppe mit Brot und ein Glas Bier. Erst anschliessend wird geduscht oder gebadet, womit das Untertage-Abenteuer sein endgültiges Ende findet.

Sanierung von Zechensiedlungen in Neukirchen-Vluyn: Anschliessend an den Zechenbesuch ist noch die Besichtigung eines Siedlungssanierungsprojektes im nahegelegenen linksrheinischen Neukirchen-Vluyn geplant.

Als uns Herr Heber um 13.45 Uhr abholt, ist die Begeisterung der Teilnehmerschar auf ein Minimum gesunken. Irgendwie ist der Zechenbesuch halt schon als Schlusspunkt der Arbeit im Ruhrgebiet empfunden worden. Trotzdem: Die Ausführungen der Herren Lück (Leiter der Vermessung und Stadtentwicklungsplanung in Neukirchen) und Heber (Stadtenwicklungsamt Duisburg) sind interessant und die besuchten Zechensiedlungen "Alte Kolonie" und "Neue Kolonie" mit ihrem alten Baumbestand und den grossen Innenhöfen zeigen, wie auch in einem industriellen Ballungsraum ein Stück "Lebens-" oder wenigstens "Wohnqualität" aussehen könnte; auch wenn sich bei einer allfälligen Sanierung zahlreiche Probleme ergeben. In diesem Fall wird versucht, mit rund 11 Mio DM aus Bundestreuhandmitteln die Siedlung Haus für Haus schonend zu modernisieren, wobei den Mietern offensteht, ob sie die Wohnungen käuflich übernehmen wollen. Wegen der nicht zu vermeidenden Steigerung der Mietpreise (von derzeit DM 3.20/m^2 auf rund DM 5.50/m^2) sind allerdings noch viele Mieter (rund 55% sind Ausländer) gegen eine Sanierung eingestellt.

Nach der Rückkehr ins Kolpinghaus gilt es sozusagen als Dessert noch einige Informationen über die Reiseroute des folgenden Tages zu erfahren und eine Diskussion über Form und Gestalt des FSL-Berichts zu führen. Abschliessend möchte ich festhalten, dass das Programm dieses letzten Ruhrgebietstages "reich befrachtet" war, vielleicht wäre denn auch "überladen" der richtige Ausdruck. Für Herrn Heber dürfte es wohl kein spezielles Vergnügen gewesen sein, einem ganzen Haufen bestenfalls mässig interessierter Studiosi einen Vortrag zu halten; weniger wäre in diesem Fall sicher mehr gewesen.

Manuel Gossauer (Erg. R. Nägeli)

Do. 2.10.: <u>Transfer Bochum - Maria Laach - Moseltal - Metz</u>

Heute fahren wir um 10 Uhr in Bochum ab und verlassen damit unseren Exkursionsraum "Ruhrgebiet". Das Ziel des geplanten Abstechers nach Metz besteht darin, den deutschen Verdichtungsraum mit dem elsässisch-lothringischen Industrieraum zu kontrastieren.

Die erste Etappe unserer rund 400 km langen Fahrt bringt uns ans Mar von **Maria Laach** mit seiner gut erhaltenen (und vielbesuchten) Klosteranlage. Hier erläutert uns Prof. Aerni in der Mittagspause die historische Entwicklung des lothringischen Industrieraumes und wir formulieren gemeinsam drei grundsätzliche Fragen, welche wir an den morgigen Exkursionsraum stellen wollen:
(1) Welche Bedeutung hat die Fremdbestimmung im Rahmen der historischen Entwicklung der Region?
(2) Welches sind die beobachtbaren Phänomene des kumulativen Schrumpfungsprozesses?
(3) Welche Rolle spielt die staatliche Förderung? Gibt es auch endogene Erneuerungsimpulse?
Via das liebliche **Moseltal** (mit einem obligaten Trunk in einer der zahlreichen Gaststätten) und die Stadt Trier erreichen wir gegen 19 Uhr **Metz**, wo wir bereits von Herrn Prof. Reitel, dem Leiter des dortigen Geographischen Institutes, erwartet werden.
Wir nehmen Logis in einem Studentenwohnheim auf dem Universitätscampus und harren gespannt des nächsten Tages.

Ruedi Nägeli

Fr. 3.10.: LOTHRINGEN - eine Region in der Krise

Das heutige **Tagesprogramm** sieht unter der Leitung von Prof. F. Reitel, Geographisches Institut der Universität Metz, folgende Exkursion vor:

Metz(1, 08:15) - La Maxe(2) - Angevillers(3) - Vallée de la Fentsch(4) - Algrange(5) - Hayange(6) - Amnéville(7, Mittagessen) - Grandange(8) - Rombas(9) - Moyeuvre Grande(10) - Batilly(11) - Stadtzentrum Metz (Abschluss ca. 18:15).

Diese Route lässt sich am besten auf der IGN Karte 1:100'000 Nr. 11 verfolgen.
Anschliessend gemeinsames Nachtessen im Fort St. Julien zum Abschluss des FSL Ruhrgebiet 1986.
Die Ausführungen von Prof. Reitel lassen sich viel besser thematisch als nach einzelnen Exkursionshalten gliedern. In diesem Sinne basieren die folgenden Abschnitte auf Aussagen Reitels, seinen Exkursionsbeilagen, Beilagen vom Französischen Geographentag 1986 in Metz und dem dtv-Atlas der Geschichte.

LOTHRINGEN: Eine Peripherie Frankreichs im Zentrum Europas.
Angenommen, es existierte ein Zentralstaat in Mitteleuropa, ganz im Sinne Karls des Kühnen (15.Jh.), so wäre Lothringen eine zentrale, wirtschaftlich bedeutende Region und Metz wahrscheinlich eine der wichtigsten Metropolen dieses Staates.

Viele Voraussetzungen dazu wären eigentlich vorhanden:
Metz war schon zu römischer Zeit eine beachtliche Siedlung (rund 40'000 Ew.), die durch Handel zu Reichtum kam und die im Mittelalter als reichsfreie Stadt und kulturelles Zentrum grosse Bedeutung hatte;
Lothringen, insbesondere die Gebiete im Norden, konnte punkto Rohstoffe (Kohle, Erze, Wasser) und punkto zentrale Lage in Europa mit mancher heute bedeutenden Industrieregion konkurrieren.
Spätestens seit dem Ende des Dreissigjährigen Krieges, als Lothringen mit dem Westfälischen Frieden 1648 zu Frankreich kam, war die Geschichte von Metz und Lothringen aber sehr eng mit der Geschichte von ganz Europa gekoppelt. Anstatt zu einem Teil eines zentralen Staates in Europa wurde Lothringen zum Grenzland zwischen zwei sich immer wieder bekriegenden Nationen.

Als Teil Frankreichs war die Lorraine in der frühen Neuzeit wegen der S-N verlaufenden Topographie und Gewässernetze und der grossen Distanzen zu Paris eher nach Norden und Osten als nach Westen hin orientiert. Erst als in der Zeit Ludwigs XIII und XIV Frankreich seine "natürlichen Grenzen" am Rhein suchte (1681: Annexion von Strassburg) und 1726 die wichtige Strasse von Paris nach Strassburg gebaut wurde, rückte Lothringen etwas näher an Paris heran. Das Interesse Frankreichs an der Region kam aber primär von militärischer Seite, denn durch die Lorraine, vorbei an Metz, führte der einfachste Weg von Osten her ins Pariser Becken. Aus diesem Grund wurden riesige Befestigungsanlagen gebaut, das Gebiet im höchsten Masse militarisiert.

Das Ende der napoleonischen Zeit brachte den Staaten Preussen und Frankreich erstmals gemeinsame Grenzen. Damit wurde Lothringen für Preussen zum westlichen Expansionsraum, der mit seinen Erzvorkommen eine wichtige Ergänzungsfunktion für das Ruhrgebiet erfüllte. So erstaunt es denn nicht, dass nach dem Deutsch-Französischen Krieg von 1870/71 die Grenzen gerade so festgelegt wurden, dass alle damals bekannten Erzlagerstätten der Lorraine ins Deutsche Reich zu liegen kamen.

Erst nach dem Ersten Weltkrieg kam Lothringen an Frankreich zurück. Mit dem Bau der Maginotlinie wurde Lothringen (in dem sich unterdessen ziemlich deutlich Autonomiebestrebungen bemerkbar machten) erneut militarisiert, was für die Entwicklung der Region von grosser Bedeutung war. Nach dem Zweiten Weltkrieg erlebte die Industrie Lothringens einen grossen Aufschwung, man produzierte aber vielerorts noch mit denselben Anlagen, mit denen vor dem Ersten Weltkrieg bereits die Preussen gute Bilanzen erzielten (Halte 4, 5 und 6).

Die Verkehrsgunst des Raumes wurde durch die Schiffbarmachung der Mosel für Europaschiffe (Eröffnung 1963) und den Bau von Autobahnen (Schnittpunkt der Autobahnen N-S und W-E nördlich von Metz, in der Nähe von Halt 2 auf ein sehr hohes Niveau ausgebaut.
Als sich aber die Stahlkrise abzuzeichnen begann, setzte in Lothringen ein wirtschaftlicher Niedergang ein, der heute noch nicht abgeschlossen zu sein scheint und der aus Lothringen eindeutig wieder ein peripheres Gebiet macht.

Militärische Funktion Lothringens blockiert die Entwicklung.
Lothringen erfüllte in den Verteidigungskonzepten Frankreichs immer wieder eine wichtige Rolle. Erstaunlich ist, wie tiefgreifend die Entwicklung der Region durch diese Militärpräsenz geprägt wurde. Dazu ein paar Beispiele:

1) Die Befestigungsanlagen schränkten für lange Zeit den Entwicklungsspielraum der Städte massiv ein, weil die Nutzung des Stadtumlandes infolge strengster Bauvorschriften stark behindert war. So durfte beispielsweise näher als 600 Meter an einer Befestigung nicht gebaut werden und für Bauten bis 1'600 Meter Entfernung brauchte es eine Bewilligung des Militärs. Einige dieser Bestimmungen wurden erst vor wenigen Jahren abgeschafft (bei Halt 2 wurde das Bauverbot um Fort Gambetta 1963 aufgehoben)!
2) Die Nutzung der ebenen Flächen des Moseltals war lange Zeit stark eingeschränkt, weil das Gebiet im Verteidigungsfalle überflutet werden sollte.
3) Eine Verminderung der Waldflächen wurde aus strategischen Gründen vom Militär verhindert.
4) In sogenannten "militärischen Grenzgebieten" (d.h. auch in Lothringen) ist noch heute eine z.T. militärische "Commission mixte" anzuhören, wenn es um Strassenbau oder Waldrodungen geht. Mit dem Hinweis auf die Nähe der Grenze wurde von dieser Kommission offenbar auch schon die Ansiedlung verschiedener Industrien verhindert (z.B. Flugzeugkonstruktion).

Mit dem "Aufstieg" Frankreichs zur Atommacht verloren die Befestigungsanlagen der Maginotlinie vorübergehend an Bedeutung. In jüngster Zeit steigt aber das Interesse an diesen Grenzbefestigungen wieder. Was immer das auch militärisch-strategisch bedeuten mag, für die Lorraine wird eine Renaissance der Festungen Folgen haben.

Fremdbestimmung versus Eigeninitiative.
Wie weiter oben bereits erwähnt, dominierte in Lothringen mal der deutsche und mal wieder der französische Einfluss. Beide Situationen hatten gemeinsam, dass wichtige Entscheide nicht in der Region selber gefällt wurden. Dabei wurden die Interessen der Region oft ungenügend berücksichtigt. So beispielsweise, als ein Stahlwerk der USINOR in bester Hafenlage bei Thionville von der Konzernleitung geschlossen wurde, um die Produktion des Hauptwerkes in Dünkirchen zu stützen. Gleichzeitig blieben in Lothringen wesentlich ältere und ungünstiger gelegene Werke in Betrieb.

Eine weitere Folge der andauernden Fremdbestimmung stellt das fehlende Unternehmertum dar. Dieses Manko führt dazu, dass eine mögliche treibende Kraft eines positiven Strukturwandels fehlt. Ebenso fehlt die finanzielle Basis für Investitionen in der Region, denn die von Paris geführten Banken legen die in Lothringen erwirtschafteten Gewinne natürlich nicht in einem strukturschwachen Krisengebiet an.

von Grossunternehmern ein jähes Ende. So z. B. bei der Verstaatlichung der Betriebe der Familie De Wendel in Hayange (Halt 6) im Jahre 1981. Mit der Familie verliess nicht nur ein unternehmerisch aktiver Kreis die Region, es floss auch viel Kapital ab und den Gemeinden fielen Aufgaben zu, welche die De Wendels ihnen bisher ganz oder teilweise genommen hatten (Schulen, Sportanlagen, Spitäler, Busse, etc.).

Die taktische Monostruktur ist mitschuldig an der Krise...
Weil Grenzgebiete naturgemäss das erste sind, was ein Feind besetzen könnte, hatten weder Frankreich noch Deutschland ein Interesse daran, den in Lothringen produzierten Stahl in der Region selber weiterzuverarbeiten. So entstand eine taktisch bedingte Monostruktur der Stahlproduktion. Die Betriebe der Stahlverarbeitung wurden in grenzferneren Gebieten angesiedelt. Noch heute wird nur ein Viertel des lothringischen Stahls in der Region verarbeitet (im Ruhrgebiet rund drei Viertel).
Die Stahlkrise wirkt sich in einem so einseitig strukturierten Gebiet doppelt gravierend aus: Die Stahlproduktion ging von ca. 14 Mio t 1974 auf ca. 6 Mio t 1984 zurück; von den mehr als 90'000 Arbeitsplätzen in der Stahlindustrie im Jahr 1966 blieben 1986 weniger als 26'000; der Bevölkerungsrückgang zwischen 1962 und 1982 betrug im Vallée de la Fentsch (Halt 4) beinahe 25% und im Vallée de l'Orne (Halt 7-10) sogar rund 28%. Wenn die Arbeitslosigkeit offiziell mit "nur" 10% angegeben wird, so deshalb, weil weder Frührentner (z. T. ab 49 Jahren), noch Grenzgänger, noch in staatlichen Programmen beschäftigte Jugendliche in dieser Rechnung berücksichtigt werden.
Um die Besetzung von stillgelegten Fabriken durch entlassene Arbeiter zu verhindern, werden die Gebäude sehr rasch abgebrochen. Grosse Industriebrachen und leerstehende Hallen prägen das Bild der Wirtschaftslandschaft. Als "Glück im Unglück" wird angesehen, dass es zur Zeit nicht nur in Lothringen, sondern in ganz Frankreich wirtschaftlich nicht sehr gut aussieht, denn sonst wäre die Abwanderung und der Verlust von "human capital" wesentlich grösser.

Die Lorraine - ein starkes Stück Frankreich?
Während wir im Ruhrgebiet relativ optimistische Perspektiven für die wirtschaftliche Zukunft zu erkennen glauben (vgl. Kap. 11), dominiert in der Lorraine eher der Eindruck von Stagnation und Resignation. Wenn nicht der Staat, die EG oder eventuell die Grossregion Saar-Lor-Lux mit einem riesigen Effort den wirtschaftlichen Abstieg zu bremsen vermag, dürfte in Lothringen ein Tief erreicht werden, von dem das Ruhrgebiet bisher verschont blieb. Die neueren Versuche, die Wirtschaftskraft der Region zu stärken (Renaultwerke bei

Ruhrgebiet bisher verschont blieb. Die neueren Versuche, die Wirtschaftskraft der Region zu stärken (Renaultwerke bei Halt 11, Industriepark "Technopol 2000" in Metz) strahlen aber nicht den Optimismus des Unternehmertums aus, wie wir das beispielsweise in Essen (vgl. Tagesbericht vom 30.9.86) erlebt haben.
Lothringen droht damit nicht nur zur wirtschaftlichen, sondern auch zur sozialen Peripherie zu werden.

Hugo Staub

Sa. 4.10.: Metz - Basel - Bern

Nach dem reichbefrachteten gestrigen Exkursionstag verbleibt uns heute nur noch die Heimfahrt via Strassburg - Kehl - Basel - Bern, wo wir im Verlaufe des Nachmittags wohlbehalten ankommen.

Ein Feldstudienlager hat damit seinen Abschluss gefunden, welches zwar von seiner Destination her nicht allzu spektakulär gewesen sein mag. Bezogen auf die Strukturen, Entwicklungen und Probleme im europäischen Regionstyp "urban-industrieller Verdichtungsraum" hat es uns allen jedoch eine nachhaltige Erfahrugn vermittelt.

Ruedi Nägeli

TEIL II

Lebensraum zwischen Kaminen: Das Ruhrgebiet ist immer noch reich an konfliktträchtigen "Nahtlagen" wie hier bei der Thyssenhütte in Duisburg. (Foto: G.Thormann 1985)

ARBEITSBERICHTE

1. AUCH INDUSTRIERAEUME "ALTERN" - EINFUEHRENDE BEMERKUNGEN ZUR SITUATION UND GEOGRAPHISCHEN ANALYSE DES VERDICHTUNGSRAUMES RUHRGEBIET

Ruedi Nägeli

Was wollen Geographen von der Welt wissen, wenn sie eine Reise an die Ruhr tun?
Vor diese Frage sahen wir uns gestellt, als wir die Vorbereitungsarbeiten für ein Feldstudienlager im Ruhrgebiet an die Hand genommen haben.

Es handelte sich hierbei jedoch nicht nur um die Frage des "Aufhängers" für die Beschäftigung mit unserem Exkursionsraum, sondern vielmehr um die Kernfrage der regionalgeographischen Theorie und Analysemethodik ganz allgemein, über welche bereits seit etlichen Jahren debattiert wird (vgl. NAEGELI, 1986 und 1987 im Ersch.).

Im Rahmen des Feldstudienlagers Ruhrgebiet haben wir versucht, sowohl die Vorbereitungsarbeiten wie auch das Feldprogramm möglichst konsistent auf einen Analyseraster auszurichten, welcher der spezifischen regionalen Entwicklung des Ruhrgebietes Rechnung trägt.

In den nachfolgenden Ausführungen versuche ich nun, im Zusammenhang mit diesem Analyseraster zu erläutern,

a) um welchen **Regionstyp** es sich beim Ruhrgebiet handelt,

b) welche **Probleme und Prozesse** in diesem Raum vordringlich studiert werden sollten, und

c) wie diese Probleme im Rahmen einer regionalgeographischen Analyse möglichst sinnvoll in einen dynamischen **Erklärungsrahmen** eingebunden werden könnten.

1.1 Das Ruhrgebiet als Region: Sterbender Kern einer Megalopole oder Kandidat für einen neuen Aufschwung?

Bezogen auf die unterschiedlichen Verläufe regionaler Entwicklung lassen sich im **europäischen Rahmen** eine Reihe von Regionen mit jeweils **typischen Entwicklungsmustern** differenzieren, wie etwa: Metropolitane Verdichtungsräume, indu-

Abb. 1.1: Siedlungsstrukturelle Regionstypen in der Bundesrepublik Deutschland

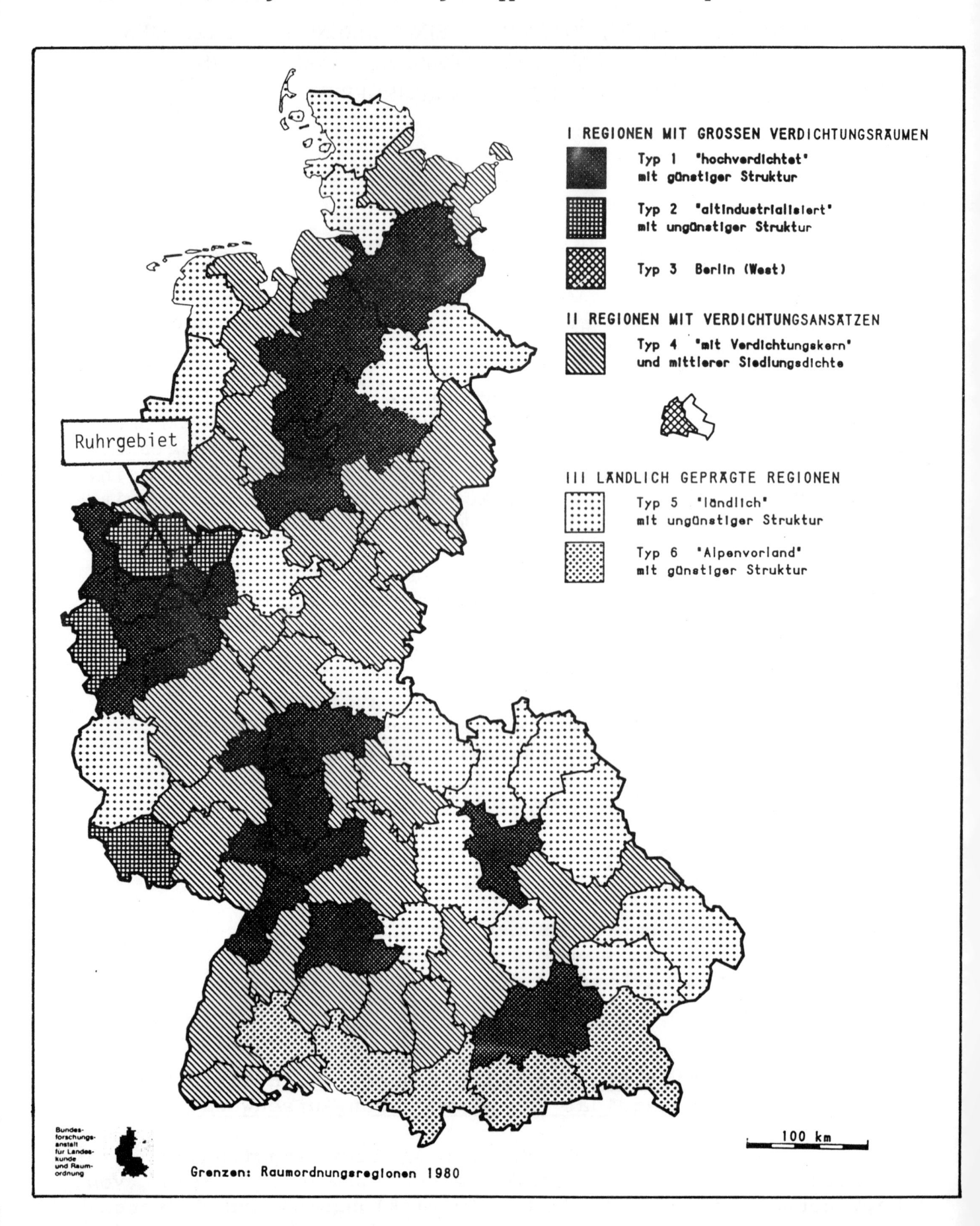

I REGIONEN MIT GROSSEN VERDICHTUNGSRÄUMEN
- Typ 1 "hochverdichtet" mit günstiger Struktur
- Typ 2 "altindustrialisiert" mit ungünstiger Struktur
- Typ 3 Berlin (West)

II REGIONEN MIT VERDICHTUNGSANSÄTZEN
- Typ 4 "mit Verdichtungskern" und mittlerer Siedlungsdichte

III LÄNDLICH GEPRÄGTE REGIONEN
- Typ 5 "ländlich" mit ungünstiger Struktur
- Typ 6 "Alpenvorland" mit günstiger Struktur

Ruhrgebiet

Grenzen: Raumordnungsregionen 1980

Bundesforschungsanstalt für Landeskunde und Raumordnung

Quelle: BfLR 1984, nach HAUBRICH 1985 (Karte 2)

striell-urbane Verdichtungsräume, urbanisierte Uebergangsregionen, hochintensive Agrarregionen, neuindustrialisierte ländliche Wachstumsregionen, touristische Wachstumsregionen, ländliche strukturschwache Peripherieregionen, etc.

Wie ein Blick auf Abb. 1.1 zeigt, lässt sich eine ähnliche Differenzierung auch im **nationalen Rahmen**, hier für die Bundesrepublik Deutschland, vornehmen: Diese von der Bundesforschungsanstalt für Landeskunde und Raumordnung v. a. unter Betonung siedlungsstruktureller Aspekte durchgeführte Typisierung macht deutlich, dass der Kernraum des Ruhrgebietes dem Typus **"altindustrialisierte Verdichtungsregion mit ungünstiger Struktur"** zuzurechnen ist. Wohl gibt es noch eine Reihe anderer grosser Ballungsräume (etwa auf der Entwicklungsachse Mannheim-Frankfurt, der Achse Hannover-Bremen-Hamburg sowie die Ballungsräume München, Stuttgart, Nürnberg und Saarbrücken), diese haben sich jedoch (ausser das Saarland) nicht auf der Basis einer ins letzte Jahrhundert zurückreichenden Montanindustrie entwickelt und weisen deshalb auch nicht diese **hochpotenzierte Kombination von Strukturproblemen** auf, wie sie für einen grossen Teil des Ruhrgebietes charakteristisch ist.

Ueberblicksmässig leidet der Verdichtungsraum Ruhrgebiet heute unter folgenden drängenden Problemen (vgl. SINZ, 1984; KRUMMACHER, 1982 und 1985):

- strukturelle Arbeitsplatzvernichtung und daraus resultierende hohe Arbeitslosigkeit
- negative wirtschaftliche Wachstums- und Produktivitätsentwicklung verglichen mit dem Landes- und Bundesdurchschnitt
- niedriger Freiflächenanteil
- überalterte Bausubstanz
- schlechte Wohn- und Wohnumfeldqualität
- sehr ungünstiger Arbeitsmarkt (wegen montanindustrieller Monostruktur und geringem Angebot an qualifizierten Arbeitsplätzen in neuen Wachstumsbranchen)
- Bevölkerungschwund v. a. im Ballungskern (Geburtenrückgang und selektive einheimische Abwanderung, was wiederum zu einem steigenden Ausländeranteil führt)
- wachsendes Armutspotential unter den einkommensschwächeren Bevölkerungsteilen

Zusammengefasst finden wir in der Montanregion zwischen Ruhr und Rhein heute eine Kumulation von Arbeitsplatz-, Bevölkerungs-, Wohnungs- und Umweltproblemen, und niemand weiss so recht, wo und wie man anfangen soll, diesen Teufelskreis aufzubrechen!

Dies war nicht immer so. Ein Blick zurück in die letzten hundert Jahre zeigt, dass das Ruhrgebiet während manchen Jahrzehnten als Wiege industrieller Fortschritte, als phänomenale Wachstumsregion und strukturstarke "nationale Waffenschmiede" gefeiert worden ist (vgl. etwa BIRKENHAUER 1984 und 1986, SCHLIEPER 1984, STEINBERG 1985, NIENABER 1985 sowie Kap. 2).

Diese längerfristige Betrachtung macht denn auch deutlich, dass offensichtlich auch Regionen einen "Alterungsprozess" durchlaufen, in dem sie ganz bestimmten **Wachstums- und Schrumpfungszyklen** unterworfen sind (vgl. etwa MARSHALL, 1987): Dank bestimmten Standortvorteilen, Ressourcen oder technologischen Neuerungen können sich regionale Wirtschaften für eine bestimmte Zeit auf atemraubende Wachstumspfade begeben. Mit der Zeit treten jedoch gewisse Sättigungserscheinungen auf, die Nachfrage auf dem Weltmarkt lässt nach (weil Konkurrenten ins Spiel eingegriffen haben oder neue Produkte und neue Technologien im Anmarsch sind), intraregionale wirtschaftliche, politische und soziale Strukturen erstarren zunehmend, Bürokratisierung und Absteckung von "Pfründen" greifen um sich und werden wichtiger als dynamische Innovation, auch die grossen Investoren beginnen zunehmend, ihr Kapital abzuziehen und in neuen Branchen/Regionen umzulenken. Der ehemalige Wachstumsraum wird damit zum Stagnationsraum, die ausgedienten industriellen Anlagen, die alten Wohnsiedlungen, die veraltete Infrastruktur und die zerstörte Umwelt sind aber immer noch vorhanden und werden zum Hemmschuh neuer Entwicklungen.

Wer will heute schon in einen alten Industrieraum investiern mit all den oben angeführten Nachteilen, und erst noch einer vergifteten Umwelt, deren unheimliche Erbschaften und Risiken als sog. "Altlasten" (vgl. Kap. 5) heute erst bruchstückhaft bekannt sind?

Die neuen Branchen mit ihren neuen Technologien und qualifizierten Fachspezialisten drängen viel mehr **in den grünen Süden**, in ländliche Regionen mit bisher intakter Umwelt, jedoch nicht allzu grosser Distanz zu einer mittelgrossen bis grossen Stadt mit Fachuniversitäten, Finanzmärkten, vielseitigen Arbeitsmärkten und einem breiten kulturellen Angebot. Also beispielsweise ins Umland von München, welches in den letzten Jahren eine (v. a. auf der Computerindustrie und neuen Dienstleistungen basierende) ausserordentliche Wachstumsdynamik an den Tag gelegt hat.

Der Vergleich einzelner Entwicklungsindikatoren aus dem Ruhrgebiet, der Region München und der gesamten Bundesrepublik spricht denn auch eine deutliche Sprache (vgl. Abb. 1.2):

Abb. 1.2: Niedergang des Ruhrgebietes - Wachstumsboom der Region München (anhand ausgewählter Indikatoren)

Indikatoren		Bundes-gebiet	BFLR-Raumordnungsregionen		
			70 München	20b - 23 Ruhrgebiet Mittelwerte	21 Bochum
1. Zur Bevölkerungsstruktur und -entwicklung					
1.1 Zu- bzw. Abnahme der Bevölkerung 1975 - 1980	%	- 0,9	+ 1,9	- 2,9	- 4,1
1.2 Geburten-, Sterbesaldo 1980 - 1982 je Tsd. Einwohner (Ew)	‰	- 4,5	- 1,6	- 8,0	- 11,6
1.3 Wanderungssaldo 1980 - 1982 je Tsd. Einwohner	‰	+ 6,3	+ 12,0	- 5,2	- 11,2
1.4 Erwerbsfähigenquote 1981 - Ew im Alter v. 15 - 65 J. je 100 Ew gesamt	%	67,6	71,7	68,7	68,8
1.5 Binnenwanderungssaldo der Erwerbspersonen 1979 - 1982 je 100 Erwerbspersonen	%	0	+ 4,6	- 1,9	- 1,3
1.6 Ausländerquote 1983 Ausländer je 100 Ew	%	7,4	12,0	8,6	7,5
2. Zum Arbeitsplatzangebot					
2.1 Industriebeschäftigte 1982 je 100 Erwerbsfähige	Index	100	88	106	107
2.11 Entwicklung der Industriebeschäftigten 1978 - 1982	%	- 3,3	+ 4,8	- 6,6	- 1,6
2.2 Beschäftigte in Wachstumsbranchen 1982 je 100 Erwerbsfähige	Index	100	131	79	94
2.3 Lohn bzw. Gehalt je Industriebeschäftigtem 1982	Index	100	112	102	101
3. Zum Arbeitsmarkt					
3.1 Arbeitslosenquote 1983 Arbeitslose je 100 Arbeitnehmer	Index	100	63	130	133
3.2 Dauerarbeitslosenquote 1982 Langzeitarbeitslose je Tsd. Arbeitnehmer	Index	100	59	171	188
3.3 Jugendarbeitslosenquote 1982 Arbeitslose unter 25 J. je 100 Einwohner v. 15 - 25 J.	Index	100	46	128	133
3.4 Offene Stellen 1983 je 100 Arbeitslose	Index	100	233	60	57
4. Zur wirtschaftlichen und fiskalischen Leistungskraft					
4.1 Bruttoinlandsprodukt / BIP 1980 je Einwohner in DM	Index	100	128	98	99
4.11 Entwicklung des BIP in DM je Einwohner 1974 - 1980	Index	100	145	86	118
4.2 Einkommenssteuer 1981 je Einwohner in DM	Index	100	131	102	99
4.3 Gewerbesteuer 1981 je Einwohner in DM	Index	100	157	84	77

Quelle: Eigene Berechnungen nach BFLR, Informationen zur Raumentwicklung, Heft 11/12, 1981; 11/12, 1982; 12, 1983

aus: KRUMMACHER, 1985: 35

In der Region München wächst die Bevölkerung, besteht ein grosser Zuwanderungsüberschuss, steigt die Zahl der Industriebeschäftigten laufend an, ist bereits ein überdurchschnittlich hoher Anteil Beschäftigter in Wachstumsbranchen vorhanden, wird ein überdurchschnittliches Bruttosozialprodukt erwirtschaftet, sind die Löhne hoch, ist die Arbeitslosigkeit gering und der Arbeitsmarkt ist nahezu ausgetrocknet -**im Ruhrgebiet dagegen zeigen alle diese Indikatoren in die entgegengesetzte Richtung!**

Es ist deshalb kaum verwunderlich, dass manche Autoren, welche die Regionalentwicklung unter einer etwas längerfristigeren Perspektive betrachten, von einem **fortlaufenden krisenhaften Niedergang oder gar einer "Peripherisierung" des Ruhrgebietes** sprechen (etwa KRUMMACHER, 1982 und 1985; verschiedene Autoren in GRYCZAN u. a., 1984; BAHRO, 1985 etc.) und die heute anstehenden Strukturprobleme und Krisenerscheinungen als "folgerichtige" Phänomene des vorprogrammierten Abstieges sehen.

Andere Autoren (etwa BIRKENHAUER, 1986 oder KUNZMANN, 1985) sehen die Lage nicht so düster; sie anerkennen auf der einen Seite zwar die grossen, aus dem "Kohle-Stahl-Syndrom" stammenden Strukturprobleme, auf der anderen Seite weisen sie aber auch auf die immer noch vorhandene Substanz und Umsatzstärke der Grossfirmen im Revier hin, die wachsende Zahl von Technologiezentren und "high-engineering"-Unternehmen, die grosse Dichte von Universitäten und Fachhochschulen, das bisher wenig systematisch genutzte Potential des "informellen Sektors" oder auch das äusserst vielseitige kulturelle Angebot.

Die **Schlüsselfragen**, welche wir an unseren Exkursionsraum zu stellen haben, lassen sich damit deutlich formulieren; sie werden sich aber nicht so schnell und nicht so eindeutig beantworten lassen, nämlich:

In welche Richtung geht der Strukturwandel im Ruhrgebiet? Sind die derzeitigen Krisenerscheinungen Symptome eines längerfristigen Niederganges, oder bahnt sich eine industrielle Restrukturierung an, welche nach einem gewissen "Abschütteln von altem Ballast" das Revier wieder auf Wachstumspfad bringt? Wird das Ruhrgebiet auch in Zukunft wieder zu einem "starken Stück Deutschland", wie dies die cleveren Werber des Kommunalverbandes Ruhrgebiet derzeit suggerieren? Oder ist vielmehr der kontinuierliche Bedeutungsschwund des alternden Verdichtungsraumes zur industriellen Peripherie vorprogrammiert, wie dies kritische Sozialwissenschafter befürchten?

In den nachfolgenden Kapiteln werden wir diese Fragen zwar, wie gesagt, nicht umfassend beantworten können. Sowenig wie dies im Jahre 1983 eine grosse Tagung am Institut für Raumplanung der Universität Dortmund tun konnte, welche ihre Evaluationen unter dem vielsagenden Titel "Zukünfte für eine alte Industrieregion" publizierte (vgl. GRYCZAN u. a., 1984). Wir versuchen aber immerhin, einige der mit diesen Fragen verbundenen Problemkreise etwas zu durchleuchten und somit einzelne Facetten des komplexen Makroprozesses "Strukturwandel in einem alten Industrieraum" sichtbar zu machen.

1.2 Was also wollten die Berner Geographen vom Ruhrgebiet wissen?

Im Rahmen der vorangehenden Ausführungen ist deutlich geworden, dass wir es beim Ruhrgebiet mit einem altindustriellen Montanrevier zu tun haben, welches zur Zeit von verschiedenen Krisen geschüttelt wird und deshalb unter einem starken Restrukturierungszwang steht.

Es würde also wenig Sinn machen, hier mit der traditionellen, am "länderkundlichen Schema" orientierten regionalgeographischen Analysemethodik anzurücken.
Die Aufgabe besteht vielmehr darin, die vielfältigen, mit dem ablaufenden Strukturwandel verbundenen Probleme, Sachzwänge und Folgeprozesse im Rahmen eines kausal-dynamischen Rasters zu sichten, zu ordnen und soweit als möglich zu verstehen. Als ein solcher Raster dient das in Abb. 1.3 vorgeschlagene Analyseschema, nach welchem sich auch die inhaltliche Anordnung der weiteren Kapitel in diesem Bericht orientiert.

Zur Erhöhung der thematischen Kohärenz des Berichtes möchte ich nachfolgend die wesentlichsten Elemente, Betrachtungsrichtungen und Fragen, welche diesem Schema zugrundeliegen, kurz erläutern (wobei allerdings die Kapitelnummerierung nicht in allen Teilen mit der folgenden Gliederung übereinstimmt).

(1) **Der historische Entwicklungsprozess:** Als Folge eines beispiellosen **industriellen Wachstumsprozesses** auf der Basis von Kohle und Stahl hat sich zwischen Ruhr und Rhein seit der Mitte des letzten Jahrhunderts eine ehemals bevorzugte Agrarregion in den grössten europäischen industriell-urbanen Ballungsraum transformiert. Welches sind die massgeblichen Bestimmungsfaktoren dieses Entwicklungsprozesses gewesen? **(vgl. Kap. 2).**

Abb. 1.3: Schematischer Zusammenhang einer Strukturanalyse im Verdichtungsraum

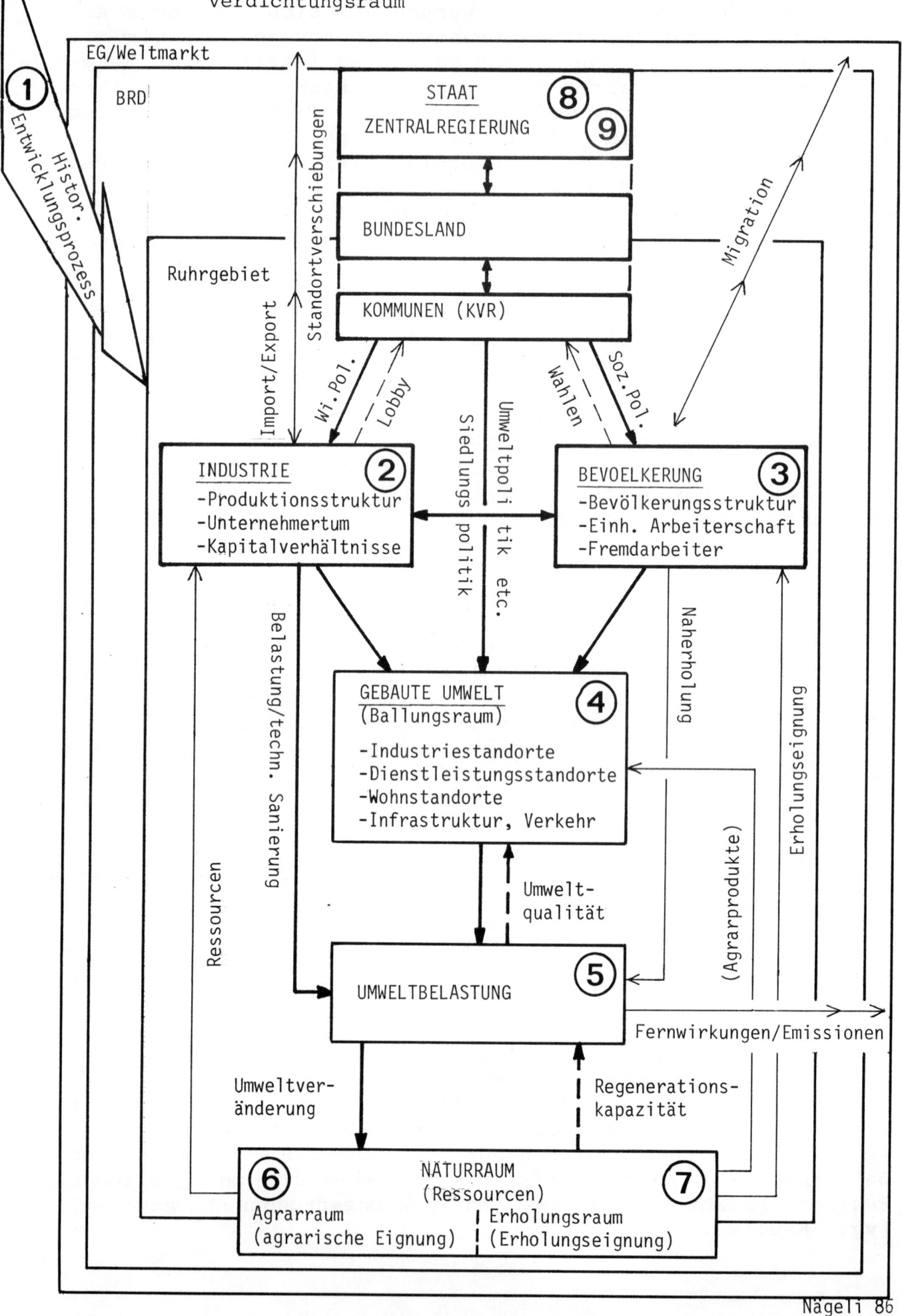

Nägeli 86

(2) Dieser Prozess hat zu einer ganz spezifischen, einseitigen **Industriestruktur** geführt, in welcher noch heute v. a. grosse Konzerne in den Bereichen Kohleabbau, Kohlechemie, Eisen- und Stahlproduktion, Energieproduktion (auf Kohlebasis) und Maschinen- und Anlagebau dominieren.
Der heute zumeist von den Weltmarktbedingungen aufgezwungene Strukturwandel im Montansektor lässt die Anpassungsprozesse in diesen Branchen deshalb weitgehend zum "Motor" weiterer wirtschaftlicher, demographischer oder siedlungsräumlicher Veränderungen werden. In welche Richtung gehen diese Veränderungen? Wie beeinflussen sie Betriebstandorte, Fertigungsverfahren, Arbeitsplätze, etc.? (vgl. Kap. 3).

(3) Von diesem Strukturwandel wird vor allem auch die **Bevölkerung** betroffen: Während der Wachstumsjahrzehnte saugte das Revier Hunderttausende von Arbeitskräften aus ganz Europa an - heute, in der Phase der Stagnation, Krise und z. T. sogar Desindustrialisierung, stösst es die in der Montanindustrie überflüssig gewordene grosse Belegschaft sukzessive wieder ab; oder es bahnt sich eine gewisse Umschichtung Richtung Billigarbeitskräften (aus Ländern wie der Türkei), bzw. neuerdings Richtung computergesteuerte Rationalisierung mit einer kleinen Anzahl Facharbeitskräften an. Wie erfährt und erlebt die Bevölkerung bzw. die Arbeiterschaft einen Strukturwandel, welcher dazu führt, dass auf der einen Seite die Arbeitskräfte dank technischen Neuerungen zwar weniger "verbraucht" werden, dass andererseits aber gerade durch diese Entwicklung auch zunehmend weniger Arbeitskräfte "gebraucht" werden? (vgl. Kap. 4).

(4) Industrielles Wachstum und rasantes Bevölkerungswachstum führten zu einem beispiellosen **räumlichen Ballungsprozess**. Das Resultat: Ein polyzentrischer Verdichtungsraum, der sich wie ein Teppich über einen grossen Teil des Reviers ausbreitet und in welchem die Uebergänge zwischen den ehemaligen Hellwegstädten Duisburg, Essen, Bochum und Dortmund kaum mehr auszumachen sind.

Wenn diese "gebaute Umwelt" zwar einerseits eine grosse Persistenz aufweist, so steht sie andererseits doch auch unter einem **laufenden Veränderungsdruck**: Die sich restrukturierende Montanindustrie gibt grosse Flächen mit zum Teil riesigen alten Anlagen auf, neue Industrien melden neue Standortbedürfnisse an, heruntergekommene Arbeitersiedlungen werden im Zeichen der heutigen Wohnbedürfnisse saniert (oder unsaniert an Gastarbeiter überlassen), die wachsende Mittelklasse zersiedelt den grünen Süden und Norden etc. Und als ganz neue Problematik: Der seit einigen Jahren anhaltende Bevölkerungsschwund hinterlässt überdimensionierte Infrastrukturen und zwingt zu einer sukzessiven Redimensionierung öffentlicher Dienstleistungen. Kurz: Wie lassen sich die vorhandenen, trägen Strukturen der gebauten Umwelt an die durch den Strukturwandel immer wieder provozierten neuen Bedürfnisse anpassen? (**vgl. Kap. 9**).

(5) Der industrielle Ballungsraum ist bisher immer auch ein Raum mit ungeheuer **grosser Umweltbelastung** gewesen: Wälder von Kaminschloten, Tonnen von Abgasen, Russ und Staub, Lärm und Stress, betonierte Umwelt. Alle diese Merkmale stimmen heute für den Industrieraum zwischen Rhein und Ruhr nur noch bedingt.
Die Unternehmer sind durch die verschärfte Umweltpolitik des Staates zu grossen Anstrengungen gezwungen worden, man hat die Emissionen reduziert, ein wegweisendes Smog-Alarm-systems aufgebaut, eine riesige Kläranlage erstellt, rekultiviert laufend aufgegebene Industrieflächen und baut neuerdings mit grossem Aufwand Rauchgasentschwefelungsanlagen in die riesigen Kohlekraftwerke ein. Dies alles läuft unter der Flagge der "technischen Umweltsanierung" - doch wieweit hat man die Probleme wirklich im Griff? (**vgl. Kap. 5**).

(6) Durch den eindrücklichen Verdichtungsprozess im Laufe der letzten 150 Jahre ist die ehemals hochwertige Agrarregion der Hellweg-Börde - bzw. das, was heute noch von ihr übrig geblieben ist, zum **"Umland"** eines Ballungsraumes geworden.
Zwar weiden immer noch Kühe im Revier und gibt es heute einen Werbeslogan vom "grünen Ruhrgebiet" - rein wirtschaftlich gesehen kommt der Landwirtschaft aber nur noch eine verschwindend kleine Bedeutung zu gegenüber dem Moloch Industrie, welcher mit Kohle und Eisen neue Ressourcen inwertgesetzt und dadurch eine unaufhaltsame Verdrängung der Landwirtschaft in die Wege geleitet hat. Wie lange überlebt die Landwirtschaft noch im Ruhrgebiet? (**vgl. Kap. 6**).

(7) Das "Umland" hat in den letzten Jahrzehnten aber auch noch eine neue, und zunehmend wichtigere, Funktion erhalten: Diejenige des **Erholungsraumes**. Fünf Millionen industriegestresste Menschen wollen sich im Revier auch erholen! Wo die natürliche Umwelt völlig verschwunden ist - von der süd-nord verlaufenden industriellen Entwicklung niedergewalzt - grünt und blüht heute teilweise wieder eine rekultivierte Natur, der man ihre geplagte Vergangenheit oft kaum mehr ansieht. Daneben werden, inmitten heutiger Verdichtungszonen, Revierparks, Freizeitzentren und ähnliches für alle Arten von passiver und aktiver Erholung gebaut - zu prüfen bleibt allerdings, inwiefern diese Anlagen auch durch die

erholungssuchenden Massen benützt werden können, bzw. wollen? (**vgl. Kap. 7**).

(8) Hinter all den angesprochenen Prozessen steht die Frage, ob Verdichtungsprozesse und deren aktueller Wandel in einer Region einfach als unbeeinflussbare Trends ablaufen, oder ob der Staat auf seinen verschiedenen Ebenen (Zentralregierung, Bundesland, Kommunen) mit sektoralen und räumlichen **Planungen** hier steuernd eingreifen und wirken kann.
Unter der Zielsetzung der ausgleichenden planerischen Einflussnahme auf die wirtschafts- und lebensräumlichen Veränderungsprozesse hat der Staat eine **komplexe Planungshierarchie** aufgebaut - inwiefern bleibt diese ein "Papiertiger", wenn es um parzellenscharfe Nutzungskonflikte geht? Hat die Planung in diesem harten Konkurrenzkampf um Industriestandorte, Arbeitsplätze, Wohnstandorte oder Verkehrsflächen überhaupt eine Chance, mehr zu sein als eine gutgemeinte Rhetorik? (**vgl. Kap. 8**).

(9) Der Staat will die wirtschaftliche und siedlungsräumliche Entwicklung nicht nur planend lenken, sondern auch fördern; er muss dies im Zeitalter der anhaltenden Rezessions- und Krisensymptome auch in zunehmendem Masse tun. Die **Wirtschaftsförderung** steht deshalb weit oben auf der politischen Agenda - und vor Wahljahren rutscht sie jeweis noch etwas weiter hinauf.
Bund, Bundesland, Kommunen, Handelskammern und private Institutionen engagieren sich derzeit in der schwierigen Aufgabe, die kränkelnde Ruhrgebietswirtschaft wieder auf Wachstumskurs zu bringen. Grosse Hoffnungen werden hierbei auf **neue Technologien** zur Rationalisierung und Modernisierung der bestehenden Branchen, sowie auf **neue Industrien** zur Diversifizierung der allzu einseitigen Industriestruktur gesetzt. Und neue **Technologiezentren** schiessen allenthalben wie Pilze aus dem Boden!
Aber lässt sich ein "alter" Industrieraum überhaupt mit Hilfe neuer Technologien restrukturieren und modernisieren, oder folgt der ehemals beispiellosen Aufschwungzeit relativ unausweichlich eine Niedergangsphase? (**vgl. Kap. 10**).

Dies sind die wichtigsten Ueberlegungen und Fragen, die wir uns im Zusammenhang mit unserer Reise an die Ruhr gestellt haben. Bevor ich aber den weiteren Autoren das Wort gebe, möchte ich im nächsten Abschnitt noch auf ein Problem hinweisen, welchem in der regionalgeographischen Diskussion eine zunehmend zentrale Bedeutung zukommt: Nämlich der Frage des angemessenen Massstabs (vgl. hierzu auch NAEGELI, 1987). Angesprochen sind hierbei v. a. die innerregionalen Differenzierungen, welche bei einer verallgemeinernden Betrachtung des Ruhrgebietes allzugerne übersehen werden.

1.3 Eigentlich ist die regionale Optik viel zu grob: Einige Bemerkungen zu den innerregionalen Disparitäten im Revier

Bisher haben wir immer nur vom Ruhrgebiet als **einem** einheitlichen Verdichtungsraum gesprochen. Diese Optik enthüllt sich bei einer detaillierteren Analyse natürlich als eine "papierene Durchschnittssichtweise", welche den realen innerregionalen Verschiedenheiten mitnichten Rechnung trägt. Diese sind beträchtlich, und zwar nicht nur was die Industrie- und Siedlungsstruktr anbelangt, sondern auch in Bezug auf die Bevölkerungsverteilung, Einkommensverteilung oder Wohnumfeldqualität. Einige dieser Indikatoren sollen im folgenden kurz bezüglich ihrer regionalen Differenzierung illustriert werden.

Industrielle Entwicklungsachsen/Siedlungsstruktur/Umweltbelastung

Verursacht durch die historische S-N-Wanderung des Kohleabbaus (vgl. für Details Kap. 2) sowie die aktuelle E-W-Verschiebung der Eisen- und Stahlindustrie (vgl. Kap. 3) hat sich eine ebenfalls **S-N bzw. E-W gerichtete Verschiebung der Folgeindustrien** ergeben, was sich wiederum auf die Siedlungsstruktur, die Umweltbelastung bzw. -regenerierung sowie, damit verbunden, die Wohnumfeldqualität ausgewirkt hat.

Dies kommt deutlich in den Kommentaren zur traditionellen **zonalen Gliederung** des Ruhrgebietes (vgl. Abb. 1.4) zum Ausdruck! Zusammenfassend kann man als Folge dieser Verschiebungen den Süden/Südosten des Reviers auch als "Saturierungszone", den mittleren Kernraum als "Ordnungszone" und die nördlich/nordwestlichen Gebiete als "Entwicklungszone" kennzeichnen (vgl. Abb. 1.4).
Hiermit wird deutlich, dass der bisher nur als zeitlich-sachliches Phänomen angsprochene **"Alterungsprozess"**, bzw. Strukturwandel des Reviers auch **eine räumliche Dimension** hat. Oder anders gesagt: Der industrielle Strukturwandel und auch die damit verbundenen Krisensymptome erfassen das Ruhrgebiet räumlich nicht gleichmässig (vgl. KRUMMACHER, 1982:78ff). Nachdem der früh schon ausgebeutete Süden heute bereits wieder zu einer Erholungszone regeneriert worden

Abb. 1.4: Innerregionale Gliederungen des Ruhrgebietes

Traditionelle zonale Gliederung

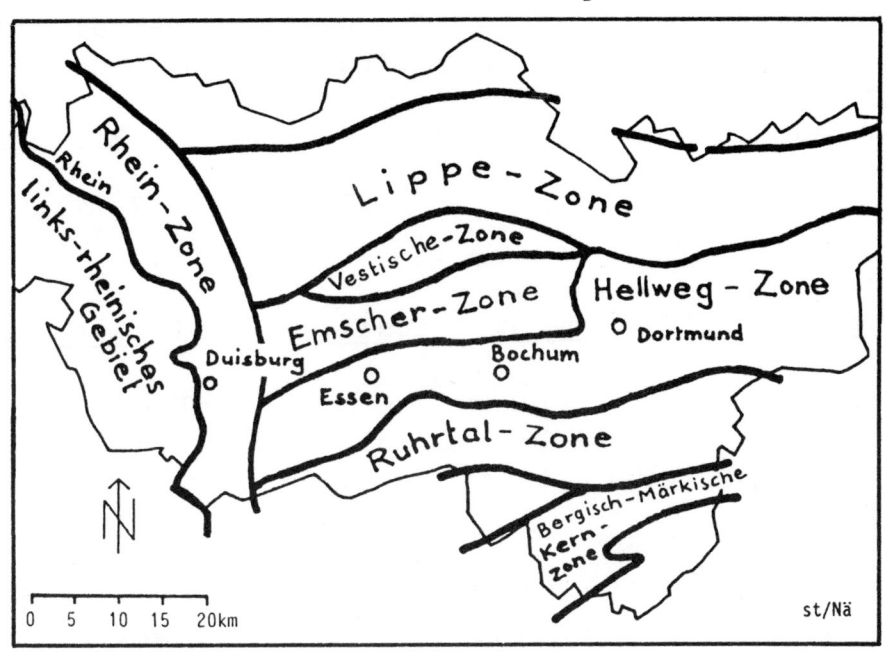

Quellen: zusammengestellt nach BIRKENHAUER 1984 und 1986, FIEDLER 1984, HEINEBERG/MAYR 1983, KRUMMACHER 1982, plus eigene Ergänzungen

Legende:

RUHRTAL-ZONE: ältestes Bergbaugebiet; heute regeneriert und überwiegend auf Wohnen und Erholung ausgerichtet. Relativ lockere Wohnsiedlung mit eher kleinen Häusern.

HELLWEG-ZONE: traditionelle WE-Achse (Handelsverbindung zu den Hanse-Städten); im Verlaufe der Entwicklung hat vor allem eine massive Expansion der alten Städte Essen, Bochum und Dortmund stattgefunden. Nachdem die Bergbauindustrie weiter nach Norden gezogen ist, haben sich diese Städte zu bedeutenden Dienstleistungszentren gewandelt.

EMSCHER-ZONE: vormals nur schwach besiedeltes Gebiet, da nur geringe landwirtschaftliche Eignung; Siedlungsstruktur stark "grubenorientiert" /viele Arbeiter- und Einwanderersiedlungen). Heute die Zone mit den grössten Strukturproblemen und immer noch beträchtlicher Umweltbelastung.

VESTISCHE-ZONE/: Zusammenhang zwischen Siedlung und Bergbau nimmt ab (bisher noch kleine Anzahl Gruben), abgesehen von den
LIPPE-ZONE   Lippe-Städten Dorsten und Marl und der Neugründung Dorsten-Wulfen gibt es noch kaum städtische Siedlungsgebiete, jedoch wachsende Zersiedlungstendenz und Verkehrsbelastung durch Nahwanderer. Die Zone wird heute zur nördlichen Front der bergbaulichen und industriellen Entwicklung im Ruhrgebiet, indem die neusten Grubenprojekte zunehmend über die Lippe hinaus bis ins südliche Münsterland vorgetragen werden.

RHEIN-ZONE: bedingt durch die zunehmende E-W- Verlagerung der Eisen- und Stahlindustrie sowie die Standorte grosser Kraftwerke und Folgeindustrien wie Werften, Elektrotechnik, Chemie etc. ist die "Rheinschiene" zur bedeutendsten industriellen Entwicklungsachse des Reviers geworden. Entsprechend ist die Umweltbelastung hoch und die Siedlungsstruktur verdichtet mit vielen problematischen "Nahtlagen" zwischen Industrieanlagen und Wohnsiedlungen.

LINKS-RHEINISCHES: abgesehen von den Kommunen Moers und Rheinberg, welche noch zur "Rheinschiene" zu zählen sind, sowie einigen
GEBIET   Kohlengruben und Begleitsiedlungen im Raum Neukirchen-Vluyn und Kamp-Lintfort noch weitgehend ländliche Zone mit bisher wenig Verdichtungsansätzen.

Entwicklungsbezogene Strukturzonen

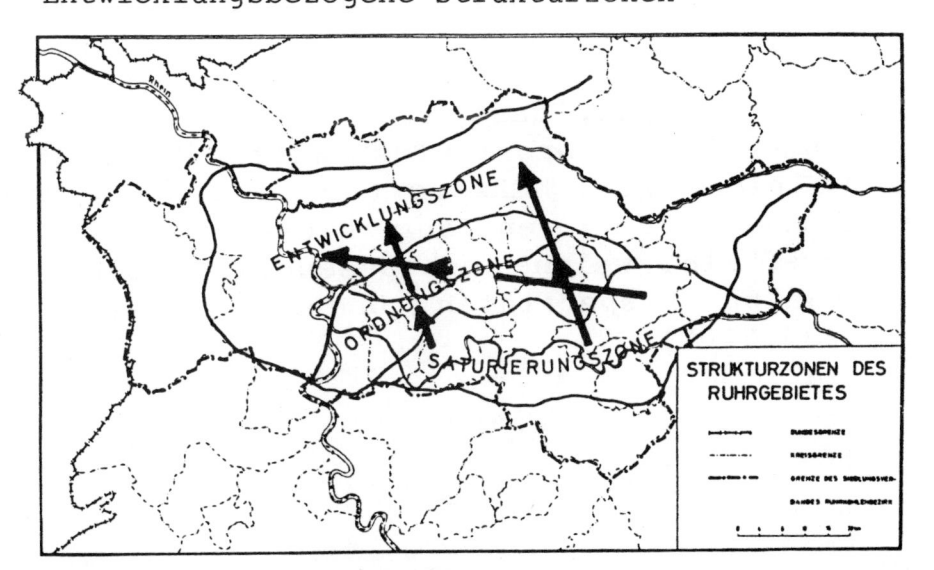

aus: JARECKI, 1967: 27, plus eigene Ergänzungen

↑ generelle S-N-Verlagerung der industriellen Entwicklung im Gefolge der Nordwanderung des Kohleabbaus

← generelle W-E-Verlagerungstendenzen besonders der Eisen- und Stahlindustrie an die verkehrsmässig günstigere "Rheinschiene"

ist, versuchen die Hellwegstädte zur Zeit, ihre Bergbauzechen und umweltbelastenden Eisen- und Stahlwerke abzuschütteln und ihre Industriestädte als moderne Dienstleistungszentren herauszuputzen, während die Grossindustrien immer mehr nach Norden, bzw. nach Westen an den Rhein verschoben werden.

Bevölkerungsdichte/Einkommensverteilung/soziale Situation

Diese räumlichen Verschiebungsprozesse schlagen sich natürlich auch in der **räumlichen Bevölkerungsverteilung** nieder, und zwar nicht nur quantitativ, sondern auch "qualitativ" im sozialen Sinne.

Quantitativ gesehen lässt sich aufgrund der Bevölkerungsdichte deutlich ein dichtbesiedelter, weitgehend städtisch organisierter **Ballungskern** ausscheiden. Dieser umfasst v. a. die kreisfreien Städte von Duisburg bis Dortmund (vgl. Abb. 1.5). Hier drängen sich auch rund 65 % der 5 Mio Ruhrgebietseinwohner zusammen (KRUMMACHER, 1982:80), während sich die übrigen 35 % auf die nahezu doppelt so grosse Fläche des Ballungsrandes verteilen.

Im Hinblick auf die "qualitative" Bevölkerungsverteilung zeigt sich etwa am Indikator Einkommen/Haushalt, dass offensichtlich auch hier eine stärkere räumliche Differenzierung in Form eines ausgeprägten **S-N-Gefälles** besteht, welches den Ballungskern allerdings nur teilweise überlagert (vgl. Abb. 1.6). Mit anderen Worten: Die gutverdienenden, sozial höheren Schichten wohnen vorwiegend in der regenerierten Ruhrtalzone sowie im südlichen Bereich der Hellweg-Städte, wogegen sich die tieferen Einkommen in der noch stark industriebelasteten nördlichen Hellweg-, bzw. der Emscherzone konzentrieren.

Es wundert deshalb nicht, dass sich diverse Krisensymptome wie Bevölkerungsschwund, Arbeitslosigkeit, Kaufkraftschwund und neue Armut nicht gleichmässig über das Ruhrgebiet ausbreiten, sondern vielmehr entlang dieser sozialräumlichen Attraktivitätsgefälle, welche schlussendlich nocheinmal von **kleinräumig-lokalen** Disparitäten überlagert werden (vgl. KRUMMACHER, 1985:64ff).

Abb. 1.5: Die Abgrenzung des Ballungskerns im Ruhrgebiet
(nach Bevölkerungsdichte)

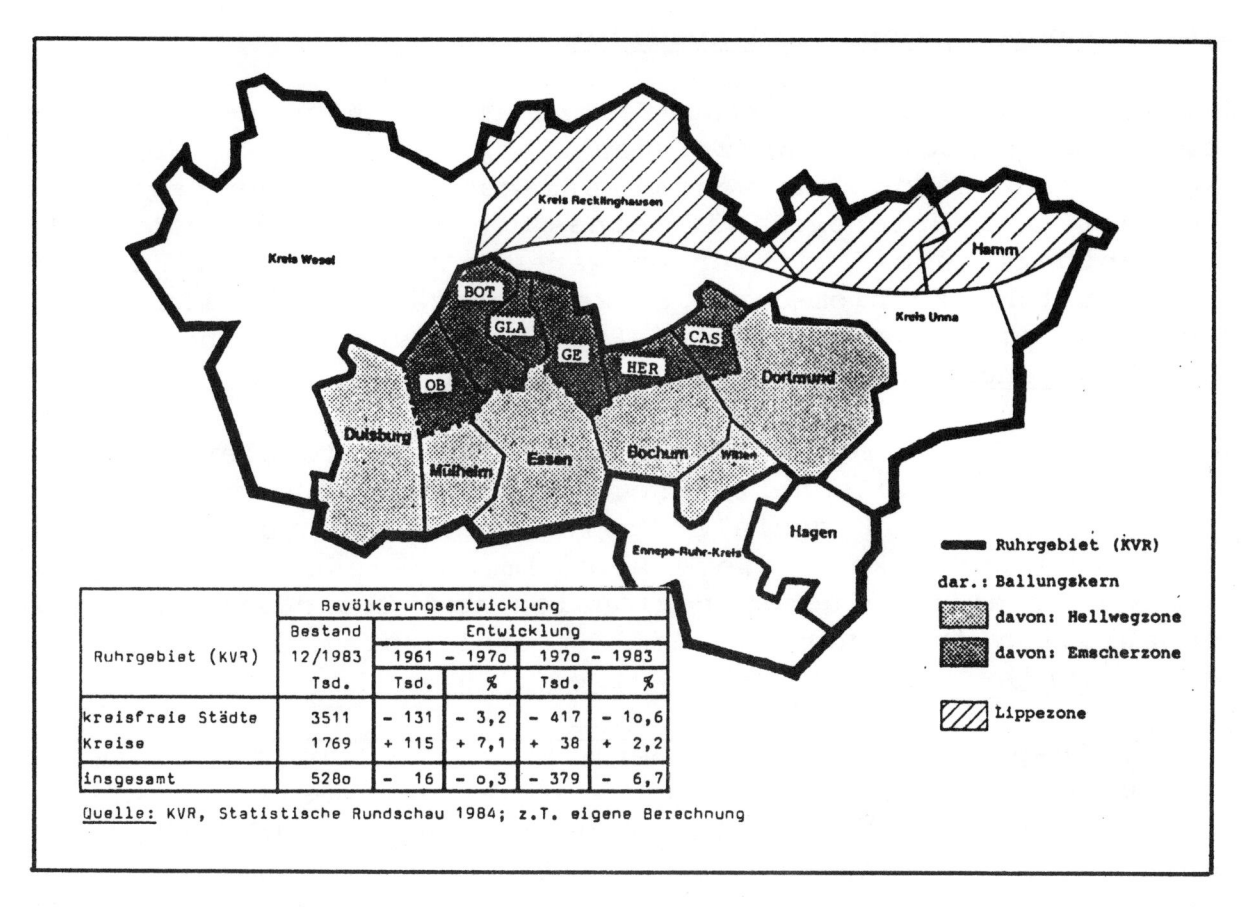

Ruhrgebiet (KVR)	Bevölkerungsentwicklung				
	Bestand 12/1983	Entwicklung			
		1961 - 1970		1970 - 1983	
	Tsd.	Tsd.	%	Tsd.	%
kreisfreie Städte	3511	- 131	- 3,2	- 417	- 10,6
Kreise	1769	+ 115	+ 7,1	+ 38	+ 2,2
insgesamt	5280	- 16	- 0,3	- 379	- 6,7

Quelle: KVR, Statistische Rundschau 1984; z.T. eigene Berechnung

aus: KRUMMACHER, 1985: 33

Abb. 1.6: Nettoeinkommen der privaten Haushalte im Ruhrgebiet 1980 im Vergleich zum Bundesgebiet

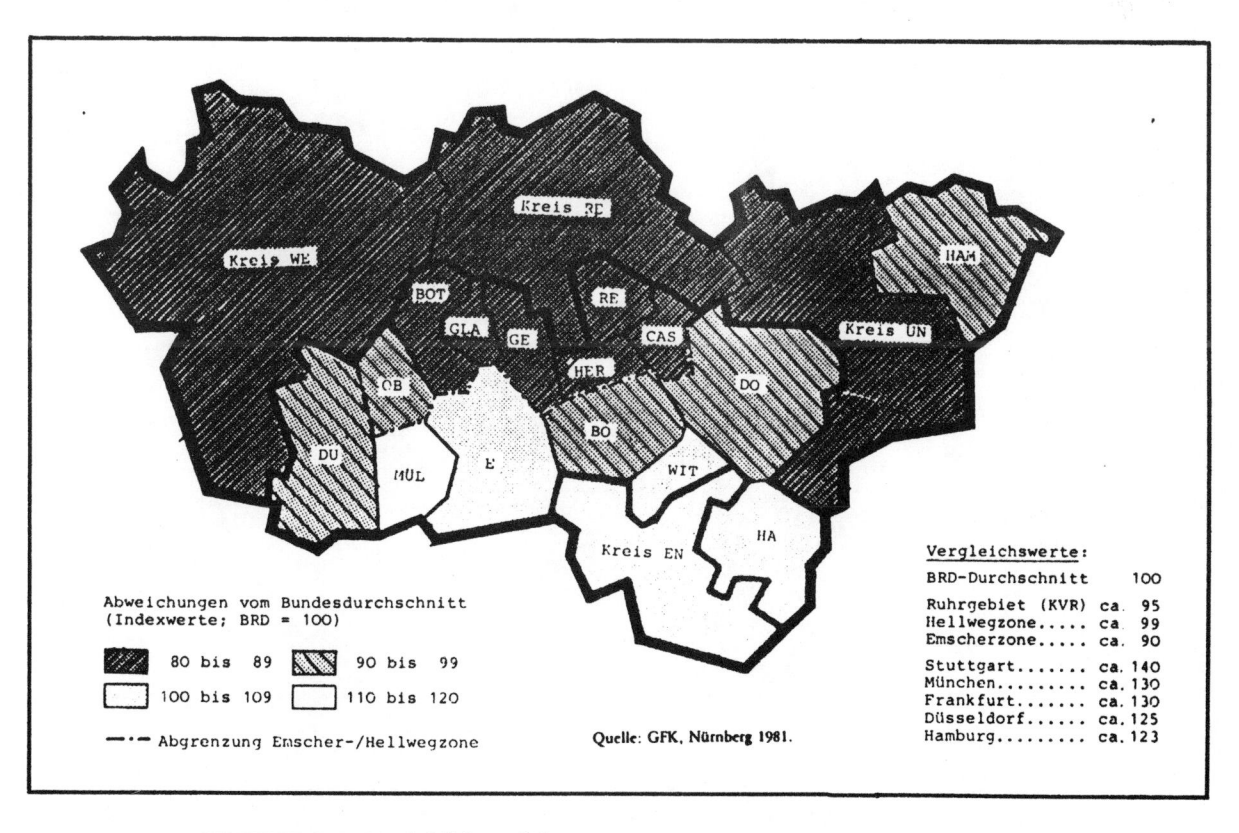

Vergleichswerte:
BRD-Durchschnitt   100
Ruhrgebiet (KVR) ca. 95
Hellwegzone   ca. 99
Emscherzone   ca. 90
Stuttgart   ca. 140
München   ca. 130
Frankfurt   ca. 130
Düsseldorf   ca. 125
Hamburg   ca. 123

Quelle: GFK, Nürnberg 1981.

aus: KRUMMACHER, 1982: 89

1.4 Zusammenfassung und Ausblick

Zusammenfassend bleibt also festzuhalten, dass der **auf eine Region gerichtete Ansatz**, den Geographen oder Regionalökonomen so gerne anzuwenden pflegen, der innerregionalen Vielfalt und Heterogenität eines "alternden industriellen Verdichtungsraumes" mitnichten gerecht werden kann. Und auch das **zeitliche Problem- und Prozessverständnis** greift in der Regel zu kurz, wenn wir die Probleme nur aus einer gegenwartsbezogenen Optik analysieren wollen.

Nötig sind letztlich Analysen,, welche **im lokalen Massstab** kleinräumige, wirtschaftliche, siedlungsstrukturelle, umweltbezogene **u n d** soziale Ungleichgewichte (und Ungerechtigkeiten) aufdecken, diese aber immer wieder in Beziehung bringen zu **allgemeineren regionalen und überregionalen Prozessabläufen** in einer zeitlich mittel- bis längerfristigen Betrachtungs- und Verstehensweise.

Diesem Anspruch kann unser Bericht sicher nur zu einem beschränkten Teil gerecht werden - einer der positiven Effekte solcher Feldstudienlager ist aber gerade der, dass die Teilnehmer im Feld unausweichlich mit dieser Problematik konfrontiert und gezwungen werden, ihr generalisiertes Bücherwissen an der letztendlich doch immer reichhaltigeren Vielfältigkeit der realen Welt zu messen! In diesem Sinne muss ein "alternder Industrieraum" eben auch am eigenen Leib erfahren werden, wozu dieses Feldstudienlager aus meiner Sicht eine ausgezeichnete Gelegenheit geboten hat.

1.5 Literatur

BAHRO, H., 1985: Fallstudie: Das Ruhrgebiet - Niedergang einer Wirtschaftsregion. In: D. GROSSER (Hrsg.): Der Staat in der Wirtschaft der Bundesrepublik (264-300).UTB 1339. Opladen.

BIRKENHAUER, J., 1986: Das Rhein-Ruhr-Gebiet: Sterbender Kern einer Megalopole?. In: Spektrum der Wissenschaft Heft 7 (38-52).

BIRKENHAUER, J., 1984: Das Rheinisch-Westfälische Industriegebiet. UTB 1214. Paderborn: Schöningh.

GRYCZAN, W. u.a. (Hrsg.), 1984: Zukünfte für alte Industrieregionen. Raumentwicklungsstrategien in der Diskussion. Dortmunder Beiträge zur Raumplanung Heft 38. Dortmund: IRPUD.

HAUBRICH, H., 1985: Raumentwicklung in der Bundesrepublik Deutschland 1984. GR-Dokumentation. Geographische Rundschau 37, H.7 (367-71).

JARECKI, Ch., 1967: Der neuzeitliche Strukturwandel an der Ruhr. Marburger Geographische Schriften H.29. Marburg.

KATALYSE TECHNIKERGRUPPE (Hrsg.), 1982: Ruhrgebiet - Krise als Konzept. Untersuchungen zu Situation und Zukunft eines industriellen Lebensraumes. Bochum: Germinal.

KRUMMACHER, M., 1982: Ruhrgebietskrise - wirtschaftsstrukturelle Ursachen und das "Aktionsprogramm Ruhr" der Landesregierung. In: KATALYSE TECHNIKERGRUPPE (etc. siehe dort: 77-115).

KRUMMACHER, M., BRECKNER, I. u.a. (Hrsg.), 1985: Regionalentwicklung zwischen Technologieboom und Resteverwertung. Die Beispiele Ruhrgebiet und München. Bochum: Germinal.

KUNZMANN, K.R., 1985: Spuren in die Zukunft des Ruhrgebietes. ILS-Schriftenreihe Landesentwicklung 1.042 (118-129). Dortmund.

MARSHALL, M., 1987: Long waves of regional development. Reihe Critical Human Geography. London.

NAEGELI, R., 1986: Von der Regionalgeographie zur räumlichen Entwicklungsforschung. Ueberlegungen zur Reformulierung des regionalgeographischen Paradigmas. In: Jahrb. der Geogr. Ges. von Bern, Bd. 55/1983-85 (317-342). Bern.

NAEGELI, R. 1987 (im Erscheinen): Räumliche Entwicklungsforschung als ein neues Paradigma der regional orientierten Humangeographie. Cahiers de l'Institut de Géographie de Fribourg No. 5. Fribourg.

NIENABER, R., 1985: Vierzig Jahre danach. Phasen des Wiederaufstiegs nach dem Krieg. In: Wirtschaft und Kammer der IHK zu Essen Heft 4 (254-265).

SCHLIEPER, A., 1984: Das Ruhrgebiet. Statement für die Pittsburgh-Konferenz vom 3.-7.9.1984. Kommunalverband Ruhrgebiet, Essen.

SINZ, M., 1984: Entwicklungstendenzen und zukünftige Probleme der räumlichen Struktur in der Bundesrepublik Deutschland. In: Oesterreichisches Institut für Raumplanung (Hrsg.), Räumliche Entwicklung und gesamtstaatliche Raumordnung - ein Vergleich zwischen der BRD, Oesterreich und der Schweiz. ÖIR-Forum, Reihe B Bd. 6 (7-22). Wien.

STEINBERG, H.-G., 1985: Das Ruhrgebiet im 19. und 20. Jahrhundert. Ein Verdichtungsraum im Wandel. Reihe: Siedlung und Landschaft in Westfalen, H.16. Münster.

2. VOM HOCHWERTIGEN AGRARRAUM ZUM INDUSTRIELLEN VERDICHTUNGSRAUM - STREIFLICHTER AUF DIE HISTORISCHE ENTWICKLUNG DES RUHRGEBIETES

Klaus Aerni

Mit dem Stichwort Ruhrgebiet verbindet sich bei vielen Mitmenschen die Vorstellung einer asche- und russbedeckten Industrielandschaft, über der sich ein tiefliegender grauer Himmel wölbt. Dass das Ruhrgebiet heute ein grünes Land ist, dass es nie so schwarz war wie in unseren Vorstellungen und dass es vor der Industrialisierung ein hochintensiver Landwirtschaftsraum war, will man ausserhalb des Reviers nicht zur Kenntnis nehmen.

Im Ueberblick prägen **drei naturräumliche Elemente** das Ruhrgebiet, die vom agierenden Menschen im Laufe der Geschichte immer auf eine neue und anders geartete Weise in Wert gesetzt worden sind. **Die natürliche Gunst** des Bodens erlaubte seit der Frühzeit eine intensive Landwirtschaft, die **Lage an wichtigen Fernverbindungen** ermöglichte die Entwicklung der Städte im Mittelalter und die lange unerkannt gebliebenen **Bodenschätze** waren in der Neuzeit die Basis für eine rasch aufblühende Industrielandschaft, die heute vor grossen Umstrukturierungsproblemen steht.

2.1 Die vorindustrielle Ausgangslage

Lage und Stellung im Grossraum

Das Ruhrgebiet (Abb. 2.1) liegt am Fuss der Mittelgebirgsschwelle, die von Flandern bis Schlesien reicht. Der Nordhang dieses variskischen Gebirges bildete in der Eiszeit das Vorland der nordischen Gletscher und wurde mit Löss (Bördenzone) eingedeckt. Im Bereich des mitteleuropäischen Gunstklimas stand damit ein hervorragender Boden zur Verfügung, der seit der menschlichen Frühzeit besiedelt worden ist. Gleichzeitig war die Bördenzone eine wichtige West-Ost-Achse im frühen Verkehr. Der Rhein mit seiner bis zu den Alpen reichenden Nord-Süd-Erschliessung des Kontinentes, ergänzte im Westen des Ruhrgebietes die Verkehrsachsen zu einem Kreuz, womit das Ruhrgebiet grossräumig eine zentrale Lage erhielt.

Abb. 2.1: Die naturräumliche Lage des Ruhrgebietes

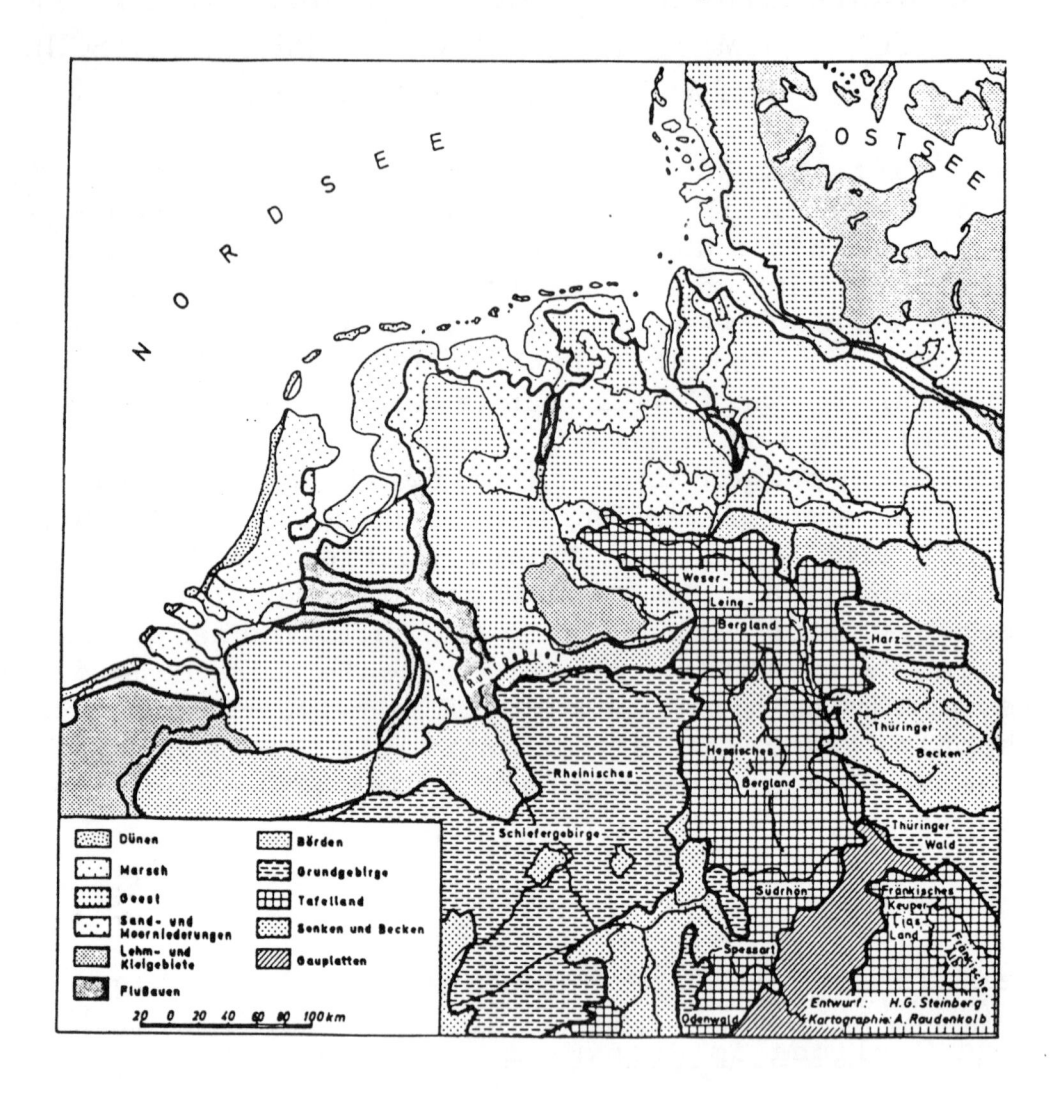

Quelle: STEINBERG, 1985: 3

Im Querprofil (Abb. 2.2) wird die Einordnung des Ruhrtales in den Nordteil des mitteleuropäischen Mittelgebirges deutlich. Vom Gebirge aus Richtung Norden tauchen die karbonführenden Schichten ein und liegen im Raum Münster (nördlichste Zechen) bereits in über 1500 m Tiefe (Abb. 2.3).
Die Wirkungen der Saale-Eiszeit (parallel zur alpinen Riss-Eiszeit) zeigen sich einerseits in der Geschiebelehmdecke, die Richtung Süden bis zum Anstehenden reicht und deren Hügel später von Löss eingedeckt wurden (Abb. 2.2). Andererseits bildeten sich als Folge fluvialer **Schüttungen** im Ruhrtal Terrassensysteme aus und die ausgeräumte Emscher-Mulde erhielt eine Sandfüllung.

Abb. 2.2: Schematisches Naturraumgefügeprofil vom Bergisch-märkischen Hügelland ins nördliche Emschergebiet

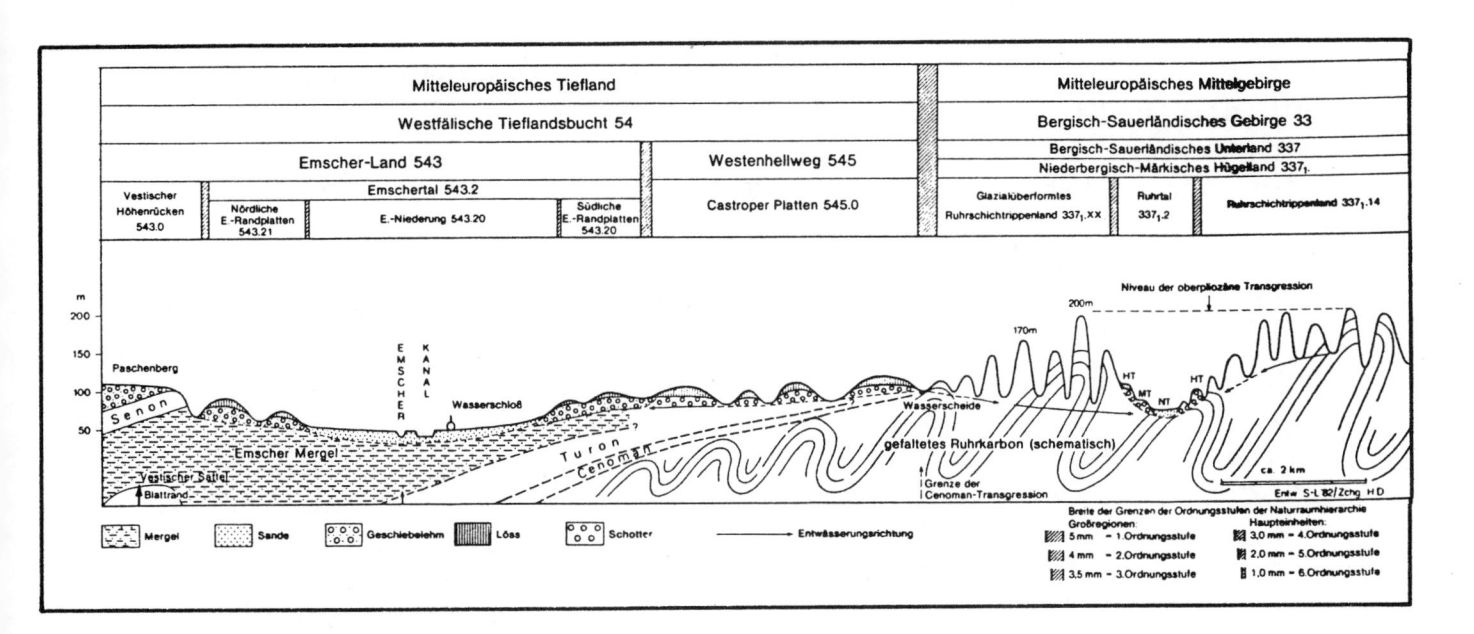

Quelle: MAYR/SCHOELLER 1982

Abb. 2.3: Schnitt durch das Steinkohlengebirge des Ruhrgebietes

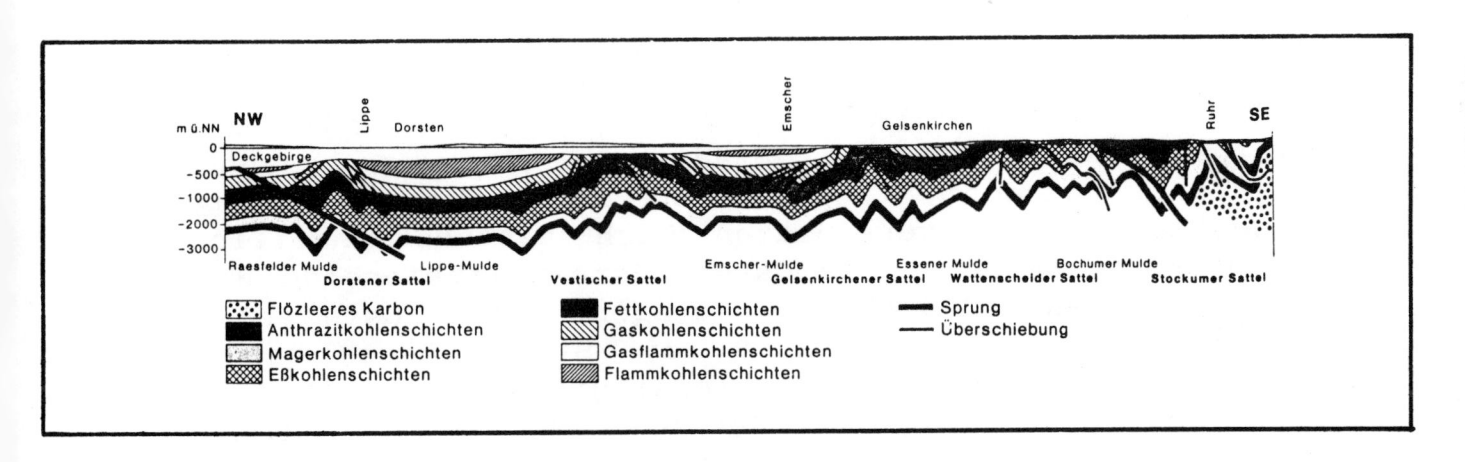

Quelle: BENDER et al., 1984: 246

Wirtschaftsräume und Handelsverflechtungen - Die Entstehung der Hellwegstädte

Die günstigen Voraussetzungen für die **Landwirtschaft** beruhen auf dem relativ flachen Relief, dem feuchten und kühlen atlantischen Klima und der für den Ackerbau bevorzugten Lössböden (Abb. 2.4; vgl. DEGE, 1983:115ff). Aus dem Zusammenwirken dieser Gunstfaktoren liessen sich im Bereich des trockenen Höhenzuges zwischen Ruhr und Emscher landwirtschaftliche Ueberschüsse erzielen, die durch die Ausbeutung von Salz aus einigen Quellen ergänzt wurden. Als Tauschprodukte zum Brotgetreide der Hellwegzone standen Metallwarenerzeugnisse aus dem südlichen Sauerland und tierische Produkte aus dem nördlichen Münsterland zur Verfügung.

In der Hellwegzone entstand nun zunächst ein lokaler Nord-Süd gerichteter Güteraustausch, der die am Hellweg liegenden fränkischen Wehranlagen aus der Zeit Karls des Grossen als "Drehscheibe" des lokalen Nord-Süd-Güteraustausches allmählich zu Marktsiedlungen und schliesslich zu Städten heranwachsen liess (Abb. 2.5).

Der Gunstraum der Börde lag nun rittlings als schmales Band zum Hellweg, einem uralten West-Ost verlaufenden Handelsweg. Die Börde verfügte damit über eine hervorragende **Verkehrslage** (Abb. 2.6). Der Hellweg führte in westlicher Richtung nach Köln, wo er sich mit der Nord-Süd-Achse des Rheins kreuzte und weiter westwärts Richtung Flandern und Paris. In östlicher Richtung verband er entlang der Bördezone das westfälische mit dem mitteldeutschen Raum und der Ostseeküste. Die Kaufleute der Städte am Hellweg begannen im 12./13. Jahrhundert die Bedeutung ihrer Fernverbindungslage zu erfassen. Sie vereinigten sich genossenschaftlich und bauten Richtung Nord- und Ostseeküste weitreichende Handelsbeziehungen auf. Die Niederlassungen an der Küste entwickelten sich - 1143 erhielt z. B. die Stadt Lübeck das Stadtrecht von Soest - und die Küstenstädte wurden aufgrund ihrer günstigen Verkehrslage aus der Dynamik der Entwicklung heraus die führenden Mitglieder des Bündnissystems der **Hansastädte** (SCHLOEZER, 1851; RAGSCH/PONTHOEFER, Lehrerheft, 1982:8).

Der politische Rahmen

In unseren häufigen Schemavorstellungen gilt das Ruhrgebiet als ehemalige preussische Waffenschmiede. Die Ausnutzung der Ressourcen im Rahmen einer kontinentalen Machtpolitik war wohl nicht zu vermeiden. Dass dieses Industriegebiet jedoch

Abb. 2.4: Die Böden des Ruhrgebietes (stark vereinfacht)

Legende:
- Südrand des Reviers
- Ruhrniederungen
- Vestischer Landrücken
- Lippezone
- Ruhrterrassen
- Duisburg – Unna
- Emscher-Niederungszone
- Niederrhein
- Linksrheinische Gebiete

0 5 10 15 20km

Karte nach DEGE, 1983: 116

Erläuterungen:

SUEDRAND DES REVIERS:	Verwitterungsböden der anstehenden Sandsteine und Schiefertone (Wald, Grünland)
RUHRTERRASSEN:	Tallehm und Löss (Ackerbau)
RUHRNIEDERUNGEN:	Auenlehmböden (hoher Grundwasserspiegel, Weiden)
DUISBURG – UNNA:	Löss, bis 12m mächtig, bestes Ackerland, Bodenzahl bis 80, Mittel 60
VESTISCHER LANDRUECKEN:	Lösslehmdecken (Ackerbau)
EMSCHER-NIEDERUNGSZONE:	Gleyeböden (Staunässe), Grünlandwirtschaft, Gemüsebau
LIPPEZONE:	Heidesandböden und Flugdecksande der Eiszeit (Wald, Roggen- und Kartoffelanbau), Bodenzahl zwischen 20 und 40
NIEDERRHEIN:	Auenlehm (Grünlandwirtschaft)
LINKSRHEINISCHE GEBIETE:	Lehm und Lehmsanddecken (Ackerbau, Zuckerrüben)

Die bodenmässigen Voraussetzungen für die Landwirtschaft im Ruhrgebiet sind unterschiedlich. In den wenigsten Fällen sind sie jedoch ungünstig.

Gemüseanbau:	Spargel, Bohnen, Gurken, Feingemüse, Spinat, Tomaten
Gartenbau:	Baumschulen, Saatzucht, Blumen
Getreide:	unbedeutend
Hackfrüchte:	Zuckerrüben, Kartoffeln

Quellen: DEGE, 1983: 115-121
BIRKENHAUER, 1984: 235-242
REVIER-REPORT, 1984: 11
BERICHT DER LANDESREGIERUNG NORDRHEIN-WESTFALEN, 1979: 64
" , 1980: 57-61
ECKART, 1982: 3-37

Abb. 2.5: Der Rheinisch-Westfälische Wirtschaftsraum um 1500

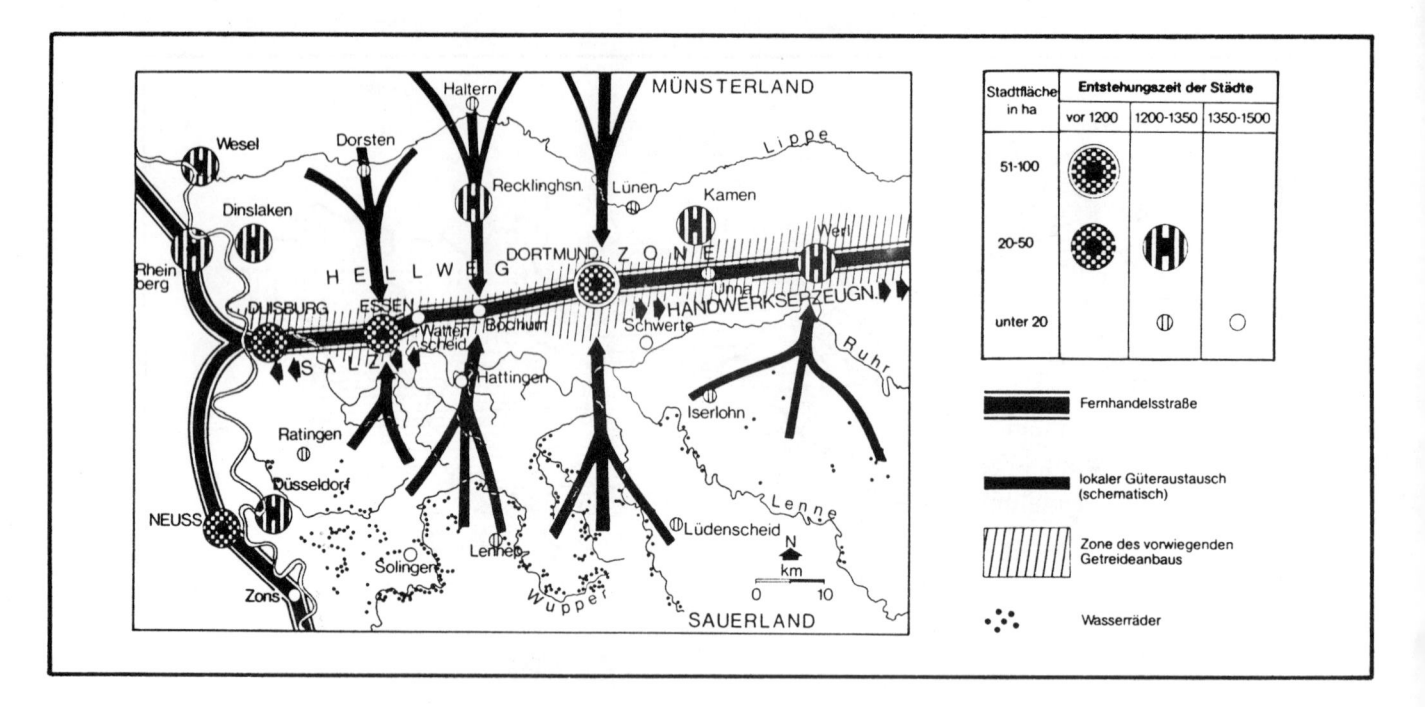

Abb. 2.6: Mittelalterliche Fernhandelsverbindungen im Rheinisch-Westfälischen Raum

Abb. 2.9: Die Handelsbeziehungen im Raum Westfalen in der zweiten Hälfte des 18. Jahrhundert

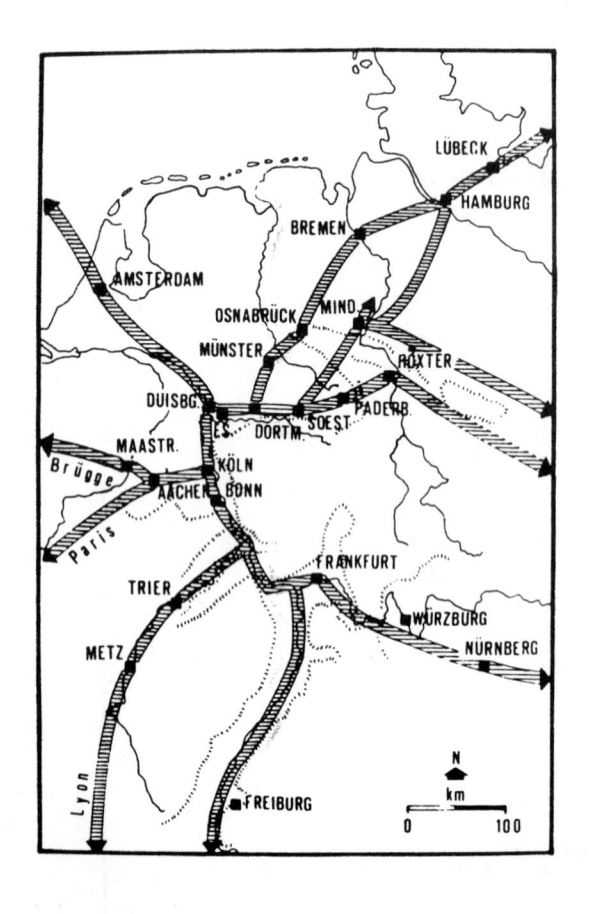

Quelle für Abb. 2.5 und 2.6:
RAGSCH/PONTHOEFER 1982 (Lehrerheft)

aus: BLOTEVOGEL, 1975: 98

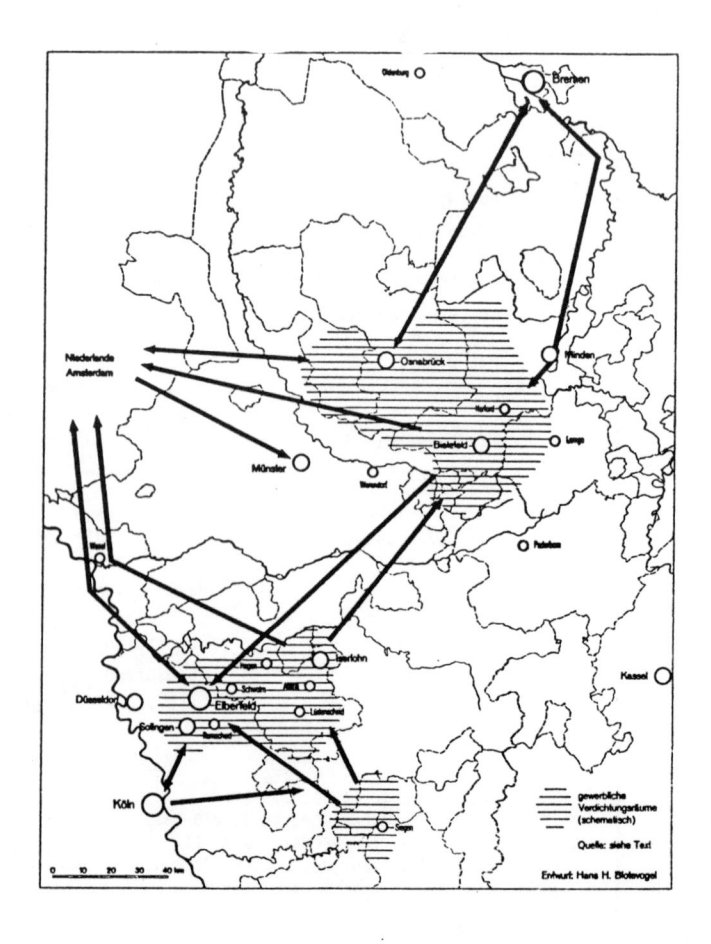

eine Basis für das ferne Preussen werden sollte, ist den Wechselfällen der Geschichte zuzuschreiben.
Die Prägung der Kulturlandschaft des Ruhrgebietes begann durch die **Römer**, die sich nach ihrer Niederlage im Teutoburgerwald (östlich des Ruhrgebietes, 9 n. Chr.) auf die linke Rheinseite zurückziehen mussten.

In der Zeit Karls des Grossen entstanden im Zusammenhang mit Kriegszügen gegen die heidnischen Sachsen im Gebiet zwischen Ruhr und Lippe **karolingische Königshöfe** als erste Zentren einer neuen politischen Struktur. Um 800 gründete der Friese Lindger die Abtei Woerden (Abb. 2.7). In ottonischer Zeit wurde das Essener Damenstift gegründet.
Mit dem Schwinden der kaiserlichen Macht kämpften der Erzbischof von Köln (im Besitz der Veste Recklinghausen und des Herzogtums Westfalen) mit territorialen Fürsten um den Einfluss. Im Rahmen des wirtschaftlichen Aufschwunges verstanden es einzelne Städte, sich als Reichsstädte (Essen und Dortmund) oder als Hansastädte (Duisburg, Dortmund, Recklinghausen, Lünen, Unna, Hamm; PARENT, 1984) sich Privilegien zu erwerben und diese zu behalten. Damit bildete sich die Reihe der Hellweg-Städte heraus. Unter den Territorialfürsten des Rheingebietes war der **Graf von der Mark** der wichtigste und gebot 1521 zusätzlich über die Herzogtümer Kleve und Burg (Abb. 2.7). Nach dem Aussterben der Grafen von Mark kam es 1614 zu einer Erbteilung. Aus einem Zufall der Weltgeschichte heraus fielen Kleve und Mark an die Hohenzoller, Kurfürsten von Brandenburg (Abb. 2.8). Der übrige Besitz dagegen kam an die pfälzischen Wittelsbacher.
Vier Jahre nach dem Erwerb der neuen Besitzungen am fernliegenden Rhein erhielten die **Hohenzoller als Markgrafen und Kurfürsten von Brandenburg** zusätzlich Preussen als politisches Lehen und begannen sich zu einer kontinentalen Macht zu entwickeln. Hier muss nun kurz der Wachstumsprozess "Preussens" skizziert werden (Abb. 2.8), das später die bedeutendsten Industriegebiete Europas, das Ruhrgebiet und Schlesien, als Basis für seine Machtpolitik einsetzen konnte. Aeusserlich wurde der Aufstieg Preussens durch den Kurfürsten Friedrich III. unterstrichen, der sich von 1688 an als "König **in** Preussen" bezeichnete.
Bedeutend waren danach die Territorien, die Friedrich der Grosse (1740-1786) gewann: Das Herzogtum Schlesien und Westpreussen im Osten, Ost-Frieseland an der Nordküste. Schlesien, am Nordrand des Mittelgebirges liegend, besass dieselben Ressourcen wie das Ruhrgebiet, war aber industriell bereits stärker entwickelt. Zu diesem Zeitpunkt, und vor allem nach der 3. Teilung Polens (1795), schien es noch durchaus möglich, dass sich Preussen im Osten zu einem deutsch-slawi-

Abb. 2.7: Die territoriale Zersplitterung des Ruhrgebietes um 1750

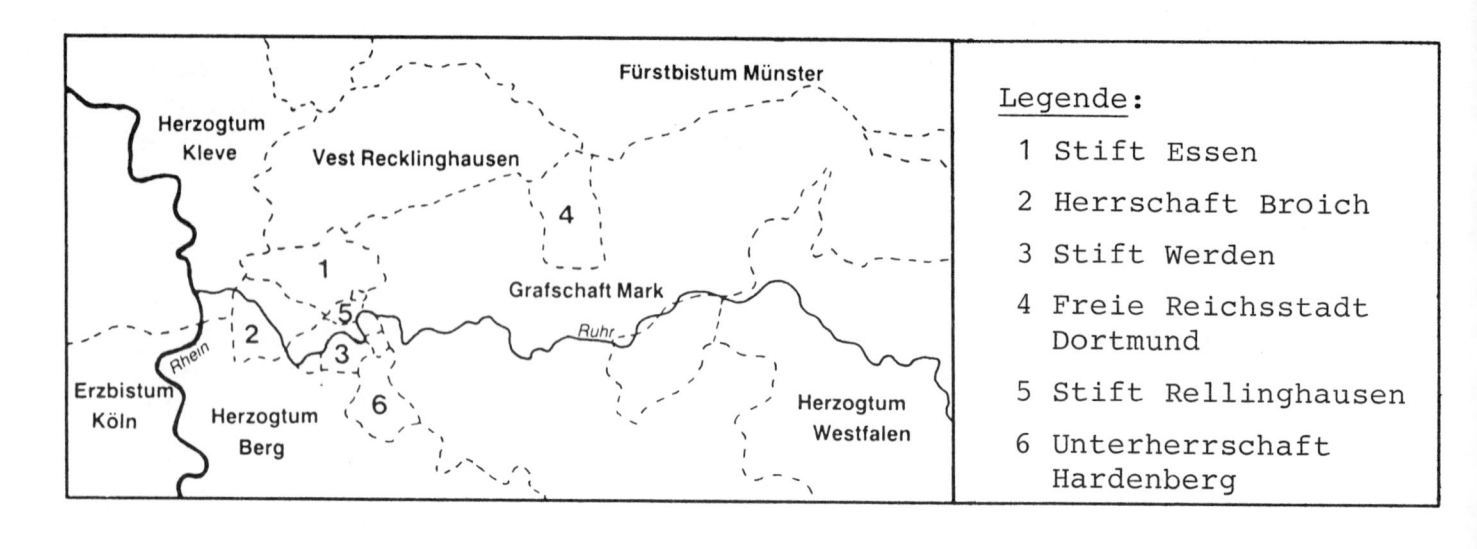

Legende:
1 Stift Essen
2 Herrschaft Broich
3 Stift Werden
4 Freie Reichsstadt Dortmund
5 Stift Rellinghausen
6 Unterherrschaft Hardenberg

Quelle: PARENT, 1984: 10

Abb. 2.8: Die territoriale Entwicklung Preussens 1688-1866

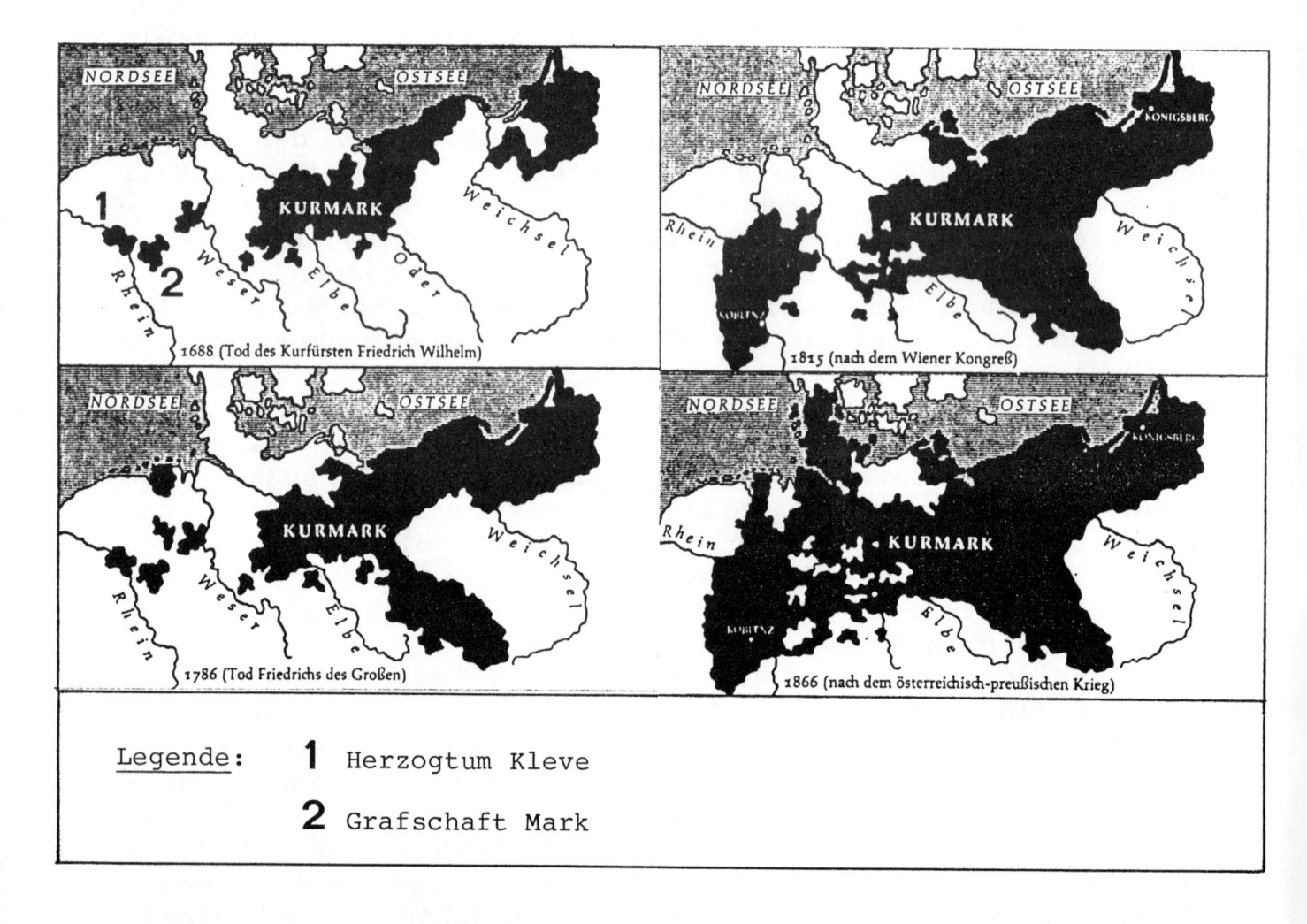

Legende: 1 Herzogtum Kleve
          2 Grafschaft Mark

Quelle: SCHOEPS, 1981: 396f.

schen Vielvölkerstaat entwickeln würde, ähnlich dem habsburgischen Donaustaat.
Mit dem Reichsdeputationsbeschluss von 1803 und dem 2. Pariserfrieden von 1815 gewann nun aber Preussen im Rheingebiet ein derartiges Gewicht, dass ein territorialer Zusammenschluss der beiden getrennten Reichsteile zum staatspolitischen Ziel werden musste (THADDEN, 1981:14-27).
Die deutsche Geschichte des 19. Jahrhunderts war nun die Geschichte des stufenweisen Aufsteigens von Preussen, das durch den Sieg über Oesterreich und dessen Parteigänger im Jahre 1866 schliesslich den Zusammenschluss seiner westlichen und östlichen Gebiete sowie die Ausschaltung Oesterreichs aus der deutschen Politik erreichte (Abb. 2.8). Fünf Jahre später wurde König Wilhelm I. in Versailles zum deutschen Kaiser gekrönt. Der politische Rahmen zum Einbinden des Industrieraumes "Ruhr" in Preussen war geschaffen.

2.2 Der industrielle Aufschwung im Ruhrgebiet

Das Prinzip des kumulativen Wachstumsprozesses

Die Skizzierung des geschichtlichen Rahmens hat nun gezeigt, dass der Raum zwischen Lippe und Ruhr durch den Austausch von Handelsprodukten aus dem Münsterland, der Hellwegzone und dem Sauerland zum Innovationszentrum des mittelalterlichen hanseatischen Städtebundes geworden ist.
Mit der Verlagerung der Dynamik in die Hafenstädte und den Kriegswirren des 16. Jahrhunderts begann aber ein allmählicher wirtschaftlicher Abstieg der Region (PARENT, 1984:11).
Im 18. Jahrundert lag die Hellwegzone ausserhalb der wichtigen Handelsbeziehungen, die vor allem von den gewerblichen Verdichtungsräumen Hannovers und des südlich liegenden Sauerlandes mit seinem traditionellen Metallgewerbe ausgingen (Abb. 2.9, sh. S. 70).

Der neue Impuls für das Ruhrgebiet sollte aus dem Zusammenspiel neuer Erfindungen und der Inwertsetzung der bisher kaum genutzten Kohleressourcen erfolgen.

Abb. 2.10: Die Entwicklung der Dampfmaschine

1769	James Watt reicht ein Patent für Dampfmaschinen ein.
	(Richard Arkwright entwickelt Spinnmaschine, 1775 mit Wasserkraft)
1782	Watt produziert Dampfmaschinen
1786	Watt entwickelt Dampfmaschine mit Kolbenstange
	(Edmund Cartwright baut mechanischen Webstuhl)
1790	Erstes Walzwerk mit Dampfkraft in England
1795	Erste Pferdeeisenbahn in England
1803	Erste Schienenlokomotive für Grubenbahn in England
1807	Robert Fulton baut erstes Dampfschiff
1814	Georg Stephenson baut Lokomotiven
1819	1. Transatlantikfahrt eines Dampfschiffes
1825	Eisenbahn Stockton - Darlington mit Stephenson-Lokomotive
ab 1830	Einsatz der Dampfmaschinen im Kohlebergbau

Mit der Erfindung der Dampfmaschine gab James Watt (Abb. 2.10) den Anstoss für die Nutzung fossiler Energie in grösserem Ausmass und leitete damit einen kumulativen industriellen Wachstumsprozess ein, der bis in unsere Zeit hinein gereicht hat. Abbildung 2.11 veranschaulicht im Ueberblick die Zusammenhänge:

Wir unterscheiden Wirkungskräfte im Bereich PRODUKTION, MARKT und VERDICHTUNGSRAUM.

(1) Die **Produktion** wird eingeleitet durch eine technische Erfindung (Dampfmaschine, Eisenbahn), welche die Inwertsetzung bisher ungenutzter Ressourcen (Kohle, Erze) erlaubt. Es entstehen neue Produktionsstätten (Grubenanlagen, Eisen- und Stahlhütten), welche neue
(2) Produktionsbereiche ermöglichen (Maschinenbau, später Kohlechemie und andere Nachfolgeindustrien), und die Nachfrage nach Ressourcen steigt. Neue Produktionsbereiche regen aber auch zu weiteren Erfindungen an, womit ein kumulativer Wachstumsprozess einsetzt.
  Das Entstehen neuer industrieller Installationen be-
(5,6) deutet auf dem **Markt** die Schaffung neuer Arbeits-
(7) plätze. Die Zuwanderung erhöht die Nachfrage nach Investitionen, Konsumgütern und der nötigen Infrastruktur. Die steigende Nachfrage und die Zahl der
(7,8) Arbeitsplätze beeinflussen sich gegenseitig kumu-
(9) lativ. Ferner ergeben sich Wachstumsimpulse auf die
(10) Produktionsbereiche und auf die Nutzung der Ressourcen. (Für das weitere Gedeihen der Region ist es

Abb. 2.11: Kumulativer industrieller Wachstumsprozess

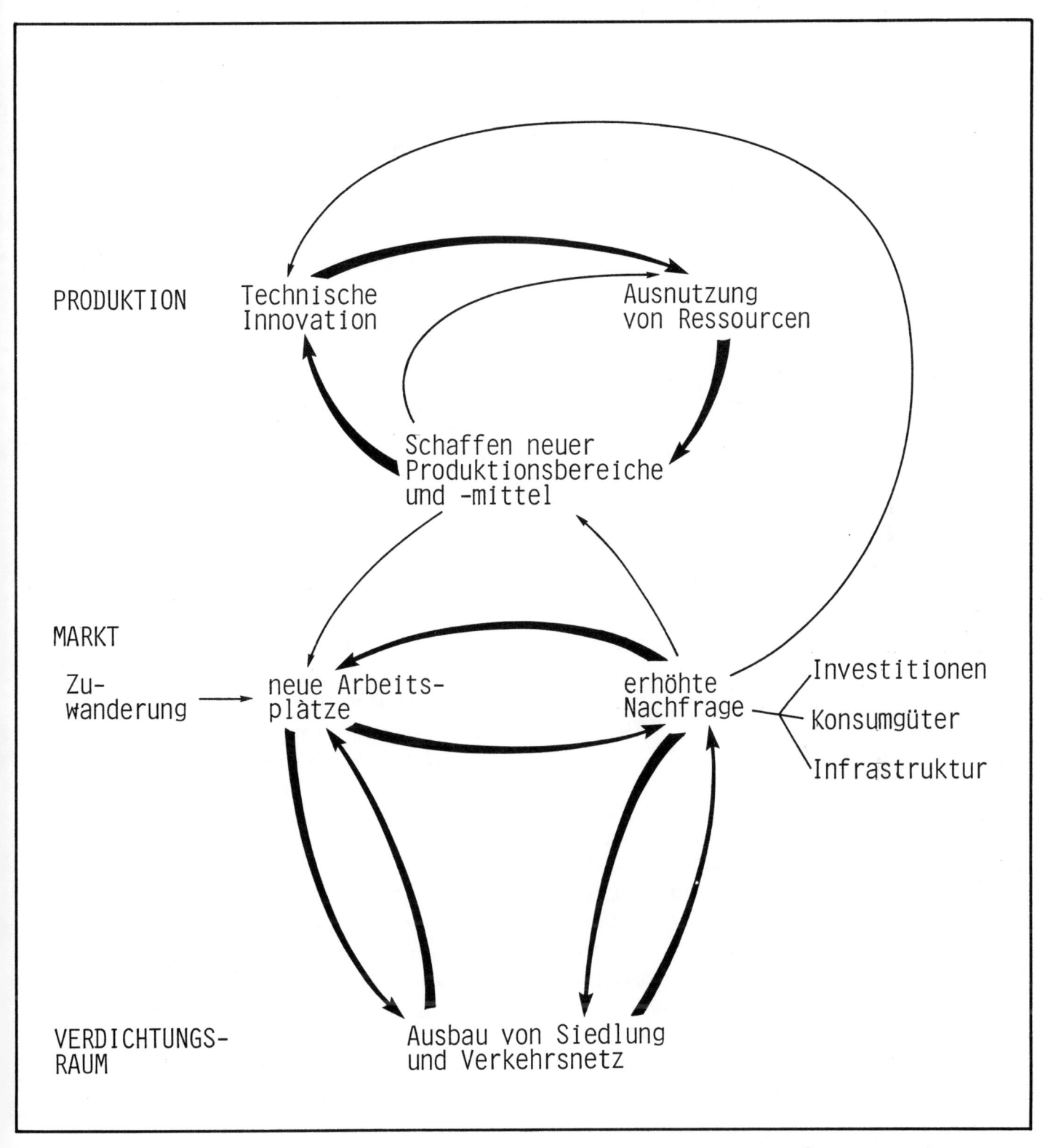

PRODUKTION
- Technische Innovation
- Ausnutzung von Ressourcen
- Schaffen neuer Produktionsbereiche und -mittel

MARKT
- Zuwanderung
- neue Arbeitsplätze
- erhöhte Nachfrage — Investitionen, Konsumgüter, Infrastruktur

VERDICHTUNGSRAUM
- Ausbau von Siedlung und Verkehrsnetz

Entwurf: K. Aerni

(11) entscheidend, ob aus dem Wachstumsprozess heraus auch immer wieder Innovationen entwickelt werden oder ob der Raum stagniert).

Die Entwicklung von Produktion und Markt wirkt sich
(12,13) auf den wachsenden **Verdichtungsraum** aus. Hier unterstehen Siedlung und Verkehrsnetz einem permanenten Anpassungsdruck, der zu steigenden Infrastrukturaufwendungen führt.

Wie sich dieser Wachstumsprozess im Ruhrgebiet abgespielt hat, wird im folgenden am Entwicklungsstand um 1850 dargestellt.

Der Entwicklungsstand um 1850 als Startphase

Die Karten des Ruhrgebietes um 1857 (Abb. 2.12) und um 1980 (Abb. 2.16) illustrieren einerseits die Startphase der Industrialisierung und andererseits die heutige Situation. Die einzelnen Phasen werden im anschliessenden Abschnitt über die prozessuale Raumentwicklung (Abb. 2.17) dargestellt.

Die Karte des Ruhrgebietes um 1857 (Abb. 2.12) lässt folgende Elemente und Bezüge erkennen:

1. **Ressourcen:** Im Bereich des Mittelgebirges (vgl. Abb. 2.2) ist das **produktive Karbon** in Form einer unregelmässig begrenzten Zone an der Oberfläche aufgeschlossen und wird in Steinkohlenzechen abgebaut. In der Hellwegzone, wo die Kohleflöze Richtung Nord abtauchen, sind bereits weitere Zechen entstanden. Einige davon sind moderne Tiefbauzechen, bei welchen die unproduktive Deckschicht mit Hilfe der seit 1830 eingesetzten Dampfmaschine durch einen mit gusseisernen oder stählernen Röhrensegmenten ausgekleideten Schacht durchbrochen worden ist. Dieses vom Iren Thomas Mulvany eingeführte "Tübbing-Verfahren" ermöglichte in den folgenden Jahrzehnten die Ausdehnung des Kohlebergbaus nach Norden (Abb. 2.13).
In der Mittelgebirgszone befinden sich neben der Kohle viele Eisensteinvorkommen, die seit 1854 in grösserem Ausmass verhüttet wurden.

Abb. 2.12: Das Ruhrgebiet in der Startphase der Industrialisierung (1857)

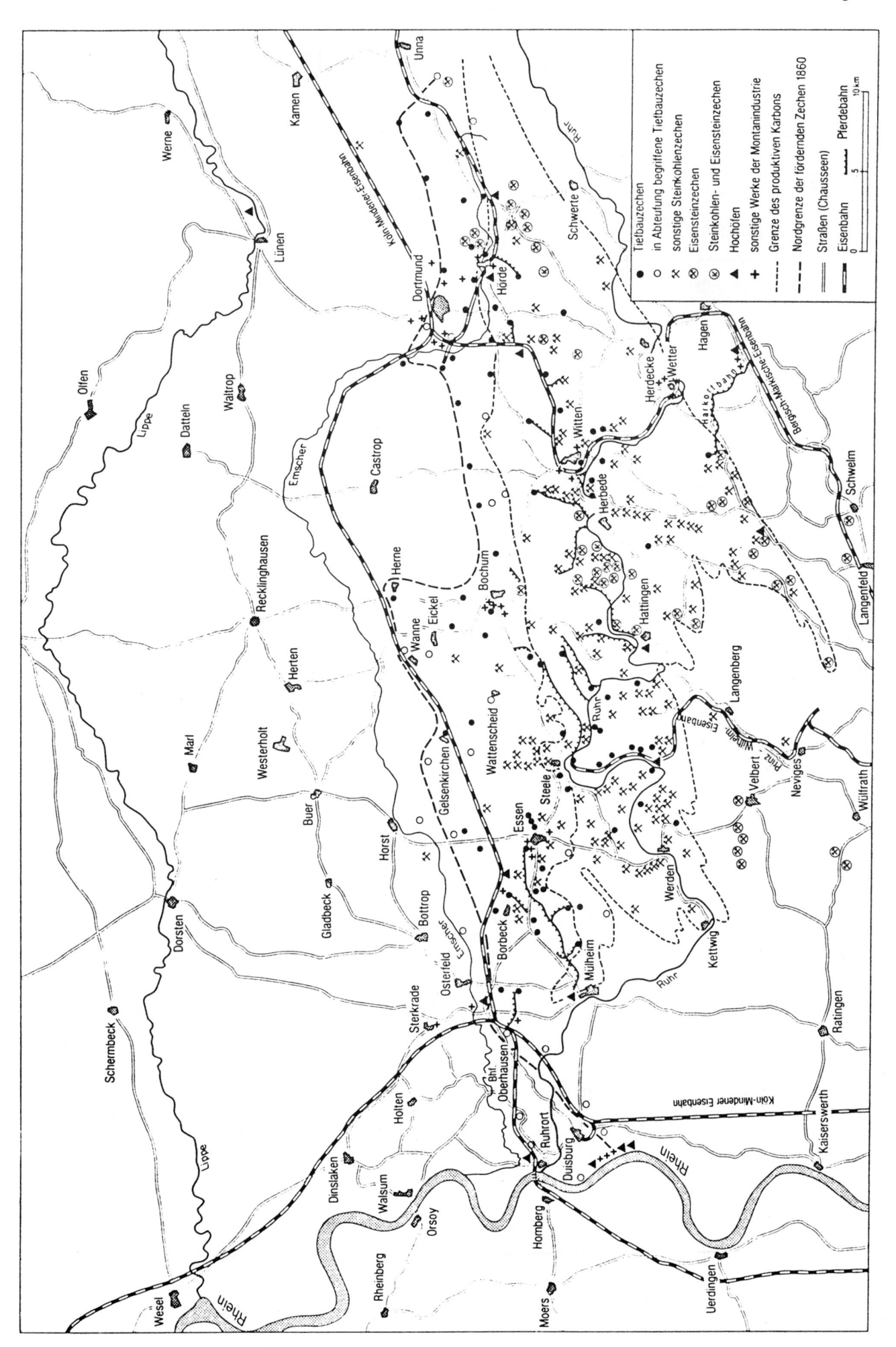

Quelle: STEINBERG, 1985: 22

Abb. 2.13: Die Nordwanderung des Kohleabbaus im Ruhrgebiet

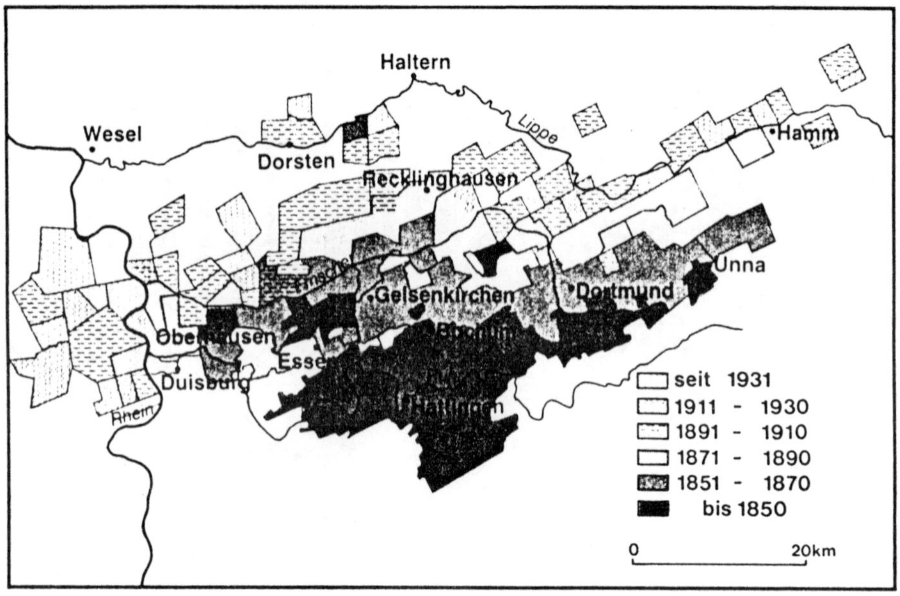

Abb. 2.14: Kohlentransporte auf der Ruhr

	Steinkohlen (in t)	Schiffsladungen
1815	77 542	4 219
1820	147 065	3 490
1825	143 163	4 388
1830	275 225	5 133
1835	372 384	6 162
1840	510 045	6 885
1850	685 387	6 649
1855	842 845	8 451
1860	867 735	7 032
1865	502 935	5 627
1870	277 640	
1875	106 941	
1880	33 406	
1885	22 130	

(G. A. Wüstenfeld)

Quelle: PARENT, 1984: 30

aus: RAGSCH/PONTHOEFER, Schülerheft, 1982: 12

Abb. 2.15: Herkunft der Belegschaften zweier Zechen (1901-07)

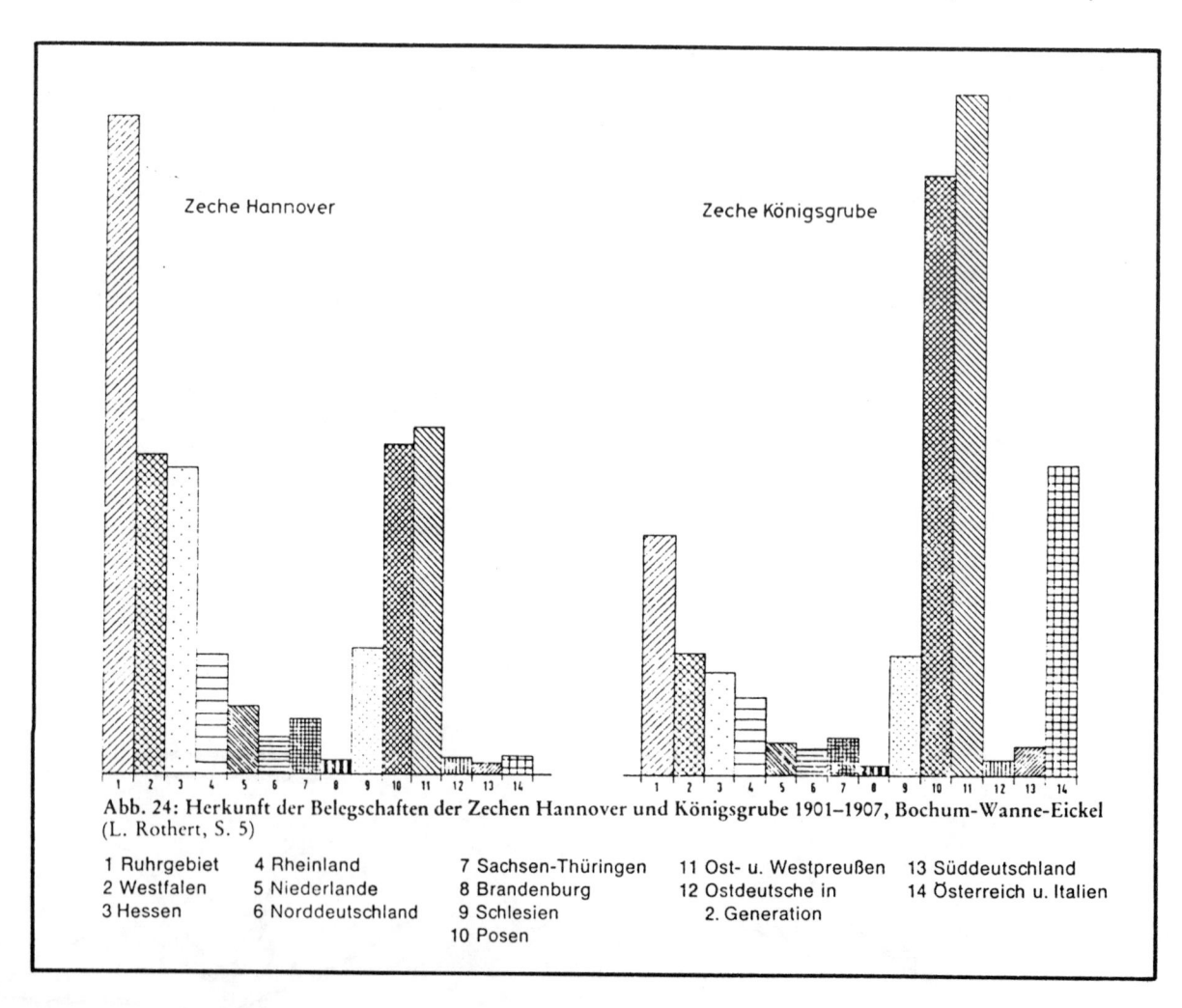

Abb. 24: Herkunft der Belegschaften der Zechen Hannover und Königsgrube 1901–1907, Bochum-Wanne-Eickel
(L. Rothert, S. 5)

1 Ruhrgebiet 4 Rheinland   7 Sachsen-Thüringen 11 Ost- u. Westpreußen 13 Süddeutschland
2 Westfalen   5 Niederlande   8 Brandenburg   12 Ostdeutsche in   14 Österreich u. Italien
3 Hessen   6 Norddeutschland   9 Schlesien   2. Generation
                                  10 Posen

aus: RAGSCH/PONTHOEFER, Schülerheft, 1982: 23

2. Das Verkehrsnetz hat sich bereits auf Bergbau und Industrie ausgerichtet.
- Im Strassenverkehr sind die Naturwege durch Kunststrassen (Chausseen) abgelöst worden. Im Hinblick auf den Bergbau wurden diese neuen Strassen teilweise als "Aktienstrassen" errichtet und dienten vor allem dem Kohletransport.
- Aus den Kohlegruben des Ruhrtales führen ferner zahlreiche "Zechenbahnen" als Pferdebahnen an die Landstrassen (Chausseen) oder an die Ruhr, auf der um 1850 ein intensiver Schiffsverkehr herrschte (Abb. 2.14). Bereits 1774/80 war auf Befehl Friedrichs des Grossen der Fluss für die Schiffahrt ausgebaut worden; in den 1820er Jahren hatte man die 16 hölzernen Schleusen durch Steinbauten ersetzt (PARENT, 1984:12).
- Das Eisenbahnnetz ist unter zwei Aspekten zu betrachten. Aus dem Ruhrtal führten die Prinz-Wilhelm-Eisenbahn und die Bergisch-Märkische Eisenbahn als eigentliche "Kohlebahnen" aus dem damals noch kleinen Bergbaugebiet in den südlich liegenden traditionellen bergisch-märkischen Industrieraum (STEINBERG, 1967:29).
Eine andere Funktion besass die 1847 eröffnete Köln-Mindener Eisenbahn. Sie war als Ferneisenbahn konzipiert, verband mit der Linie Köln-Berlin die beiden Reichsteile Peussens (Abb. 2.8) und besass damit auch eine strategische Bedeutung. Ihre Linienführung mied das Hügelland des Mittelgebirges und umfuhr daher das Ruhrgebiet im Norden. Damit entstand in einem bis damals noch nicht industrialisierten Raum eine Vorinvestition, welche die Industrialisierung der Emscherzone vorbereitete.
- Der Rhein mit dem Hafen Ruhrort wurde zu einem bedeutenden Verkehrsträger. Der Einsatz von Dampfschiffen und Eisenkähnen weitete das Absatzgebiet der Ruhrkohle bedeutend aus und ermöglichte den Aufbau der Hüttenindustrie am Rhein.

3. Die Hüttenindustrie: Neben dem sich ausweitenden Absatzmarkt für Kohle und dem steigenden Bedarf der Eisenbahnen entstand um 1850 für Steinkohle ein neuer Grossabnehmer: Die Hüttenindustrie. Der wesentliche Motor für die weitere Ankurbelung der Produktion (Abb. 2.11) war die Entwicklung des Kokshochfeuers. Damit konnte die seit Jahrhunderten für die Verhüttung von Eisenerz wichtige Holzkohle durch die Steinkohle ersetzt werden. Dies ermöglichte eine Umorientierung der traditionellen Hüttenindustrie, die um 1850 mit den reichen Steinkohlevorkommen der Ruhr verdoppelt werden konnte. Neue Verkehrslinien erleichterten die Umorientierung. Die Hüttenindustrie begann sich aus dem Ruhrtal (Abb. 2.12) heraus Richtung Hellwegzone (Schwergewicht Dortmund) und rechtes Rheinufer (Ruhrort und Duisburg) auszudehnen.

4. Die Siedlungen: Der Aufschwung des Ruhrtales ist das Werk menschlicher Hände. Im engeren Ruhrgebiet lebten 1852 ca. 375'000 Menschen, 1925 waren es rund 3,8 Millionen - heute sind es ca. 5,1 Mio. Einwohner. Die wachsende Zahl von Arbeitsplätzen sog Millionen von Zuwanderern (vgl. Abb. 2.11) ins Ruhrgebiet (preussisches Freizügigkeitsgesetz von 1860). Stammten diese zunächst aus der weiteren agrarischen Umgebung des Ruhrgebietes, so dehnte sich später die Rekrutierung aus auf die preussischen Agrargebiete im Osten, auf andere deutsche Industriegebiete (Abb. 2.15) und schliesslich in der Nachkriegszeit auf Fremdarbeiter, vorwiegend aus dem Mittelmeerraum.

Die Zuwanderer liessen sich entweder in den rasch wachsenden Zentren nieder oder wurden von den Unternehmern in Werkwohnungen angesiedelt. Damit entstanden mitten auf dem Lande neue Siedlungskerne, die sich aus Zeche, Bergarbeitersiedlung und kleinen Versorgungszentren zusammensetzten. Die patriarchalische Haltung der Werkbesitzer schuf wohl auf unterster Planungsebene vorbildliche Siedlungsformen. Auf der Ebene des Staates bestand kein ordnendes Eingreifen und Gestalten von Stadtstrukturen, weil Preussen sich vor dem Erteilen des Stadtrechtes an Grossgemeinden scheute, da diese gleichzeitig auch das städtische Wahlrecht erhalten hätten. Damit blieb die Entwicklung der Infrastruktur und der Zentren im Entscheidungsbereich der Unternehmer und der Gemeinden und "innerhalb weniger Jahrzehnte verschmolzen bergische, münsterländische und niederrheinische Städte und Dörfer zu einer einzigen gigantischen Stadtlandschaft" (PARENT, 1984:30; vgl. Abb. 2.16).

2.3 Der industrielle Weiterausbau, Krisen und Strukturwandel

Die weitere Entwicklung des Industrieraumes "Ruhrgebiet" war gekennzeichnet durch Krisen und Innovationsphasen, verbunden mit räumlichen Verlagerungen. Heute steht das Revier erneut vor der Frage, wie sich die Zukunft gestalten wird.

Im Sinne eines Ueberblicks werden nach BIRKENHAUER (1986) nun die wesentlichen Phasen der Entwicklung unter Einbezug der frühen Entwicklung und in Anlehnung an den in Abschnitt 2.2 dargestellten kumulativen Wachstumsprozess dargestellt (Abb. 2.17).

Abb. 2.16: Der Verdichtungsraum Ruhrgebiet um 1980

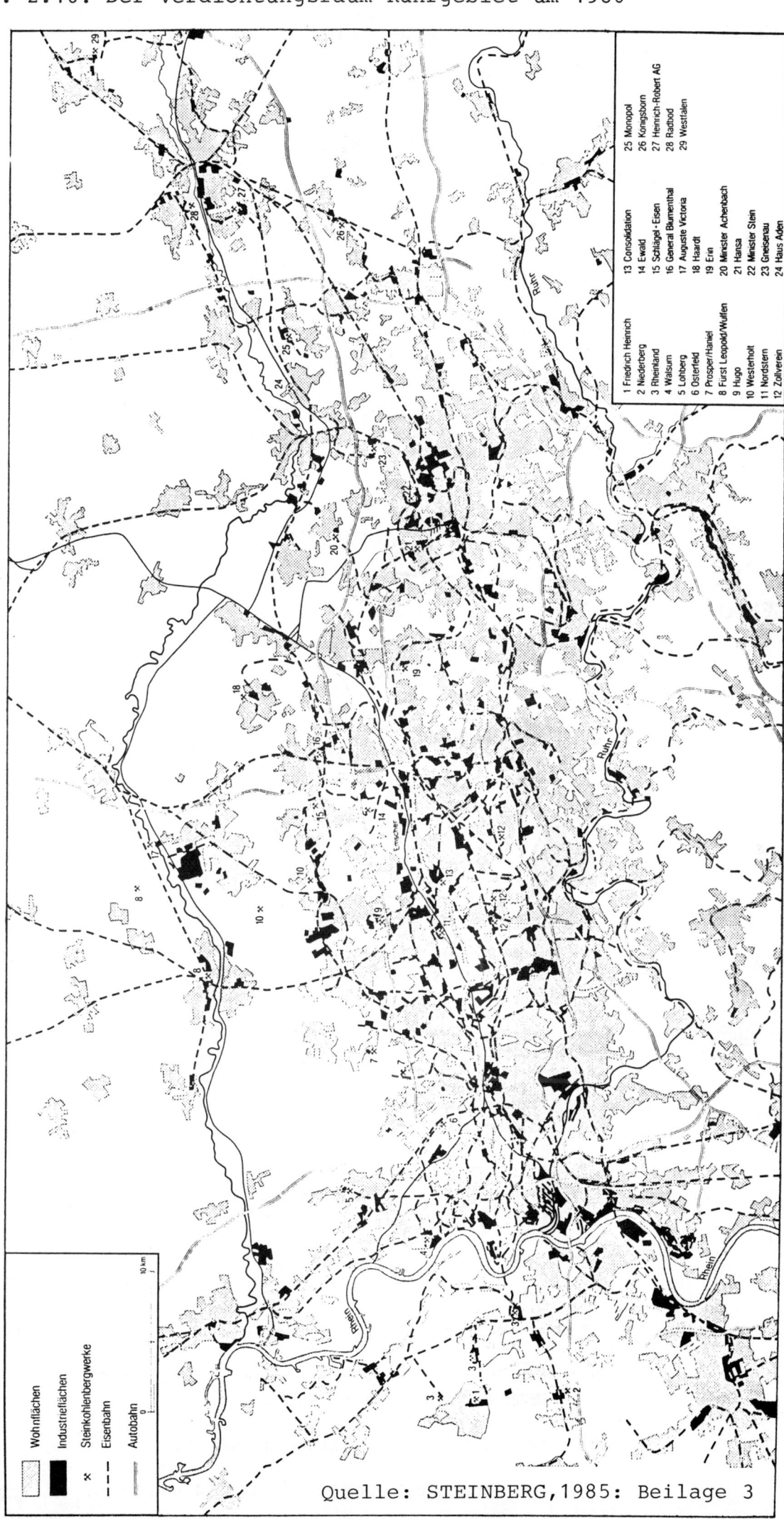

1 Friedrich Henrich	13 Consolidation
2 Niederberg	14 Ewald
3 Rheinland	15 Schlägel-Eisen
4 Walsum	16 General Blumenthal
5 Lohberg	17 Auguste Victoria
6 Osterfeld	18 Haardt
7 Prosper/Haniel	19 Erin
8 Fürst Leopold/Wulfen	20 Minister Achenbach
9 Hugo	21 Hansa
10 Westerholt	22 Minister Stein
11 Nordstern	23 Gneisenau
12 Zollverein	24 Haus Aden
	25 Monopol
	26 Königsborn
	27 Heinrich-Robert AG
	28 Radbod
	29 Westfalen

Legende:
- Wohnflächen
- Industrieflächen
- Steinkohlenbergwerke ×
- Eisenbahn
- Autobahn

Quelle: STEINBERG, 1985: Beilage 3

Abb. 2.17: Der raum-zeitliche industrielle Entwicklungsprozess im Ruhrgebiet

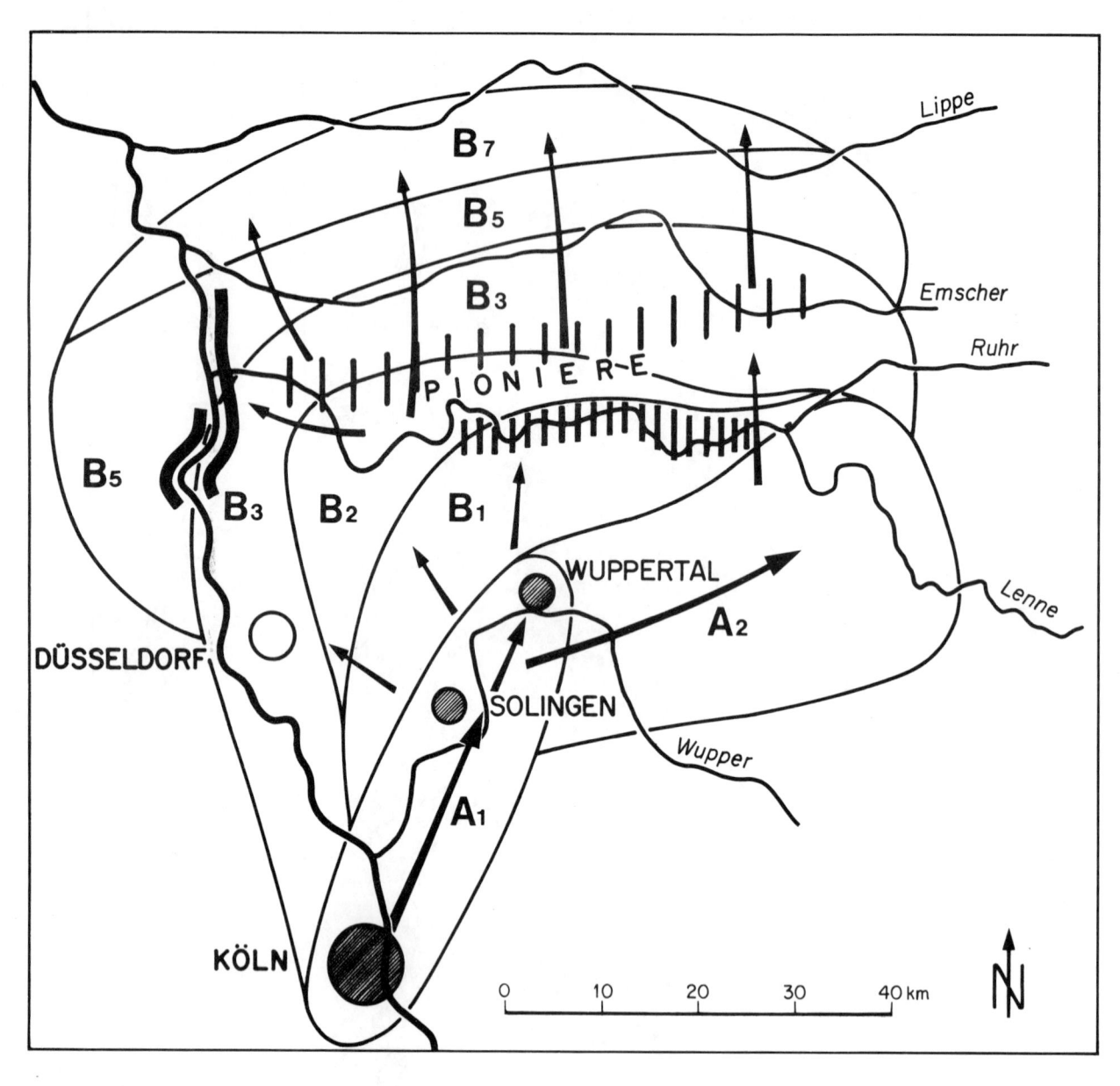

LEGENDE

Protoindustrie:
- A1 spätes Mittelalter, frühe Neuzeit
  Impuls von Köln Richtung Bergisches Land
- A2 Impuls aus Zone A1 und
  Eigenständige Entwicklung im Bergisch-Märkischen Land

Industrialisierung und gründerzeitliche Wellen:
- B1 Erweiterung an die Ruhr um 1800
  ||||| Erste Hüttenreihe an der Ruhr
- B2 Erweiterung an den Hellweg 1800-1835, Pioniere
  |||| Zweite Hüttenreihe
- B3 Erweiterung an die Emscher und den Rhein 1840-1860
- B5 Erweiterung zwischen Emscher und Lippe 1885-1913
  ▬ Stahlfront am Rhein
- B7 Erweiterung an die Lippe nach 1930

(nach BIRKENHAUER, 1984: 214 und 1986: 45, ergänzt)

Frühindustrialisierung (A)

Phase A1: Im späten Mittelalter und der frühen Neuzeit gehen vom primären Impulszentrum Köln aus Anstösse ins Wuppertal, wo Kölner Kaufleute und Bankiers durch Verlagssysteme das Eisen- und Textilgewerbe fördern.

Phase A2: Vom alten Zentrum Elberfeld aus entwickeln sich im Bergischen und Märkischen Land die Weberei als Heimindustrie und eine eigenständige Eisenindustrie (Klingenproduktion), womit die Grundlage für die spätere Entwicklung der Textil- und Metallindustrie geschaffen wurde.

Industrialisierung (B)

Phase B1 (um 1800): Wirtschaftspioniere (Abb. 2.18) aus dem Bergisch-Märkischen Land erkannten um 1800 die Bedeutung der im Ruhrtal an die Oberfläche reichenden Kohleflöze und verlagerten die Standorte der Produktion immer mehr in die Nähe der Kohle. Erst damit und mit dem verstärkten Kohleexport des ausgehenden 18. Jahrhunderts wurde der Name Ruhr zu einem eigenständigen Begriff, der sich von den Eisenwerken des Ruhrtales (erste Hüttenlinie) später auf die Hellwegzone

Abb. 2.18: Frühe Wirtschaftspioniere im Ruhrgebiet

Franz Haniel   1779-1868
- vereinigte erstmals Bergbau, Kohlenhandel, Schiffahrt und Schiffsbau in einer Hand
- teufte die ersten linksrheinischen Schächte ab
- durchstiess die Mergeldecke (1832/34)

Mathias Stinnes   1790-1845
- begann als Mühlheimer Ruhrschiffer mit dem Grosshandel von Kohle
- nahm als erster die Schleppschiffahrt auf dem Rhein auf

Friedrich Krupp   1787-1826
- gründete 1811 in Essen eine Fabrik für englischen Gussstahl

Franz Dinnendahl   1775-1826
- baute 1803 die erste Dampfmaschine im Ruhrgebiet

Jacob Mayer   1813-1875
- erfand den Stahlformguss

Friedrich Wilhelm Harkort   1793-1880
- Initiant des Eisenbahnbaues

(BIRKENHAUER, 1986:43f)

(zweite Hüttenlinie) und schliesslich auf das gesamte heutige Industriegebiet ausdehnen sollte.

Phase B2 (1800-1835): Die zunehmenden technischen Erfahrungen (Dampfmaschinen) im Kohlebergbau und die ungebremste Nachfrage nach Kohle bewirkten die Eröffnung weiterer Zechen, die sich nördlich der bisherigen Standorte bildeten. In Anlehnung an die Siedlungen der Hellwegzone begann der Aufbau der zweiten Hüttenreihe.

Phase B3 (1840-1860): Die nach Norden zu immer mächtiger werdende Deckschicht über der Kohle begann bei der Oeffnung neuer Zechen immer hinderlicher zu werden, bis durch den Einsatz der Dampfmaschine und des Tübbing-Verfahrens der Bau von Tiefbauzechen möglich wurde. Damit begann die Ausbreitung des Industriegebietes Richtung Emscher.
Die Hüttenindustrie verblieb weitgehend in der Hellwegzone und baute neue Standorte am rechten Rheinufer auf. Das Bessemer-Verfahren (1862), die Siemens-Martins-Oefen (1869) und später die Siemens-Elektrostahlöfen (1880/81) verbesserten die Produktion (Abb. 2.19).

In dieser Zeit wurde mit dem Aufbau des von Kölner Bankiers finanzierten Eisenbahnnetzes der Absatzmarkt des Ruhrgebietes auf Mitteleuropa ausgedehnt.

Phase B4: Die folgenden Jahrzehnte brachten neben kürzeren Wachstumsphasen auch längere Absatzkrisen (1859-69, 1974-87), bedingt durch die Freihandelspolitik des Deutschen Reiches und teilweise Sättigung des Marktes.

Phase B5 (1885-1913): In der folgenden Aufschwungphase belebte sich das Vorrücken der Zechen erneut. Sie schoben sich vor bis zur Emscher und ans Westufer des Rheins, wobei die Zechen immer grösser und leistungsfähiger wurden.
Die Hüttenindustrie verlegte ihr Schwergewicht in den Rhein-Ruhr-Mündungsraum. (Entstehen der Stahlfront am Rhein). Sie war zumeist auf den Import von Erzen aus den lothringisch-luxemburgischen Gruben angewiesen, die seit dem deutsch-französischen Krieg von 1870/71 verfügbar waren.

Die technische Entwicklung förderte nicht nur den Bergbau und die Stahlproduktion, sondern induzierte weitere Industrien, welche Nebenprodukte verarbeiteten. Der Aufstieg der Kohlechemie begann sich abzuzeichnen.

Im gesamten wurde Deutschland durch die Entwicklung des Ruhrgebietes zu einem der wichtigsten Industriestaaten der Erde: Jede vierte Tonne Eisen kam aus Deutschland, jede

Abb. 2.19: Die Gewinnung von Roheisen, Rohstahl und Walzstahl und deren Verwendung

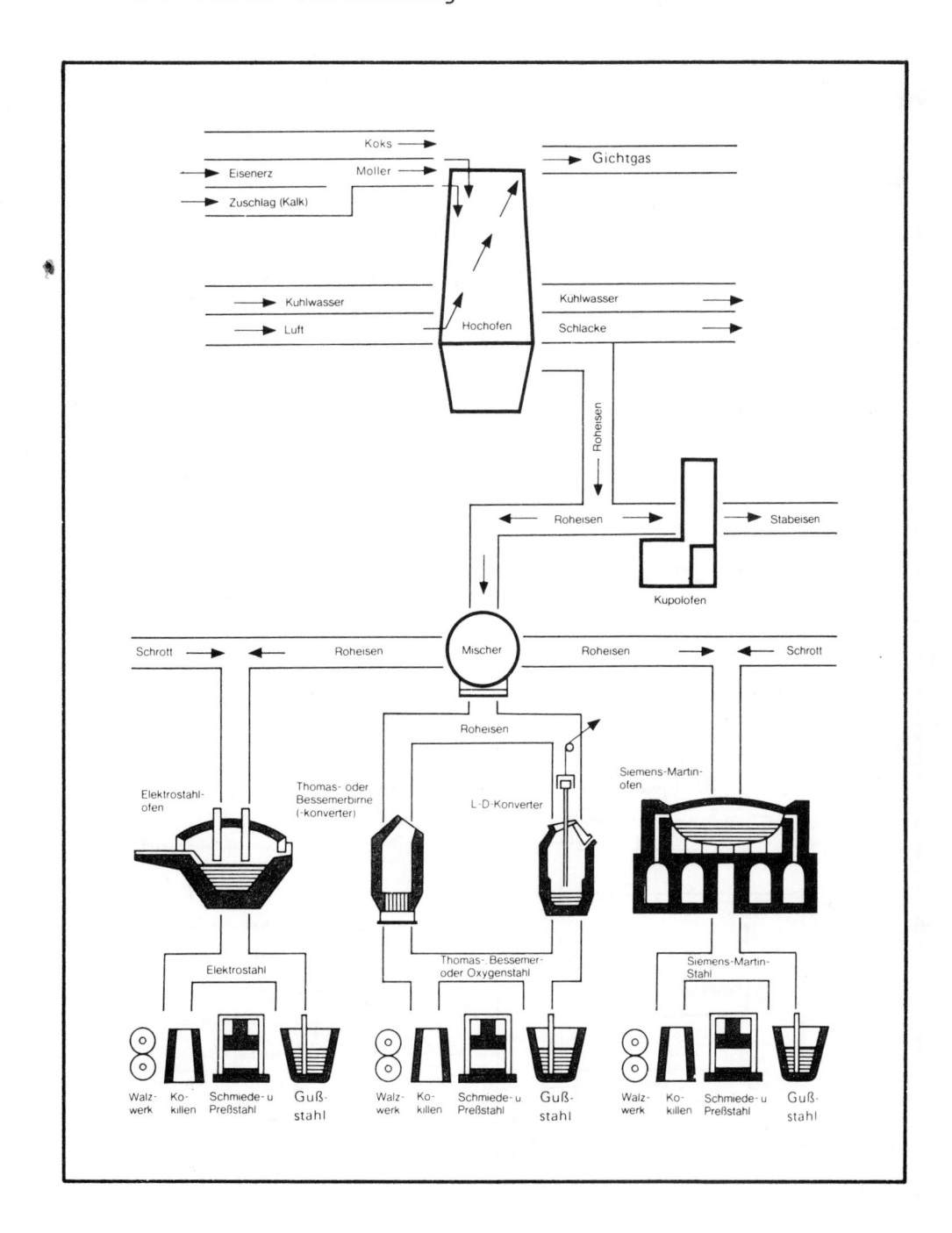

Quelle: HENDRICKS, 1983: 87

Abb. 2.20: Der Produktionsstammbaum der Ruhrgebietsindustrien

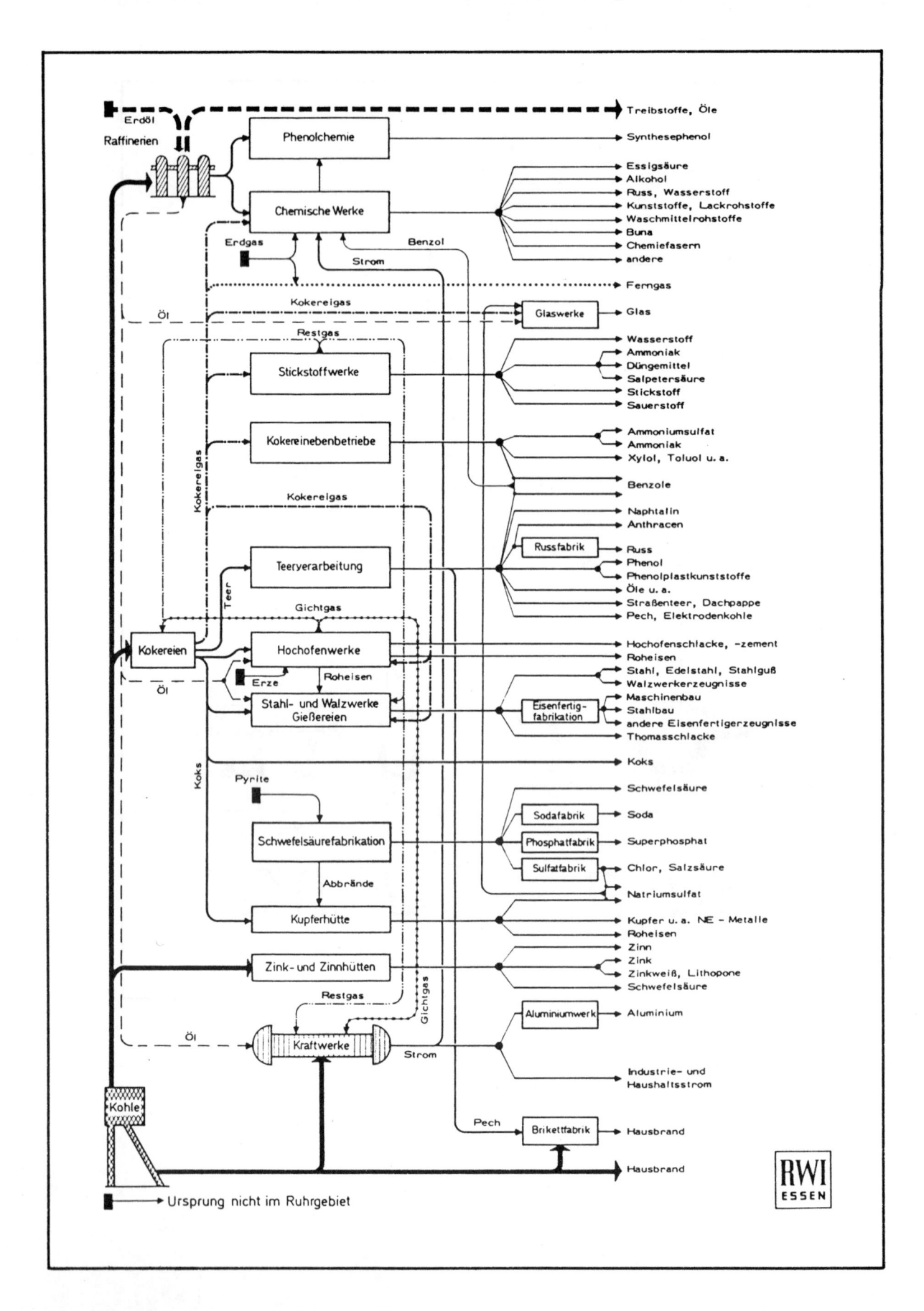

Quelle: SEDLACEK, 1975: 55

zehnte Tonne aus dem Ruhrgebiet. In der Roheisenproduktion stand Deutschland auf dem 2. Platz; Frankreichs Produktion war schon 1878, jene Grossbritanniens 1905 erreicht worden (STEINBERG, 1967:111f).

Phase B6: Der erste Weltkrieg war für das Ruhrgebiet eine Wendemarke. Der Einmarsch der Franzosen ins Ruhrgebiet (1923-25) löste den passiven Widerstand der Bevölkerung aus und führte zum totalen Zusammenbruch der Produktion. Der Wiederbeginn begann erst nach dem Vertrag von Locarno (15./16.10. 1925), der eine Verständigung zwischen Frankreich und Deutschland brachte und Deutschlands Eintritt in den Völkerbund vorbereitete.

Phase B7 (nach 1930): In einzelnen Schüben begann sich die Produktion in allen Bereichen zu erholen. Ab 1933 begann die Ueberwindung der Krise und mit der Wiederaufrüstung setzte ab 1936 ein Aufschwung ein (Kündigung des Locarno-Vertrages durch Deutschland). In dieser Zeit erfolgte mit dem Drang zur Autonomie in der Versorgung mit flüssigen Brennstoffen der Ausbau der Kohlechemie (vgl. RAGSCH/PONTHOEFER 1982, Schülerheft:33) und die Ausweitung der Industriezone bis zur Lippe.

Phase B8 (1939-1948): Zusammenbruch und Demontage.

Phase B9 (ab 1948): Mit der Realisierung des Marshallplanes (5.6.1947) begann erneut eine Investitionsphase. Der Abschluss des Vertrages über die "Europäische Gemeinschaft für Kohle und Stahl" (EGKS-Montanunion) zwischen Frankreich, der Bundesrepublik Deutschland, Italien und den Beneluxstaaten schuf erstmals eine supranationale Abmachung für die Kernzone der europäischen Industrie. Damals hatte sich die weitere Entwicklung des Ruhrgebietes in die europäische Entwicklung einzuordnen.
Die folgenden Jahre brachten die individuelle Motorisierung und die weitgehende Ablösung der Kohle durch das Erdöl.

Phase B10 (Restrukturierung): Die durch die Substitution der Kohle durch das Erdöl ausgelöste Krise im Ruhrgebiet verschärfte sich ab 1974 durch die Absatzkrise in der Stahlproduktion. Sie ist nicht allein auf die Kapazitätsüberschüsse oder fehlende Nachfrage in Europa zurückzuführen, sondern sie hat auch ihre Ursache in neuen Formen der internationalen Arbeitsteilung (Abb. 2.21).

Mit dieser Einordnung der Entwicklung des Ruhrgebietes in die weltweite Gegenüberstellung von Industrie- und Entwicklungsländern kommt zum Ausdruck, dass es heute nicht mehr um ein quantitatives Wachstum im Ruhrgebiet gehen kann, sondern um die Frage, wie ein alt gewordener Industrieraum sich erneuern kann. Diese in die Zukunft gerichtete Frage sowie die Frage nach der Genese dieses Raumes bildeten Problemstellung und Inhalt unseres Feldstudienlagers.

Abb. 2.21: Stahlproduktion und Rohstahlkapazität

	Produktion in Mio t				Kapazität in Mio t		
	1974	1980	1985	Differenz 1974/85	1980	1985	1990
Nordamerika	146	117	94	-52	223	195	185
Europa	**186**	161	**159**	-27	152	139	**120**
Japan	117	111	105	-12	142	125	**120**
Comecon/China	210	252	269	+59	60	86	110
Dritte Welt	47	75	90	+43	18	16	17
Total	706	716	717		595	561	552

(FRECH in NZZ 27./28.12. 1986, Nr. 300)

2.4 Literatur

BENDER, H.U. u.a.(Hrsg.), 1984: Räume und Strukturen. Stuttgart.

BIRKENHAUER, J., 1984: Das Rheinisch-Westfälische Industriegebiet. UTB 1214. Paderborn: Schöningh.

BIRKENHAUER, J., 1986: Das Rhein-Ruhr-Gebiet: Sterbender Kern einer Megalopole?. In: Spektrum der Wissenschaft Heft 7 (38-52).

BLOTEVOGEL, H.-H., 1975: Zentrale Orte und Raumbeziehungen in Westfalen vor der Industrialisierung (1780-1850). Bochumer geogr. Arbeiten, H. 18. Paderborn.

DEGE, W. und DEGE, W., 1983: Das Ruhrgebiet. Geocolleg 3. Berlin, Stuttgart: Bornträger.

ECKART, K., 1982: Die Entwicklung der Landwirtschaft im hochindustrialisierten Raum. Fragenkreise Nr.23559. Paderborn.

HENDRICKS, J. (Hrsg.), 1983: Das Ruhrgebiet. Grundlegende Informationen für seine Behandlung im Unterricht. Westfälischer Heimatbund H.7. Münster.

MAYR, A. und SCHOELLE, P., 1982: Blatt L 4508 Essen. Ausschnitt aus dem mittleren Ruhrgebiet. In: Geographische-landeskundliche Erläuterungen zur Topographischen Karte 1:50 000, Auswahl E Ballungsräume (43-68). Trier.

PARENT, T., 1984: Das Ruhrgebiet. Kultur und Geschichte im "Revier" zwischen Ruhr und Lippe. DuMont Kunst-Reiseführer. Köln.

RAGSCH, A. und PONTHOEFER, L., 1982: Wirtschaftsraum Ruhrgebiet. Kollegmaterial Geographie (Lehrerheft/Schülerheft). Ohne Ort.

SCHOEPS, H.-J., 1981: Preussen. Geschichte eines Staates. Frankfurt a.M.

SEDLACEK, P., 1975: Industrialisierung und Raumentwicklung. Raum+Gesellschaft 3. Braunschweig.

STEINBERG, H.-G., 1967: Sozialräumliche Entwicklung und Gliederung des Ruhrgebietes. Forschungen zur deutschen Landeskunde Bd. 166. Bad Godesberg.

STEINBERG, H.-G., 1985: Das Ruhrgebiet im 19. und 20. Jahrhundert. Ein Verdichtungsraum im Wandel. Reihe: Siedlung und Landschaft in Westfalen, H.16. Münster.

von SCHLOEZER, K., 1851: Die Hansa und der deutsche Ritter-Orden in den Ostseeländern. Wiesbaden.

von THADDEN, R., 1981: Von der Mark zum Kaiserreich. Ein Staat wächst. In: M. SCHLENKE (Hrsg.): Preussen. Beiträge zu einer politischen Kultur (14-27). Reinbek bei Hamburg.

3. INDUSTRIELLER STRUKTURWANDEL ALS "MOTOR" DER VERAENDERUNGSPROZESSE IM VERDICHTUNGSRAUM

Arnold Gurtner

Seit Beginn der Industrialisierung wird Arbeit als höchstes Gut des Menschen betrachtet. Obschon Kapital und technischer Fortschritt seither in immer rasanterer Folge Arbeit substituiert haben, gilt diese Werthaltung auch heute noch.

3.1 Das Ruhrgebiet in der Krise

In den Achtziger und Neunziger Jahren des vorigen Jahrhunderts zogen Werber aus dem Ruhrgebiet Richtung Osten, nach Ostpreussen, Schlesien und Polen. Ihr Ziel war es, Arbeitskräfte für den Kohleabbau und die aufstrebende Eisen- und Stahlindustrie an die Ruhr zu holen. Dem Ruf der schwerindustriellen Unternehmer folgten damals Hunderttausende. Heute, hundert Jahre später, hat sich die Lage der Industrie im Revier verändert. Arbeitskräfte werden nicht mehr angeworben, sie werden vielmehr durch die Industrie wieder "freigesetzt". Deutlichstes Indiz für diese Entwicklung sind die Arbeitslosenzahlen, die von den Arbeitsamtsbezirken im Gebiet des Kommunalverbandes Ruhrgebiet publiziert werden.

Nachdem Mitte der Siebziger Jahre die Krise der Eisen- und Stahlindustrie die Arbeitslosenzahlen im ganzen Kommunalverband schnell auf über 100'000 Personen anschnellen liess, ist die Situation heute noch viel schlimmer. Von 1980 bis 1985 wuchs die Zahl der Arbeitssuchenden rasch weiter auf die Zahl von 280'000 Personen.
Aufgeschlüsselt auf die Bezirke finden sich 1985 nur noch wenige Stellen, wo die Arbeitslosenquote unter 12% liegt (vgl. Abb. 3.1). Im einzelnen sind dies Gebiete, die im Bezug auf den Kern des Verdichtungsraumes peripher liegen, wie etwa die linksrheinischen Gebiete Moers und Kamp. Demgegenüber weisen die dichtbevölkerten Bezirke der Hellwegzone, wie auch der Emscherzone hohe Arbeitslosenraten auf (Spitzenreiter im September 1985 ist Dortmund mit 17,9%). Bei allen Bezirken im Kernraum mit mehr als 14% Arbeitslosigkeit sind die Quoten seit 1980 überdurchschnittlich angewachsen.

Abb. 3.1: Arbeitslosenquoten September 1980 und September 1985 (nach Bezirken)

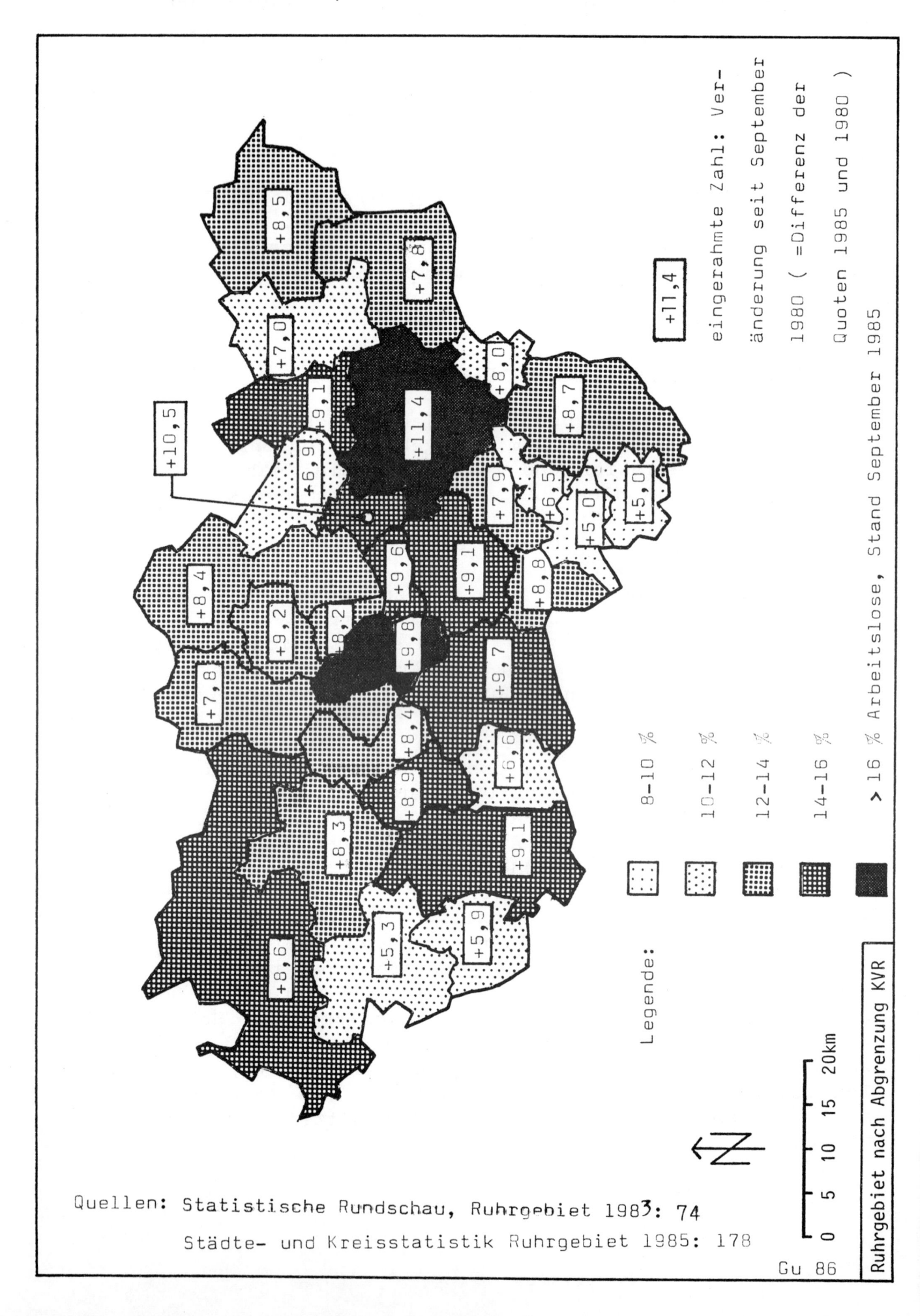

Quellen: Statistische Rundschau, Ruhrgebiet 1983: 74
Städte- und Kreisstatistik Ruhrgebiet 1985: 178

3.2 Das Revier steht immer noch auf Eisen und Kohle

Woher stammt die riesige Zahl an Arbeitslosen, die das Ruhrgebiet heute zum Problemraum werden lässt? Ein Blick auf die **Industriebeschäftigung** zeigt die Monostruktur des Raumes. Der Bergbau und die eisenschaffende Industrie, die schon früheren Generationen Arbeit geboten haben, dominieren den Arbeitsmarkt nach wie vor.

Die 6 grössten Branchen im Ruhrgebiet 1980	nach Arbeitskräften	nach Umsatz
Bergbau	19,5%	11,8%
Eisenschaffende Industrie	19,4%	20,1%
Maschinenbau	11,7%	7,1%
Elektrotechnik	6,8%	3,9%
Chemische Industrie	6,2%	10,0%
Stahl- und Leichtmetallbau	6,1%	4,5%

Quelle: Ruhrgebiet aktuell 2/1983

Das Revier kann in seiner **Branchenstruktur** durch drei grosse Regionen gekennzeichnet werden (Abb. 3.2):

1. Das Gebiet nördlich der Emscher, zusätzlich vermehrt um die Kreise Herne, Unna und Hamm, ist überwiegend vom Bergbau dominiert. Unna und Hamm besitzen zudem einen grossen Bestand an Beschäftigten im Grundstoff- und Produktionsgütergewerbe.

2. Die Kreise im Ruhrtal weisen eine diversifizierte und ausgeglichene Beschäftigungsstruktur auf.

3. Die drei Städte Essen, Bochum und Dortmund mit alter Hellwegtradition besitzen einen mittleren Grad der Diversifikation. Durch ihren für das Ruhrgebiet überdurchschnittlich hohen Anteil an Beschäftigten im tertiären Sektor haben sie zusätzliche Cityfunktionen.

Etwas aus dem Rahmen fällt die vierte Grossstadt Duisburg, welche wegen ihrer Lage an der "Rheinfront" den höchsten Anteil an Beschäftigten der Eisen- und Stahlindustrie im ganzen Ruhrgebiet aufweist. Die Investitionsgüterindustrien und Dienstleistungsfunktionen sind hier noch entsprechend schwächer ausgebildet.

Abb. 3.2: Industriebeschäftigte nach Branchen 1984

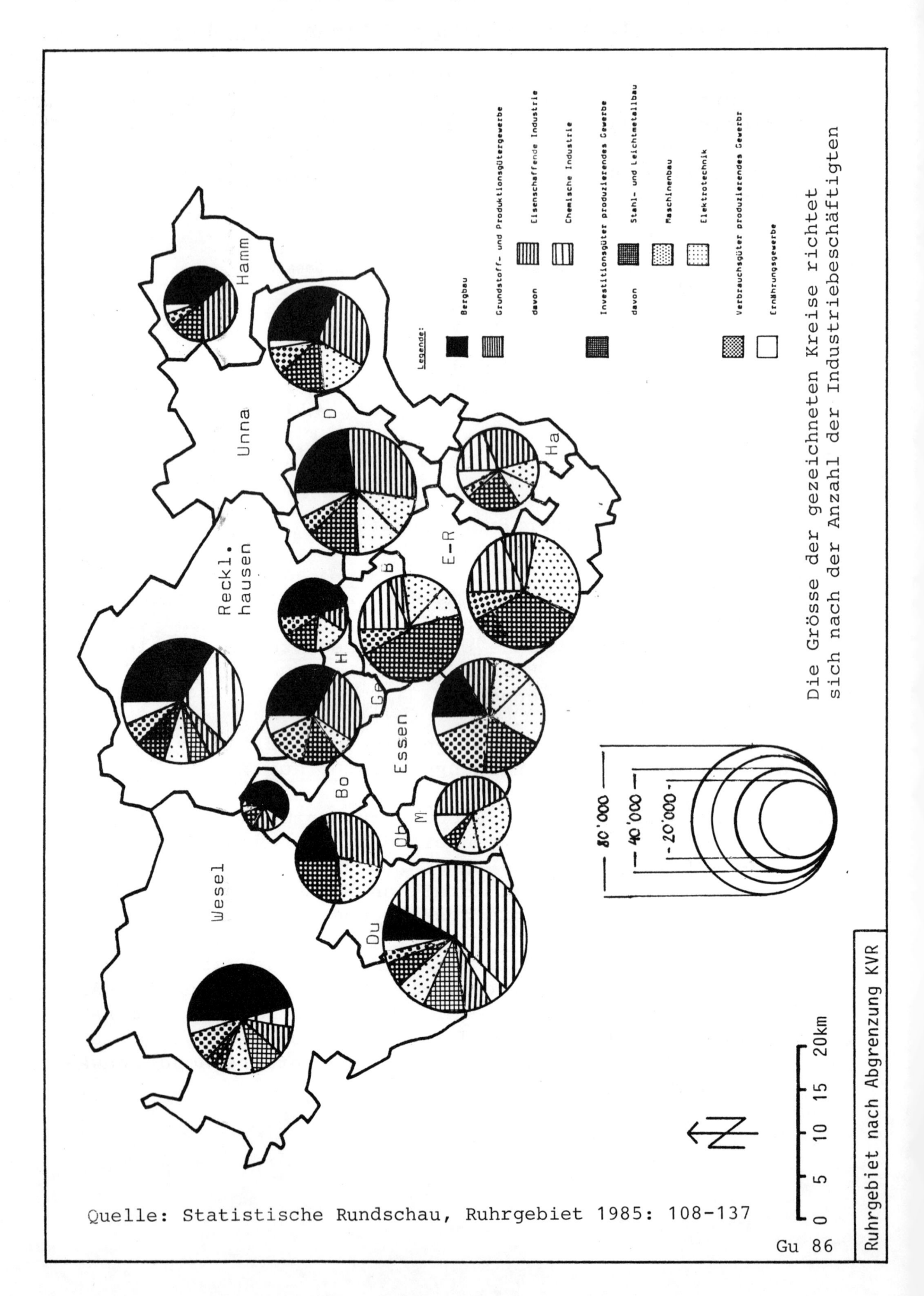

Quelle: Statistische Rundschau, Ruhrgebiet 1985: 108-137

Die wirtschaftliche Entwicklung der letzten 20 Jahre hat aus dem ehemals fast liebevoll "Kohlenpott" genannten Ruhrgebiet einen "Altindustrieraum" gemacht. Das Wachstum der grossen Branchen ist zum Erliegen gekommen, die Produktion, angesichts gesättigter Märkte im Montansektor, rückläufig!

Steinkohlenförderung und Rohstahlerzeugung im Ruhrgebiet (Mio t)

	1955	1965	1975	1979	1983	1984
Steinkohlenförderung	121,1	110,9	75,8			61,2
Rohstahlerzeugung	16,4	24,6	24,3	27,0	19,9	22,2

Quelle: Städte- und Kreisstatistik Ruhrgebiet 1985: 157-159

In Anbetracht schrumpfender Industrien und eines riesigen, aber ausgetrockneten Arbeitsmarktes ist **Umstrukturierung** oberstes Gebot. Doch, wohin soll der Weg führen?
Die beiden grossen Standbeine der Industrielandschaft - Eisen und Kohle - werden durch grosse Betriebseinheiten und Konzerne getragen (ROJAHN, 1984: 87). Während der Bergbau wohl weiterhin durch Zechenstillegungen geprägt sein wird, bleiben im Eisen- und Stahlsektor grössere Spielräume zur Anpassung.

3.3 Die Stahlbarone danken ab, es leben die Stahlkonzerne

Als im April 1945 Alfred Krupp von den Alliierten verhaftet wurde, ging eine Epoche zu Ende: Es war die **Zeit der grossen Stahlbarone** gewesen, die schon seit der zweiten Hälfte des 19.Jahrhunderts den wirtschaftlichen Aufschwung des Ruhrgebietes wesentlich mitgeprägt hatten. Sie waren es auch gewesen, die den Nationalsozialisten ihren beispiellosen Rüstungsaufbau ermöglicht hatten. Die Bildung eines grossen Montankonzerns im Revier, der "Vereinigten Stahlwerker" hatte es Industriellen wie Alfred Krupp und den Nazis gleichermassen erlaubt, ihre Interessen durchzusetzen.

Mit dem Ziel, die dermassen hochkartellierte Stahlindustrie zu entflechten, waren die Alliierten nach dem Krieg angetreten. Doch schon 1952 wurde im europäischen Montanunionvertrag mit der Gleichstellungsklausel die Verflechtungsbeschränkung der deutschen Kohlen-, Eisen- und Stahlindustrie aufgehoben. Damit war der Startschuss zur "Rückverflechtung" gefallen. Erste Eisenhütten wurden im Zuge einer horizontalen Konzentration zu grösseren Gesellschaften verbunden. Dieser Prozess wurde durch die Umwandlungsgesetze von

1956/57 handels- und steuerrechtlich zusätzlich unterstützt (BOEMER, 1977: 79).

Als in den Sechziger Jahren die Wachstumsraten des Bruttosozialproduktes zu sinken begannen und sich verschärfte Konkurrenz in der EWG und auf dem Weltmarkt einstellte, kam es zu weiteren Zusammenschlüssen. Die Konzerne strebten neue Grössenordnungen an, da die Finanzierung neuer Anlagen nur den grössten unter ihnen möglich war. Neben horizontale trat nun auch **vertikale Konzentration.** 1967, zum Zeitpunkt der grössten Ueberproduktionskrise der BRD nach dem 2.Weltkrieg, kam es zur Bildung von Walzstahlkontoren, deren Ziel es war, wenige grosse spezialisierte und dementsprechend wettbewerbsstarke Unternehmensgruppen zu bilden. Im Zuge dieser Strategie wurden den einzelnen Werken Produktionsquoten zugeteilt.
Erste Konsequenz aus den Kontoren war ein Produktions- und Beschäftigtenabbau. Weitergeführt wurden die in den Kontoren sichtbaren Konzepte durch die 1971 folgenden Rationalisierungsgruppen. Die Produktebereinigung wurde weitergetrieben, alle Röhreninteressen waren jetzt bei Mannesmann konzentriert, während Walzstahlerzeugnisse bei Thyssen gefertigt wurden (BOEMER, 1977: 80-83).

Allerdings hatte sich unterdessen der Himmel über Europas Wirtschaft, insbesondere dem Stahlsektor, verdüstert: Auf die Krise reagierten viele Länder mit protektionistischen Massnahmen, Subventionen sowie zum Teil Verstaatlichung ihrer Stahlindustrie. Die deutsche Stahlindustrie, die nur punktuell von staatlichen Massnahmen profitieren konnte, verlor durch diese Entwicklung viel von ihrer Konkurrenzfähigkeit. Ein Uebriges tat die EG-Quotenregelung.

Nach dieser Gesundschrumpfung, die "Rationalisierung" hiess und marktbeherrschende Grosskonzerne entstehen liess (Abb. 3.3), fahren die deutschen Stahlkocher heute wieder Gewinne ein. Sie besitzen ein abgerundetes Verkaufs- und Produktionsnetz. Einzig die unrentabel wirtschaftenden Bergbaugesellschaften wurden erst bei der Ruhrkohle AG konzentriert und dann 1984 an die beiden Stromerzeuger VEBA und VEW verkauft (BIERWIRTH, 1985: 42).

3.4 Auf an den Rhein

Nach dem Konzentrationsprozess hat heute eine so traditionelle Montanstadt wie Essen keinen einzigen Stahlstandort mehr. Zur Zeit der sinkenden Gewinne haben günstige Um-

Abb. 3.3: Unternehmenskonzentration in der Eisen- und Stahlindustrie des Rhein-Ruhrgebietes, 1948-1983/84

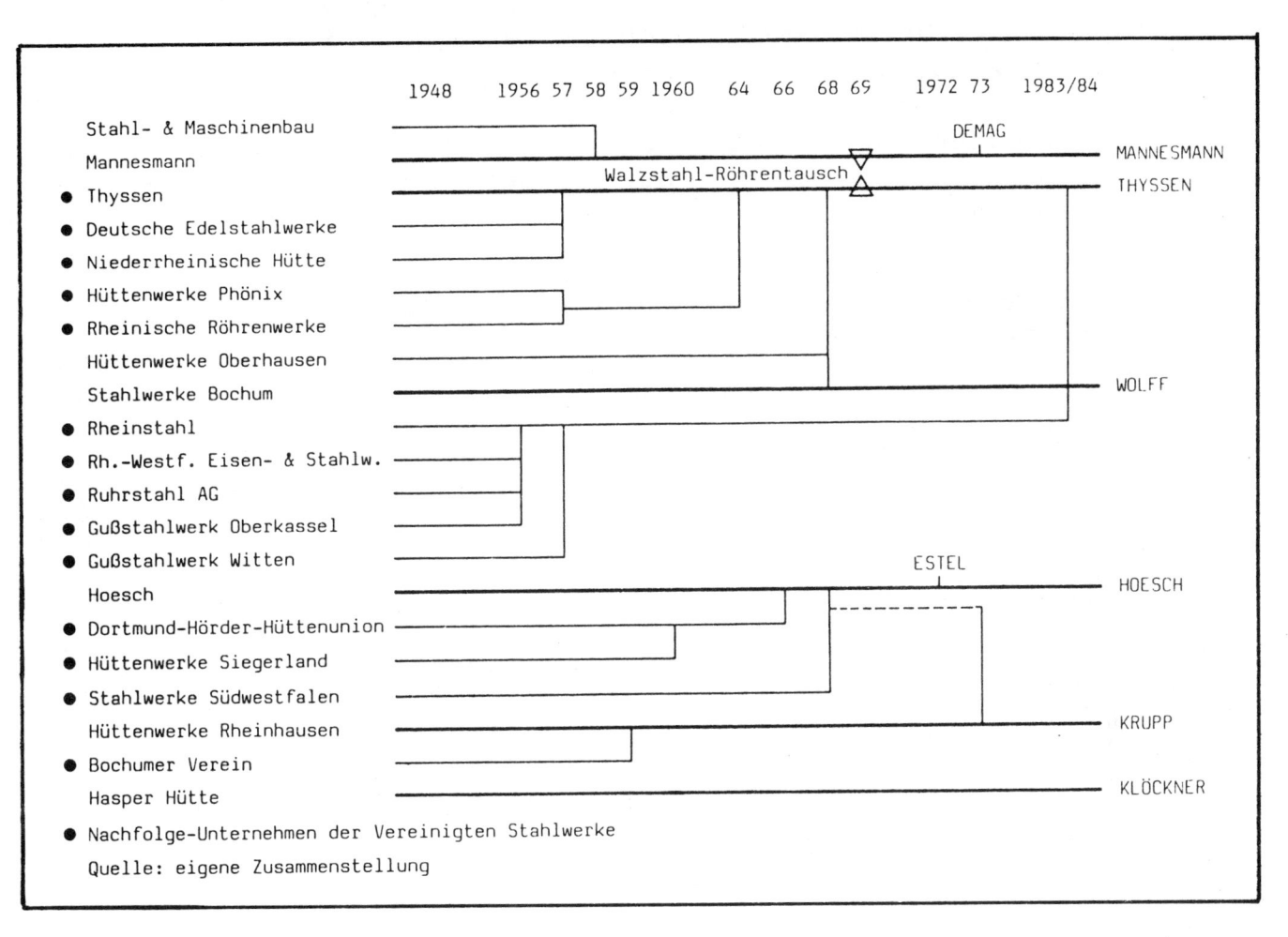

aus: Rojahn, 1984: 55

Abb. 3.4: Hoesch-Konzernunternehmen und wesentliche Beteiligungen, Stand 31. Dezember 1982

aus: Benfer et al., 1984: 109

schlagplätze für rohstofforientierte Betriebe enorm an Bedeutung gewonnen. Die Franzosen haben durch ihre grossen Stahlkomplexe an der Küste hierfür das Exempel geliefert. Im Binnenraum Ruhr ist bei der Roheisen- und Rohstahlproduktion die **relative Standortgunst der Wasserstrassen und Hafenorte** zum Tragen gekommen.

Rohstahlproduktion (Anteile der Kammerbezirke an der Gesamtsumme der Kammern in NRW in %):

	1953	1960	1971	1980
Duisburg	40,5	46,6	57,0	64,0
Essen	13,1	11,7	3,6	1,5
Bochum	11,8	12,7	8,3	3,0
Hagen	7,5	5,4	3,0	6,0
Dortmund	25,7	22,5	22,0	19,0

Roheisenproduktion:

	1953	1960	1971	1980
Duisburg	47,7	52,1	63,0	76,0
Essen	14,0	11,7	6,0	
Bochum	6,6	8,5	3,0	6,0
Hagen	5,8	4,3	3,0	
Dortmund	23,1	21,4	20,0	18,0

Quelle: ROJAHN, 1984: 115

Innerhalb des Reviers weist der **Raum Duisburg** durch seine Lage am Rhein gegenüber Dortmund wesentliche Transportkostenvorteile auf. Während Schubformationen pro Fahrt bis zu 11'000t Erz von Rotterdam nach Duisburg transportieren, ist die Frachtkapazität auf dem Dortmund-Ems-Kanal auf 1350t beschränkt (BIRKENHAUER, 1984: 153). Als Folge ist hier eine grossräumige Arbeitsteilung entstanden, indem die Hafenanlagen in Rotterdam als Vorwerk der deutschen Stahlindustrie fungieren. Die Rheinfront und Dortmund als die beiden relevanten Standorte produzieren das Roheisen und den Rohstahl, welche schliesslich verteilt auf das ganze Ruhrgebiet mit Schwerpunkt im Süden, sowie im Bergischen und Märkischen weiterverarbeitet und veredelt werden.

Bei der Stahlherstellung werden nach verschiedenen technischen Neuerungen eindeutig kleinere Koksmengen gebraucht. Stahlerzeugung am Kohlestandort ist damit wirtschaftlich gesehen nicht mehr entscheidende Bedingung. Für die Stahlindustrie an Rhein und Ruhr ist die **Nähe zum Verbrauchermarkt** zum Hauptstandortfaktor geworden. Während die Stahlwerke Krupp in Bochum, die ihren Hauptabnehmer in der Maschinenindustrie finden, noch 30% ihrer Produkte exportieren, sind es bei Thyssen und Hoesch kaum noch 20%. Neben der Marktnähe hat das investierte Kapital und die vorhandene gewaltige Infrastruktur viel zum Beharrungsvermögen beigetragen. Zwar wurden Standorte umstrukturiert, bei Rationalisierungen Arbeitskräfte abgebaut oder das eine oder andere Werk sogar ersatzlos stillgelegt, doch bis in neueste Zeit sind die Konzerne mit ihrer Stahlbasis im Gebiet geblieben. Die Tatsache, dass die Beschäftigtenentwicklung in der Stahlindustrie gewaltige Auswirkungen auf die Beschäftigung in vor- und nachgelagerten Branchen hat, unterstreicht deren Wichtigkeit auch für den gesamten Arbeitsmarkt. Manche Autoren schreiben, beim Abbau von e i n e m Arbeitsplatz in der Stahlindustrie gingen deren zwei in vor- und nachgelagerten Branchen verloren (z. B. SCHLIEPER, 1984: 6). Andere sind vorsichtiger und gehen von einem Verhältnis von 1:1,2 aus (ROJAHN, 1984: 122).

3.5 Ein Riese unter der Lupe: Restrukturierungszwang in der Stahlindustrie am Beispiel der Hoesch AG in Dortmund

"Der Meister musste ständig im Auge behalten werden - gearbeitet wurde aber in den Arbeitskolonnen. Im Bandagenhammerwerk standen im Mittelpunkt die Schmiedekolonnen: der Hammerführer und seine 4 bis 6 Helfer" (NIETHAMMER et al., 1984: 57)

Der Bedeutungswandel im industriellen Prozess zeigt sich wohl nirgends so deutlich wie bei der Wertschätzung der menschlichen Arbeit: Wo im späten 19.Jahrhundert in einem Walzwerk Dutzende von Schmieden arbeiteten, steht im Jahre 1986 im Kaltwalzstahlwerk 2 der Hoesch in Dortmund eine Contiglühe. 310 Millionen Mark hat die Hoesch seit Beginn der Achtziger Jahre in dieses für Deutschland einmalige Ding gesteckt und glaubt, damit fünf Jahre Vorsprung auf die Konkurrenz zu haben. Fünf Arbeiter pro Schicht sind nötig, um die Maschine "ständig im Auge behalten" zu können. Die fünf gehören zu den 17'000 Glücklichen, die 1986 noch im Stahlsektor der Hoesch in Dortmund und Siegen arbeiten können. 1966, zum Zeitpunkt, als die Dortmund-Hörder-Hüttenunion der Hoesch angegliedert wurde (Abb. 3.3), zählte das Werk 36'000 Beschäftigte (vgl. zu diesem Abschnitt auch den Tagesbericht vom 23.9.86).

4,2 Millionen Tonnen Stahl werden momentan bei der Hoesch in Dortmund und Siegen pro Jahr produziert. 80% davon gehen in die eigene Weiterverarbeitung. Die meisten der Verarbeitungsgesellschaften liegen, und das ist ein Hauptstandortvorteil des Hoescher Stahlgeschäfts, im einem Umkreis von 80 bis 100 Kilometer von Dortmund und bilden zusammen mit den Hoeschwerken die Hoesch AG (Abb. 3.4).

Neben der ungünstigen Lage im östlichen Ruhrgebiet, welche höhere Erztransportkosten gegenüber Duisburg verursacht, fällt für Hoesch die **ungünstige innerbetriebliche Struktur** als zusätzliche finanzielle Belastung ins Gewicht. Die Stahlproduktion in Dortmund ist auf drei Standorte verteilt, was allein zu jährlichen Transportkosten von 200 Mio. Mark für den Austausch zwischen Hütten-, Stahl- und Walzwerken führt. Nachdem 1981 das Ende der "Ehe" mit der niederländischen Hoogovens voraussehbar war, zerplatzten die Träume von einem eigenen Küstenstandort. Stattdessen wurde ein Konzept zur Personal-, Produkt- und Standortbereinigung ausgearbeitet. Darin war der Bau eines neuen Stahlwerkes für 2 Mrd. Mark vorgesehen. Da ein solcher finanzieller Kraftakt selbst einem Giganten wie der Hoesch nicht möglich war, wurden stattdessen 500 Mio Mark in den Ausbau und die Modernisierung des Stahlwerkes Phoenix in Hörde gesteckt. Ausserdem wird im Moment einer der vier Hochöfen für 125 Mio. Mark ausgebaut.

Die **Stossrichtung der Investitionstätigkeit** der Stahlunternehmen im Ruhrgebiet ist offensichtlich und geht bei allen Konzernen in eine ähnliche Richtung: Technologische Erneuerung, um der Konkurrenz möglichst eine Nasenlänge voraus zu sein, ist Trumpf. Denn: "Wir sind eingebunden in die EG, die BRD und den Weltmarkt", wie es Herr Berg, der Werksführer der Krupp in Bochum, ausdrückt. Zum erfolgreichen Bestehen auf den Märkten hat Hoesch alleine in den letzten drei Jahren 1,3 Mrd. Mark in neue Technologien gesteckt. Neben dem Erlangen von Wettbewerbsvorteilen hat der Konzern dadurch aber zusätzlich zur strukturellen Arbeitslosigkeit auch noch der "technologischen" Arbeitslosigkeit Vorschub geleistet. Gefördert notabene durch den Staat, welcher die Erneuerungsprogramme durch Investitionszulagen kräftig unterstützt (vgl. hierzu auch die Berichterstattung über den 1985er Geschäftsbericht in der NZZ, sowie der ZEIT in Abb. 3.5).

Der neue Weg der Zusammenarbeit, der im Zeitalter der Hochtechnologie eingeschlagen wird, zeigt sich an der Contiglühe: Beteiligt am Bau dieser riesigen computergesteuerten Blechkonfektionierungsstrasse waren die Japaner, welche die Technologie geliefert haben, die Franzosen durch den Bau des Ofens und die Deutschen (Siemens und Mannesmann), durch die Entwicklung, resp. Verbesserung der Steuerung und Mechanik. Die Kruppwerke in Bochum, die ausschliesslich auf Schrottbasis Stahl produzieren, wählen zur Zeit offensichtlich den gleichen Pfad. Durch Technologieaustausch mit den

Japanern wollen sie Qualitätsverbesserung erreichen und Kosten verringern.
Daneben laufen die Rationalisierungsprogramme natürlich weiter. Hoesch hat seit 1980 605 Mio. Mark für den Belegschaftsabbau aufgewendet, gleichzeitig aber auch 900 Mio. Mark bei den Personalkosten einsparen können (KEMER, 1986). 1985 hat der Stahlsektor der Hoesch 125 Mio. Mark Gewinn gut geschrieben. Dies kann direkt als Illustration einer Feststellung von Herrn Blauzun von der Gesellschaft für Wirtschaftsförderung in Düsseldorf dienen: "High-Tech liegt nicht nur im Mikro-Chip, sondern auch im Hüttensektor". Offensichtlich schlagen diese verfahrenstechnischen Neuerungen durch und stärken Produktivität und Konkurrenzfähigkeit der Stahlkonzerne. Die Gefahr liegt allerdings darin, dass die Neuerungen mithelfen, die alten Branchen- und Standortstrukturen zu zementieren.

3.6 Augen zu und raus aus dem Pott

Dieser Gefahr versuchen die Konzerne an der Ruhr durch unternehmensinterne **Diversifikation** in andere (Wachstums-) Branchen zu entfliehen. Die Hoesch ist längst nicht mehr nur ein Stahlkonzern, besitzt Plastik-, Liegenschafts- und Steuerberatungsgesellschaften und stösst mit einem Programmierungsdienst und der mbp Datenschutz GmbH in Dortmund in die Elektronikbranche vor (Abb. 3.4). Dabei ist die Hoesch insofern ein Sonderfall, als praktisch alle ihre Unternehmen in der Umgebung von Dortmund liegen. Direkt oder indirekt soll, so Werksführer Riegas bei unserer Besichtigung, jeder sechste Dortmunder von Hoesch abhängig sein. Diese Schätzung dürfte allzu vorsichtig sein, denn der Faktor Hoesch spielt im politischen Leben Dortmunds eine dominierende Rolle: Auf Initiative und Drängen des Konzerns wurde eine Autobahn von Dortmund zu den Siegerlandwerken in Siegen gebaut. Und der Dortmund-Ems-Kanal, zusammen mit der Eisenbahn Haupttransportweg der Erze, wird durch den momentanen Ausbau des Hebewerkes Henrichenburg (auf Staatskosten) für grössere Verbände schiffbar gemacht.

Anders liegen die Fälle beim GHH (Gutehoffnungshütte)-MAN-Konzern und bei Thyssen. Der GHH-MAN-Konzern, in Oberhausen gross geworden, hat seinen Verwaltungshauptsitz unterdessen ins aufstrebende München verlegt. Diese grossräumige Trennung von Produktions- und Verwaltungsstandort bedeutet externe Kontrolle und führt zu einem Rückgang der regionalen Verflechtung. Ebenfalls ausserhalb des Ruhrgebietes diversifiziert der Thyssen-Konzern, bei dem nur noch Stahlproduk-

Abb. 3.5: Die Restrukturierung der Hoesch AG ist noch nicht abgeschlossen

Ergebnissteigerung der Hoesch AG
Wiederaufnahme der Dividendenzahlung – Erneut Personalabbau

Cls. Bonn, 7. Mai

Wie andere deutsche Stahlunternehmen kann auch die Hoesch AG (Dortmund) über ein erfolgreiches *Geschäftsjahr 1985* berichten. Der *Aussenumsatz* expandierte um 3,1% auf 7,48 Mia. DM, der *Gesamtumsatz* erreichte 10,39 (i.V. 10,07) Mia. DM. Davon entfielen auf den Stahlbereich 4,25 Mia. DM (+3,7%), auf die Weiterverarbeitung 3,01 Mia. DM (+1,8%) und auf Handel und Dienstleistungen 3,13 Mia. DM (+7,3%). Den grössten Beitrag zur Umsatzsteigerung steuerte die Hoesch Export AG bei, die trotz der in der zweiten Jahreshälfte festzustellenden Abschwächung auf den wichtigsten Stahlmärkten die hohe Versandleistung des Vorjahres wiederholen und zudem von dem anfänglich günstigen Dollarkurs profitieren konnte.

Fortschritte in der Ertragslage

Die *Ertragslage* konnte weiter verbessert werden, auch wenn man die hohen *Sondererträge* von 280 Mio. DM ausklammert, die hauptsächlich in Form von letztmals kassierten Investitionszulagen und Strukturverbesserungshilfen aus dem Stahlsubventionsprogramm der öffentlichen Hand anfielen. Das reine *Betriebsergebnis* wird mit 123 (i.V. 115) Mio. DM ausgewiesen; dazu kommen höhere Beteiligungserträge von 75 (63) Mio. DM. Zusammen mit den Sonderposten von 280 (–73) Mio. DM und abzüglich von 83 (11) Mio. DM an Ertragssteuern ergibt sich ein *Jahresüberschuss* von 395 Mio. DM. Das ist zwar ein Mehrfaches des Vorjahresbetreffnisses (94 Mio. DM), kommt aber nicht an das Ergebnis von 1983 von 518 Mio. DM heran, das ebenfalls von umfangreichen Stahlhilfen geprägt gewesen war. *Nach Einstellung* in die Rücklagen für Konzernzwischengewinne von 123,1 Mio. DM und der Dotierung der Konzernrücklagen im Umfang von 129,2 Mio. DM sowie verschiedenen kleineren Verrechnungen verbleibt ein *Konzerngewinn* von 141,4 Mio. DM. Davon sollen 35,6 Mio. DM erstmals nach fünf Jahren zur Ausschüttung einer *10%igen Dividende* von 5 DM verwendet werden; der Rest soll den freien Rücklagen zugeführt werden.

Höhere Finanzschuld

Hoesch steigerte im Berichtsjahr die *Investitionen* auf 887 (i.V. 588) Mio. DM. Sie übertrafen die Abschreibungen von 284 (349) Mio. DM um mehr als das Dreifache. Die Mittel wurden überwiegend im Rahmen des *Umstrukturierungskonzeptes Stahl*, das die Entwicklung vom Universal- zum Spezialanbieter zum Ziel hat, verwendet. Der *Cash flow* nahm auf 828 (625) Mio. DM zu und deckte die Investitionen zu 93,3%. Das Eigenkapital konnte um 308 Mio. auf 1,65 Mia. DM gestärkt werden. Zufolge der Ausweitung der Bilanzsumme um 8,6% auf 6,66 Mia. DM verbesserte sich die *Eigenkapitalquote* aber nur leicht von 22,0% auf 24,9%. Die *Finanzschulden* nahmen von 1,75 Mia. DM auf 1,86 Mia. DM zu. – Im Konzern waren Ende 1985 33 100 Mitarbeiter beschäftigt, das heisst rund 400 weniger als vor Jahresfrist.

Vor Entlassungen im Stahlbereich

(Reuter) Wie an der Bilanzpressekonferenz weiter verlautete, plant Hoesch *weitere Kapitalmassnahmen*. Finanzchef Hero Brahms kündigte an, der Vorstand werde auf der Hauptversammlung am 26. Juni ein genehmigtes Kapital von 100 Mio. DM sowie die Schaffung eines bedingten Kapitals bis zu nominal 80 Mio. DM beantragen, um Optionsschuldverschreibungen bis zu nominal 200 Mio. DM begeben zu können. Pläne zur sofortigen Inanspruchnahme dieser Ermächtigungen gebe es aber nicht.

Weiter hiess es, die Beschäftigten des Konzerns müssten besonders im *Stahlbereich* mit einem *weiteren Arbeitsplatzabbau* rechnen. Vorstandschef *Detlev Rohwedder* kündigte an, bis Ende *1986* würden nochmals 1530 Mitarbeiter, davon 1440 im Stahlbereich, über Sozialpläne ausscheiden. Damit aber seien die Anpassungen *noch nicht beendet*, beschäftige Hoesch doch noch zu viele Mitarbeiter im Vergleich mit internationalen Konkurrenten, erklärte Rohwedder. Rohwedder verband die Ankündigung mit der Aufforderung an die Bonner Regierung, *weitere Sozialplanhilfen* zu geben, um das Ausscheiden über ausreichend dotierte Sozialpläne zu ermöglichen.

aus: NZZ, 9.5.1986

Streit um Milliarden

Detlev Rohwedder führt bittere Klage darüber, „mit welcher Härte die Apparate der Bundesregierung uns auf Punkt und Semikolon dieses Geld nachhalten". Dabei meint der Vorstandsvorsitzende der Dortmunder Hoesch AG jene 1,8 Milliarden Mark, die die Bundesregierung den Unternehmen der Eisen- und Stahlindustrie zum Teilausgleich für jene Aufwendungen gezahlt hat, die durch Sozialpläne und Abschreibungen auf stillgelegte Anlagen entstanden sind.

Die Stahlbosse hatten damals eingewilligt, dieses Geld bei guter Ertragslage zurückzuzahlen, aber nun mokiert sich nicht nur Rohwedder über die „bürokratische Knibbeligkeit", mit der der Staat seine Ansprüche geltend macht.

Vorerst brauchen die Stahlunternehmen allerdings nicht einmal zu befürchten, daß sich der Staat sein Geld zurückholt. Denn für die Jahre 1986 bis 1988 werden Rückzahlungen nur dann fällig, wenn Gewinne ausgeschüttet werden. Das aber läßt sich elegant vermeiden.

Alle großen Konzerne haben ihre Stahlaktivitäten rechtlich verselbständigt und können deshalb die dort erzielten Gewinne thesaurieren – Dividende zahlen sie aus ihren übrigen Aktivitäten. Kritisch wird es erst von 1989 an, denn dann sind vierzig Prozent des erzielten Gewinnes nach Bonn zu überweisen – ob ausgeschüttet wird oder nicht, ist unerheblich.

aus: DIE ZEIT, 11.7.1986

tion und -weiterverarbeitung im Gebiet geblieben sind (BIRKENHAUER, 1984: 150). Wachstum im Stahlsektor ist, wie der Fall Thyssen zeigt, nur noch durch Standorte in Entwicklungsländern möglich. Mit einer 1982 gebauten Rohrgiesserei in Aegypten will der Konzern an die arabischen und afrikanischen Märkte herankommen (BIERWIRTH, 1985: 137).
Uebergeordnete Konzernstrategien treffen nicht nur die Stahlriesen, das Motto "mit dem Wachstum raus aus dem Pott" gilt auch für **andere Branchen**. Die Wedag in Bochum, führendes deutsches Unternehmen zum Bau von Mineralienförder- und Verarbeitungsanlagen, gehört heute zum Humboldt-Deutz-Konzern. Früher im Ruhrgebiet mit verschiedenen Firmen vertreten, befindet sich 1986 lediglich noch das Unternehmen Indumont, Montage von Maschinen und Gesamtanlagen, hier. Ueberregionale Betriebskonzentration, ausgehend vom Konzernhauptsitz in Köln, hat zur Aussiedlung und Auflösung von rentabel arbeitenden Betrieben in Bochum geführt. Parallel zu Arbeitsplatzverlusten sind damit hochwertige Dienstleistungen geschrumpft und Wachstumseffekte verloren gegangen.

3.7 Verpasstes soll nachgeholt werden

Die Erfahrungen der beiden letzten Jahrzehnte haben klargemacht, dass das Ruhrgebiet dringend eine bessere Verbundwirtschaft braucht. Wird im Bergbau rationalisiert und eine Zeche stillgelegt, erhält die Zechengesellschaft von der Stadt eine Prämie. Diese Prämie muss sie zu 50% am gleichen Ort reinvestieren. Da Zechenschliessungen in der Hellweg- und Emscherzone in den letzten zwanzig Jahren gehäuft auftraten, ist es dort gelungen, einem stillgelegten Gewerbe in der Regel ein neues folgen zu lassen. In der Mehrzahl waren dies Firmen des im Gebiet sowieso unterrepräsentierten tertiären Sektors.

Mit dieser Regelung hat man Lehren aus der Politik der Fünfziger Jahre gezogen. Damals hatten die Bergbaugesellschaften Bodenvorratswirtschaft getrieben (sprich: im grossen Massstab Boden gehortet), und die Städte einseitig die Grosskonzerne bevorzugt und begünstigt. Noch heute fehlen deshalb im mittleren Ruhrgebiet die Zulieferfirmen zu den grossen Konzernen und machen es diesen damit leichter, aus dem Revier auszuziehen.
Eines der wenigen Beispiele, wo der **Verbund unter den Ruhrgebietsindustrien** spielt, sind die Veba-Chemie und Opel. Am Standort Wanne-Eickel, zu den Werken Hüls gehörend, werden von der Veba auf Ammoniakbasis Pulverlacke hergestellt.

Diese Lacke gelangen anschliessend nach Bochum in die Opelwerke zur Weiterverarbeitung.

Aber auch die Opelwerke müssen für das Ruhrgebiet als Sonderfall gelten. In den Sechziger Jahren ist es der Stadt Bochum nur mit grossen Anstrengungen und dank eines gratis zur Verfügung gestellten Industriegeländes gelungen, eine grosse, von Kohle und Stahl unabhängige Industrie, auf ihren Boden zu holen. Von einem solchen "Fischzug", welcher der Stadt Bochum damals eine grosse Zahl neuer Arbeitsplätze gebracht hat, können die heutigen Wirtschaftsförderer nur noch träumen (sh. hierzu auch Kap. 10).

3.8 Neue Männer braucht das Land

Ausgehend von neoklassischen Vorstellungen sehen die Praktiker an Ruhr und Rhein Problemlösungen für den alten Industrieraum Ruhr vor allem im Bereich der dynamischen, **technologieorientierten Restrukturierung** unter möglichst weitgehender Zurückbindung der in ihren Augen zu hohen Staatstätigkeit. Im Angedenken an die alten Ruhrunternehmer des 19. Jahrhunderts stellt Dr. Tröscher, Manager des Essener Technologie- und Entwicklungs-Centrums ETEC, die Diagnose: "Neue Männer braucht unser Land". Sie sollen durch ihre Ideen der Industrie neue Impulse verschaffen. Bestätigt in dieser Einschätzung wird er durch Herrn Nienaber von der Industrie- und Handelskammer Essen, welcher optimistisch feststellt: "Mit dem Revier geht's aufwärts". Er denkt dabei in erster Linie an eine **"neue Gründungswelle"** von Industriebetrieben in der Region Essen. Nach einem Generationenwechsel an "den führenden Stellen in Politik und Wirtschaft" stossen (Jung)-Unternehmer in neue, für's Ruhrgebiet ungewohnte Branchen vor und helfen, die Industriestruktur zu diversifizieren.

Allerdings stellen neue Betriebe, die sich mit Hochtechnologie beschäftigen, ganz andere Standortanforderungen als "alte" Stahlbetriebe. "Saubere" Forschungs- und Produktionsbetriebe wollen auf unbelastete Flächen, auf die "grüne Wiese". Industriebrachen haben an Attraktivität verloren, umso mehr, seit die **Altlastenproblematik** aktuell geworden ist. Aktuell zwar, aber auch mit einer eigenen Geschichte. Dazu Herr Heber von der Stadt Duisburg: "Wir drücken uns nicht um das Problem der Altlasten herum, wir müssen nur noch abwarten" (vgl. hierzu auch Kap. 5).
Wenn in einer Stadt eine neue Firma mit grosser Beschäftigtenzahl angesiedelt werden kann, so ist das schon ein Er-

folg, üblich ist es nicht. Im ETEC sollen beim Endausbau 80 Firmen mit zusammen ungefähr 1000 Arbeitsplätzen vertreten sein. Eine Zahl, die sich gegenüber der Menge an potentiell gefährdeten Stellen bei den Grosskonzernen bescheiden ausnimmt.

Aus dem Gesagten lässt sich folgern, **dass eine industrielle Restrukturierung alleine auf der Basis von neuen Hightech-Betrieben wenig Erfolgschancen hat.** Wie sagte doch Herr Blauzun von der WfG in Düsseldorf: "In Hightech-Betrieben hirnen etwa 5 Ingenieure, bei Hoesch aber 500!" Diese Relation lässt erkennen, wie nötig auch der interne Strukturwandel im Stahlsektor für einen Wiederaufschwung ist ("Wandel oder Sterben"). Sie zeigt damit deutlich den Stellenwert, welcher den Grosskonzernen mit ihrem Potential und ihren Massenarbeitsplätzen auch in Zukunft im Revier zukommt.

3.9 Ist Entdichtung positiv?

Da die Grosskonzerne weiterhin Arbeitsplätze abbauen und die Klein- und Mittelbetriebe kaum in der Lage sein werden, die freigesetzten Arbeitskräfte aufzufangen, deuten alle Anzeichen auf eine weiterlaufende **industrielle Entdichtung** hin. Wird damit das Ruhrgebiet in Zukunft wieder grün?
Nicht unbedingt: Im Ruhrtal, heute frei von Zechenstandorten, ist schon eine gesteigerte Nachfrage nach Ansiedlungsflächen für neue Industrien zu registrieren. Von solch günstigen Ausgangsbedingungen können allerdings nicht alle Kreise profitieren. Einige Wirtschaftsförderer warten noch, wie Herr Nienaber in Essen: "Wenn in meinem Bezirk die letzte Zeche geschlossen wird, komme ich im weissen Anzug". Der Strukturwandel wird deshalb nicht einheitlich über die Kreise verlaufen. Gerade die Bezirke nördlich der Emscher hoffen gleichzeitig auf Impulse zur Umstrukturierung und Diversifizierung!

Im grösseren Zusammenhang gesehen lässt sich hoffen, dass die vielerorts propagierte funktionale und räumliche Arbeitsteilung nicht zu einer Degradierung des Wirtschaftsraumes führen wird. Degradierung insofern, als der Schwerindustriestandort an Rhein und Ruhr erhalten bleibt, Veredelung und insbesondere Vermarktung aber aus dem Gebiet fliehen. Womit dann das Ruhrgebiet das Schicksal einer klassischen industriellen Peripherie teilen und nur noch ein kleiner Teil der Wertschöpfung an der Ruhr bleiben würde.

Andererseits darf der Strukturwandel aber auch nicht zu schnell vor sich gehen. Denn wenn die Grosskonzerne ungebremst diversifizieren und ihre innovative Strategien umsetzen, könnten zu grosse soziale Probleme entstehen. Hoffnungsvoll erscheint, dass das Kapital zum nötigen Strukturwandel vorhanden ist. Ebenfalls liegt das Revier nicht allzu abseitig zu den neuen Wachstumszentren der BRD.

In diesem Licht gesehen mag die heutige Situation selbst für die freigesetzten Arbeitskräfte einigermassen hoffnungsvoll erscheinen. Da hatten ihre Vorväter zur Zeit der Depression Ende der Zwanziger und Anfang der Dreissiger Jahre doch ganz andere Existenzbedrohungen durchzustehen, was damals auch zu zahlreichen offenen Arbeitskonflikten führte. Von solchen Konflikten ist heutzutage im Ruhrgebiet, im Zeitalter der "sozialen Marktwirtschaft", kaum mehr etwas zu spüren. Man kann sich deshalb, um noch einmal mit F. Lasalle zu sprechen, fragen, inwiefern die heutigen Industriebeschäftigten im Ruhrgebiet ihre Geschichte immer noch selbst machen...

3.10 Literatur

BENFER, W., u. a., 1984: Ruhrregion 2029-Ein Lesebuch in die Zukunft, Dortmund.
BIERWIRTH, W., 1985: Das Ende der Stahlzeit-Reportagen aus dem Industriegebiet in der Krise, Frankfurt a.M./Olten/Wien.
BIRKENHAUER, J., 1984: Das Rheinisch-Westfälische Industriegebiet, München/Wien/Zürich.
BOEMER, H., 1977: Internationale Kapitalkonzentration und regionale Krisenentwicklung - am Beispiel der Montanindustrie und -regionen der EG, Dortmund.
KEMER, H.-G., 1986: Erst nehmen und dann nicht geben. In: Die Zeit, Nr.29, 11.7.1986.
NIETHAMMER, L. u. a., 1985: "Die Menschen machen ihre Geschichte nicht aus freien Stücken, aber sie machen sie selbst" - Einladung zu einer Geschichte des Volkes in NRW, Bonn.
ROJAHN, G., 1984: Der Einfluss von industriellen Grossunternehmen auf die raum- und siedlungsstrukturelle Entwicklung im Verdichtungsraum Rhein-Ruhr, Opladen.
SCHLIEPER, A., 1984: Das Ruhrgebiet, Statement für die Pittsburgh-Konferenz vom 3.-7.9.1984. Kommunalverband Ruhrgebiet, Essen.
RUHRGEBIET AKTUELL 2/1983. Essen.

Statistiken:
Städte und Kreisstatistik Ruhrgebiet 1985.
Statistische Rundschau, Ruhrgebiet 1983.
Statistische Rundschau, Ruhrgebiet 1985.

4. DAS RUHRGEBIET BRAUCHT UND VERBRAUCHT WENIGER MENSCHEN: BEVOELKERUNGSENTWICKLUNG, AUSLAENDERINTEGRATION, HUMANISIERUNG DER ARBEITSWELT UND UMSIEDLUNGEN

Thomas Bachmann, Daniel Oberholzer, Stefan Renggli

4.1 Man kann nicht sagen, dass hier alles "Friede-Freude-Eierkuchen" wäre: Leben im Ruhrgebiet

Herr Riegas, Werksführer der Hoesch AG, weiss, wovon er spricht.
Schliesslich handle es sich um eines jener Verfahren, das seinen Konzern um einen entscheidenden Schritt konkurrenzfähiger mache. Keine Details, das sei wohl klar, Industriegeheimnis, versteht sich. Nur, "er wolle da' nich so global machen, da hätten wir nichts 'von". Also diese Contiglühe könne für uns doch von grossem Interesse sein. Wir horchen interessiert.

Das mit dem Abkühlungsfaktor, dem Absaugdom, der Adjustage und der Anlasszone habe zwar miteinander noch nicht direkt zu tun, aber um Besäumung, Bramme, Dressiergerüst und Durchsetzungszeit zu verstehen, müssten die Lage der Erz-Kalk-Kokssäule, der Gasherd- und der Gasjetkühlung mit derjenigen von Gasturbogebläse und Gegendruckverfahren anhand des Gestelldurchmessers im Gichtgasverbundnetz berücksichtigt werden. Wir horchen staunend. Granulation und Grosswälzlager würden miteinander kombiniert, so dass sich Haftgrund und Haubenglühen, Kontaktwärme und, als Nebenprodukt in der Kreiselbrechanlage, Kühlschrott und Kupferlanzen (wassergekühlt), in der Laserinspektion im Mischbunker optimierten. Personalbereinigung, klar, sei eine Folge davon.

Planlagen und Roheisenfuchs in der Roheisennachbehandlungsanlage, die Rücklaufstoffe, vor allem Schutzgas, die Seitenstanze im entsprechenden Sollmass und die Stranggiessanlage (einadrig) seien nicht zu vergessen, um mit einer maximalen Streckgrenze sowohl Tiefzieheigenschaften wie auch -möglichkeiten zu verbessern. Wir horchen höflich. Ueberdicken würden, zu guter letzt, durch Vorheizzone und Warmbreitbandstrasse zu Windformen eliminiert, worauf der Herstellung sogenannter, laut Werbefilm, "intelligenter Stahlprodukte" der Firma Hoesch AG Dortmund nichts mehr im Wege stehe. - Wir denken: Glück auf.
Herr Riegas ist ein Kenner des Geschäfts, ohne Zweifel. Auch der anschliessende Rundgang durchs Werksgelände beweist es.

Da staunen die Japaner über die hiesigen Produktionszeiten, die Holländer über das Verhandlungsgeschick der Geschäftsleitung und wir Schweizer über beides und die gesamte Technologie dazu.

Stahlkrise? Natürlich gibt's die! - Konkurrenz? Natürlich, auf eigenem und fremdem Kontinent! - Rationalisierung, Frühpensionen, Entlassungen, Arbeitslose? Natürlich haben viele Angst davor!

Ob soviel technologischer Errungenschaften hätte Herr Riegas beinahe diejenigen vergessen, die damit arbeiten und leben, diejenigen, die auch dann noch damit leben müssen, wenn die Freiheit der Marktwirtschaft zu ihrer eigenen Unfreiheit wird: die Angeheuerten, die Ausländer, die Arbeiter, die Angestellten, kurz: die Menschen.
Soweit die **Sicht von oben**.

Von unten erscheint alles weniger spektakulär. Man hat die Rolle der "Betroffenen" übernommen. Vorderhand ist daran nichts zu ändern. Man ist Rentner oder Hausfrau oder Ausländer, Kleinsparer oder Anhänger von Schalke 04 und sucht sich sein Glück im kleinen. Ab und zu eine Fahrt zum Kemnader See und die Vereinsabende auf der Bundeskegelbahn gehören auch dazu. Schlagzeilen gibt es deshalb keine. Man arbeitet halt. Man arbeitet oft für die andern. Man wird halt da gebraucht, noch.

Allerdings, das Ruhrgebiet braucht und verbraucht immer weniger Menschen. Industriearbeit, früher Segen und Mühsal zugleich, ist auch nicht mehr dasselbe.

Wohl werden viele Alltagssorgen bundesweit geteilt: Dass doch noch ein Tempolimit im Strassenverkehr eingeführt werden könnte, dass die doch "hinüber" sollen, denen es hier nicht passt und dass Deutschland nicht Fussball-Weltmeister wurde. So etwas betrifft alle. Trotzdem, die Rolle der Betroffenen ist im Ruhrgebiet schwerer als anderswo.

Da ist einmal **der schlechte Ruf des Gebietes**. Man ist "einer aus dem Pott". Da herrscht beispielsweise eine überdurchschnittlich hohe Arbeitslosigkeit. In der Folge ziehen viele Menschen weg, vor allem natürlich solche, die es sich beruflich und finanziell leisten können. Da findet sich ein hoher Anteil an Ausländern (vgl. Abb. 4.1).

Abb. 4.1: Bevölkerung im Ruhrgebiet: Aktuelle Situation und Entwicklung

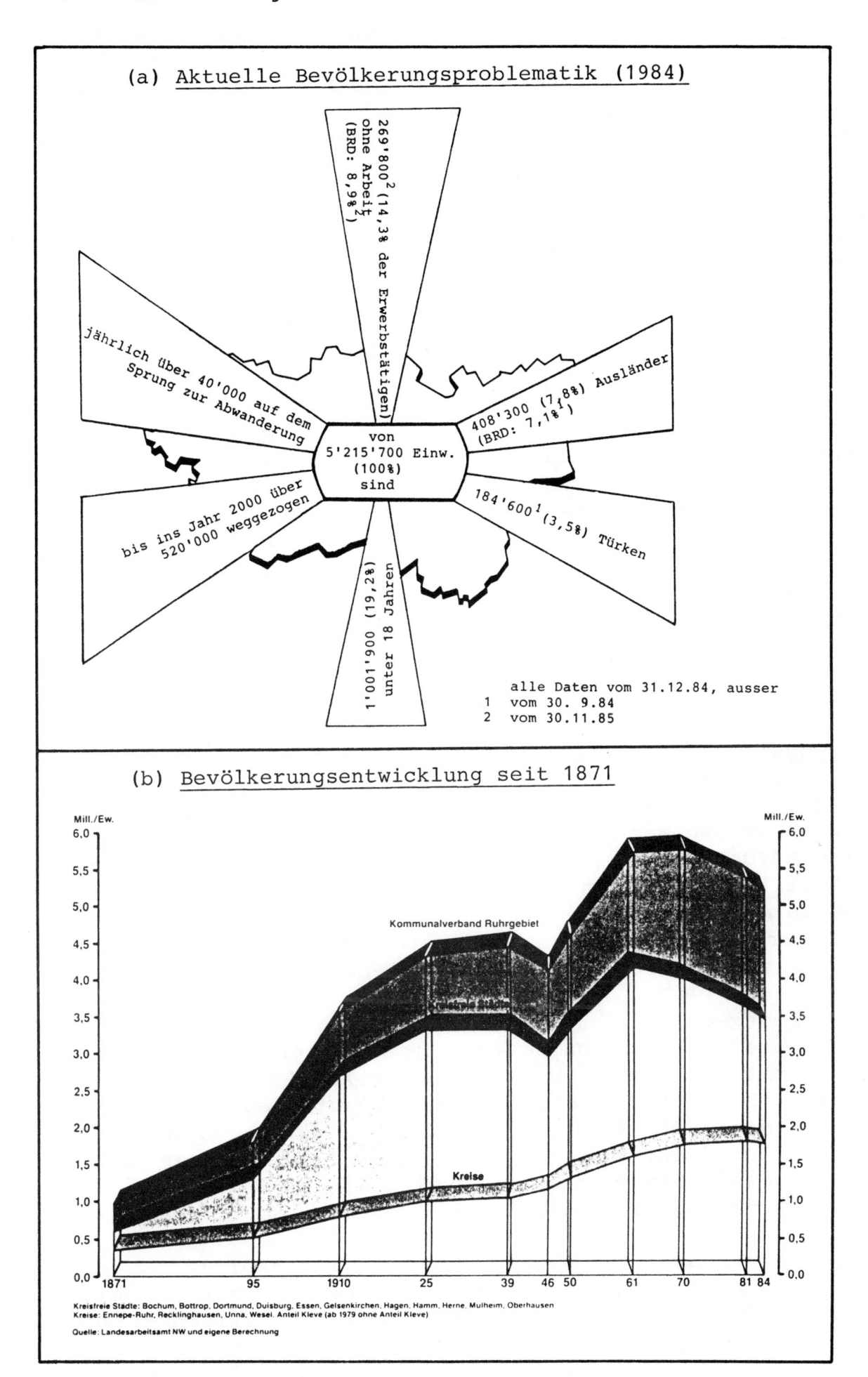

(a) Aktuelle Bevölkerungsproblematik (1984)

von 5'215'700 Einw. (100%) sind:

- 269'800[2] (14,3% der Erwerbstätigen) ohne Arbeit (BRD: 8,9%[2])
- jährlich über 40'000 auf dem Sprung zur Abwanderung
- 408'300 (7,8%) Ausländer (BRD: 7,1%[1])
- 184'600[1] (3,5%) Türken
- 1'001'900 (19,2%) unter 18 Jahren
- bis ins Jahr 2000 über 520'000 weggezogen

alle Daten vom 31.12.84, ausser
1 vom 30. 9.84
2 vom 30.11.85

(b) Bevölkerungsentwicklung seit 1871

Kommunalverband Ruhrgebiet

Kreise

Jahre: 1871, 95, 1910, 25, 39, 46, 50, 61, 70, 81, 84

Kreisfreie Städte: Bochum, Bottrop, Dortmund, Duisburg, Essen, Gelsenkirchen, Hagen, Hamm, Herne, Mulheim, Oberhausen
Kreise: Ennepe-Ruhr, Recklinghausen, Unna, Wesel. Anteil Kleve (ab 1979 ohne Anteil Kleve)

Quelle: Landesarbeitsamt NW und eigene Berechnung

Quellen: KVR, Städte und Kreisstatistik 1985; MAGS 1985

Da wohnen die Reichen im grünen Süden des Gebietes und ganz im Norden, die weniger Reichen dazwischen und die Chancenlosen meist irgendwo am Rand (WALLRAFF, 1985). Da müssen künstliche Naturparks und der Sonntagsausflug ins Sauerland für naturnahes Erholen sorgen (vgl. Kap. 6). Da stehen sogar Wohnhäuser auf alten, vergifteten Industriebrachen (vgl. Kap. 5 und 11).
Alltagssorgen kann man das gewiss nicht mehr nennen. Und zu denken gibt dies nicht allein den Einheimischen.

Trotz allem, das Ruhrgebiet ist nicht einfach nur Arbeitsplatz. Die Menschen leben hier. Und sie leben gerne hier, nicht nur laut Werbefilm des KVR. Die meisten möchten im Revier bleiben, wenn es geht.
Sie leben gemeinsam in der Rolle der Betroffenen. Gesellschaftliche Konflikte betreffen immer Gruppen von Menschen. Drei dieser Gruppen sollen in den folgenden drei Abschnitten beispielhaft vorgestellt werden:
    die, welche von weit hergeholt wurden, die **Fremdarbeiter**
    die, welche besonders **harten Arbeitsbedingungen** ausgesetzt sind
    die, welche im Interesse anderer **umgesiedelt** werden.

4.2 Ruhrgebiet, das Land der guten Hoffnung

Die Gäste aus dem Pfefferland

Würde ein deutscher Bewohner von Katernberg-Beisen gefragt, wie er seinen Wohnort charakterisiere, spräche er von Arbeitersiedlung, vom guten Verhältnis zu den Kumpels, von der Arbeit untertag, von den vielen Vereinen, die es hier gibt und zu guter letzt: "Na ja, es gibt eben viele Türken hier." Und gerade in diesem Punkt unterscheidet sich Katernberg-Beisen von anderen Stadtteilen Essens.

Katernberg-Beisen, im Norden der Stadt Essen, ist ein reines Wohngebiet. Jeder fünfte hier ist Ausländer. Dabei verfügt Essen mit 5,6% über den niedrigsten Ausländeranteil im Ruhrgebiet (KVR, 1983: 12). Neben den Deutschen leben vor allem Türken hier. Sie wurden kurzfristig angeworben, als 1973 die Energiekrise ins Haus stand und die Kohle wieder an Bedeutung gewann. Sie gelten als qualifizierte Bergarbeiter, Türken aus dem Marmaragebiet.

Die Ueberlegungen damals waren rein wirtschaftlich. Engpässe in der Stahlproduktion sollten verhindert werden. Um die möglichen Schwierigkeiten der türkischen Arbeitnehmer und ihrer Familien im Zusammenleben mit Deutschen hat man sich wenig geschert. Vor dem Hintergrund dieser sogenannten **Integrationsprobleme** haben sich in Katernberg-Beisen folgende Bereiche für die türkische Bevölkerung als besonders schwerwiegend erwiesen:

Die meisten türkischen Familien sind bereits länger hier als ursprünglich geplant. Die Entscheidung über den endgültigen Aufenthalt ist jedoch noch nicht getroffen. Somit fehlt sehr oft der Anreiz zu integrativem Verhalten (KVR, 1983: 12).

Im Vergleich zur deutschen ist das Bildungsniveau der türkischen Bevölkerung, insbesondere der Frauen, niedriger. Dazu kommen Schwierigkeiten mit der deutschen Sprache. Dies ist sicher ein Grund für die geringen Kontakte zwischen Deutschen und Türken im Wohnumfeld (KVR, 1983: 12).

Man bedenke zudem, dass die türkischen Arbeitnehmer auf wenige Berufsbranchen und in niedrige Berufspositionen konzentriert sind und daher einem besonders hohen Arbeitsplatzrisiko unterliegen (KVR, 1983: 12).

Ein spezielles Augenmerk ist den **kulturellen Mentalitätsunterschieden** zu widmen. Mit der gegenseitigen Zuweisung von "typischen Verhaltensweisen" wird sehr oft die Schwierigkeit des Zusammenlebens begründet. Diese gegenseitige Einschätzung provoziert jedoch bestimmte Verhaltensweisen, sowohl der deutschen als auch der türkischen Bevölkerung. Die Deutschen erwarten kein Entgegenkommen der Türken und diese kommen ihnen auch nicht entgegen. Die Rollenzuweisungen bewirken gerade bei den Türken eine Abkapselung sowohl vom öffentlichen Leben als auch von der privaten Kontaktnahme zu den Deutschen (KVR, 1983: 38).

Ein türkischer Junge drückt dieses ambivalente Verhältnis so aus: "Die Leute in der Türkei wissen nicht, wie es hier ist. Auf der einen Seite ist es gut hier, z.B. der Fortschritt. Auf der anderen Seite ist es schlecht hier, z.B. wie die Menschen hier leben oder wie sie mit den Ausländern umgehen. Wenn ich gewusst hätte, wie es hier ist, wäre ich sicher nicht nach Deutschland gekommen" (RAA, 1986: 15).

Die politische Behörde der Stadt Essen scheint die Zeichen der Zeit erkannt zu haben. Die Stadt hat den KVR damit beauftragt, in Zusammenarbeit mit der Stadtverwaltung und der Universität Essen ein **Handlungsprogramm zur Integration der ausländischen Bevölkerung** in Katernberg-Beisen zu erstellen. Ziel ist die Verbesserung des Zusammenlebens der deutschen und der türkischen Bevölkerung mit der Absicht, Erkenntnisse zu gewinnen für eine gesamtstädtische Ausländerpolitik (KVR, 1983: 10, vgl Abb. 4.2).

Sinnvolle Massnahmen zur erfolgreichen Integration müssen die gesamten Lebensbereiche, wie Kindergarten, Schule, Arbeits- und Wohnbereich sowie Freizeitgestaltung umfassen. Ebenso müssen die gesamten Familien, Deutsche und Türken, in die Ueberlegungen miteinbezogen werden. Was sind jedoch überhaupt sinnvolle Massnahmen? Um dies zu beantworten und Aussagen über deren Erfolgschancen zu machen, müssen wir zuerst die allgemeine sozio-kulturelle, die rechtliche und die wirtschaftliche Situation der Ausländer im Ruhrgebiet betrachten.

Ein Kulturschock kommt selten allein

"Wenn die türkischen Mädchen zum Schwimmen gehen, dann müssen sie sich vom Hals bis zu den Knien bedecken, und die türkischen Jungen müssen den ganzen Unterleib bis zu den Oberschenkeln bedecken. Das alles sagt unsere Religion.(...) Bei den Deutschen gibt's so was nicht, und deshalb ist das für sie geschmacklos" (RAA, 1986: 21).

Im Gegensatz zu den Aufnahmeländern leben in den mediterranen Herkunftsländer der ausländischen Arbeitnehmer vorwiegend halbindustrialisierte Gesellschaften mit traditionellen Merkmalen wie Patriarchat, Grossfamilie und kollektiver Solidarität (UENVER, 1983: 54). Der ausländische Arbeitnehmer, Türke wie Süditaliener, Jugoslawe oder Grieche, ist von den Lebensgewohnheiten der Konsumgesellschaft weit entfernt. Die angeworbenen Ausländer kommen in eine völlig fremde, hochtechnisierte Umwelt, die durch Individualismus und materiellen Ueberfluss gekennzeichnet ist. Der Kulturschock ist dabei für Zuwanderer aus agrarisch strukturierten Gebieten besonders krass.

Was sich für alle Ausländer als schwerwiegendes Hindernis erweist, ist die deutsche Sprache. Eltern vermögen sie kaum mehr zu erlernen, müssen andererseits aber feststellen, wie die eigenen Kinder allmählich ihre Muttersprache verlieren. Kinder und Jugendliche stehen ihrerseits zwischen zwei Kulturen gleichsam in einem kulturellen Vakuum (UENVAR, 1983: 55). Zu den sozialen Folgeproblemen zählen, gerade aufgrund zunehmender Entwurzelung, unter anderem wachsende Kriminalität und die Bildung einer Unterschicht ohne Berufsperspektive innerhalb der deutschen Gesellschaft (UENVER, 1983: 55).

"Ohne Herkunft, keine Zukunft" (RAA, 1986: 3).

Die Ohnmacht der Schwächeren

Für die ausländischen Bewohner haben **Fragen der Rechtsstellung** zentrale Bedeutung, weil sie Grundlage ihrer Zukunftsperspektiven sind. Zwar sind die Ausländer arbeits- und sozialrechtlich abgesichert, aber die Bestimmungen des Aufenthaltrechtes und der Arbeitserlaubnis mit ihren Auflagen erschweren das Leben. Teilweise führen Ermessensspielräume bei der Auslegung dieser Bestimmungen zu subjektiv empfundenen Unsicherheiten (AFE, 1984: 34). Diese rechtliche Situation erschwert für die Ausländer eine auf Dauer angelegte Lebensplanung und beraubt sie eines Teils der Selbstbestimmung ihres eigenen Schicksals.
Zudem besteht für die Ausländer kaum die Möglichkeit sich am politischen Leben zu beteiligen. Sie sind von der öffentlichen **Mitbestimmung** ausgeschlossen. Es wird über sie bestimmt.

Die missliche Lage der Ausländer wird durch eine **zunehmende Ausländerfeindlichkeit** noch verstärkt. Unreflektiert wird den Ausländern die Verantwortung für die verschlechterte Wirtschaftslage, für steigende Arbeitslosenzahlen, für Mangel an Ausbildungsplätzen und die Konkurrenz um die knappen Billigwohnungen zugeschoben. Die Angst der Deutschen vor Konkurrenz wird zudem durch die schlagwortartige Berichterstattung in den Medien und die vereinfachende Darstellung der Problematik dramatisiert. Da die Informationen zum grossen Teil nicht ausreichend sachlich erfolgen, ist das öffentliche Wissen über die Situation der Ausländer unvollständig oder einseitig beeinflusst (AFE, 1984: 5).

Rechtliche Unsicherheit, fehlende politische Mitbestimmung und zunehmende Ausländerfeindlichkeit verursachen bei den Ausländern Angst und Bedrohung. Abkapselung von der deutschen Umwelt und vermehrte Bindung an die heimatlichen Werte sind ihre Anwort.

Abb. 4.2: Ausländerintegrationsprojekt Essen-Katernberg

PROJEKT AUSLÄNDERINTEGRATION ESSEN-KATERNBERG

ARBEITSPROGRAMM: ZEITRAUM JANUAR 1982 BIS JUNI 1983

ORIENTIERUNGSPHASE / PROJEKTORGANISATION

UNTERSUCHUNGSPHASE

AUSLÄNDERINTEGRATION IN ESSEN

AUSLÄNDISCHE BEVÖLKERUNG IN ESSEN
- VERGLEICH ZU ANDEREN RUHRGEBIETSSTÄDTEN
- VERTEILUNG DER AUSLÄNDER IN ESSEN

STRUKTUR DES UNTERSUCHUNGSGEBIETES
- LAGE IM RAUM
- SIEDLUNGSSTRUKTUR
- SIEDLUNGSGESCHICHTE
- BEVÖLKERUNGSSTRUKTUR

LEBENSLAGE DER AUSLÄNDISCHEN UND DEUTSCHEN BEVÖLKERUNG
- VERGLEICHENDE BEFRAGUNG IN KATERNBERG-BEISEN UND IN KARNAP / ALTENESSEN-NORD

AUFSTELLEN VON SZENARIEN

ENTWICKLUNG VON ZIELVORSTELLUNGEN

KOORDINIERUNG DURCH DIE LENKUNGSGRUPPE
- VERWALTUNG DER STADT ESSEN
- UNIVERSITÄT ESSEN
- KOMMUNALVERBAND RUHRGEBIET
- POLITIKER DES UNTERSUCHUNGS-GEBIETES
- BÜRGER DES UNTERSUCHUNGS-GEBIETES

AKTIVIERUNGSPHASE

SOZIALE STADTTEILARBEIT

BEFRAGUNG KOMMUNALER EXPERTEN

BEFRAGUNG DER BEWOHNER

BEWOHNERVERSAMMLUNGEN

BEWOHNERGRUPPIERUNGEN
- DEUTSCH-TÜRKISCHE NACHBARSCHAFTSGRUPPEN
- ARBEITSKREIS NAHVERKEHR
- KINDERARBEITSKREIS
- TÜRKISCHE JUGENDGRUPPE
- GRUPPE ÄLTERER BEWOHNER

PROGRAMMORIENTIERTE AKTIVITÄTEN / SERVICELEISTUNGEN / INITIATIVEN
- SPIELNACHMITTAGE
- HAUSAUFGABENHILFE
- INFORMATIONSBROSCHÜRE "WER-WO-WAS IN BEISEN"
- STADTTEILBÜRO
- STADTTEILFEST
- TAUSCHBÖRSE
- NACHBARSCHAFTSHILFE

MASSNAHMENENTWICKLUNG / BERICHTERSTELLUNG
ORGANISATIONSMODELL
PLANERISCHE MASSNAHMEN   SOZIALE MASSNAHMEN

POLITISCHER ENTSCHEIDUNGSPROZESS

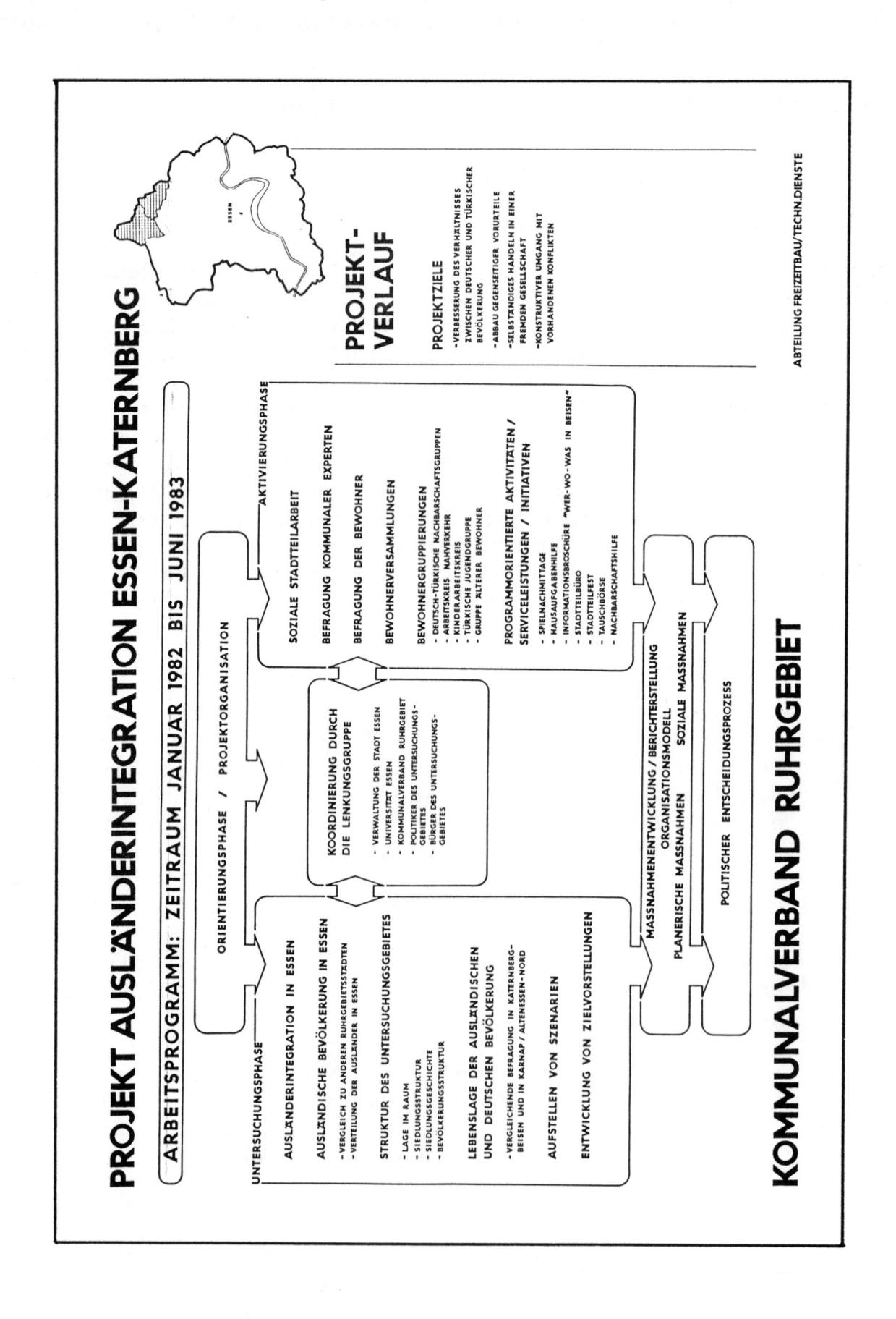

PROJEKT-VERLAUF

PROJEKTZIELE
- VERBESSERUNG DES VERHÄLTNISSES ZWISCHEN DEUTSCHER UND TÜRKISCHER BEVÖLKERUNG
- ABBAU GEGENSEITIGER VORURTEILE
- SELBSTÄNDIGES HANDELN IN EINER FREMDEN GESELLSCHAFT
- KONSTRUKTIVER UMGANG MIT VORHANDENEN KONFLIKTEN

KOMMUNALVERBAND RUHRGEBIET

ABTEILUNG FREIZEITBAU/TECHN.DIENSTE

Quelle: KVR, 1983: 11

Die Wirtschaft braucht und verbraucht...

Ausländer sind praktisch. Man kann sie anheuern bei Bedarf, man kann sich kostenintensive Rationalisierungsmassnahmen ersparen, sie machen früher oder später jede Arbeit und wenn dann trotzdem rationalisiert werden muss, kann man sich dankend von ihnen verabschieden.

Sie stehen da, wo das Arbeitsplatzrisiko hoch, die Berufsposition und die Qualifikation tief und der industrielle Strukturwandel gross ist. Die Beschäftigungsmöglichkeit orientiert sich allein am **Bedarf des Arbeitsmarktes**. Der Einstieg in den Arbeitsmarkt ist in der wirtschaftlichen Krise für ausländische Arbeitnehmer kaum noch möglich, wie die hohe Arbeitslosigkeit, insbesondere auch bei den Jugendlichen, zeigt (MAGS, 1985: 121). Es bleibt die illegale Schwarzarbeit (WALLRAFF 1985).

Im Bewusstsein, als Wirtschaftsobjekt behandelt zu werden und der Ohnmacht, sich rechtlich kaum wehren zu können, zeigt der Ausländer kaum Integrationsbereitschaft.

Sag' mir, wo du wohnst, und ich sag' dir, wer du bist

Bisher wurden die sozio-kulturellen, die rechtlichen, politischen und wirtschaftlichen Aspekte der Ausländerproblematik kurz angesprochen. Es bleibt eigentlich noch die Frage, wo die Konflikte zwischen Deutschen und Ausländern ausgetragen werden, wo der unmittelbare **Lebensraum der Ausländer** liegt.

Wohnen im Ruhrgebiet bedeutet für sie meist die unmittelbare Nähe zu Industrie- und Gewerbebereichen. Hohe Umweltbelastung, schlechte Infrastruktur und wenig Grünfläche, sowie häufig sanierungsbedürftige Bausubstanz charakterisieren die Umgebung. Die Wohnungen entsprechen in Bezug auf Ausstattung und Grösse nicht dem durchschnittlichen deutschen Standard (AFE, 1984: 38).

Die Bedingungen des Wohnungsmarktes für Ausländer und die Belegungspraxis der grossen Firmen (z.B. VEBA-Wohnstätten-AG) mit ihren zum Teil grossen Altwohnungsbeständen haben in vielen Altbauquartieren zu Konzentrationen von Ausländern geführt, die mit überwiegend sozial schwächeren Schichten der deutschen Bevölkerung in Nachbarschaft wohnen (AFE, 1984: 39). Langfristig kann die Ausländerkonzentration in Teilbereichen der Stadt zur Abwanderung der deutschen Bevölkerung führen. Wenn eine derartige Entwicklung nicht gestoppt wird, können sich eigentliche Ghettos bilden. "Englische Verhältnisse" sind hier allerdings noch nicht erreicht.

Die Ausgrenzung in bestimmte Wohnbereiche führt unter Umständen zur starken Abschottung vor deutschen Einflüssen und zur Festigung heimatlicher Werte und Normen. Die soziale Kontrolle unter den Ausländern verstärkt sich, wie folgendes Beispiel zeigt: In der Schule von Katernberg-Beisen führt der türkische Geistliche, der "Hodscha", unangemeldet Kontrollen durch, ob türkische Mädchen ihre Kopftücher tragen. Das trägt nicht gerade zu einem guten Klima zwischen Deutschen und Ausländern bei.

Zwischen Knoblauch und Kohl: Annäherung im kleinen

Samstag, 27.9.1986: Katernberg-Beisen feiert. Zweijährig ist das Holzhaus, Treffpunkt für Deutsche und Türken, geworden. Türkische Spezialitäten sorgen für das leibliche Wohl. Eine deutsche Jazzband und eine türkische Folkloreband machen Stimmung. Einträchtig spielen deutsche und türkische Kinder zusammen. Was ist geschehen?

Vor dem Hintergrund des starken Zuzugs ausländischer Familien nach Katernberg-Beisen wurde auf Initiative von Bürgern und Politikern dieser Stadtteil für ein **Projekt zur Verbesserung des Zusammenlebens** der deutschen und der türkischen Bevölkerung ausgewählt (KVR, 1983: 9).

Trägerschaft des Projektes sind: Die Stadt Essen, die das Projekt finanziell unterstützt, der KVR, der die Ausländerproblematik unter dem Aspekt der Stadtentwicklung aufarbeitet und die Universität Essen, die Begleitforschung zur Verbesserung der Beziehungen durchführt und eine stadtteilbezogene Sozialarbeit aufbaut (KVR, 1983: 10). Zusätzlich bieten kirchliche Sozialstellen (Caritas, Diakonie, Arbeiterwohlfahrt) ihre Dienste an. In der Trägerschaft sind natürlich auch die betroffenen Bevölkerungsgruppen vertreten, denn das Projekt ist nur so gut wie es von ihnen mitgetragen wird.

Die Projektgruppe versteht sich als Dienstleistung, indem sie ihre Infrastruktur und ihr "know how" zur Verfügung stellt. Sie bietet Hilfe an, drängt sie aber nicht auf. Sie versucht den Erwartungen der Bevölkerung, dass es für jedes Problem eine Einrichtung gibt, die dieses löst, entgegenzuwirken und fördert die **Eigeninitiative**. Zudem betreibt sie Ueberzeugungsarbeit, um festgefahrene Meinungsbilder abzubauen. Ziel ist es, die Autonomie der Bevölkerungsgruppen zu fördern, damit die Probleme untereinander, unter Ausschaltung einer Vermittlerstelle, gelöst werden.

Programmorientierte Aktivitäten (Spielnachmittage, Stadtteilfeste, Nachbarschaftshilfe, Tauschbörsen usw.), sowie Bildung von Bewohnergruppierungen (deutsch-türkischen Nachbarschaftsgruppen, Kinderarbeitskreis, Gruppe älterer Bewohner usw.) helfen, diese Ziele zu erreichen (KVR, 1983: 11).

Die Projektgruppe weiss, dass sich langfristig Erfolge nur einstellen, wenn sich die Lebensbedingungen der türkischen Bevölkerung denen der deutschen angleichen. Das heisst: Soziale Massnahmen sind notwendig, aber gleichzeitig müssen die Bereiche Wohnen (Altbausanierung) und Wohnumfeld (Grünflächen, Treffpunkte, Spielplätze) verbessert werden (KVR, 1983: 39).

Nach Aussagen von Herrn Bohrenkämper, Leiter der Projektgruppe, stehe man **noch in der Anfangsphase**. Erste kleine Schritte der Annäherung würden sich zwar abzeichnen, jedoch aktive Bewohnergruppen gäbe es noch sehr wenige. Es sei eben schwierig, gefasste Vorurteile - beiderseits - abzubauen. Auf die Frage, wie er die Schliessung der nahe gelegenen Zeche "Zollverein" Ende 1986 in Bezug auf die Projektarbeit beurteile, antwortete er, er glaube nicht, dass dies negative Auswirkungen bringe, da die meisten Bergarbeiter hier schon in anderen Arbeitsbereichen untergebracht seien. Im grossen und ganzen sei er optimistisch, Konflikte gäbe es schon noch, aber man könne heute doch viel offener darüber sprechen.

Trotzdem bleibt die Frage offen, inwiefern sich "grosse" Probleme, wie etwa die rechtliche Stellung der Ausländer oder die wirtschaftlichen Interessen der Arbeitgeber, auf die Integrationsbemühungen "im Kleinen" auswirken werden.

4.3 Wider die tierische Arbeit: alternative Arbeitsstrukturen

Unsere Gruppe schreckt etwas zusammen, wie plötzlich ein Krankenwagen mit Sirenengeheul über das Werksgelände rast. Arbeitsalltag bei der Hoesch - oder der VEBA oder in der Zeche Walsum oder Consolidation. Unser Werksführer, Herr Riegas, sieht sich veranlasst, zu erklären. Seine Ratlosigkeit gegenüber Unverhofftem: "Kann auch schnell 'mal was passieren, irgendwie. Aber es ist sicher auch vielleicht nicht so schlimm."

Unverhofft kommt oft, unerhofft kommt langfristig. Strukturwandel hin oder her, Arbeiten im Revier heisst nur allzu oft, Unfallgefahren ausgesetzt zu sein oder Gesundheitsschäden zu riskieren. Die Gefahr körperlicher Schäden lauert zwar kaum in den gepolsterten Chefetagen, dafür umso mehr im 8-Stunden-Rythmus untertag, in den Docks am Rhein, den Stahlbetrieben oder den computerdurchflimmerten Büros. Man ist sich zwar des Problems bewusst. Man unternimmt etwas dagegen. Neben einem stark ausgebauten Sozialnetz, das nurmehr die gesellschaftlich Rechtlosen durch die Maschen fallen lässt und privat verursachte Kosten sozialisiert (WALLRAFF, 1985), sind ausgedehnte **Programme zur Verbesserung der Arbeitsbedingungen** entstanden.

Wem nützt die Humanisierung der Arbeitsplätze?

Die Arbeitswelt wird geprägt von einem fortlaufenden technologischen Wandel. Als Folge davon verändert sich die Situation eines Arbeitnehmers an seinem Arbeitsplatz. Verbesserungen der Arbeitsbedingungen zielen auf zwei Dinge: Technologische Neuerungen sollen den wehrlosen Arbeitnehmer nicht einfach überrollen, und die Interessen von Arbeitgeber und -nehmer sollen, wenn immer möglich, miteinander verknüpft werden (vgl. SFS, 1982: 2.22).

Aus der Sicht von unten gelten Verbesserungsmassnahmen vor allem drei Bereichen: dem Arbeitsplatz und seinem Umfeld, den veränderten Qualifikationsanforderungen und der Arbeitsorganisation (vgl. SFS, 1982: 2.71). **Aus der Sicht von oben:** Lärmige und gefährliche Arbeitsplätze beeinträchtigen die Gesundheit und belasten die Kranken- und Invalidenversicherung. Ein gesunder Arbeiter produziert jedoch Gewinne, ein kranker Kosten. Eine Zunahme unqualifizierter Arbeitsplätze senkt den Lohn für den einzelnen, verschafft weniger Befriedigung, verschlechtert die weiteren Berufsaussichten, spaltet möglicherweise eine Stammbelegschaft und fördert ganz allgemein die Unzufriedenheit. Zufriedene Arbeiter produzieren aber mehr und besser als unzufriedene. Ein autoritärer Führungsstil vermindert das Verantwortungsbewusstsein der Untergebenen (vgl. GRUENEBERG, LICHTE, REPPEL, 1985: 21). Verantwortungsvolle Arbeiter produzieren aber zuverlässiger als verantwortungslose. Die unterschiedlichen Interessen von Arbeitgebern und Arbeitnehmern können also durchaus ähnliche Massnahmen bedingen.

Abb. 4.3: Humanisierung der Arbeitsplätze: Projekt Hoesch AG

**Projekt: Kaltwalzwerk Dortmund
Hoesch Stahl AG**

**ENTWICKLUNG UND EINFÜHRUNG
NEUER ARBEITSSTRUKTUREN
IN EINEM KALTWALZWERK**

Sozialwissenschaftliche Begleitforschung:

Landesinstitut
Sozialforschungsstelle Dortmund

Gefördert als HdA-Projekt
durch das Bundesministerium
für Forschung und Technologie

● Die vorrangigen **ZIELE** des Projektes:

- Es soll eine größere Flexibilität bei der Ausführung der Arbeitsaufgaben erzielt werden;
- die Wirtschaftlichkeit des Betriebes soll abgesichert bzw. erhöht werden;
- die fachliche und soziale Kompetenz der Mitarbeiter soll gesteigert und ihre Arbeitszufriedenheit erhöht werden;
- die Mitarbeiter sollen ihr Wissen und ihre Erfahrungen bei der Lösung arbeitsplatzspezifischer Probleme verstärkt einbringen können.

● Die **LÖSUNG**:

Ein integriertes Konzept mit technischen, arbeitsorganisatorischen, ergonomischen, qualifikationserhöhenden und motivationsfördernden Maßnahmen, mit den Schwerpunkten

- **GRUPPENARBEIT**
- **BETEILIGUNG**

MODELL GRUPPENARBEIT
am Beispiel Dressiergerüst D2

Alte Arbeitsorganisation	Neue Arbeitsorganisation
Einzelarbeitsplätze	Arbeitspositionen
1. Dressierer Auslauf 2. Dressierer Einlauf 3. Steuermann Einlauf 4. Steuermann Bundvorbereitung 5. Steuermann Auslauf 6. Einsatzvorbereiter	Kaltwalzwerker D2 Steuermann Auslauf — Einsatzvorbereiter Dressierer Auslauf — Steuermann Einlauf
○ Einzelqualifikationen ○ hierarchische Struktur ○ einseitige Belastung ○ geringe Flexibilität ○ niedrige Identifizierung ○ Personalengpässe ○ Unterschiedliche Entlöhnung	○ gleiche Qualifikationen (jeder kann jedes) ○ gleiche Hierarchie (Kaltwalzwerker) ○ Belastungsausgleich ○ Hohe Flexibilität ○ Hohe Akzeptanz ○ Teamartige Zusammenarbeit ○ Gleiche Bezahlung

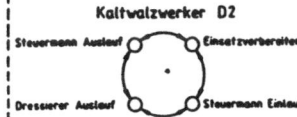

● **GRUPPENARBEIT**

= Zusammenfassung mehrerer Arbeitspositionen mit unterschiedlichen Arbeitsinhalten nach arbeitswissenschaftlichen Gesichtspunkten in einem Arbeitssystem;

alle Mitarbeiter der Gruppe beherrschen alle Arbeitspositionen und nehmen sie planmäßig ein.

● Die Kombination der Arbeitspositionen
zu einem Gruppenarbeitssystem ergibt

- **vielfältigere Arbeitsinhalte**
durch eine Zusammenfassung mehrerer verschiedenartiger Tätigkeiten etwa gleichen oder ähnlichen Anforderungsniveaus;

- **höherwertige Tätigkeiten**
durch eine Ergänzung um anspruchsvollere Arbeitselemente;

- **Belastungsausgleich** für die Mitarbeiter
durch eine sinnvolle Umverteilung physischer und psychischer Beanspruchungen.

● Die Aspekte kommen voll zum Tragen
durch einen **systematischen Arbeitsplatzwechsel**.

● **BETEILIGUNG**

= die gemeinsame Einflußnahme von Belegschaftsmitgliedern über Beteiligungsgruppen auf die Lösung technischer, organisatorischer oder sozialer Probleme, die den eigenen Arbeitsplatz und/oder dessen Umfeld betreffen.

● Das **Beteiligungsmodell** der Hoesch Stahl AG =

- Ergänzung der Allgemeinen Führungsgrundsätze der Hoesch AG;

- Ausgestaltung der Mitwirkungsrechte der Arbeitnehmer (nach §§ 81 und 82 BetrVG);

- keine Einschränkung der Mitwirkungs- und Mitbestimmungsrechte des Betriebsrates;

- keine Einschränkung der betrieblich geregelten Verteilung von Aufgaben und Befugnissen;

- unabhängig von bestehenden Arbeitsstrukturen.

Quelle: Landesinstitut Sozialforschungsstelle Dortmund (o.J.)

Auf diesen Ueberlegungen beruhen Konzept und Realität von Verbesserungsprogrammen der Sozialforschungsstelle des Landesamtes in Dortmund (SFS), welche verschiedene derartige Programme konzipiert und fördert (z.B die Projekte "Giessereiarbeit", "Lärmminderung Textilindustrie" oder "Drahtwalzwerk", vgl. SFS 1982, sowie Abb. 4.3). Diese Forschungsstelle bemüht sich ganz allgemein um soziale Fragen im Zuge der industriellen Entwicklung (SFS, 1982: 1).

Ein lachendes und ein tränendes Auge: Arbeitsplatzverbesserungen bei der Hoesch AG

Dass diese Contiglühe, ein Stangenmonster aus geballter Technologie, etwas Geheimnisvolles sei, wussten wir schon aus der Einführung unseres Werkführers (vgl. 4.1 und Kap. 3.5). Was allerdings weniger geheimnisumwittert, aber auch weniger nennenswert schien, sind die seit 1982 neu konzipierten Arbeitsstrukturen der vor- und nachgelagerten Anlagen auf dieser Verarbeitungsstufe. In Zusammenarbeit mit dem Bundesministerium für Forschung und Technologie und den Hoesch-Hüttenwerken Dortmund AG hat die SFS neue Strukturen im Kaltwalzwerk der Hoesch AG entwickelt und eingeführt (SFS, 1982: 7.1).

Die Arbeitsplätze des Kaltwalzwerkes galten gegenüber andern Bereichen des Unternehmens aus verschiedenen Gründen als unattraktiv (GRUENEBERG, REPPEL, 1985: 5). Im Zuge der Diskussion um verbesserte Arbeitsbedingungen hat der Betriebsrat schon in den frühen 70er Jahren versucht, Alternativen zur traditionellen Arbeitsorganisation im Unternehmen zu verankern. Als Voraussetzung für einen hohen Qualitätsstand der Produkte wird nun in der Folge eine hohe Qualifikation der Belegschaft angestrebt (LICHTE, TRUELTZSCH, o.J.: 4). Diese Qualifikation soll mit einem Abbau der tiefgestaffelten Hierarchie, mit erhöhter Arbeitsmotivation durch unmittelbare Verbesserungen am Arbeitsplatz und durch monetäre Anreize erreicht werden (GRUENEBERG, REPPEL, 1985: 2). Das wesentlichste Merkmal des neuen Arbeitssystems sind **qualifizierte Rotationsgruppen**, deren Aufgaben von einfachen Jedermannstätigkeiten bis hin zu komplizierten Steuer- und Kontrollfunktionen reichen. In der Regel umfassen diese Arbeitsgruppen sämtliche Arbeitsplätze eines Aggregates, das heisst, drei bis sieben ehemalige Einzelarbeitsplätze (GRUENEBERG, REPPEL, 1985: 3, vgl. auch Abb.4.3).

Umstrukturierungen haben jedoch, wie überall, ihre **beschäftigungspolitischen** Folgen. Auf der einen Seite steht wohl ein verbesserter Arbeitsinhalt und etwas mehr Lohn

(LANDESINSTITUT, o.J.: 4), andererseits ergibt sich jedoch ein sogenannter "technisch-organisatorischer Rationalisierungseffekt", der in "Zusammenhang mit den Umstrukturierungsmassnahmen erzielt" wurde (GRUENEBERG, REPPEL, 1985: 4). In einer Vorstudie zu den Folgen der Reorganisation zeigen die beiden Autoren, dass rund 1/4 der Belegschaft aus dem Bereich Kaltwalzwerk wegrationalisiert wurde (GRUENEBERG, REPPEL, 1985: 4f). In der verbliebenen Belegschaft hat sich der Ausländeranteil von ehemals 30 auf 17% verkleinert. Die Qualifikation der Belegschaftsmitglieder ist, laut dieser Studie, das zentrale Zugangskriterium für das neue Arbeitssystem (GRUENEBERG, REPPEL, 1985: 8).
So bleibt, aus der Sicht des Arbeitnehmers, wohl ein lachendes und ein tränendes Auge.

4.4 Zum Allgemeinwohl zwangsumgesiedelt

> "Wir arbeiten mit grossem Respekt vor den Menschen und der Natur." (RHEINBRAUN, 1985: 1).

> "Ortsumsiedlungen dienen immer auch der Sanierung und Verbesserung all jener Einrichtungen, die dem Bürger dienen..." (BREMSHEY, 1982: 2).

> "Anstelle der alten Dörfer mit ihren verschachtelten Häusern und gefährlichen Ortsdurchfahrten, entstanden moderne Anlagen und Einrichtungen." (RHEINBRAUN, 1985: 22).

> "So wurden zeitgemässe Gemeinwesen geschaffen, in denen sich die Menschen wohlfühlen." (RHEINBRAUN, 1985: 22).

> "Und letztlich macht jeder Umsiedler noch einen Reibach dabei!" (Hr. Michelbring, Werksführer bei Rheinbraun, 29.9.86).

Grosse Wohltäter müssen hier am Werk sein, die sich mit solchen Worten rühmen dürfen, die anstelle von alten, unzeitgemässen Dörfern moderne Gemeinwesen schaffen und die jedem Umsiedler auch noch einen Gewinn ermöglichen!
Unverständlich, wenn ein solchermassen Beglückter schreibt:
> "Ich hoffe doch, dass wir längst unter der Erde sind, wenn der Bagger kommt." (HAMBACHGRUPPE, 1985: 46).

Unverständlich?

Wir sind hier im **Rheinischen Braunkohlenrevier**, bloss einige Kilometer westlich der Stadt Köln: Hier wird also Braunkohle abgebaut, im Tagebau. Das oft mehrere hundert Meter mächtige Material über der Kohle muss dabei grossflächig weggeräumt werden, bis man zur Kohle vorstösst und diese fördern kann. Riesengrosse Löcher werden gebaggert, die ganze Landschaft darüber muss weg: Wälder, Flüsse, wertvolle Feuchtgebiete, Verkehrswege, Bauernbetriebe, Dörfer, Kulturdenkmäler.
Und eben: Auch die Menschen müssen weg, Menschen, die oft Jahrzehnte in ihrem Dorf gelebt haben und hier verwurzelt sind. Sie müssen sich umsiedeln lassen, müssen der Bergbaugesellschaft Rheinbraun das Feld überlassen.

Seit dem letzten Weltkrieg betraf dies mehr als 70 Orte, Weiler und Einzelanwesen mit mehr als 20'000 Menschen (BREMSHEY, 1982: 1). Vielen weiteren steht eine Umsiedlung noch bevor.
Die übergeordneten Interessen der Bundesrepublik an einer eigenen, sicheren und billigen Energieversorgung seien es, die von der Bevölkerung des Braunkohlenreviers dieses Sonderopfer zum Allgemeinwohl verlangten.
Nebenbei ist der Braunkohlenabbau allerdings auch ein lohnendes Geschäft, zumindest für Rheinbraun (vgl Abb. 4.4). Dass die betroffene Bevölkerung hierfür ihre Heimat nicht aufgeben will, ist verständlich.

Abb. 4.4: Einige Daten zur **RHEINBRAUN** (Rheinische Braunkohlenwerke AG, Köln)

Im Rheinischen Braunkohlenrevier, dem Dreieck zwischen den Städten Köln, Düsseldorf und Aachen lagern rund 55 Mrd Tonnen Braunkohle. Etwa 35 Mrd Tonnen davon gelten als wirtschaftlich abbauwürdig.
1985 wurden durch Rheinbraun 114,5 Mio Tonnen gefördert, wozu etwa 450 Mio Tonnen Abraum umgelagert werden mussten. Die abgebaute Braunkohle wurde zu 82,7% in Strom umgewandelt, was etwa einen Viertel des bundesdeutschen Strombedarfs deckte. Die restliche Fördermenge wurde als Briketts und Kohlenstaub abgesetzt.
Rheinbraun beschäftigt direkt 17'000 Mitarbeiter, die grösstenteils im Revier wohnen. Dazu kommen Verbindungen zu rund 17'000 Zulieferfirmen. Und schliesslich sind auch die rund 8000 Arbeitskräfte in den nachgelagerten Kraftwerken indirekt vom Braunkohlenabbau abhängig. Rheinbraun ist somit der weitaus grösste und einflussreichste Arbeitgeber im ganzen Revier, von dem ca. 150'000 Menschen abhängen (BIRKENHAUER, 1984: 204).
Der gesamte Umsatz betrug 1985 3,176 Mrd. DM, die Investitionen 784 Mrd. DM (rund 25 %). Von der eigentlichen Wertschöpfung von 1,5 Mrd. DM gingen 80 % als Löhne an die Mitarbeiter, 7,6 % als Steuern und Abgaben an Bund, Länder und Gemeinden, 5,8 % als Zinsen an die Darlehensgeber, 5,3 % als Gewinne an die Hauptaktionäre RWE, die restlichen 1,7 % verblieben als Reserven im Unternehmen.
Die Rheinbraun ist ihrerseits eine Tochtergesellschaft der RWE (Rheinische-Westfälisches Elektrizitätswerk AG) in Essen, des grössten Bundesdeutschen Elektrizitätsunternehmens, dessen Kapital zu 31 % von Kommunen und Kommunalverbänden, zu 30 % von der Wirtschaft und zu rund 13 % von Haushalten kontrolliert wird.

Quellen: RHEINBRAUN 1986a, BIRKENHAUER 1984, RWE Prospekt, Kraftwerk Niederaussem

Nach uns die Rheinbraun

Schon viele Jahre, bevor auch nur ein Bagger auftaucht, wirft der Tagebau seine Schatten voraus. Längst haben ja die Experten das Braunkohlenrevier gründlich erforscht. Man weiss, wo und wie tief die Kohle liegt. Die künftigen Abbaugebiete sind also bekannt (vgl. Abb. 4.5 und 4.6).
1987 beispielsweise wird Rheinbraun den Genehmigungsantrag für den Grosstagebau Frimmersdorf-West-West einreichen. Schon seit 1981 ist bekannt, dass da gebuddelt werden soll (HAMBACHGRUPPE, 1985: 154). Die ersten Umsiedlungen werden jedoch erst in etwa 15 Jahren erfolgen, vielleicht etwas früher, vielleicht etwas später, was auch von der Nachfrage nach Braunkohle abhängt.
Vom ersten Bekanntwerden der Abbaupläne bis zu den Umsiedlungen und dem Abbaubeginn ziehen also rund zwanzig Jahre ins Land.

Natürlich versucht sich die Bevölkerung zu wehren. Schon bald nach Bekanntwerden der Abbaupläne entstehen jeweils **Bürgerinitiativen**, Unterschriften werden gesammelt und Flugblätter verteilt.
Eine solche Bürgerinitiative schreibt:

> "Wir wehren uns,
> gegen die Vertreibung aus unserer Heimat und Vernichtung unserer Dörfer,
> gegen die Vernichtung bester Ackerböden,
> gegen die Zerstörung der natürlichen Umwelt,
> gegen die Vergeudung der lebenswichtigen natürlichen Grundwasservorräte.
> Wir sind fest entschlossen, die geplanten Eingriffe in unserem unmittelbaren Lebensbereich und in unsere Umwelt nicht tatenlos hinzunehmen."
> (HAMBACHGRUPPE, 1985: 157)

Aber wieviele der heute Aktiven werden bis in fünfzehn Jahren resigniert haben?
Denn an der Tatsache, dass der Tagebau kommt und die Dörfer zu weichen haben, daran gibt es ohnehin wenig zu rütteln. Mit dem Allgemeinwohl, dem Landes- und Bundessegen im Rücken, sitzt Rheinbraun gewiss am längeren Hebel.

In den langen Jahren bis zu den Umsiedlungen sterben die betroffenen Dörfer nun langsam ab. Wer baut schon ein neues Haus, dessen Abbruch bereits Gewissheit ist? Welche Firma investiert noch und schafft Arbeitsplätze, die in absehbarer Zeit ihren Standort wieder aufgeben müssen?

Abb. 4.5: Bisherige und laufende Umsiedlungen (HAMBACHGRUPPE,1985:49)

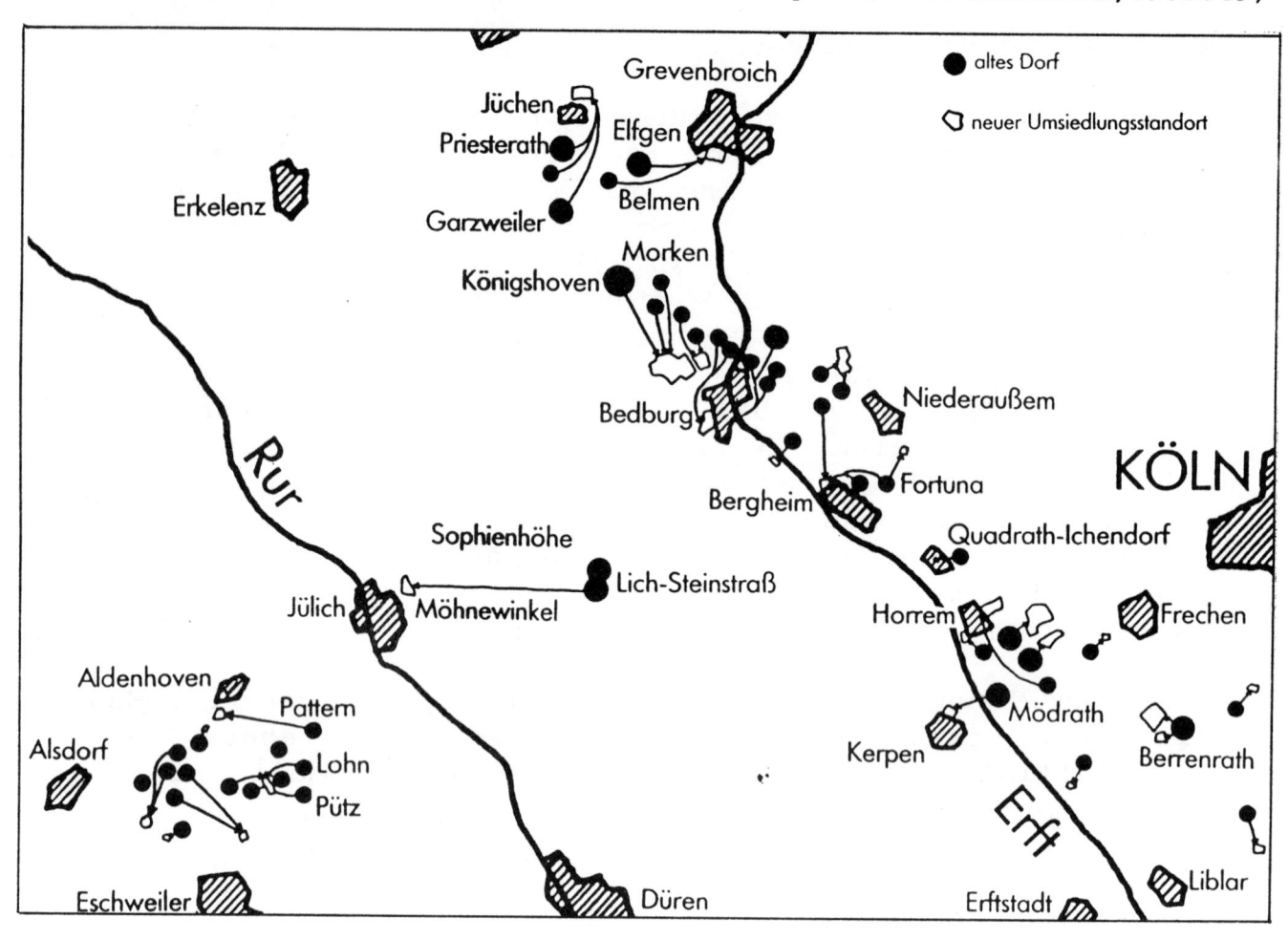

Abb. 4.6: Abbauwürdige Braunkohlelagerstätten nach Entwurf zum
Landesentwicklungsplan V (HAMBACHGRUPPE,1985: 179)

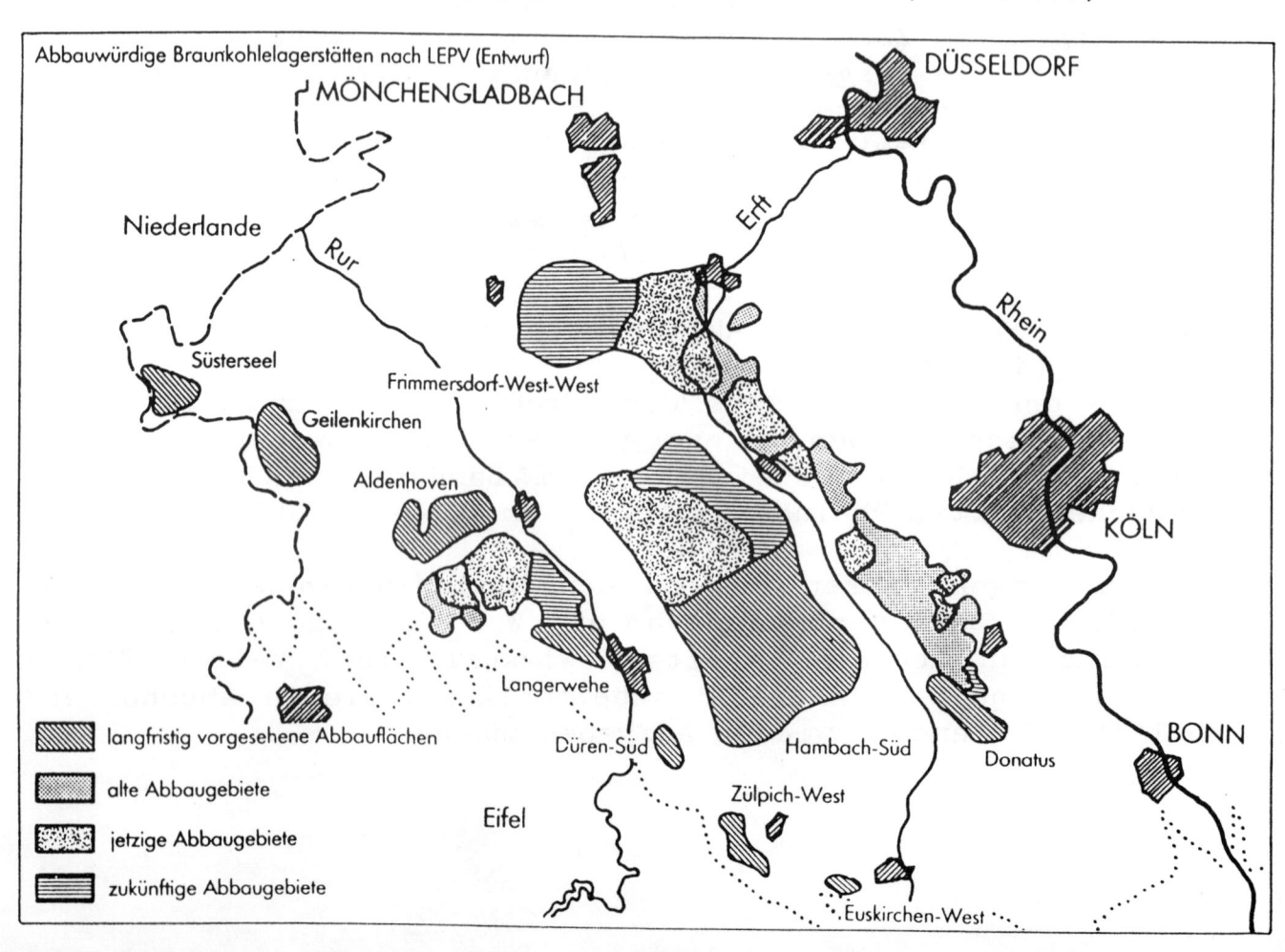

Vor allem junge Leute ziehen weg, bauen woanders. Das Dorf überaltert rasch. Schon in wenigen Jahren wird sich das in der Dorfschule bemerkbar machen. Auch Geschäfte und Kneipen müssen oft lange vor der Umsiedlung dichtmachen. Allenthalben fehlt die Kundschaft. Einkaufen im alten Ort wird schwierig.
Freiwerdende Häuser werden oft bereits Jahre vor ihrem Abbruch durch Rheinbraun aufgekauft und, wenn überhaupt, nur noch kurzfristig weitervermietet. Die alten Nachbarschaften gehen verloren, das soziale Gefüge beginnt aufzubrechen.

Einige Jahre vor der Umsiedlung wird für das Dorf ein neuer Standort gesucht. Meist geht dabei die dörfliche Eigenständigkeit im Interesse der Stärkung bestehender zentraler Orte verloren (RHEINBRAUN, 1984: 8f). Das Dorf wird irgendwo angegliedert, wird zum Ortsteil. Oft genug nimmt kaum mehr die Hälfte der Bewohner an der geschlossenen Umsiedlung teil; die andere ist schon weggezogen. Rheinbraun spart dabei eine Menge Geld. Sie braucht bloss noch für wenige Umsiedler baureif erschlossenes Land zur Verfügung zu stellen und dies zudem an einem Ort, wo schon vieles an Infrastruktur vorhanden ist (HAMBACHGRUPPE, 1985: 53 und 67).

Ist der neue Standort gefunden, kauft Rheinbraun die alten Liegenschaften auf.
Dabei ist die **rechtliche Situation** für die Bergbaugesellschaft höchst bequem: Rheinbraun ist bloss verpflichtet, den rein materiellen Wert der Häuser und Grundstücke zu bezahlen. Entschädigt wird der Verkehrswert einer Liegenschaft, also bloss das, was auf dem Häusermarkt zu erzielen wäre (RHEINBRAUN, 1984: 12). Für die meist alten Häuser fällt somit die Entschädigung häufig genug nur sehr klein aus. Rheinbraun verhandelt zudem mit jedem Eigentümer einzeln. Oft entsteht Geheimnistuerei, die einem geschlossenen Auftreten der Verkäufer abträglich ist.

Ohnehin können nicht alle ihre Rechte gleich gut wahren. Gegenüber den gewieften Aufkäufern von Rheinbraun ist der einzelne Bürger klar im Nachteil. Wer kennt schon all die massgebenden Gesetze? Wer weiss schon, ob sein Haus richtig eingeschätz wird?
Dazu kommt das Dilemma all jener, die bei Rheinbraun, dem grössten Arbeitgeber des Reviers, beschäftigt sind. Wie weit darf ihr Widerstand gehen, ohne dass ihre eigene Existenz gefährdet ist?
Was geschieht mit den **alten Menschen**, die mit siebzig oder achtzig nicht mehr unter die 'Häuslebauer' gehen wollen? Die müssen dann wohl mit ihrer Abfindung ins Altersheim. Dort

werden sie gut betreut und sind ihre Eigenständigkeit gründlich los.

Schlecht gestellt sind auch die **Mieter**: Ihnen begleicht Rheinbraun allenfalls die Umzugskosten. Für die neue Miete, die nicht selten das Doppelte der alten beträgt, werden kaum je bedeutende Ausgleichszahlungen geleistet.

Arg bedroht ist ebenfalls die Existenz der **Landwirte**. Bisher sind 8000 Hektaren Agrarland verlorengegangen (HAMBACHGRUPPE, 1985: 116f), und mancher Bauer musste seinen Betrieb aufgeben oder sich anderswo nach Land umsehen (HAMBACHGRUPPE, 1985: 45). Und jene, die neues Land zugeteilt erhielten, leben jetzt weitab vom Dorf.

Wer sich am neuen Ort sein Haus bauen will, der muss sich meist tüchtig verschulden. Die Entschädigung für den Altbau reicht da längst nicht aus. Und Rheinbraun stellt sich auf den Standpunkt: "Wer mehr Komfort will als am alten Ort, der soll ihn halt auch selber bezahlen" (RHEINBRAUN, 1984: 19). Die Umsiedler müssen also happig draufbezahlen. Einer der Betroffenen verdeutlicht: "Wenn in den umgesiedelten Ortschaften nur das stünde, was Rheinbraun bezahlt hat, dann wären die Häuser Ruinen und die Strassen Feldwege." (HAMBACHGRUPPE, 1985: 60).

Zur sozialen Belastung der Umsiedler kommt also noch die finanzielle.

Die neuen Siedlungen bieten an Wohnumfeld-Qualität kaum je soviel wie die alten. Typische moderne, unpersönliche Einfamilienhaussiedlungen entstehen, etwas protzig und recht einfallslos, mit viel Klinker und Schmiedeisen, ordentlichen Ziergärten und einer Garage. Kritiker sprechen von "moderner Bauunkultur" und vom "Griff in die Trickkiste vergangener Baustile" (HAMBACHGRUPPE, 1985: 22 und 45). Trost für den Verlust der alten Heimat? Wohl ein ungenügender. Denn vieles ist oft endgültig vorbei: Der Schwatz im Tante-Emma-Laden gleich um die Ecke, der Tummelplatz für die Kinder im Hof... ein moderner Spielplatz sorgt jetzt für Ersatz, der Bauernbetrieb mitten im Dorf, der wurde ja ausgesiedelt, oder der grosse Gemüsegarten hinter dem Haus, dafür ist das Bauland viel zu knapp.

"...zeitgemässe Gemeinwesen, in denen sich die Menschen wohl-fühlen"?

Düstere Perspektiven

Etwa 20'000 Menschen wurden bis heute umgesiedelt und knapp

10'000 sind von den laufenden Umsiedlungen betroffen (HAMBACHGRUPPE, 1985: 48). Doch die Dimensionen werden immer gigantischer: Allein für den neuen Tagebau Frimmersdorf-West-West müssen 12'000 ihre Heimat aufgeben (HAMBACHGRUPPE, 1985: 154). Und bis zur vollständigen Auskohlung des Reviers sollen gar 190'000 Menschen umgesiedelt werden (HAMBACHGRUPPE, 1985: 45).

Das wären also Grössenordnungen, die kaum mehr zulassen, dass man von einem Sonderopfer einiger weniger zum Wohl der Allgemeinheit sprechen kann.

Es wird somit verständlich, dass die, welche im Interesse anderer umgesiedelt werden, wenigstens ihre **elementaren Rechte** gewahrt sehen wollen.

Und diese Rechte sind wahrlich ungenügend. Die dem Abbau vorausgehende Planung bietet den Bürgern bloss während drei Monaten Gelegenheit, "Bedenken und Anregungen" anzubringen (HAMBACH-GRUPPE, 1985: 176 und RHEINBRAUN, 1986b: 2). Verbindliche Forderungen können keine gestellt werden. Die Betroffenen empfinden das als krassen Demokratiemangel, als Entmündigung.

Aber selbst im Rheinischen Revier verstehen viele Menschen, dass der Braunkohlenabbau als übergeordnetes Interesse verstanden werden kann. Dass dieser Abbau aber derart rücksichtslos, durch ein rein kommerzielles, gewinnorientiertes Unternehmen erfolgt, dafür fehlt das Verständnis.

Die betroffene Bevölkerung fordert zumindest eine genügende Entschädigung der materiellen Verluste, so dass diese den ohnehin schwierigen Prozess der Umsiedlung nicht noch zusätzlich erschweren. Als Stichwort für eine **gerechte Entschädigung** wird oft die Entschädigungsformel "Neu für Alt" erwähnt, welche in den Fünfziger-Jahren noch praktiziert wurde: Dem Umsiedler wurde am neuen Standort ein Haus gebaut, ohne dass dieser noch draufzahlen musste (HAMBACH-GRUPPE, 1985: 57f). Das Gesetz sieht diese Entschädigungsform jedoch nicht vor und so wählt Rheinbraun den billigeren Weg der Verkehrswertentschädigung. Angesichts der Tatsache, dass bloss etwa 15 % der gesamten Abbaukosten der Kohle auf die Umsiedlungen entfallen (Hr. Michelbring, Rheinbraun, 29.9.86), ein unverständ-liches Verhalten.

Die Perspektiven für die Betroffenen sind eher düster. Bis anhin wurde noch jeder Tagebau bewilligt und die Einsprachen der Bevölkerung als nichtig erklärt. Auch für den geplanten Tagebau Frimmersdorf-West-West wird dies kaum anders sein. Die Bevölkerung wird also weiterhin vor dem Tagebau zu weichen haben, wohl so lange, bis die Braunkohle als Energielieferant nicht mehr gefragt ist.

Vorderhand jedoch erbringt die Bevölkerung des Rheinischen Reviers noch immer dieses Sonderopfer zum Allgemeinwohl, ein Sonderopfer, das einem Teil der Allgemeinheit, nämlich dem Unternehmen Rhein-braun etwas mehr dient, als dem Rest dieser Allgemeinheit.

4.5 Fazit: Kein Grund zur Beunruhigung?

Ihm gefalle es hier, fügt er am Schluss unseres Gespräches bei, dieses Nebeneinander von Stadt und Grünfläche sei toll, nein , er wolle nicht weg hier. Und skifahren könne er nicht, so brauche er nicht in den Süden zu ziehen, hingegen sei er in wenigen Stunden an der Nordsee, und das wisse er zu schätzen.

Er, vielleicht 35 und mit einer gesicherten öffentlichen Anstellung, weiss sich einzurichten. Was die andern, die Arbeiter, die Mütter, die Umgesiedelten, die Fremden oder die Alten zu ihrer Situation sagen, ist nicht so sicher. Aber offensichtlich gilt da noch einiges was anderswo unter ähnlichen Umständen ins Wanken geraten wäre: das Vetrauen in Ehe und Familie, die Bedeutung von Arbeit und Leistung, die Identifikation mit dem Arbeitsplatz und der Region und das Festhalten an den etablierten Parteien (PROSS 1982). Man hat sich gefestigt, etwas erreicht und möchte zumindest den Stand halten. Die Gesellschaft war und ist eine Arbeitergesellschaft. Die wehmütig anmutende persönliche Bindung an "seinen" Betrieb ist nicht Sentimentalität. Sie ist eine Realität, die in jedes Gespräch mit älteren Menschen Eingang findet. Heimat, die Bindung an die eigene Scholle, ist kein leeres Wort.
Die Arbeitergesellschaft hat ihre ländliche Herkunft nicht vergessen.

Die Identifikation mit traditionellen Werten und die räumliche Bindung erklärt wohl in erster Linie jenes Phänomen, das den Aussenstehenden immer wieder verwundert: **Das Fehlen von radikalen Bürgerbewegungen** oder Massenkundgebungen trotz hoher Arbeitslosigkeit und Umweltbelastung. Wohl, die es vielleicht am nötigsten hätten, dürfen nicht so ohne weiteres auf die Strasse, die Ausländer und die Umsiedler. Und der offensichtlich unzerstörte Glaube an die mobile TV-Cleanex-kosmogestylte-Schnellverbrauchergesellschaft mit ihrem immergleichen Duft der weiten Welt, dieser Glaube an das Land der unbegrenzten Konsummöglichkeiten scheint das seine zur Gemütsberuhigung beizutragen.

Trotzdem, die Verwunderung bleibt: nirgends eine Auf-Ruhr in Sicht.

Es bleiben die **Minderheiten**, allen voran die Türken. In Perioden der Hochkonjunktur wird ihre Wirtschaftsleistung kaum erwähnt. Sobald aber wirtschaftliche Krisen einsetzen, werden sie als zusätzliche Belastung für die Gesamtwirtschaft betrachtet. Vorurteile und Ausländerfeindlichkeit sind die Folgen (KUNZMANN, 1985: 127). Die Boulevardpresse, als weitverbreiteter Stimmungsmacher, trägt das ihre dazu bei (AFE, 1984: 5).
Ohne den Beitrag und die Erfahrung türkischer Fremdarbeiter wären jedoch die Wirtschaftskreisläufe bedeutend weniger leistungsfähig. Dabei ist das türkische Know-how, so KUNZMANN, noch längst nicht ausgeschöpft. Die Türken haben die Katze noch im Sack. Wenn das erst einmal im grossen Stil losgeht, mit türkischen Restaurants, Lebensmittelketten oder Immobiliengeschäften, könnte sich die Emscherzone zum türkischen Wirtschaftszentrum Mitteleuropas entwickeln, so wie Düsseldorf das japanische Handelszentrum Europas geworden ist (KUNZMANN, 1985: 127).
Die Gastarbeiter haben sich, das steht fest, zu einem bedeutenden Wirtschaftsfaktor entwickelt.

Also allenthalben besteht kein Grund zur Beunruhigung, zumal es anderswo noch übler zugeht: in Lothringen, in Mittelengland oder in Polen. Hier im Revier grünt es wieder da und dort, die Arbeitsmoral ist nach wie vor intakt, eine Revolution ist nicht zu erwarten - **die das Sagen haben, haben soweit alles im Griff** - und ab und zu tun sich kleine Nischen auf, Möglichkeiten für eine Zukunft. Dass es hier schwerer ist als anderswo, daran hat man sich gewöhnt. Dass es sich hier aber gut und gerne leben lässt, das steht, zumindest für die Ruhrpöttler, zweifelsfrei fest.

4.6 Literatur

AFE (AMT FUER ENTWICKLUNGSPLANUNG), 1984: Handlungsprogramm zur Integration der ausländischen Arbeitnehmer und ihrer Familienangehörigen aus den Anwerbeländern. Bd. I, II; 46. Bericht, Essen.

BIRKENHAUER, J., 1984: Das Rheinisch-Westfälische Industriegebiet. Paderborn.

BREMSHEY, H., 1982: Umsiedlung von 72 Orten abgeschlossen. Sonderdruck aus: "Revier und Werk", Zeitschrift für die Betriebe des Rheinischen Braunkohlentagebaus, Heft 143, 1977. Köln.

LANDESINSTITUT, Sozialforschungsstelle Dortmund, (Hrsg) o.J.: Entwicklung und Einführung neuer Arbeitsstrukturen in einem Kaltwalzwerk. Projekt: Kaltwalzwerk Dortmund, Hoesch Stahl AG.

GRUENEBERG, U., REPPEL, R., 1985: Alternativen zum "Heuern und Feuern": Qualifizierung ausländischer Arbeitnehmer im Betrieb. Beiträge zur Tagung der evang. Akademie Mühlheim/Ruhr vom 17. - 19.5.85. Das Landesinstitut, Sozialforschungsstelle Dortmund.

GRUENEBERG, U., LICHTE, R., REPPEL, R., 1985: Strukturwandel in der Stahlindustrie und alternative Arbeitsgestaltung. Reihe: Beiträge aus der Forschung des Landesinstitutes, Sozialforschungsstelle Dortmund, Bd. 12.

HAMBACHGRUPPE, 1985: Verheizte Heimat. Der Braunkohlentagebau und seine Folgen. Aachen.

KVR (Kommunalverband Ruhrgebiet), 1983: Ausländerintegration in Essen-Katernberg (Handlungsprogramm). Essen.

KVR (Kommunalverband Ruhrgebiet), 1985b: Städte- und Kreisstatistik Ruhrgebiet. Essen.

KUNZMANN, K., 1985: Spuren in die Zukunft des Ruhrgebietes, in: Beiträge zur Raumforschung, Raumordnung und Landesplanung. Dortmund: Institut für Landes- und Stadtentwicklungsforschung.

LICHTE, R., TRUELTZSCH, K.-L., o.J.: Arbeitsstrukturierung als sozialer Prozess, am Beispiel eines Kaltwalzwerkes. o.O.

MINISTERIUM für Arbeit, Gesundheit und Soziales des Landes NRW MAGS), 1985: Ausländische Arbeitnehmer in NRW. Zahlenspiegel.

PROSS, H., 1982: Was ist heute deutsch? Reinbek bei Hamburg.

RAA (Regionale Arbeitsstelle zur Förderung ausländischer Kinder und Jugendlicher, 1986: Deutsche und Ausländer in Schule, Nachbarschaft und Arbeitswelt. Essen.

RHEINBRAUN (Rheinische Braunkohlenwerke AG, 1984: Umsiedlungen im Rheinischen Braunkohlenrevier. Köln.

RHEINBRAUN, 1985: Blickpunkt Rheinbraun. Köln.

RHEINBRAUN, 1986a: Personal- und Sozialbericht 1985. Köln.

RHEINBRAUN, 1986b: Rechtliche Grundlagen für die Arbeit von Rheinbraun. Köln.

RHEINBRAUN, 1986c: Rheinbraun. Köln.

SFS (Sozialforschungsstelle Dortmund, 1982: sfs. Das Landesinstitut, Sozialforschungsstelle Dortmund. Broschüre.

UENVER, O.C., 1983: Probleme der Integration von Türken in Deutschland aus türkischer Sicht. In: ESSER, H. (Hrsg.): Die fremden Mitbürger. Düsseldorf.

WALLRAFF, G., 1985: Ganz unten. Köln.

5. UMWELTSCHUTZ: DIE PROBLEME HAT MAN "IM GRIFF" - ABER DIE TEUFEL STECKEN IM DETAIL

Urs Neu, Manuel Gossauer

5.1 Die Erfolge sind frappant...

Wer den Namen "Ruhrgebiet" hört, denkt auch heute noch als erstes an schlechte Luft, Smog, rauchende Kamine, Kohlenstaub oder graubraune Bäche und Flüsse. Ein Augenschein im Gebiet selbst zeigt, (vor allem bei schönem Wetter...), dass diese Prädikate heute nicht mehr oder nur noch teilweise gültig sind. Mit **enormen Anstrengungen**, wie kaum in einem andern Industriegebiet, hat man hier in den letzten Jahren versucht, der Umweltprobleme Herr zu werden. Die Erfolge sind denn auch, mindestens auf den ersten Blick, frappant: Aus den Kaminen strömt häufig nur noch schneeweisser Wasserdampf, oft sind gar keine Emissionen mehr sichtbar und dunkle oder (schwefel)gelbe Rauchschwaden sind selten. Was an **unsichtbaren Stoffen** noch an die Atmosphäre abgegeben wird, bleibt dem Betrachter allerdings verborgen.
Doch die Zahlen, die vom Ministerium für Arbeit, Gesundheit und Soziales (MAGS) herausgegeben werden (MAGS, 1985), sind eindrücklich: Von 1976 bis 1981 konnten z.B. im Gebiet Ruhr-West (Raum Duisburg-Gelsenkirchen) die Emissionen von anorganischen Gasen (Stickoxide, Schwefeldioxide u.a.) um rund 40 %, diejenigen von organischen Gasen um rund 85 % und von Staub um rund 60% gesenkt werden. Und die Anstrengungen gehen weiter...

Auch **schmutziges Wasser** ist kein Problem: Das Ruhrwasser wird nach natürlicher Aufbereitung durch Versickerung als Trinkwasser genutzt. Einziges für Auge und Nase (!) störendes Gewässer bleibt die Emscher, der Abwasserkanal des Ruhrgebiets. Hier fliessen die Abwässer eines riesigen Industriegebiets und von Millionen von Menschen zusammen. Doch auch die Emscher scheint man "im Griff" zu haben: Die Emscherklärwerke, die grösste biologische Kläranlage Europas, sorgt dafür, dass statt des Abwasserflusses ein "sauberes" Bächlein in den Rhein fliesst; so steht es jedenfalls im entsprechenden Prospekt.

Den Eindruck, den man als Beobachter und nach Gesprächen mit den verantwortlichen Leuten aus Industrie und Planung erhält, ist: **Man hat alles im Griff**, und für die derzeit noch anstehenden Probleme sind Patentlösungen in der Schublade griffbereit.

Einige "Details" stimmen jedoch bedenklich: Von der Förderung des öffentlichen Verkehrs und der somit möglichen Verminderung der Stickoxidemissionen aus dem äusserst dichten Individualverkehr spricht man erst gar nicht; über den enormen Salzgehalt der Emscher (nur organisch gereinigt!) und der Lippe im Norden wird hinweggesehen, die Reinigung sei "technisch zu aufwendig", heisst es; und das grösste Problem, die sogenannten "Altlasten", damit sind durch Industriebetriebe verseuchte Böden gemeint, wird, wenn immer möglich, totgeschwiegen, denn nötige grossflächige Sanierungen kann und will niemand bezahlen.

Im folgenden wollen wir uns nun diesen Problemen im einzelnen zuwenden.

5.2 Saubere Luft - eine wichtige Visitenkarte

Klare und gut (oder zumindest nicht schlecht) riechende Luft ist wohl eines der wichtigsten Güter, welches ein Gebiet seinen Bewohnern anbieten kann. In dieser Hinsicht galt das Ruhrgebiet jahrzehntelang (zu Recht) als das abschreckende Beispiel. Smog, Russ und Schwefeldämpfe prägten das Bild, das die meisten Bürger vom "Kohlenpott" hatten und oft auch heute noch haben.

Seit Jahren werden nun mit Erfolg enorme Anstrengungen unternommen, um die Luftqualität entscheidend zu verbessern. Mit der wohl einmaligen, detaillierten Erfassung von Emissionen über das gesamte Gebiet und dem Einsatz von Luftreinhalteplänen (MAGS, 1983 und LIS, 1986), wurden viele, vor allem die grossen Sünder, dazu gebracht, von sich aus Massnahmen zu ergreifen, um der Herabsetzung bzw. Neu-Festlegung von Grenzwerten zuvorzukommen und nicht unter Zeitdruck zu geraten. Dies führte nun dazu, dass die Ziele des ersten Luftreinhalteplanes für die Zeitspanne 1976-81 nicht nur erreicht, sondern bei weitem übertroffen wurden (MAGS, 1985). So wurde die Emission von Schwefeldioxid statt die angestrebten 15% um 30% gesenkt, die abgegebene Menge an Kohlenmonoxid statt um 0,5% um über 50% vermindert, und die Abgabe von organischen Gasen und Dämpfen statt um rund 18% um über 90% (!) herabgesetzt. Auch die Staubemission nahm in diesen 5 Jahren um 60% ab (vgl. auch Abb. 5.1).

Abb. 5.1: Auswirkungen der Emissionsminderungsmassnahmen im Bereich Industrie 1976-81 im Gebiet Ruhr-West

Bezeichnung des emittierten Stoffes	Stoffmenge aus dem Emissions-Kataster Industrie LRP I	Laut LRP I		Stoffmenge aus dem Emissions-Kataster Industrie	
		vorges. Emissionsminderung	angestrebte Restemission	LRP II**	LRP II*
	t/a	t/a	t/a	t/a	t/a
Anorganische Gase	1 670 506	42 228	1 628 278	890 836	869 915
Schwefeloxide (als SO_2)	193 370	28 300	165 070	149 474	136 970
Stickoxide (als NO_2)	75 144	4 801	70 343	76 322	70 943
Kohlenmonoxid	1 378 197	6 932	1 371 265	643 854	643 555
Chlorwasserstoff	4 165	1 526	2 639	4 145	2 065
Ammoniak	1 002	329	673	522	522
Chlor und Chlorverbindungen (als Cl^-)	1 017	30	987[1]	3 538[1]	3 048
Fluorwasserstoff	709	92	617	152	129
Schwefelwasserstoff	388	141	247[1]	1 090[1]	1 090
übrige anorganische Gase	16 514	27	16 487	11 739	11 593
organ. Gase und Dämpfe	150 663	25 936	124 727	14 132	13 182
Methan	124 335	20 941	103 394[1]	563[1]	563
Ethen (Äthylen)	4 973	264	4 709	1 804	1 804
Aromaten	2 733	757	1 976	1 808	1 806
Vinylchlorid	756	654	102	94	94
Steinkohlenteer	386	70	316	225	225
Phenole	89	12	77	21	21
Formaldehyd	20	1	19[1]	541[1]	507
sonstige organische Gase und Dämpfe	17 372	3 237	14 135	9 076	8 162
Staub	192 048	56 589	135 458	62 207	59 231

[1] Berichtigungen/Änderungen aus den in Abschnitt 3.1.4.3 genannten Gründen, die nicht mit Emissionsminderungsmaßnahmen bzw. mit realen Emissionserhöhungen zusammenhängen.
* Betreiber des LRP I   ** alle Betreiber   LRP: Luftreinhalteplan I(1976) und II (1981)

Quelle: MAGS,1986: 64

Zurückzuführen sind diese Erfolge vor allem auf die Anstrengungen der grossen Kohle- und Stahlindustriekonzerne sowie der Kraftwerkbetreiber: "Wir warten nicht, bis uns der Staat mit Grenzwerten unter Druck setzt, sondern versuchen, die in Aussicht gestellten oder diskutierten Werte zu erreichen, lange bevor diese in Kraft treten", meinte z.B. ein Sprecher der STEAG, Betreiberin von mehreren Steinkohlekraftwerken. "Auch wenn es nicht sicher ist, ob der Grenzwert überhaupt jemals so tief angelegt wird, ist es für uns viel billiger, die nötigen Umweltschutzmassnahmen bei Neubauten und Revisionen sofort einzubauen, als nachträgliche Aenderungen durchzuführen," betonte er.

So wurde zum Beispiel im neuen Kraftwerk Voerde am Niederrhein (N Duisburg) rund ein Drittel der Investitionen für die Blöcke A und B (Leistung: rund 1400 MW) für Umweltschutzmassnahmen aufgewendet (vgl. Abb. 5.2). Dereinst werden die Anlagen zur Abluftreinigung (Rauchgasentschwefelung und Entstickung) nahezu ebensoviel Platz beanspruchen, wie das Kraftwerk selbst. Allerdings haben diese Massnahmen auch gewisse (unangenehme) Nebeneffekte: 100 Lastwageneinheiten Kalkstein pro Tag braucht die Rauchgasentschwefelungsanlage und produziert daraus 20 Tonnen Gips pro Stunde, die wieder weggeführt werden müssen.
Der Gips der Steinkohlekraftwerke und weitere Abfallprodukte (vgl. Abb. 5.2) können jedoch in der Bauindustrie verwendet werden. Wenn nun noch das Entstickungsproblem gelöst wird, das lange Zeit vernachlässigt wurde, weil die Bedeutung der Stickoxide zuwenig bekannt war, können Steinkohlekraftwerke Strom produzieren mit verhältnismässig kleiner Umweltbelastung durch gasförmige oder feste Abfälle. Trotzdem bleibt der Wirkungsgrad mit ca. 37% für ein thermisches Kraftwerk sehr hoch.

Etwas mehr Probleme haben diesbezüglich die Braunkohlekraftwerke, deren Gips grössere Verunreinigungen aufweist und deshalb deponiert werden muss. Die Braunkohlekraftwerke (v.a. westlich Köln verbreitet) machen allgemein noch einen etwas schmutzigeren Eindruck, die Luft sticht in die Nase und die Berührung von Gegenständen führt unweigerlich zu schwarzen Fingern; im Kraftwerk Voerde ist hingegen weit und breit kein Russ mehr zu sehen. Doch auch die RWE, Betreiberin der Braunkohlekraftwerke, unternimmt momentan grosse Anstrengungen im Umweltbereich und lässt überall Rauchgasentschwefelungsanlagen einbauen. Bis 1988 werden 4 Milliarden D-Mark in die Umrüstung von 33 Anlagen mit einer Leistung von insgesamt 9300 Megawatt investiert (RWE, 1986: 73).

Aehnlich verhält es sich mit den Werken der Stahlindustrie (Thyssen, Hoesch, Mannesmann, etc.): Hier wurden vor allem die Emissionen von Kohlenmonoxid und von organischen Gasen und Dämpfen (Phenole, Aethylen u.a.) stark vermindert (vgl. auch Abb. 5.1).

Abb. 5.2: Umweltschutzmassnahmen im Steinkohlekraftwerk

Kraftwerksprozeß

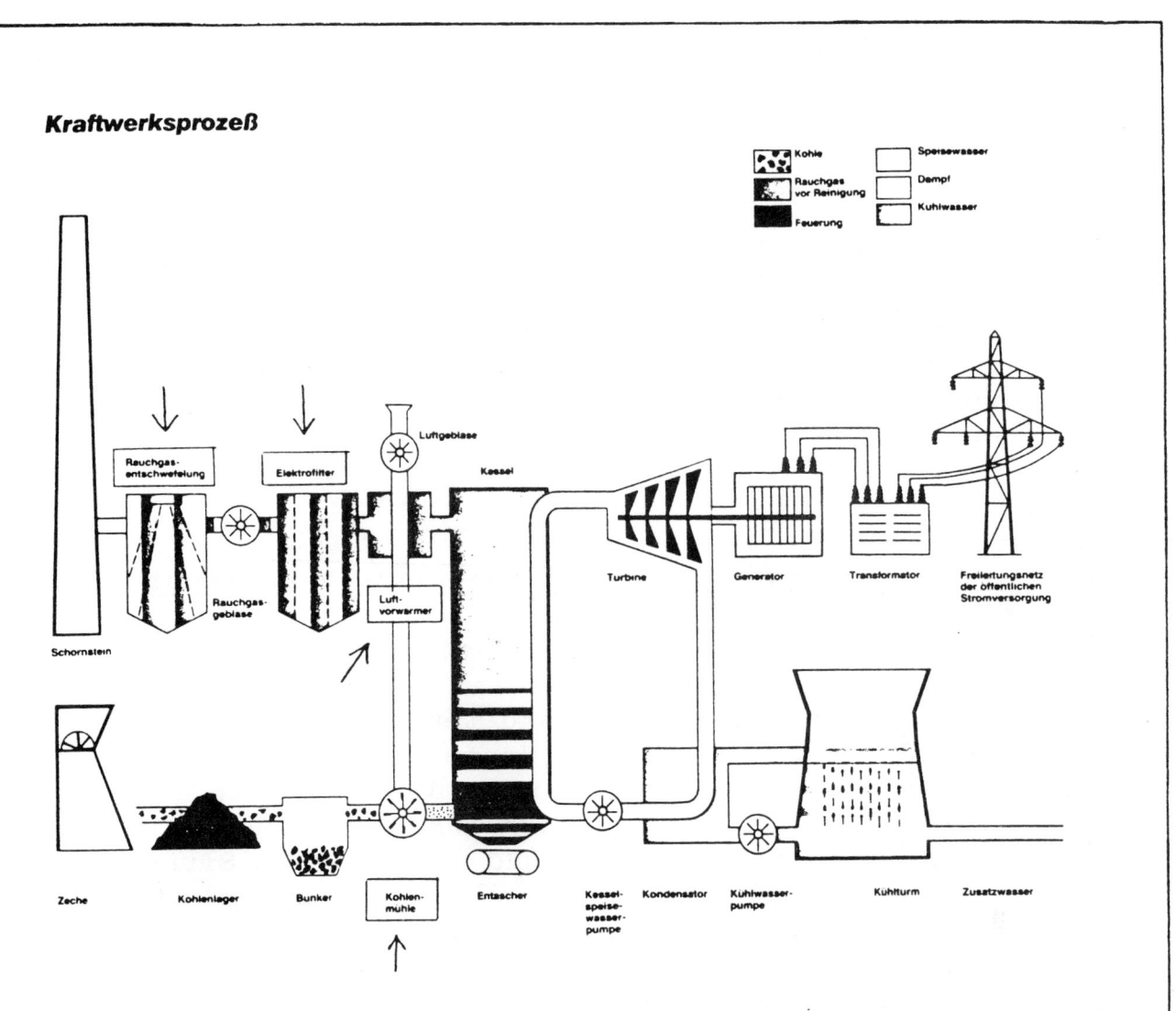

Legende: Kohle, Rauchgas vor Reinigung, Feuerung, Speisewasser, Dampf, Kühlwasser

Beschriftungen: Schornstein, Rauchgasentschwefelung, Elektrofilter, Rauchgasgebläse, Luftgebläse, Kessel, Luftvorwärmer, Turbine, Generator, Transformator, Freileitungsnetz der öffentlichen Stromversorgung, Zeche, Kohlenlager, Bunker, Kohlenmühle, Entascher, Kesselspeisewasserpumpe, Kondensator, Kühlwasserpumpe, Kühlturm, Zusatzwasser

Im oben dargestellten Kraftwerksprozess sind folgende Umweltschutzmassnahmen verwirklicht:
- Der in der Kohlemühle feingemahlene, trockene Kohlenstaub wird sehr gut verbrannt und ergibt nur sehr wenig Rückstände ("Schmelzkammergranulat"), die als Strahlmittel zur Oberflächenbehandlung oder als Substitut für Sand in der Betonherstellung verwendet wird.
- Zur Aufheizung des Kohlestaub-Luft-Gemisches wird die Abwärme des Rauchgases verwendet.
- Der Elektrofilter (5 hintereinander geschaltete Felder) entfernt mit einem Wirkungsgrad von 99,9 % die Staubpartikel aus dem Rauchgas. Erreichter Staubgehalt der Abluft: 10 mg/m^3. Die entstehende Filterasche dient als Zusatz bei der Herstellung von Transportbeton, Flugaschezement und Betonwaren.
- In der Rauchgasentschwefelungsanlage werden durch Berieselung des Rauchgases mit Calziumoxid bzw. -hydroxid rund 85 % des eingebrachten Schwefels (im Rauchgas als Schwefeldioxid) als Gips (Calziumsulfat) gebunden und ausgewaschen. Die riesigen anfallenden Gipsmengen (im Kraftwerk Voerde der STEAG AG mit einer Gesamtleistung von rund 2100 MW sind das ca. 20 Tonnen pro Stunde!) können dank der hohen Qualität in der Bauindustrie weiterverwendet werden. Erreichter Abluftwert: 250 mg/m^3 (Grenzwert: 400 mg/m^3).
- Im Bereich Stickoxide wurden erst Primärmassnahmen im Verbrennungsprozess eingeführt. Die damit erreichten Werte (750-900 mg/m^3) liegen jedoch noch weit über dem Grenzwert von 200 mg/m^3, so dass mit Sekundärmassnahmen, welche sich noch in Entwicklung befinden bzw. erprobt werden, eine weitere Senkung angestrebt werden muss.

Die finanziellen Aufwendungen für Umweltschutzmassnahmen betrugen für die Blöcke A und B des Kraftwerkes Voerde (je 710 MW, Inbetriebnahme 1982 bzw. 85) rund ein Drittel der Gesamtinvestitionen (über 2 Mrd. DM).

Bis in Anfangs der 90er Jahre werden nach Stillegung der ältesten und Nachrüstung der neueren Kraftwerke alle Steinkohlekraftwerke (Gesamtleistung rund 5000 MW) rauchgasentschwefelt sein.

Quellen: STEAG, 1984: 8 und STEAG, 1986

Fazit: Die Anstrengungen sind enorm, auch die Erfolge stellen sich ein. An schönen Tagen ist die Fernsicht zeitweise erstaunlich gut. Die Wäsche kann problemlos im Freien getrocknet werden und die "frische Luft", die durch ein geöffnetes Fenster hereinströmt, ist kaum schlechter als in anderen Städten.

Das einzige Emissionsproblem, das bisher nicht angegangen wurde, sind die Verkehrsabgase. Die Verbesserungen im technischen Bereich (u.a. Katalysatoren) konnten in den letzten Jahren gerade etwa die Verkehrszunahme ausgleichen. Doch die Verminderung des Verkehrsaufkommens, etwa durch Förderung des öffentlichen Transportwesens, ist überhaupt kein Thema. Die vorhandene Infrastruktur (Autobahnen, Parkplätze) ist zu sehr auf den Individualverkehr ausgerichtet.

5.3 Das Smogalarmsystem - ein perfekter Warndienst

Trotz aller Anstrengungen in der Luftreinhaltung ist das Ruhrgebiet anfällig auf Smoglagen; es weist jedoch, im Gegensatz zu vielen ebenso gefährdeten Ballungsgebieten, einen perfekten Smogwarndienst auf. Verteilt über das ganze Gebiet Ruhr/Rheinschiene werden von rund 40 Stationen laufend die Schwefeldioxid-, Stickoxid-, Kohlenmonoxid- und die Schwebestaubkonzentrationen gemessen und zweimal pro Stunde an eine Zentrale übermittelt (LIS, 1986). Wird nun in einem der 5 Gebiete (Rheinschiene Nord und Süd, Ruhrgebiet Ost, Mitte und West) ein Schwellenwert (vgl. Abb. 5.3) überschritten, wird im betreffenden Raum Smogalarm ausgerufen.

Bei Alarmstufe 1 erfolgen nur Empfehlungen (kein Verbrennen von Abfällen, Beschränkung von Heizungen), bei Alarmstufe 2 hingegen erfolgt bereits eine Einschränkung des Kraftfahrzeugverkehrs in bestimmten Gebieten (Fahrverbot in Stosszeiten) und bei Stufe 3 müssen verschiedene emissionsrelevante Industrieanlagen ihren Betrieb einstellen (genauere Regelungen vgl. Abb. 5.3). Die neue Smogverordnung trat am 17. Januar 1985 in Kraft. Ein Detail am Rande: Der Zeitpunkt für die Einführung der strengeren Schwellenwerte war (allerdings unabsichtlich) so günstig gewählt worden, dass pünktlich auf Inkrafttreten der neuen Verordnung bereits zum ersten Mal Smogalarm ausgelöst werden musste!

Abb. 5.3: Das Smogalarmsystem im Ruhrgebiet

1. Grundregel für das Verhalten bei Smogalarm:
In allen drei Alarmstufen: Während austauscharmer Wetterlagen muss sich jeder so verhalten, dass ein Anwachsen schädlicher Umwelteinwirkungen durch Luftverunreinigungen vermieden wird, soweit das nach der Dringlichkeit und der Art der Tätigkeit möglich ist.

Alarmstufe 1: Grundregel beachten; alles unterlassen, was unnötig zur Luftverunreinigung beiträgt (z.B. kein Verbrennen von Abfällen, kein Betrieb offener Kamine in den Wohnungen, keine Beheizung von Schwimmbädern, Betrieb von Raumheizungen nur in dem unbedingt notwendigen Mass).
Zusätzliche Empfehlungen: Kfz-Verkehr auf das notwendige Mass beschränken, Grossfeuerungsanlagen: keine stark schwefelhaltigen Brennstoffe verwenden, Indurstrieanlagen: Luftverunreinigung (Russblasen, Abfallverbrennung, Anfahrvorgänge) vermeiden.

Alarmstufe 2: Massnahmen *zusätzlich* zu Stufe 1: In den durch "Verkehrsverbot bei Smog" gekennzeichneten Bezirken dürfen Kraftfahrzeuge von 6 bis 10 Uhr und von 15 bis 20 Uhr nicht benutzt werden. Feuerungsanlagen, Heizungen: Schwefelarme Brennstoffe verwenden (leichtes Heizöl, schweres Heizöl und feste Brennstoffe mit Schwefelgehalt bis zu 1% Gewichtsteilen, Gas).
Zusätzliche Empfehlungen: Kfz-Verkehr auch ausserhalb der Sperrzeiten und -bezirke einschränken. Ärzte: Nicht dringende Eingriffe bei Patienten möglichst vermeiden; Herz- und Kreislauferkrankte, Atemwegerkrankte: längeren Aufenthalt im Freien vermeiden.

Alarmstufe 3: Massnahmen *zusätzlich* zu Alarmstufe 2: In den durch "Verkehrsverbot bei Smog" gekennzeichneten Bezirken ist die Benutzung von Kraftfahrzeugen ohne zeitliche Einschränkung verboten. Der Betrieb bestimmter, emissionsrelevanter Anlagen ist einzustellen.

Die Schwellenwerte:
Alarmstufe 1 wird ausgelöst bei Überschreitung folgender Schwellen:

3-Stundenmittel:
0,60 mg SO_2/m^3 oder
0,60 mg NO_2/m^3 oder
30 mg CO/m^3 oder

24-Stundenmittel:
Indexwert aus SO_2
und 2x Schwebstaub:
1,10 mg/m^3

Die Schwellenwerte für **Alarmstufe 2**:

3-Stundenmittel:
1,20 mg SO_2/m^3 oder
1,00 mg NO_2/m^3 oder
45 mg CO/m^3 oder

24-Stundenmittel:
Indexwert:
1,40 mg/m^3

Die Schwellenwerte für **Alarmstufe 3**:

3-Stundenmittel:
1,80 mg SO_2/m^3 oder
1,40 mg NO_2/m^3 oder
60 mg CO/m^3 oder

24-Stundenmittel:
Indexwert:
1,70 mg/m^3

Die Alarmstufen 2 und 3 können auch über den sogenannten *Zeitumschaltfaktor* ausgelöst werden. So muss Alarmstufe 2 auch dann ausgelöst werden, wenn die Schwelle der Alarmstufe 1 (Indexwert) 3 Tage lang überschritten war; desgleichen muss die Alarmstufe 3 ausgelöst werden, wenn die Schwelle der Alarmstufe 2 (Indexwert) 3 Tage lang überschritten war. Die Schwellenwerte müssen gleichzeitig an wenigstens 2 Messstationen von je 6 Smogwarndienst-Messstationen in einem der Smoggebiete überschritten sein. Als weitere Bedingung muss eine sogenannte austauscharme Wetterlage (Inversion in den untersten 700 m der Atmosphäre und 12-Stundenmittel der Windgeschwindigkeit kleiner als 1,5 m/s) gegeben sein und deren weiteres Bestehen über 24 Stunden prognostiziert sein.

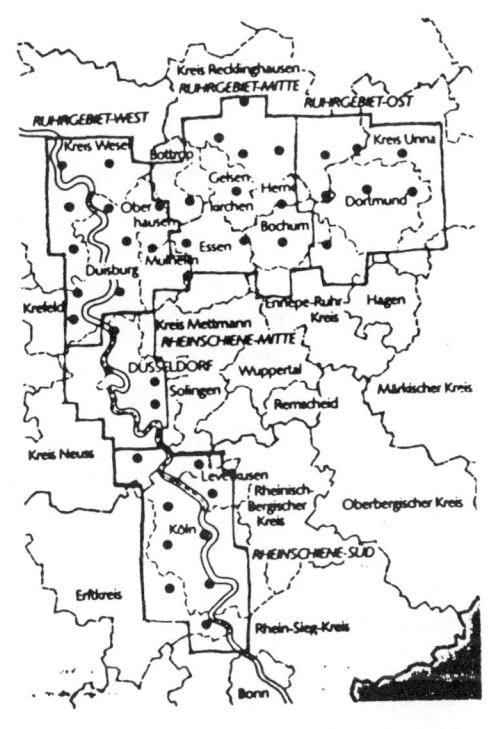

• Die Schadstoff-Messstationen

Quellen: KUELSKE u. PFEFFER, 1985: 136f.; LIS, 1986 und MAGS, 1983

5.4 Wasser - zum Verbrauchsgut degradiert

Das Ruhrgebiet - ein Schwerindustrie- und Bergbaurevier, ein Ballungsraum mit 5 Millionen Einwohnern, und darin eingebettet 3 Flüsse mit je einer spezifischen Funktion:
Im Süden die Ruhr, Namensgeberin und als Trinkwasserlieferant vielleicht so etwas wie die Lebensader, im Norden die Lippe, der Brauchwasserlieferant Nr.1 für die Industrie und Ausgleichsspeicher für praktisch das ganze schiffbare Kanalnetz im Revier; und mittendrin die Emscher, Sammeltrichter für den überwiegenden Teil der nicht geklärten Abwässer und zur "Kloaka maxima" degradiert (vgl. auch Abb. 5.4).

Die Reinigung der "Kloaka maxima"

Die Dimensionen sind beeindruckend: In Dinslaken, kurz vor der Mündung der Emscher in den Rhein, steht seit 1976 **die grösste biologische Kläranlage Europas**, das Mündungsklärwerk der Emschergenossenschaft. Hier wird versucht, aus dem nur noch ganz entfernt an Wasser erinnernden versammelten Dreck der Region eine Flüssigkeit zurückzugewinnen, die dem Rhein mit einigermassen gutem Gewissen zugemutet werden kann. Für Schweizer Verhältnisse würde das etwa heissen: Eine Abwasserreinigungsanlage für das ganze Land! Zwar ist das Emscherklärwerk nicht die einzige Anlage im Ruhrgebiet, es gibt zahlreiche kleinere; ein guter Teil der Abwässer, die nicht in die Emscher, sondern in die Ruhr oder die Lippe gelangen, werden in kleineren Anlagen geklärt, doch weisen beispielsweise die gemessenen Salzkonzentrationen vor allem die Lippe im Unterlauf als stark belastetes Gewässer aus, die Ruhr dagegen ist relativ sauber.

Betrieben wird die Anlage von der **Emschergenossenschaft** (vgl. Abb. 5.4 und 5.5). Jeder Abwasserproduzent, sei dies nun der Bergbau, die Industrie oder eine Kommune, ist Zwangsmitglied und beteiligt sich somit entsprechend seiner "Verschmutzungsleistung" an den Klärkosten. Die Genossenschaft betreibt nebst dem Mündungsklärwerk noch folgende weitere Hauptanlagen: In Bottrop steht eine Flussklärnlage zur Vorklärung und die zentrale Schlammbehandlungsanlage, in welcher auch der Klärschlamm aus dem Mündungsklärwerk entsorgt wird. Weiter gehören dazu: zwei alte Mündungsklärwerke in Duisburg, 9 Entphenolungsanlagen, verteilt auf das ganze Gebiet, sowie 90 Entwässerungspumpwerke.

Abb. 5.4: Die Wasserwirtschaft im Ruhrgebiet

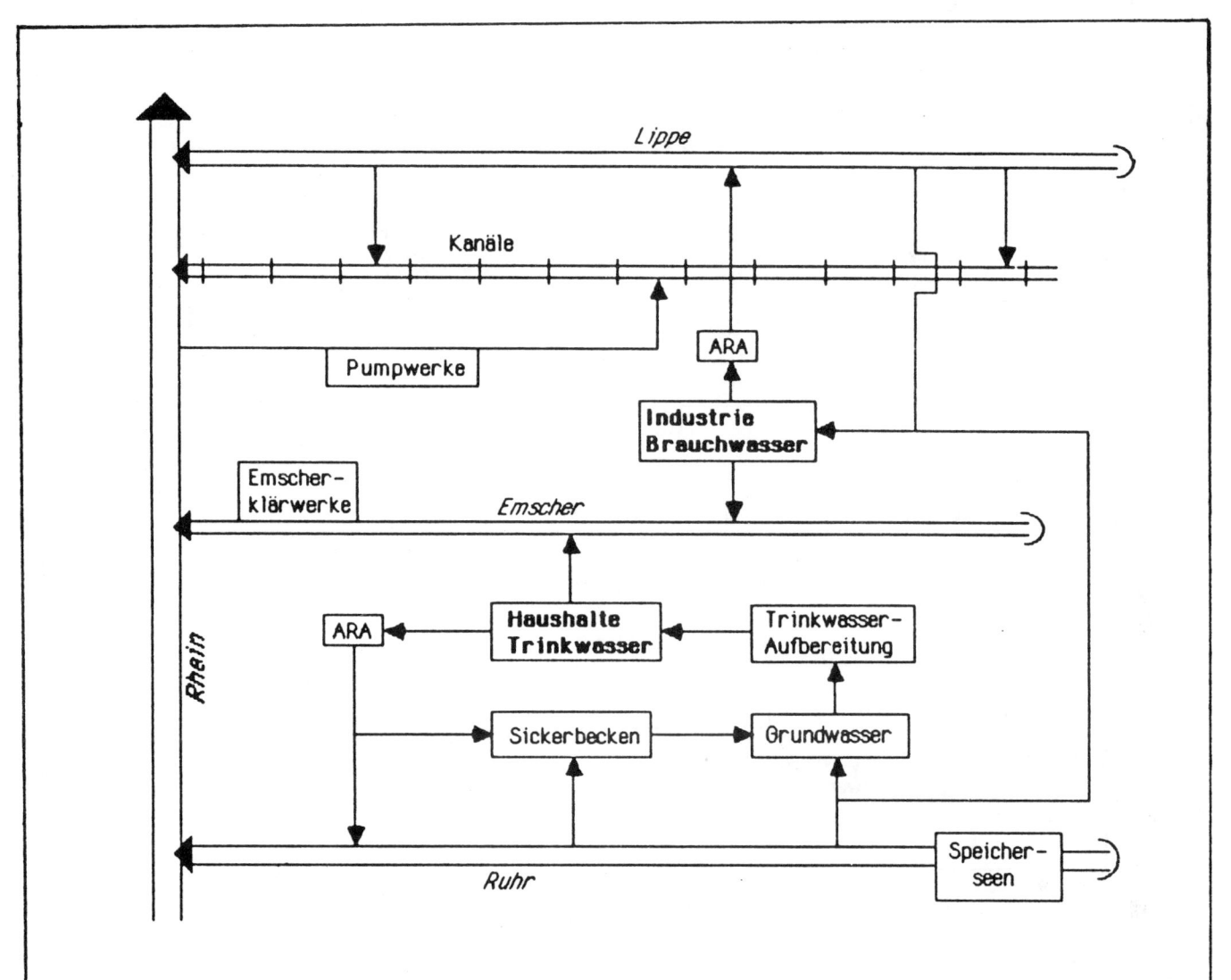

Die Wasserwirtschaft im Ruhrgebiet wird durch folgende Wasserverbände organisiert:

- **Emschergenossenschaft:** gegründet 1904 mit dem "Emschergesetz". *Aufgaben:* Regelung der Vorflut und Abwasserreinigung. *Organisation:* Zwangsgenossenschaft. *Mitglieder:* 19 Gemeinden, 17 Bergwerksgesellschaften und 123 Industrieunternehmungen.

- **Lippe-Verband:** gegründet 1926 mit dem "Lippegesetz". *Aufgaben:* Regelung der Vorflut, Hochwasserschutz, Unterhaltung der Lippe, Abwasserreinigung. *Organisation:* Selbstverwaltungskörperschaft. *Mitglieder:* Bundesrepublik Deutschland, Land Nordrhein-Westfalen, 45 Städte und Gemeinden, 7 Bergwerkseigentümer, 59 Industriebetriebe.

- **Ruhrtalsperren-Verein:** geht zurück auf die 90er Jahre des letzten Jahrhunderts, gegründet in der heutigen Form 1913 mit dem "Ruhrtalsperrengesetz". *Aufgaben:* Sicherstellung der Wasserversorgung auch in Trockenzeiten; Planung, Bau und Unterhalt der Speicherseen (=<u>Wassermengenwirtschaft</u>). *Organisation:* Genossenschaft.

- **Ruhrverband:** gegründet 1913 mit dem "Ruhrreinhaltungsgesetz", hervorgegangen aus derselben Körperschaft wie der Ruhrtalsperren-Verein. *Aufgaben:* Abwasserreinigung im gesamten Einzugsgebiet und Aufbereitung von Trinkwasser. (=<u>Wassergütewirtschaft</u>) *Organisation:* Zwangsgenossenschaft.

Quellen: RTV,1981 und EG + LV,1982

Abb. 5.5: Das Emscherklärwerk

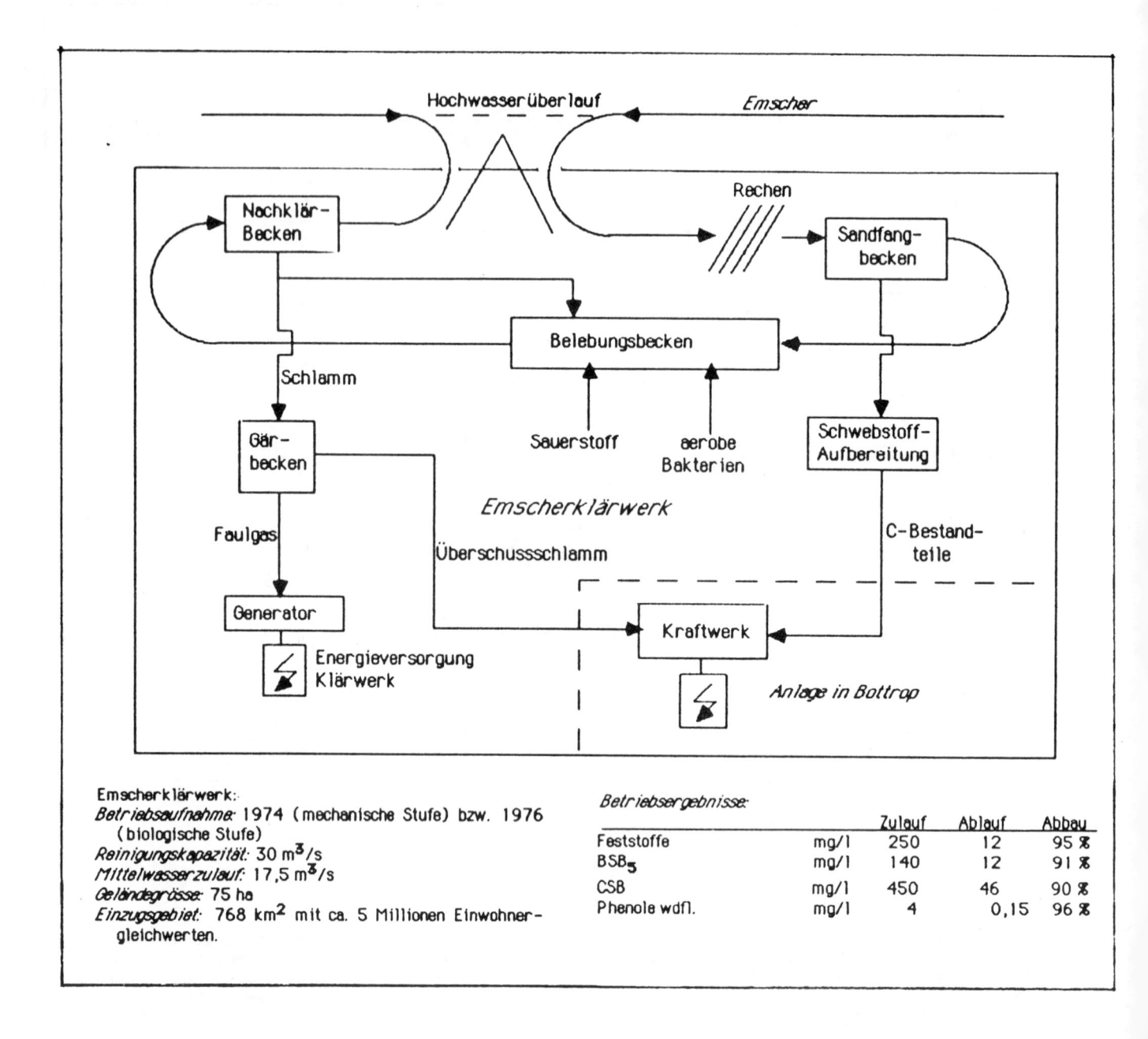

```
                    Hochwasserüberlauf           Emscher
                                                 Rechen
     ┌───────────┐                                      ┌───────────┐
  →  │ Nachklär- │                                  →   │ Sandfang- │
     │  Becken   │                                      │  becken   │
     └───────────┘                                      └───────────┘
           │         ┌─────────────────────┐                  │
           │    →    │   Belebungsbecken   │   ←              │
           │         └─────────────────────┘                  │
        Schlamm          ↑            ↑                       ↓
     ┌───────────┐    Sauerstoff   aerobe                ┌───────────────┐
     │   Gär-    │                 Bakterien             │ Schwebstoff-  │
     │  becken   │                                       │ Aufbereitung  │
     └───────────┘         Emscherklärwerk               └───────────────┘
           │                                                      │
        Faulgas       Überschussschlamm                    C-Bestand-
                                                             teile
     ┌───────────┐                             ┌───────────┐
     │ Generator │                          →  │ Kraftwerk │ ←
     └───────────┘                             └───────────┘
           │                                         │
       Energieversorgung                      Anlage in Bottrop
         Klärwerk
```

Emscherklärwerk:
Betriebsaufnahme: 1974 (mechanische Stufe) bzw. 1976 (biologische Stufe)
Reinigungskapazität: 30 m³/s
Mittelwasserzulauf: 17,5 m³/s
Geländegrösse: 75 ha
Einzugsgebiet: 768 km² mit ca. 5 Millionen Einwohnergleichwerten.

Betriebsergebnisse:

		Zulauf	Ablauf	Abbau
Feststoffe	mg/l	250	12	95 %
BSB$_5$	mg/l	140	12	91 %
CSB	mg/l	450	46	90 %
Phenole wdfl.	mg/l	4	0,15	96 %

Quelle: Emschergenossenschaft 1985

Die Vorflutregulierung ist, neben der Abwasserreinigung, die zweite Hauptaufgabe der Genossenschaft: Wegen der meterweisen Bodensenkungen, als Folge des Bergbaus im Untergrund, wurde das Abflusssystem gegen den Rhein immer wieder gestört (vgl. Abb. 5.7). Versumpfungen und häufige Ueberschwemmungen waren die Folge und verursachten oft Epidemien. Schon zweimal musste die Emschermündung nach Norden verlegt werden, damit der Flusslauf überhaupt noch ein kontinuierliches Gefälle aufwies.

Die Bergschäden sind auch der Grund, weshalb die ganzen Abwässer an der Oberfläche abgeführt werden. Ein unterirdisches Röhrensystem ist zu gefährlich; das Risiko eines Rohrbruchs und einer möglichen Grundwasserverseuchung, die nicht sofort erkannt werden könnte, wäre viel zu gross.
Das Abpumpen des Wassers aus den Poldern, sowie die Einrichtung von **Hochwasserschutzdämmen** erfordern grosse Aufwendungen. Für den Deichbau verwendet man sogenannte "Waschberge". So nennt man Gestein, das zusammen mit der Kohle gefördert und bei der Nassaufbereitung, der "Wäsche", von dieser getrennt wird. Diese Kohlewäsche verursacht einen wesentlichen Anteil an der Verschmutzung der Emscher. Die Grubenwässer enthalten sehr viele gelöste Salze, die durch die biologische Klärung nicht entfernt werden und so ungehindert in den Rhein gelangen. Andererseits enthalten sie aber viel gelösten Kohlestaub und das erlaubt, den anfallenden Klärschlamm nach der Trocknung in einem Kraftwerk zu verbrennen.

Wegen der enormen Versiegelung der Oberfläche im Einzugsgebiet der Emscher stellt der **Hochwasserschutz** ein grosses Problem dar: Starkniederschläge können kaum versickern und deshalb kann kurzfristig ein Vielfaches der normalen Wassermenge abfliessen. So liegt der Mittelwasserabfluss in der Hauptkläranlage Dinslaken bei 17,5 m^3/s, die maximale Reinigungskapazität der Anlage beträgt 30 m^3/s. Steigt der Pegel über diese Marke, so läuft die überschüssige Menge ungeklärt weiter, bei Abflüssen über 120 m^3/s wird die Anlage stillgelegt. Die Reinigung ist dann sowieso nicht mehr sinnvoll, da die Konzentration der Verschmutzung durch die Verdünnung mit Regenwasser zu gering wird. Dieser Fall tritt, wie uns bei der Besichtigung der Anlage erklärt wurde, rund 4 mal jährlich auf.

Die Lippe - der Wasserhahn für Industrie und Schiffahrt

Auch im Einzugsgebiet der Lippe stellen sich ähnliche Probleme wie bei der Emscher, allerdings mit zwei wichtigen Ausnahmen: Erstens ist die Lippe offiziell ein "sauberer Fluss", oder sie sollte es wenigstens sein, und zweitens muss sie gewaltige Mengen an Brauchwasser an die Industrie abgeben, sowie in ihrem Einzugsbereich **das Netz des Wasserverbandes Westdeutscher Kanäle (WWK) mit Wasser versorgen** (vgl. Abb. 5.4 und 5.6). Um diese Aufgaben zu erfüllen, wäre es am einfachsten, im bergigen Oberlauf der Lippe Speicherbecken anzulegen, doch ist dies wegen des durchlässigen Untergrunds nicht möglich. Einem Fluss kann man aber nicht beliebige Mengen an Wasser entziehen, will man ihn nicht ganz aus seinem biologischen Gleichgewicht bringen. Deshalb wird, speziell in Zeiten mit Niedrigwasser, in einem höchst komplizierten und aufwendigen System Wasser aus dem Rhein durch den Rhein-Herne-Kanal und den Wesel-Datteln-Kanal bis östlich von Hamm gepumpt. Die Kanäle, das heisst vor allem die Schleusen und Hebewerke, werden übrigens zur Zeit auf die Masse der Europaschiffe ausgebaut (vgl. Abb. 5.6).

Aus dem Problem der Wasserknappheit heraus entwickelte man **spezielle Schiffshebewerke**, bei denen nicht, wie in den üblichen Schleusen, nur der Wasserspiegel gehoben oder gesenkt wird, sondern das ganze Schleusenbecken. Damit geht nicht bei jeder Schiffsdurchfahrt das ganze Schleusenvolumen an Wasser verloren, sondern nur ein kleiner Teil an den Beckenabschlüssen. Da die ganzen Becken auf Schwimmern im Grundwasser ruhen, lässt sich das System auch mit minimalem Energieaufwand betreiben. Ein eindrückliches Beispiel dieser genialen Technik ist das Hebewerk Henrichenburg (an der Mündung des Dortmund-Ems-Kanals in den Rhein-Herne-Kanal), welches seit 1899 unvermindert seinen Dienst tut.

"Ohne Ruhr gibt's nicht mal Bier"

Die Ruhr ist das wohl sauberste (oder jedenfalls am wenigsten verschmutzte) Gewässer der Region und deshalb auch der **Lieferant von Trinkwasser**. Und ohne solches stehen auch die Brauereien auf dem Trockenen, für die Wasser bester Qualität absolut notwendig ist.
An der Bewirtschaftung der Ruhr sind zwei Verbände mit unterschiedlichen Aufgaben beteiligt, der Ruhr-Talsperrenverein und der **Ruhrverband** (vgl. auch Abb. 5.4). Es sind dies die ältesten Wasserverbände im Revier und sie haben weltweit Pionierarbeit geleistet. Es ist ja normal, dass man sich erst einmal mit der Versorgung befasst und sich erst später Gedanken zur Entsorgung macht, nämlich wenn die Probleme akut werden.

Die Ruhr deckt etwa 70% des Wasserbedarfs aller beteiligter Kommunen (BIRKENHAUER, 1984: 180), obwohl sie nur eine mässige Wasserführung aufweist. Allerdings sind die geologischen und klimatischen Voraussetzungen ideal: Die Ruhr hat ein relativ grosses Einzugsgebiet, das auf undurchlässigem Gestein des Schiefergebirges liegt, die Niederschläge fallen infolge der Staulage (Nordwesthänge) reichlich und die Topographie des Sauerlandes ist zudem für die Anlage von Speicherseen sehr gut geeignet.

Abb. 5.6: Kanalnetz, Pumpwerke und Schleusen zwischen Ruhr und Lippe

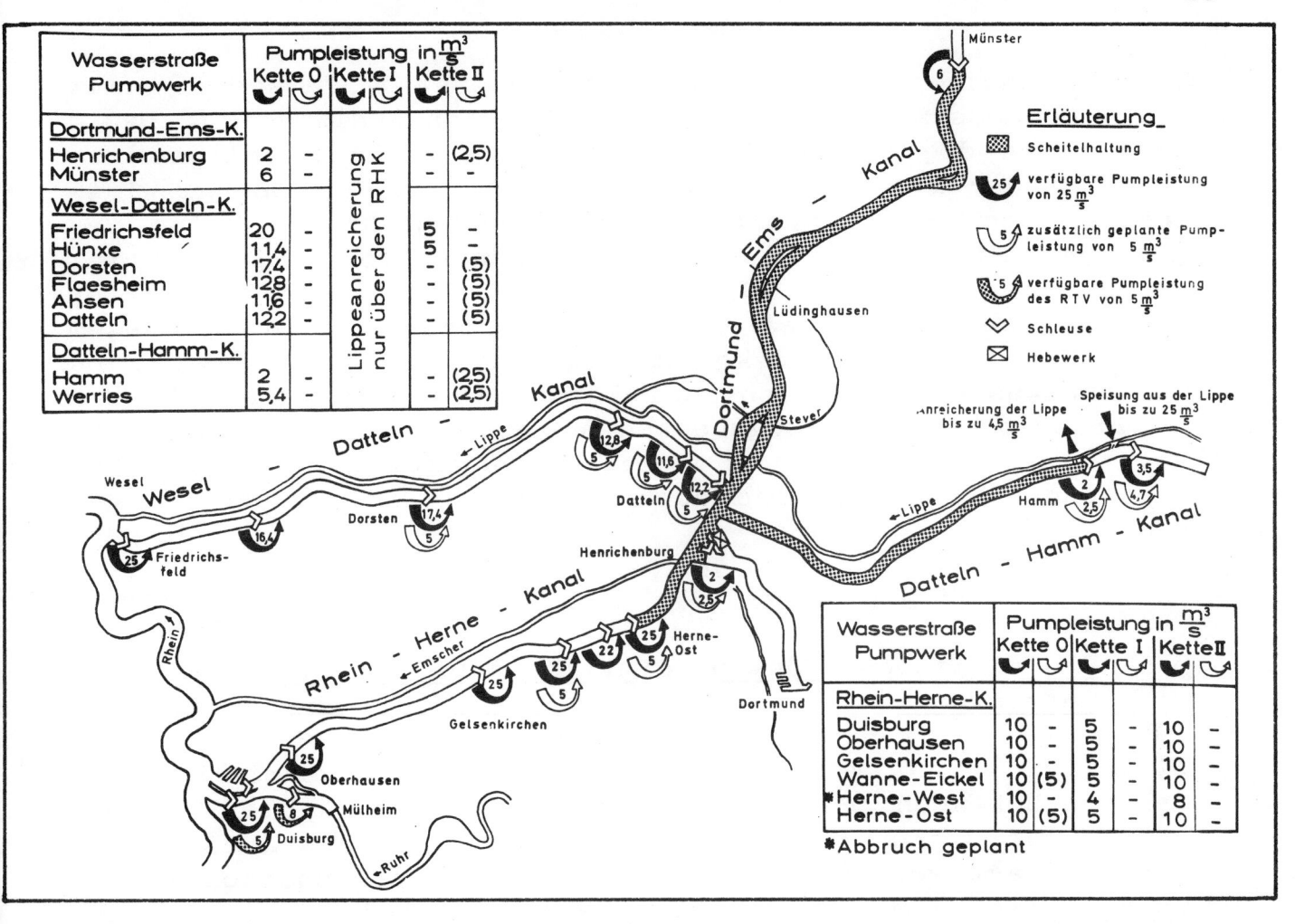

Wasserstraße Pumpwerk	Pumpleistung in m³/s		
	Kette 0	Kette I	Kette II
Dortmund-Ems-K.			
Henrichenburg	2	–	– (2,5)
Münster	6	–	–
Wesel-Datteln-K.			
Friedrichsfeld	20	5	–
Hünxe	11,4	5	–
Dorsten	17,4		(5)
Flaesheim	12,8		(5)
Ahsen	11,6		(5)
Datteln	12,2		(5)
Datteln-Hamm-K.			
Hamm	2	–	(2,5)
Werries	5,4	–	(2,5)

(Kette I: Lippeanreicherung nur über den RHK)

Erläuterung
- Scheitelhaltung
- 25 verfügbare Pumpleistung von 25 m³/s
- 5 zusätzlich geplante Pumpleistung von 5 m³/s
- 5 verfügbare Pumpleistung des RTV von 5 m³/s
- Schleuse
- Hebewerk

Anreicherung der Lippe bis zu 4,5 m³/s
Speisung aus der Lippe bis zu 25 m³/s

Wasserstraße Pumpwerk	Pumpleistung in m³/s		
	Kette 0	Kette I	Kette II
Rhein-Herne-K.			
Duisburg	10 –	5 –	10 –
Oberhausen	10 –	5 –	10 –
Gelsenkirchen	10 –	5 –	10 –
Wanne-Eickel	10 (5)	5 –	10 –
*Herne-West	10 –	4 –	8 –
Herne-Ost	10 (5)	5 –	10 –

*Abbruch geplant

Abb. 5.7: Bergsenkungen von 1914 bis 1975 und deren Folgen für die Kanalschiffahrt am Beispiel des Rhein-Herne-Kanals

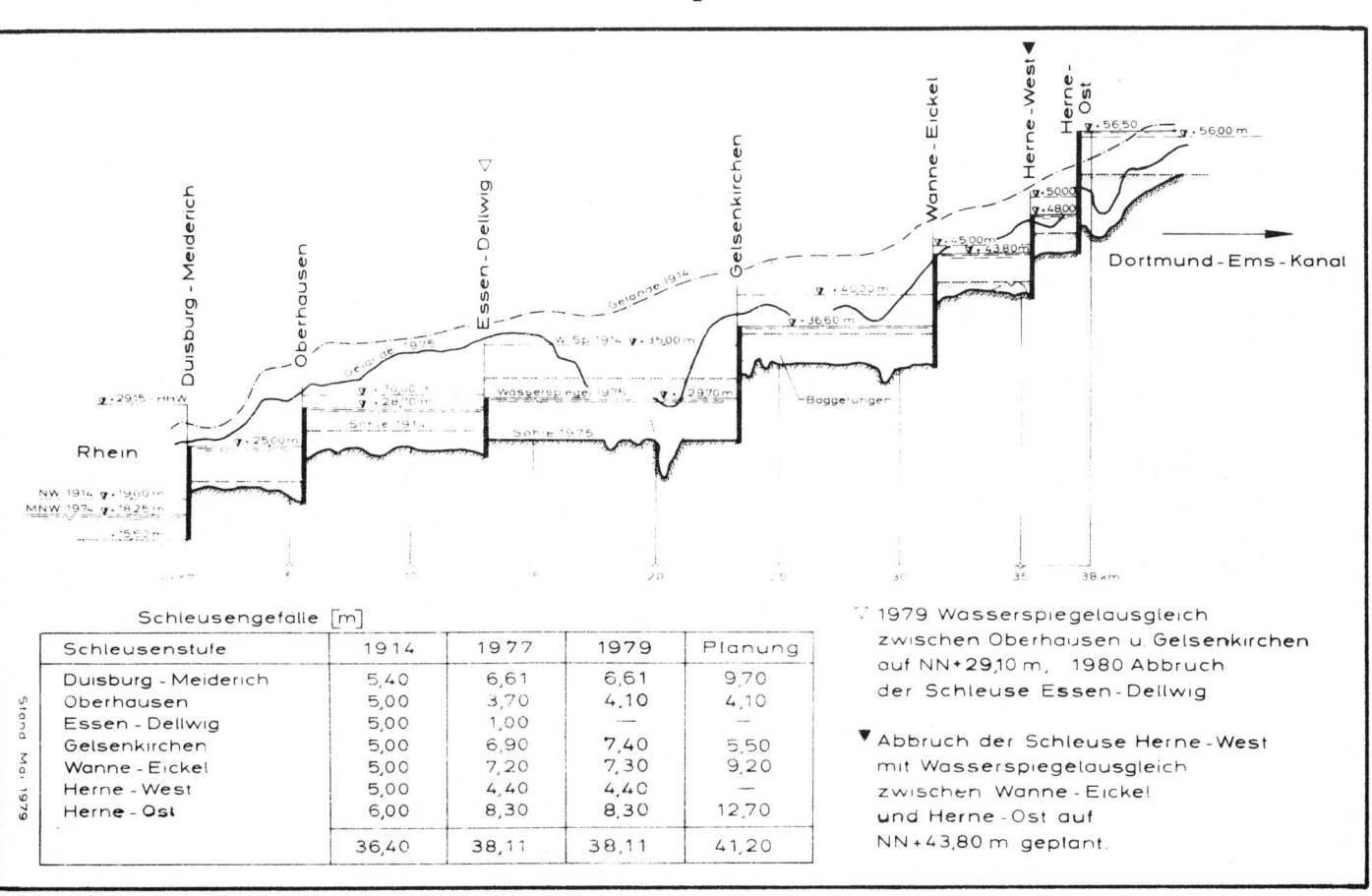

Schleusengefälle [m]				
Schleusenstufe	1914	1977	1979	Planung
Duisburg-Meiderich	5,40	6,61	6,61	9,70
Oberhausen	5,00	3,70	4,10	4,10
Essen-Dellwig	5,00	1,00	—	—
Gelsenkirchen	5,00	6,90	7,40	5,50
Wanne-Eickel	5,00	7,20	7,30	9,20
Herne-West	5,00	4,40	4,40	—
Herne-Ost	6,00	8,30	8,30	12,70
	36,40	38,11	38,11	41,20

▽ 1979 Wasserspiegelausgleich zwischen Oberhausen u. Gelsenkirchen auf NN+29,10 m, 1980 Abbruch der Schleuse Essen-Dellwig

▼ Abbruch der Schleuse Herne-West mit Wasserspiegelausgleich zwischen Wanne-Eickel und Herne-Ost auf NN+43,80 m geplant.

Stand Mai 1979

Quelle für beide Figuren: Wasser- und Schiffahrtsdirektion West, 1982

Der Ruhrtalsperrenverein betreibt heute 14 Talsperren mit einem Gesamtstauvolumen von 500 Millionen Kubikmetern. Damit lässt sich die nötige Wasserversorgung auch in Zeiten langandauernder Trockenheit sicherstellen. In der Energiewirtschaft haben diese **Speicherseen** jedoch praktisch keine Bedeutung. Sie dienen nur als Wasserreservoir. Im Ruhrtal selbst liegen auf dem Grundgebirge ca. 8-10 Meter Schotter auf, welche einen idealen Grundwasserträger bilden. Diesem entziehen die Wasserwerke das Brauchwasser und bereiten es zu Trinkwasser auf. Nach der Klärung führt man die Abwässer in grossen **Versickerungsbecken** wieder dem Grundwasserstrom zu. Auf diese Art wird es mehrfach genutzt. Um den Grundwasserstand zu halten, wird auch Ruhrwasser in die Becken gepumpt.

5.5 Die Altlasten - das unheimliche Erbe des industriellen Aufschwungs

Bisweilen trifft man mitten in der Stadt unvermittelt auf mehrere Hektaren grosse, topfebene und völlig kahle Freiflächen. Zwar stehen rundum Bäume, die ab und zu von einem Kamin überragt werden, doch wächst auf der steinharten Fläche buchstäblich kein Kraut mehr. Weshalb wird hier, wo doch ständig über Platznot geklagt wird, nicht gebaut? Die Antwort ist in der Vergangenheit zu suchen: Auf diesen riesigen Freiflächen standen früher einmal Industriebetriebe, meist Zechen und Kokereien. Ein grosser Teil dieser Böden ist restlos verseucht, sie können gar nicht genutzt werden. Die bei der Verkokung anfallenden Derivate wie Paraffine, Olefine, Naphtalin, Phenole etc., welche nicht weiterverwendet werden konnten, wurden einfach irgendwo verkippt und wild deponiert. Kein Mensch weiss heute genau, wann, wo und was in die Böden gelangte. Diese Ablagerungen werden heute unter dem Begriff "Altlasten" zusammengefasst.

Es gibt zwar heute Konzepte, wie man diese Gebiete einer neuen Nutzung zuführen könnte, doch dieses sogenannte **"Flächenrecycling"** scheitert fast immer an den immensen Aufwendungen, vor allem finanzieller Art, die eine grossflächige Entgiftung mit sich bringen würde. Zudem möchten die meisten Neuansiedler ihre Betriebe lieber "auf die grüne Wiese" stellen, in den ohnehin täglich schrumpfenden Grünlandgürtel also.

Beim Kommunalverband Ruhrgebiet (KVR) heisst es zwar, es bestehe überhaupt kein Grund zur Aufregung, die Probleme seien erkannt und Lösungsvorschläge entweder schon griffbereit oder doch wenigstens innert kürzester Zeit verfügbar und man habe ein **Altlastenkataster** in der Schublade. Das ganze scheint jedoch etwas fraglich zu sein, denn von der Universität oder von einzelnen Städten her werden laufend Anstrengungen unternommen, um ein solches Kataster überhaupt erst einmal zu erstellen (vgl. z.B. den Tagesbericht vom 22.9.86)!

Doch selbst wenn man annimmt, dass die Behauptung des KVR zutrifft, bleibt die Frage, was man nun damit anfangen soll. **Niemand ist in der Lage, ein Szenario vorzulegen, wie langfristig mit dieser Zeitbombe umgegangen werden soll.** Ausbaggern ist keine Lösung, denn keine Sondermülldeponie der Welt könnte diese Mengen an vergiftetem Material aufnehmen, andere Verfahren kennt man nicht, und selbst wenn eines gefunden würde, so könnte es weder ein Privatmann noch ein Unternehmen oder der Staat je bezahlen. Die Ratlosigkeit ist gross, und deshalb wird das Problem soweit als möglich totgeschwiegen und verdrängt.

Ist das der Preis, respektive ein Teil des Preises, den wir für die Erreichung unseres Wohlstandes bezahlen müssen? Denn diese Probleme sind keinesfalls auf das Ruhrgebiet oder Deutschland beschränkt. Auch hierzulande herrscht das grosse Schweigen - erst grosse Katastrophen, wie beispielsweise der kürzliche Lagerbrand bei Sandoz in Schweizerhalle/Basel führen uns (gelegentlich) vor Augen, welch riesiges industrielles Gefahrenpotential um uns herum schlummert.

5.6 Abfälle - in anderthalb Jahren der Inhalt des Bodensees!

Jährlich fallen im Ruhrgebiet rund **19 Millionen Tonnen** Abfälle an, das sind nicht ganz 4 Tonnen pro Einwohner und Jahr (KVR, 1986: 10). Davon sind gut zwei Fünftel Industrieabfälle, weitere zwei Fünftel sind Bauschutt und Bodenaushub und den restlichen knappen Fünftel bilden Haus- und Sperrmüll sowie hausmüllähnliche Gewerbeabfälle. Mit diesem Müll könnte der Bodensee in anderthalb Jahren aufgefüllt werden...

Jahrzehntelang wurde der Abfallberg in unzähligen Deponien abgelagert. Im Jahre 1968 erarbeitete dann der Kommunalverband Ruhrgebiet (KVR) die später für die ganze Bundesrepublik wegweisenden technischen Normen für **zentrale Grossdeponien**. In Herten wurde zudem ein grosses **Rohstoffrückgewinnungs-Zentrum** aufgebaut mit dem Ziel, durch Recycling den

Abfallberg zu verringern. Nach mündlichen Aussagen des KVR happert es zur Zeit aber sehr stark beim Absatz der Recycling-Produkte, sodass die Anlage bisher nicht kostendeckend betrieben werden konnte. Parallel zur Anlage von 15 Grossdeponien, die etwa 50% des Verbandsgebiets des KVR entsorgen, wurden systematisch über 2000 ha **alte Halden und Abfallkippen begrünt** und teilweise aufgeforstet. Dies geschah allerdings, ohne sich genauer damit zu befassen, was sich in diesen Deponien befindet. Man weiss demzufolge zwar genau, wo sich alte Mülldeponien befinden (dies wird vom KVR auch betont), hat jedoch kaum eine Ahnung, was sich genau darin befindet und wie sich gewisse Stoffe über längere Zeit verhalten. So steigen zum Beispiel im Freizeit- und Erholungspark Vonderort, der auf einer alten Deponie angelegt wurde, des öftern methanhaltige Gase aus dem Boden, wie um zu zeigen, dass die Sünden der Vergangenheit nicht einfach mit einem grünen Mäntelchen überdeckt werden können (vgl Kap.6.4).

5.7 Schlussbemerkungen: der schlechte Ruf ist noch nicht weg!

Kaum in einem anderen Gebiet wurde in den letzten Jahren für den Umweltschutz soviel getan und wurden solche Erfolge erzielt wie im Ruhrgebiet. Dies vor allem unter dem Druck, etwas für den Ruf des Gebiets tun zu müssen; denn mit dem unaufhaltsamen Niedergang der Kohle- und Stahlindustrie besteht die Notwendigkeit, neue Industriezweige anzusiedeln. Um Unternehmen ins Ruhrgebiet locken zu können, müssen jedoch gewisse Standortvorteile geboten werden können. Gerade für neue Industrien ist eine einigermassen lebenswerte Umwelt ein zunehmend wichtiger Faktor. **Trotz markanter Verbesserungen** hat es sich für das Revier aber bis jetzt als sehr schwierig erwiesen, den **alten Ruf als "Dreckschleuder der Nation"** wieder los zu werden.

Der Aufenthalt im Ruhrgebiet und vor allem die zahlreichen Gespräche, die wir mit Verantwortlichen der Industrie und der Planungsämter, aber auch mit kritischen Leuten der Universität Bochum führen konnten, haben uns gezeigt, **dass man längst nicht alle Probleme der Umweltverschmutzung und des Umweltschutzes "im Griff" hat**. Immerhin hat man die meisten Probleme erkannt, und die Bereitschaft, Massnahmen zum Schutze der Umwelt zu treffen, ist relativ gross und nimmt vielleicht in Zukunft noch zu. Allerdings ist auch im Detail noch vieles zu verbessern.

Doch können sich die Erfolge, vor allem auch im überaus stark belasteten westlichen Ruhrgebiet, durchaus sehen lassen. Auf jeden Fall lassen sich heutzutage Lebensqualität und Wohnlichkeit der Region durchaus mit denjenigen anderer Grossstädte wie zum Beispiel Hamburg oder München vergleichen.

5.8 Literatur

BIRKENHAUER, J.,1984: Das Rheinisch-Westfälische Industriegebiet. Paderborn.
EG + LV (Emschergenossenschaft und Lippeverband, Hrsg.), 1982: Wasser - Natur und Technik. Essen/Dortmund.
EMSCHERGENOSSENSCHAFT (Hrsg.),1985: Klärwerk Emschermündung. Essen.
KÜLSKE,S. und PFEFFER,H.-U.,1985: Smoglage vom 16. bis 20. Januar an Rhein und Ruhr, aus: Staub - Reinhaltung der Luft, Jg.45, Nr. 3, S.136-141. Düsseldorf.
KVR (Kommunalverband Ruhrgebiet, Hrsg.), 1986: Revier-Report. Essen.
LIS (Landesanstalt für Immissionsschutz des Landes Nordrhein-Westfalen, Hrsg.), 1986: Die Landesanstalt für Immissionsschutz (LIS), Aktiver Umweltschutz - für eine gesunde Umwelt. Essen.
MAGS (Ministerium für Arbeit, Gesundheit und Soziales des Landes Nordrhein-Westfalen, Hrsg.),1983: Immissionsschutz (LIS). Düsseldorf.
MAGS (Hrsg.),1985: Luftreinhalteplan Ruhrgebiet West, 1. Fortschreibung 1984-1988. Düsseldorf/Essen.
RTV (Ruhrtalsperrenverein und Ruhrverband, Hrsg.),1981: Ruhrverband und Ruhrtalsperrenverein: Aufgaben und Organisation. Dortmund.
RWE (Hrsg.), 1986: Strom, Energie unserer Welt, Ausgabe 1986. Essen.
STEAG (Hrsg.),1984: Kraftwerk Lünen. Essen.
STEAG (Hrsg.),1986: STEAG, ein Energieunternehmen. Essen.
WSDW (Wasser- und Schiffahrtsdirektion West, Hrsg.) 1982: Das westdeutsche Kanalnetz, Münster.

6. WIE SICH 5 MILLIONEN MENSCHEN ERHOLEN - ERHOLUNGSANSPRÜCHE UND ERHOLUNGSMÖGLICHKEITEN IM REVIER

Lucienne Rey

Vor dem Feldstudienlager 1986 weckte für mich als Aussenstehende der Begriff "Ruhrgebiet" zwangsläufig als erstes Assoziationen an einen schwerindustriellen Ballungsraum, der auch in allfällig vorhandenen Resten der ehemaligen Agrar- und Naturlandschaft zumindest durch übelriechende Rauchschwaden und russige Ablagerungen allgegenwärig bleibt.
Die alljährlich in vielen Zeitungen reportierten Berichte über Smog-Alarm im Winter verstärkten meine Vorstellungen, dass es für die 5 Millionen Einwohner des Reviers problematisch, wenn nicht gar unmöglich sein muss, der seelischen und körperlichen Belastung in ihrem industriellen Lebensraum im Alltag wenigstens für einige Stunden zu entkommen.
Für mich ergab sich folglich im Feldstudienlager die Möglichkeit, durch das Thema "Erholung" einen Raum, der in meiner Vorstellung in erster Linie durch seine enge Beziehung zu Industrie, Technik und Arbeit geprägt war, von der Gegenseite her angehen und dadurch eventuell meine Vorurteile revidieren zu können.
Hierbei stellte ich mir die folgenden Fragen:
Wie steht es mit der Erholung im Ruhrgebiet? Gibt es in der Nähe der grossen Industriezentren genügend freien Raum, wo die Menschen ihre Bedürfnisse nach frischer Luft, Bewegung und Natur stillen können? Welche Möglichkeit der Freizeitgestaltung werden überhaupt in einem Ballungsgebiet angeboten, das man eher mit der deutschen Schaffenskraft als mit dem "dolce far niente" assoziiert?

6.1 Vom Agrargebiet zur Megalopolis: Folgen einer überstürzten Siedlungsentwicklung

Beim Vergleich alter Landkarten aus der Mitte des letzten Jahrhunderts mit solchen neueren Datums treten die **räumlichen Veränderungen** deutlich zu Tage, welche das Ruhrgebiet im Gefolge der industriellen Entwicklung von Grund auf neu gestaltet haben (vgl. Abb. 6.1).
Mit dem Aufkommen der Industrialisierung setzten auch die grossen Einwanderungswellen ein, denn das Reservoir der heimischen Bergarbeiter war schon bald einmal versiegt. Allein in den 90 Jahren zwischen 1820 und 1910 verzehnfachte sich

die Bevölkerung des Ruhrgebiets auf 3,5 Mio Einwohner (SCHLIEPER, 1984:4)! Was dieser rasante Bevölkerungsanstieg für Folgen hatte, lässt sich unschwer ausmalen: Völlig ungeregelt verlaufende Bautätigkeit liess die grösseren Städte in das Umland ausufern, und wo - wie in der Emscherzone - der ländliche Charakter vorherrschte, wurden die kleinen Siedlungskerne von der Industrialisierung überrannt, ohne dass städtische Strukturen entstehen konnten, wie sie bei einer gewachsenen Stadt vorhanden sind.

Gegen Ende des 19. Jahrhunderts begann sich in diesem mittleren Teil des Ruhrgebiets die **Landschaftsqualität** denn auch stark zu vermindern: Allein in den Jahren zwischen 1885 und 1913 ging dort beispielsweise der Waldanteil um 17,5% zurück (SCHNELL, 1983:153). Die Entwicklung des Ruhrgebiets zum stinkenden, russigen "Ruhrpott" schien vorgezeichnet. Was anthropogener Kahlschlag vom Wald übrigliess, wurde zunehmend von der Einwirkung industrieller Rauchgase bedroht, und die Schäden an den exponierten Waldrändern alarmierten eine Bevölkerung, deren Alltag immer mehr von der Belastung durch die Industrie geprägt wurde: In vielen Werksiedlungen in der Nähe der grossen Zechen war es unmöglich, in der russigen Luft frische Wäsche zu trocknen, und wer einmal eine Nase voll typischen Kokereiduft geschnuppert hat, kann sich kaum vorstellen, seine Freizeit in einer Umgebung zu verbringen, die von einem solchen Gestank imprägniert ist.

Nicht zuletzt der schlechten Umweltqualität und der schwindenden Grünräume wegen setzten bereits zu Beginn des 20. Jahrhunderts verstärkt Ueberlegungen ein, wie die weitere Entwicklung des Gebietes planerisch zu steuern sei. Dabei belasteten etliche **Hypotheken** die Planung von vornherein: Das zu enge Nebeneinander von Industrie und Landwirtschaft, von Verkehrswegen und Wohnungen, das Vorherrschen von ökonomischen statt von ökologischen Ueberlegungen - das alles waren Sünden der Gründerjahre, die nicht so schnell in den Griff zu kriegen waren.

6.2 Erste Massnahmen und deren Früchte

Mit der Gründung des "Siedlungsverbandes Ruhrkohlenbezirk" (SVR) entstand 1920 ein Instrument, das den gesamten Wirtschafts- und Lebensraum neu ordnen sollte (siehe hierzu v.a. auch Kapitel 8). Um der weiteren planlosen Landschaftszersiedlung Einhalt zu gebieten, wurden dem SVR Auftrag und Vollmacht erteilt, zusammenhängende, unbebaute Freiflächen

Abb. 6.1: Räumlicher Verdichtungsprozess zwischen Essen und Bochum im Zeitraum 1823 bis 1958

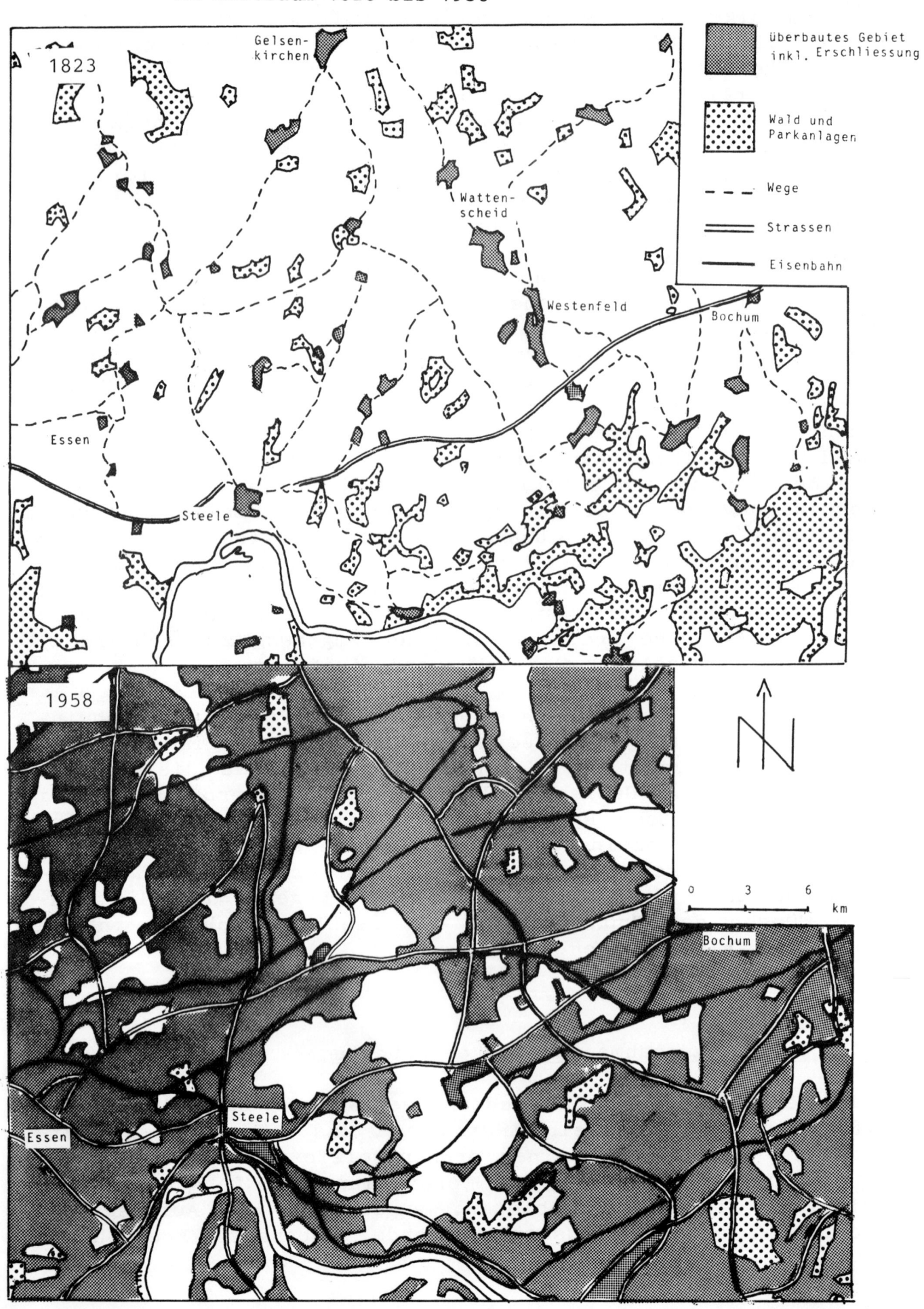

Quelle: OTREMBA, 1962: Teil III, Karte 4

im Verbandsgebiet als **"Verbandsgrünflächen"** auszuscheiden und sie vor dem Zugriff von Industrie und Siedlung zu schützen.

Das Ergebnis: Heute bestehen fast 70% des 4432 km^2 grossen Reviers aus Wald, Grünland, Heide, Wiese, Moor und Brachland (KVR, Revierreport, 1986:5). Davon sind insgesamt 59% als Verbandsfreifläche ausgeschieden und geniessen damit besonderen Schutz. Allerdings ist bei der Gewichtung der Zahlen zu beachten, dass die Statistik ihren grünen Anstrich vor allem durch die ländlichen Gebiete erhält, in den städtischen Zentren herrschen andere Zustände: Abgesehen von einigen Stadtparks sind innerstädtische Grünzonen eher spärlich vertreten.

Die Nachfolgeinstitution des SVR, der "Kommunalverband Ruhrgebiet" (KVR), musste sich damit begnügen, die schmalen grünen Streifen zwischen den grossen Zentren in seine Obhut zu nehmen und baute sie 1966 im Gebietsentwicklungsplan als **"regionales Grünflächensystem"** ein. Die von Nord nach Süd verlaufenden Grünflächen gliedern das gesamte Gebiet, indem sie verhindern, dass die Agglomerationen der Städte zusammenwachsen (vgl. Abb 6.2). Gleichzeitig sollen sie "... das Klima nachhaltig verbessern, die oft schwierige Umweltsituation (Smog) entlasten, neue Erholungsräume schaffen und für eine gesunde Entfaltung der Tier- und Pflanzenwelt sorgen" (KVR, 1986:9).

Abb. 6.2: Schematische Darstellung des regionalen Grünflächensystems

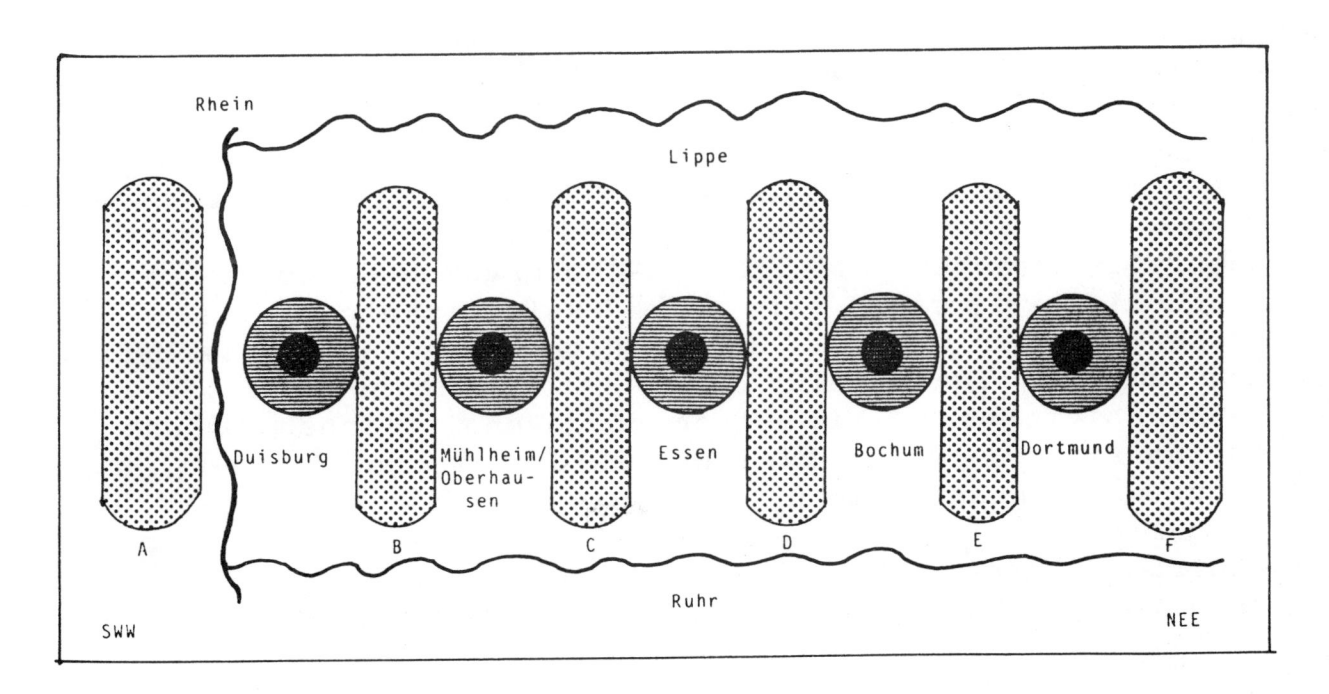

Quelle: eigene Darstellung

Damit bilden die Grünzüge unter anderem einen wichtigen Bestandteil einer überregionalen Strategie, welche der Bevölkerung genügend Raum für ihre Erholung zur Verfügung stellen soll.

6.3 Die "Erholungsstrategie" des KVR: Ein feinmaschiges Netz von Grünflächen und Freizeiteinrichtungen

In jüngster Zeit wurde die Bedeutung der Umweltsituation als zunehmend wichtiger werdender Standortfaktor für einen erfolgreichen Strukturwandel erkannt. Deshalb begann man auf allen Ebenen Massnahmen zu treffen, um die Landschaftsqualität zu verbessern und zugleich Erholungsraum zu sichern (vgl. im folgenden Abb. 6.3).

In landschaftlich reizvollen Gebieten wurden sogenannte **Freizeitzentren** errichtet. Zu diesem Konzept gehören die Zentren Kemnade, Xanten und Lippesee. Sie umfassen je ein Areal von rund 300 ha mit Wasserflächen von mindestens 60 ha, um welche sich Anlagen gruppieren, welche die unterschiedlichsten Möglichkeiten zur Freizeitgestaltung bieten wie Wassersport, Baden, Radfahren, Spiel und Wandern.

Lange kam das historisch gewachsene Attraktivitätsgefälle zwischen Hellweg- und Emscherzone auch im Fehlen von Freizeitanlagen in der letzteren zum Ausdruck. Das Konzept der **Revierparks** ist denn auch speziell auf die Emscherzone zugeschnitten: Zwischen Duisburg und Dortmund entstanden in den letzten 20 Jahren fünf Sport- und Spielparks mit einer durchschnittlichen Grösse von 30 ha. Nebst Grünzonen für die stille Erholung stehen den Besuchern auch Frei- und Wellenbad, Liegewiesen, Sauna, Freizeithaus und eine Vielfalt anderer Einrichtungen für Spiel, Sport, Erholung und zur Entfaltung kultureller Aktivitäten zur Verfügung.

Ebenfalls Bestandteil des Erholungskonzeptes sind die **Freizeitschwerpunkte**: Wie die Freizeitzentren liegen sie ausserhalb der städtischen Verdichtungszonen in Landschaften, die von ihrer natürlichen Ausprägung her bereits Erholungsgebiete sind. Mit einer durchschnittlichen Grösse von 150 ha sind sie etwas kleiner als die Freizeitzentren, haben aber mit ihnen gemein, dass sie grössere Wasserflächen umschliessen. Diese entstanden oft durch Auskiesung; so werden nach einer wirtschaftlichen Ausbeutung Gebiete wieder "renaturiert" und einer sinnvollen Nutzung zugeführt.

Auf Gemeindeebene schliesslich wurden zahlreiche **Freizeitstätten** errichtet, deren Ausstattung kombinierte Freizeitanlagen mit Bädern sowie Sport- und Spieleinrichtungen umfasst. Die mindestens 10 ha grossen Erholungsanlagen werden so angelegt, dass sie auch für Bürger aus den angrenzenden Gemeinden bequem erreichbar sind. So wird die Lücke zwischen den Revierparks im Kern des Ruhrgebiets und den Freizeitzentren und -schwerpunkten in den Randzonen geschlossen.

6.4 <u>Erholungsgebiete und Freizeitanlagen - Was bieten sie, wen sprechen sie an, wie sind sie gestaltet? Persönliche Eindrücke beim Besuch einiger Anlagen.</u>

<u>Die Verbandsgrünstreifen als "grüne Lunge" der Kernstädte</u>

Auf der regionalen Stufe der Freiflächensicherung stehen die **Verbandsgrünstreifen** an oberster Stelle. Sie leisten ihren Beitrag zur Erholung in erster Linie durch ihre Funktion als Auflockerungselement einer verdichteten Städtelandschaft. Von einem landschaftlichen Liebreiz, der diese Grünzonen zum Eldorado für natursuchende Spaziergänger gestalten würde, kann allerdings kaum die Rede sein - zu stark dominiert die unmittelbare Nähe grosser Ballungszentren und ihrer Gewerbe- und Industriezonen. Wälder von Hochspannungsmasten, welche die schmalen Grünzüge durchschneiden, erinnern an die allgegenwärtigen Bedürfnisse einer hochgezüchteten Industriekultur. Von der ursprünglichen agraren Nutzung des Gebietes sind nur noch vereinzelte Restformen übriggeblieben: Viele der noch vorhandenen Bauernhöfe sind in Reitbetriebe für städtische Freizeitreiter umgewandelt worden und mancher Landwirt kann sich dank eines Reitlehrerdiploms ein lukratives Zusatzeinkommen sichern.

Wegen ihrer zentralen und verkehrsgünstigen Lage sind die Grünzüge dem starken Druck von Industrie, Gewerbe und Siedlung ausgesetzt und es bedarf **besonderer rechtlicher Bestimmungen** zu ihrem Schutz: So muss eine Umwidmung vom Bezirksplanungsrat genehmigt und im Landschaftsentwicklungsplan vermerkt werden. Ferner können einzelne Parzellen aus den Grünstreifen nur dann einer anderen Nutzung zugeführt werden, wenn diese einem allgemeinen Interesse entspricht und an einer anderen Stelle dem Grünzug wieder gleichviel Land angefügt wird.

Abb. 6.3: Erholungsmöglichkeiten im "Revier"

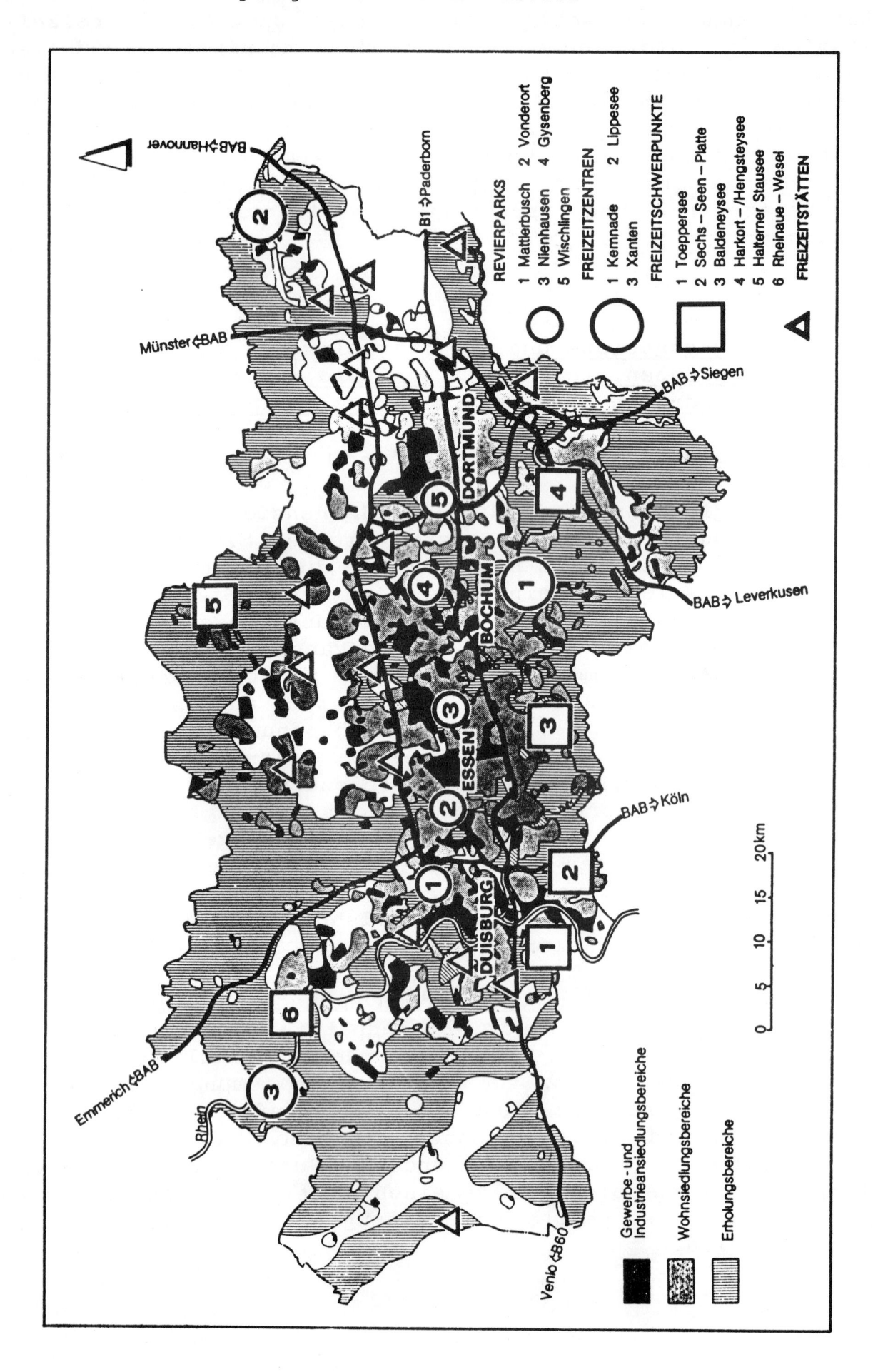

Quelle: SCHNELL, 1983: 157

Trotzdem gelingt es nicht immer, Missbrauch zu verhindern. Herr Dr. Bronny von der Universität Bochum wies uns bei der Besichtigung des **Grünstreifens D** zwischen Essen und Bochum auf eine neue herrschaftliche Villa im Randgebiet der Grünzone hin: Dieses Land war sozusagen im Sinne eines "wirtschaftlichen Wachstumsimpulses" von der Gemeinde einer Firmeninhaberin zugesprochen worden, unter der Bedingung, dass diese ihren Betrieb in besagter Gemeinde ansiedle...

Gegenwärtig bemüht sich der KVR in seinem "regionalen Freiraumsystem Ruhrgebiet" (KVR 1986), **die regionalen Grünzüge neu abzugrenzen**: Durch Vernetzungselemente in den Kernzonen sollen sie verbunden werden und als zusammenhängendes Grünflächensystem die Lebensqualität der Zentren entscheidend aufwerten. Um die fehlenden Zwischenglieder in den Kerngebieten zu erhalten, setzt man grosse Hoffnungen auf die sogenannten **"Planungsbrachen"**, das heisst auf die Flächen, welche von der Industrie nicht mehr benötigt und aufgegeben werden. Diese Industriebrachen werden mit Hilfe eines vom Land Nordrhein-Westfalen mitgetragenen Grundstückfonds vom KVR erworben und an die Städte weiterverkauft. Nach einer Sanierung können die Areale ihre Aufgabe als grüne Lungen übernehmen - allerdings gibt es gerade auf ehemaligen Industrieflächen im Bereich der Altlastensanierung noch eine Vielfalt ungelöster Probleme zu bewältigen (vgl. hierzu auch Kap. 5.5).

Die Freizeitzentren: "Erholung nach Mass" für die Massen

Als Beispiel eines Freizeitzentrums besuchten wir unter der Leitung von Herrn Dr. Bronny den **Kemnader-See** im Süden Bochums. Er ist einer von insgesamt fünf Stauseen, welche ausgehoben wurden, um die Fliessgeschwindigkeit der Ruhr zu bremsen, dadurch einerseits die Sedimentation der Schwebstoffe zu fördern, andererseits ein Anreichern des Grundwassers durch erhöhte Sickerleistung zu erreichen, um so genügend Trinkwasser mit einer ausreichenden Qualität zu erhalten. Heute spielt, neben der wasserwirtschaftlichen Funktion des Sees, auch seine Eignung als Naherholungsgebiet eine wichtige Rolle: Das weitläufige Grünareal wurde durch die obligaten Freizeiteinrichtungen ergänzt und mit der nötigen Infrastruktur versehen, um den Ansturm der "automobilen" Wochenendbesucher auffangen zu können. Die Autoabstellflächen beeindrucken durch ihre Ausdehnung ebenso wie die offensichtlich sehr wirkungsvolle Pragmatik der Landschaftsgestaltung: Asphaltierte Rad- und Wanderwege rund um den See, bestens ausgebaute Picknick-Plätze und überall vorhandene

Abfalleimer zeugen von einer wohldurchdachten Planung, welche darauf hinzielt, die Besucherströme an Spitzentagen optimal zu kanalisieren. Fehlen hingegen die belebenden Menschenmassen, wirkt die gesamte Anlage allzu durchorganisiert und steril - ein Freizeitklinikum als Ersatz für spontanes Naturerlebnis?

Während die Grünzone und ihre Infrastruktur für jedermann zur freien Benützung offenstehen, werden die verschiedenen **gewerblichen Spiel- und Sportanlagen** wie Frei- und Hallenbad, Sauna und anderes mehr nach kommerziellen Gesichtspunkten betrieben. Obwohl die anliegenden Städte Witten, Hattingen und Bochum sich an den Kosten beteiligen, bleibt der Eintrittspreis happig genug, um eine gewisse Schichtung des Publikums zu bewirken: So rekrutieren sich laut Herrn Bronny die Besucher der Freizeitzentren in erster Linie aus dem "gehobenen Mittelstand".

Die Revierparks als "Oasen" in der Emscherzone: Das Beispiel Gysenberg

Bei der Suche nach möglichen Standorten für Freizeitparks in der Emscherregion stiess man sehr früh auf den Herner **Gysenberg**: Man konnte dort an eine gewisse "Erholungstradition" anknüpfen und bereits vorhandene Freizeiteinrichtungen in den neu zu erstellenden Park einbeziehen. Auch fand man in der ländlichen Umgebung genügend freien Raum für zukünftige Erweiterungen vor (vgl. Abb. 6.4).

Das **Konzept** des Revierparks ging von der Zielvorstellung aus, der Bevölkerung eine aktive und vielseitige Freizeitgestaltung zu ermöglichen. In diesem Sinne wurden Anlagen und Räume geplant, welche den unterschiedlichsten Freizeitbedürfnissen nach Sport, Geselligkeit, kulturellen Aktivitäten oder stiller Erholung im Grünen gerecht werden sollten (vgl. im folgenden Abb. 6.4). Eine weitere Leitlinie: Der Einzugsbereich sollte 25'000 bis 50'000 Einwohner im 15-Minuten-Gehbereich und rund eine Million Einwohner im 20-Minuten-Fahrbereich umfassen (KVR, 1986:13).

Stück für Stück wurde der Gysenberg als erster Revierpark eröffnet: Ein Architektenteam schuf eine künstliche Landschaft aus Terrassen, Rabatten und grosszügigen Rasenflächen. Im Juni 1970 war die Badezone fertiggestellt. Das Freizeithaus folgte ein Jahr später, zusammen mit der Eissporthalle und den 12,5 ha Sport- und Spielfläche für Tennis und Basketball.

Abb.6.4: Einige Daten zu den Revierparks Gysenberg und Vonderort

Name:	GYSENBERG	VONDERORT
Eröffnung:	4.6.1970	Sommer 1974
Grösse:	24 ha plus 50 ha Waldpark	32 ha plus 20 ha
Basisangebot:	-Freizeithaus (Restaurants, Mehrzweck- und Gymnastikräume, Parkverwaltung)	-Freizeithaus
	-Badebereich	-Badebereich
	-Aktivarium (Hallenbad. Solarien, Sauna usw)	-Aktivarium (idem)
	-Sportzone mit Hartplätzen und Rasenspielfelder	-Jedermannsportbereich
	-Grünareal mit Spielplätzen	-Grünareal mit Spielplätzen
	-Eissporthalle	-Eissporthalle
Zusatzangebot:	Go-Cart, Minigolf, Freiluftkegeln, Kinderautobahn	4,5 km Wander- und Spazierwege, Riesen-Wasserrutschbahn
Baukosten:	46 Mio. DM	33,1 Mio. DM
Betriebskosten/J.	4 Mio. DM	3,5 Mio. DM
Mitarbeiter	(?)	49
Gäste/Jahr	2 Mio.	1,2 Mio.

Revierpark Gysenberg

Träger:
Revierpark Gysenberg GmbH

Größe:
24,0 ha

Ausstattung:
A Frei- und Wellenbad mit temperiertem Wasser, Sport- und Spielanlagen, Mutter- und Kindbereich, Bade- und Parkrestaurant, Aktivarium mit Sauna, Solarium, Konditionsraum, Milchbar, überdachtem Wellenbecken, Mittelmeergarten u. a.

B Freizeithaus mit Mehrzwecksaal, Gruppen-, Club-, Gymnastik- und Werkräumen, Umkleide-, Dusch- und Toilettenräumen, Restauration, Verwaltung, Information, Geräteausgabe u. a.

C Eissport- und Mehrzweckhalle mit 4 000 Sitz- und Stehplätzen, zwei Eispisten, Restaurant und Kegelbahnen

D Geselligkeitszone mit Promenade, Kinderspielplätzen, Rollschuh- und Rodelbahn, Schach-, Dame- und Mühlespiele, Tischtennis, Boccia, Sitz- und Ruheplätze, Musikpavillon u. a.

E Wasserspielplatz mit Wasserrutschen, Spielgerüsten, Planschbecken u. a.

F Sport- und Spielzone mit Anlagen für Ball-, Kugel- und Wurfspiele, Hart- und Rasensportfelder, Tennisplätze

G Bereich für Go-cart, Gartenkegeln, Parkgolf, Kinderautos u. a.

Angrenzende Anlagen:
Waldpark Gysenberg 50 ha, Tierpark Gysenberg

Landschaftsplanung:
Garten- und Landschaftsarchitekten Hans-Martin Rose und Helga Rose-Herzmann, 4300 Essen

Hochbauplanung:
Architekt Dr. Ing. Friedhelm Krieger, 5620 Velbert
Siedlungsverband Ruhrkohlenbezirk, 4300 Essen

Fertigstellung:
1970

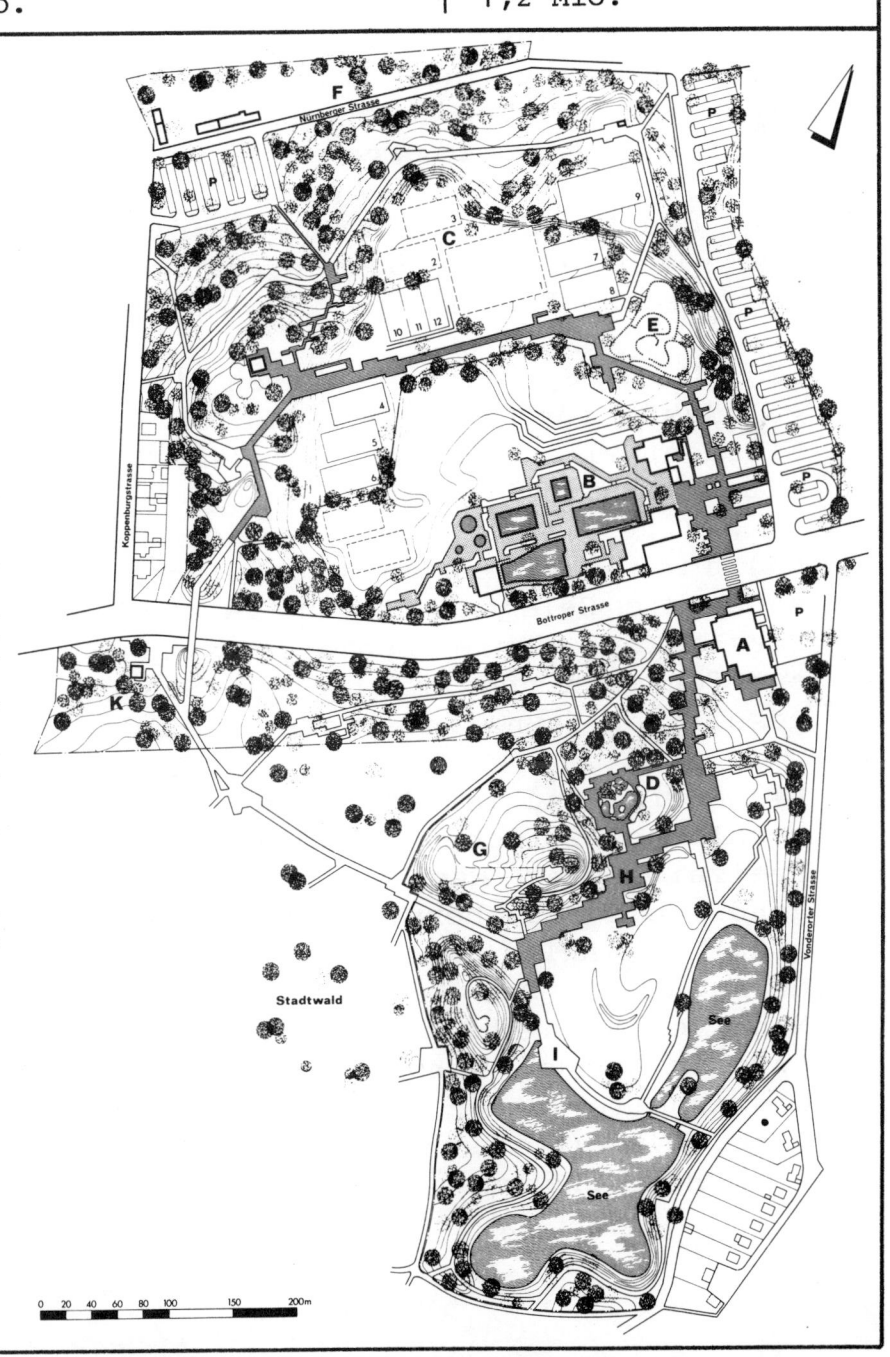

Quellen: KVR 1976, eigene Erhebungen

1972 schliesslich öffnete das Aktivarium seine Tore: Sauna, Solarien, ein Trimmraum, Restaurants und Wellenbad waren nun unter einem Dach zusammengefasst.

Rechtlich bilden die Revierparks eine GmbH. Im Fall Gysenberg sind die Stadt Herne und der KVR die Träger. Das Programm im Freizeithaus und die im Park durchgeführten Happenings werden nach Absprache zwischen Parkleitung, der Stadt und den übrigen Revierparks zusammengestellt, damit keine Besucher aus anderen Veranstaltungen abgeworben und Doppelspurigkeiten vermieden werden.

Obwohl die Revierparks ein möglichst breites Zielpublikum ansprechen sollen, stammt ein grosser Teil der Besucher aus ganz spezifischen sozialen Gruppen, welche im folgenden nun charakterisiert werden sollen:

(1) Das Hauptgewicht des Publikums machen **Familien mit kleinen Kindern** aus. Im Gysenberg werden Kinder besonders angesprochen: Sing- und Malnachmittage, Volkstänze oder Modellierkurse mit Ton sind auf die kleinen Besucher zugeschnitten und nehmen im Programmangebot das ganze Jahr hindurch einen wichtigen Platz ein. Speziell in den Sommermonaten wird die "glückliche Kinderstadt" aufgebaut, wo Kinder, welche nicht in die Sommerfrische fahren, trotzdem abwechslungsreiche Ferientage verbringen können.

(2) Viele **Sportler** benützen die verschiedenen Anlagen regelmässig für ihr persönliches Trainig - und in der neuen Eissporthalle brachte es der Herner Eissportverein schon bald zu Bundesligaruhm.

(3) Die ausgedehnten Grünanlagen bieten auch **älteren Menschen** die Gelegenheit zur geruhsamen Erholung auf besonnten Parkbänken. Viele Senioren sind Stammgäste des Parks und treffen sich regelmässig zum Schachspiel im Grünen oder zum geselligen Trunk in einem der zahlreichen Parkrestaurants.

(4) Auffallend ist der relativ **kleine Besucheranteil von Jugendlichen** zwischen 18 und 25 Jahren. Nach der Eröffnung des Freizeithauses kam es zu einigen Zwischenfällen mit jugendlichen Besuchern: "Grosse Teile Sodingens und auch Constantins zählen nicht mehr zu den bevorzugten Wohnlagen in Herne (...) Das Freizeithaus liegt also in unmittelbarer Nähe von Wohngebieten mit einer, wie man es neumodisch ausdrücken würde, schwierigen sozialen Struktur. Arbeitslose, Gastarbeiterkinder, Jugendliche aus häufig zerrütteten Familien, sie alle strömten ins Freizeithaus. Hier fanden sie eine Ersatzheimat, trafen auf engagierte und professionelle

Sozialarbeiter und Helfer. Doch aufgestaute Aggressionen liessen sich nicht kurzfristig auflösen, Fehler der städtischen Jugendarbeit nicht in diesem Haus rückgängig machen, das mit Personal und Ausrüstung eigentlich für andere Zwecke gedacht war. Zweimal stand am Ende das Freizeithaus in Flammen, bis man aus Fehlern gelernt und die Konzeption umgestellt hatte. Heute gibt es einen Programmbeirat, der über die Angebote mitentscheidet" (MEYHÖFER, 1984:50).

Heute ist Vandalismus - abgesehen von den "üblichen" kleineren Zerstörungsakten, die es nicht zu erwähnen lohnt - für den Revierpark kein Thema, eine spezielle Bewachung der Anlagen während der Nacht ist nicht nötig.
Trotz des Programmbeirats werden aber nur wenige Jugendliche vom Revierpark angesprochen. Offensichtlich gestalten sie ihre Freizeit weitgehend autonom unter ihresgleichen - oder verlangen nach einem reichhaltigeren und aufwendigeren Angebot, als es der Park zu offerieren vermag.

Das Beispiel Vonderort

Nachdem sich das Konzept des Gysenberg-Parks recht gut bewährt hatte, wurde 1972 bei Essen-Nienhansen ein zweiter und 1974/75 bei Bottrop-Vonderort ein dritter Revierpark eröffnet (vgl. Abb. 6.4). Letzterer weist ähnliche Anlagen wie Gysenberg auf; bestenfalls in der Architektur lassen sich Anpassungen an die neusten Trends feststellen und das Hallenbad in Vonderort mit dem Schwimmkanal ins geheizte Freibad - dank der Unterwasserbeleuchtung soll es an verschneiten Winterabenden besonders stimmungsvoll sein - kann man schon fast als "sophisticated" bezeichnen.

Zu Beginn dieses Jahrhunderts befand sich auf dem Gelände des heutigen Parks eine riesige Kiesgrube. 1929 wurde sie zugeschüttet. Nach der Rekultivierung des südlichen Teils wurde das neu errichtete Restaurant Waldhof schon recht bald zum sonntäglichen Ausflugsziel für die gehobenen Schichten.
Der nördliche Teil der ehemaligen Grube wurde dagegen als Müllkippe benutzt. Heute befindet sich auf der überdeckten und begrünten Müllhalde das Badeareal, was regelmässige Messungen nötig macht, um allfällige Gasaustritte (Methan) rechtzeitig zu erfassen.

Im Gespräch mit Herrn Weseli, dem Programmleiter von Vonderort, lernten wir den Park vor allem von der **administrativen Seite** her kennen: Wie überall steht auch beim Revierpark Vonderort das liebe Geld als Sorgenkind ganz oben auf der

Liste: Von den rund 4 Mio DM, die jährlich für den Betrieb aufgewendet werden müssen, kommen nur etwa 40% durch die Bareinnahmen wieder herein, die übrigen 60% müssen von der Trägergesellschaft, das heisst den Städten Bottrop und Oberhausen sowie dem KVR, aufgetrieben werden. Finanzielle Engpässe sind es auch, welche die Neugestaltung des Parks nach neusten Erkenntnissen erschweren. Infrastruktur und Geräte können nur in kleinen Schritten modernisiert und den veränderten Freizeitbedürfnissen angepasst werden.

Auch das **Verhalten der Besucher** ist stark von ihren finanziellen Möglichkeiten abhängig: Der Eintritt ins Hallenbad, der auch den Saunabesuch einschliesst, kostet beispielsweise für Erwachsene DM 12.- (sFr 9.60) und für Jugendliche bis zu 18 Jahren DM 7.- (sFr 5.60). Für eine Familie mit zwei halbwüchsigen Kindern bedeutet dies allein für den Hallenbadbesuch DM 38.- (sFr 30.40). Rechnet man noch die eine oder andere kleine Konsumation im Baderestaurant dazu, kommt man bald einmal auf Beträge, die sich nur eine gutsituierte Familie leisten kann. Die relativ hohen Eintrittspreise in der "gewerblichen Erholungszone" bewirken denn auch eine klare Schichtung der Parkgäste: Ausländer sowie Deutsche mit eingeschränktem Budget trifft man deshalb eher im frei zugänglichen Grünareal oder bei Gratisveranstaltungen, während die kostspieligeren Anlagen von Bevölkerungsschichten mit der entsprechenden finanziellen Kapazität benützt werden.

Während die "Möblierung" des Revierparks nur begrenzt anpassungsfähig ist, lässt sich dagegen mit einer **flexiblen Programmgestaltung** verändertes Freizeitverhalten bis zu einem gewissen Grad auffangen. Herr Weseli wies uns darauf hin, dass durch die zahlreichen Wohnumfeldverbesserungen der Park viel von seiner Bedeutung als tägliches Ausflugsziel ins Grüne eingebüsst habe. Deshalb werden von der Programmleitung vermehrt Grossanlässe (z.B. ein Konzert von Herbert Grönemeyer) veranstaltet, die am Wochenende das Publikum aus einem weiten Umkreis in den Park ziehen sollen. Dieses Rezept habe sich bewährt, denn offensichtlich läuft der gegenwärtige Trend des Freizeitverhaltens eher in Richtung "passiver Unterhaltungskonsum" und "Anonymität".

Trotzdem wird von Seiten der Programmgestaltung nach wie vor auch grosser Wert auf Vielseitigkeit und Berücksichtigung von Minderheiten gelegt: Der Park steht für Strassenmusik und andere Performances offen, und die Räume des Freizeithauses können von allen Benützern für die unterschiedlichsten Aktivitäten gemietet werden.

Der Traumlandpark oder: Von der "Symbiose" zwischen Kommerz und Freizeit

Auf der Suche nach den "jugendgerechten" Freizeitanlagen stiessen wir in der Kirchheller Heide im Norden Oberhausens auf den **Traumlandpark**, eine Art Disneyland in Kleinformat: Ein schönes Waldareal wurde zum permanenten Kirmesbetrieb umgestaltet. Der Eintritt von DM 15.- gestattet die freie Benützung der verschiedenen Anlagen wie beispielsweise Achterbahn und Riesenschaukel, die einem das Gefühl des freien Falls eindrücklich in die Knochen fahren lassen.

Der Unterschied zwischen kommerziellen Freizeitanlagen und solchen, die von der öffentlichen Hand gestützt werden, ist augenfällig: Als Fremde mit suspekten Fragen wurden wir argwöhnisch gemustert, und von den Mitarbeitern im Verwaltungsgebäude des Traumlandparks war niemand in der Lage (oder willens), unsere Fragen zu beantworten. Auch der Direktor pflegte eine äusserst restriktive Informationspolitik. Folgende Angaben vermochten wir ihm trotzdem zu entlocken:

- An Spitzentagen finden etwa 10'000 Gäste den Weg zum Traumlandpark.
- Der Besucherdurchschnitt beläuft sich auf ca. 450'000 Besucher pro Jahr.
- Der Parkplatz fasst 6'000 PW's.
- Der Park beschäftigt im Sommer rund 160 Angestellte, die allerdings im Winter ohne Erwerb sind und diese Zeit mit "Arbeitslosengeld" zu überbrücken haben.
- Die Gemeinde stehe mit dem Park in einem guten Verhältnis, da er ein wichtiger Arbeitgeber in der Region sei. Konflikte mit der anliegenden Bevölkerung (etwa wegen Lärm oder randalierenden Parkbesuchern) gebe es keine.

Die Werbetrommel wird eifrig geschlagen: "Traumland"-Abziehbilder kleben an den Autoscheiben, und überall machen bunte Plakate auf die sensationellen Angebote aufmerksam. In diesem Rahmen wurde auch eine "Senioren-Woche" durchgeführt: Besucher, die das 60. Altersjahr überschritten haben, kamen eine Woche lang in den Genuss freien Eintrittes. Man kann sich allerdings fragen, wie sich Herzschrittmacher und Looping auf der Achterbahn vertragen....Der Aufwand, der für Werbung betrieben wird, weist auf den harten Konkurrenzkampf hin, den die verschiedenen Rummelparks unter sich austragen: Möglichst besser sein als die anderen, heisst die Devise. Wer sich nicht für jede Saison neue, noch spektakulärere Anlagen leisten kann, geht unter.

Abb. 6.5: Das Ruhrgebiet als Austragungsort Olympischer Sommerspiele?

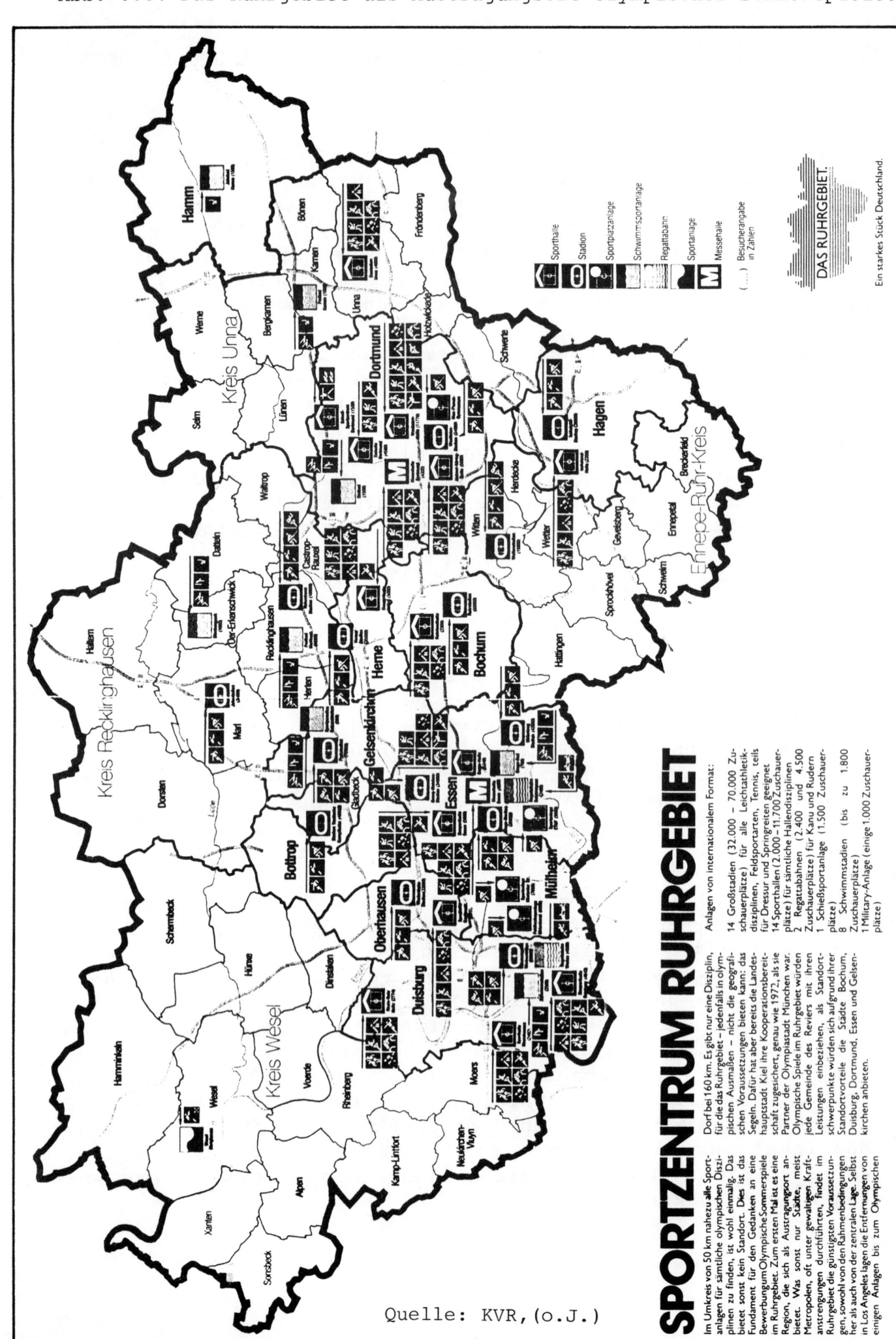

SPORTZENTRUM RUHRGEBIET

Im Umkreis von 50 km nahezu alle Sportanlagen für sämtliche olympischen Disziplinen zu finden, ist wohl einmalig. Das bietet sonst kein Standort. Dies ist das Fundament für den Gedanken an eine Bewerbung um Olympische Sommerspiele im Ruhrgebiet. Zum ersten Mal ist es eine Region, die sich als Austragungsort anbietet. Was sonst nur Städte, meist Metropolen, oft unter gewaltigen Kraftanstrengungen durchführten, findet im Ruhrgebiet die günstigsten Voraussetzungen, sowohl von den Rahmenbedingungen her als auch von der zentralen Lage. Selbst in Los Angeles lagen die Entfernungen von einigen Anlagen bis zum Olympischen Dorf bei 160 km. Es gibt nur eine Disziplin, für die das Ruhrgebiet - jedenfalls in olympischen Ausmaßen - nicht die geografischen Voraussetzungen bieten kann: das Segeln. Dafür hat aber bereits die Landeshauptstadt Kiel ihre Kooperationsbereitschaft zugesichert, genau wie 1972, als sie Partner der Olympiastadt München war. Olympische Spiele im Ruhrgebiet würden jede Gemeinde des Reviers mit ihren Leistungen einbeziehen, als Standortschwerpunkte würden sich aufgrund ihrer Standortvorteile die Städte Bochum, Duisburg, Dortmund, Essen und Gelsenkirchen anbieten.

Anlagen von internationalem Format:

14 Großstadien (32.000 - 70.000 Zuschauerplätze) für alle Leichtathletikdisziplinen, Feldsportarten, Tennis, teils für Dressur und Springreiten geeignet
14 Sporthallen (2.000 - 11.700 Zuschauerplätze) für sämtliche Hallendisziplinen
2 Regattabahnen (2.400 und 4.500 Zuschauerplätze) für Kanu und Rudern
1 Schießsportanlage (1.500 Zuschauerplätze)
8 Schwimmstadien (bis zu 1.800 Zuschauerplätze)
1 Military-Anlage (einige 1.000 Zuschauerplätze)

Quelle: KVR, (o.J.)

Bei einem Gang durch den Park fällt das vielseitige und **ausgeklügelte Angebot** auf: Vom Streichelzoo für die ganz Kleinen, dem Riesenrad mit Rütteleffekt für die mutigen Grossen bis zum Varietée-Zelt für die Älteren ist alles vorhanden. Sogar die Wissenschaft liefert mit dem "Dinosaurier-Garten" und dem "begehbaren Herz" einen Vorwand, der gelegentlich einer Klasse die Schulreise ins Traumland ermöglicht.

Das **Zielpublikum** des Parks dürfte sich in erster Linie aus Jugendlichen rekrutieren, aber auch Familien mit kleinen Kindern sind anzutreffen. Bei unserem Besuch an einem Wochentag herrschte Flaute: Abgesehen von einigen Senioren, die vom Sonderangebot profitierten, stiessen wir auf relativ wenig Gäste. Trotzdem glaubten wir, einen deutlichen Unterschied im Verhalten vom Revierpark- und Traumlandparkbesuchern herauszufühlen: Die Kinder, mit denen wir uns unterhielten (oder die uns recht naseweis ansprachen) machten einen ausserordentlich zutraulichen, um nicht zu sagen: frechen Eindruck. Dies kann sicher zum Teil der Freude auf einen lang ersehnten Ausflug zugeschrieben werden, bestätigt aber auch die Strategie eines Unternehmens, das bei der Wahl seiner Anlagen mit der Grundaggressivität und der Sensationslust seines Publikums rechnet.

6.5 Bilanz und Ausblick: Das "Aschen-Pottel" hat sich "gem(auto)sert" und wird sogar olympiafähig!

Zusammenfassend können wir feststellen, dass das industrielle "Aschen-Pottel" zwischen Rhein, Ruhr und Lippe sich gemausert hat und heute trotz etlicher Umweltbeeinträchtigungen über ein recht gut durchdachtes und sinnvoll abgestuftes **Erholungs- und Freizeitangebot** verfügt. Dies ist sicher weitgehend das Verdienst des KVR, der sich seit Jahren für eine regionale Grünraumplanung eingesetzt hat. Das Sport-Angebot ist so vielseitig und umfassend, dass der KVR kürzlich sogar auf die Idee gekommen ist, mit dem Slogan "Sportzentrum Ruhrgebiet" das Revier als Austragungsort für Olympische Sommerspiele anzupreisen (vgl. Abb. 6.5).

Eher negativ aufgefallen ist uns im Zusammenhang mit der Erholungseignung allerdings die eminente Wichtigkeit des Automobils: Erholung im Grünen ist auch im Verdichtungsraum offensichtlich zu einem hohen Grad von der Verfügbarkeit über ein Privatfahrzeug abhängig. Zahlreiche Schnellstrassen und riesige Parkplätze legen Zeugnis ab von der enormen Mobilität einer Industrienation. Der **öffentliche Verkehr** wird hingegen eindeutig als Stiefkind behandelt: Zwar sind die meisten grossen Freizeitanlagen mit dem öffentlichen Verkehrsmittel erreichbar, die hohen Tarife machen das Angebot aber unattraktiv. Nicht zuletzt aus der Sicht der erholungssuchenden Bevölkerungsschicht mit niederen Einkommen wäre deshalb eine Attraktivitätssteigerung respektive Verbilligung des öffentlichen Verkehrs sehr begrüssenswert!

Als Bilanz bleibt uns der folgende Eindruck: Was immer das schlechte Image des Ruhrgebiets an Vorurteilen evozieren mag - Erholung ist für seine Bewohner heutzutage sicher kein Fremdwort mehr! Vieles wurde (und wird noch) von privater und öffentlicher Seite her unternommen, um der Bevölkerung Freiflächen und Freizeitanlagen zur Verfügung zu stellen. Was uns als Besucher aus einer im Vergleich zum Ruhrgebiet ländlich anmutenden Gegend am meisten frappiert hat: Die Erholungsräume werden geplant! Nicht nur ihr Schutz wird auf dem Papier festgehalten, sondern die ganzen Areale scheinen auf dem Reissbrett gestaltet worden zu sein. Zumindest die stadtnahen Erholungsgebiete haben uns einen etwas starren (dafür aber umso zweckmässigeren) Eindruck hinterlassen. Ob rationelle Planung, selbst auf Kosten der Natürlichkeit, das einzige Mittel ist, um den Erholungsansprüchen einer grossen Menschenmenge gerecht zu werden?

6.6 Literatur

KVR (Kommunalverband Ruhrgebiet; ehemals SVR), 1976: Hier bin ich Mensch. Oasen einer Industrielandschaft. Die Revierparks im Ruhrgebiet. Essen.
KVR, 1986: Revierreport 1985. Essen.
KVR, 1986: Regionales Freiraumsystem Ruhrgebiet. Teil 1 (Entwurf). Essen.
MEYHÖFER, D., 1984: Der Gysenberg. Herne.
OTREMBRA, E., 1969: Atlas der deutschen Agrarlandschaft. Wiesbaden.
SCHLIEPER, A., 1984: Das Ruhrgebiet. Statement für die Pittsburgh-Konferenz. KVR, Essen.
SCHNELL, P., 1983: Freizeit- und Erholungsräume der Ruhrgebietsbevölkerung. Münstersche Geographische Arbeiten, Heft 16. Paderborn.

7. IM RUHRGEBIET WEIDEN AUCH NOCH KUEHE - ZUM BEDEUTUNGSWANDEL DER LANDWIRTSCHAFT IM BALLUNGRAUM

Bernhard Marti

Kohle und Stahl, rauchende Kamine und sterbende Wälder, 5.2 Mio. Einwohner mit 2.3 Mio. Automobilen, Schmutzecke der Nation, nachts gespenstisch beleuchtete Chemiefabriken, trostlose Industriebrachen... Wo bleibt da noch Platz für Feld und Hof der 9'000 Landwirte mit ihren 198'695 Rindern, welche die KVR-Statistik für 1986 ausweist?

7.1 Die Landwirtschaft - Stiefkind wissenschaftlichen Forschens

Schon bei den Vorarbeiten zum Feldstudienlager ist uns aufgefallen, dass fast keine Literatur über den Themenkreis "Landwirtschaft im Ruhrgebiet" vorhanden ist. Eine einzige Publikation (ECKART, 1982) neueren Datums lieferte uns einige Anhaltspunkte. Eine weitere Erschwerung stellte die Widersprüchlichkeit vieler Angaben dar. Ist die Hellwegzone noch heute die Kornkammer des Ruhrgebietes, oder ist sie dies nurmehr in den Träumen von Wissenschaftlern und Planern? Bei vielen solchen und ähnlichen Fragestellungen haben wir uns, mangels greifbarer Information, selbst für die eine oder andere Version entscheiden müssen. Aeusserst hilfreich war dabei der persönliche Augenschein, den wir beim Besuch des Ruhrgebietes nehmen konnten.

Das Fehlen von Information zur Landwirtschaft wird zwar von Universitätsdozenten, Planern und weiteren interessierten Kreisen bedauert, mehr jedoch nicht. Bereitschaft und Wille, sich mit den Strukturproblemen der Landwirtschaft zu befassen, haben wir nur ansatzweise gefunden. Man könnte fast den Eindruck gewinnen, dass es im Zusammenhang mit der internationalen Arbeitsteilung oft als einfacher und billiger befunden wird, landwirtschaftliche Güter aus dem EG - Raum, den USA oder Ländern der Dritten Welt zu importieren, als sich eben mit den vielschichtigen Strukturproblemen der heimischen Landwirtschaft zu befassen.

7.2 Bedeutungswandel der Landwirtschaft im Verlauf des Industrialisierungsprozesses

Oberflächengestalt (Relief), Klima, Böden und Wasserverhältnisse sind die entscheidenden Voraussetzungen für die Landwirtschaft. Keiner dieser Faktoren wirkt im Ruhrgebiet limitierend: Die natürlichen Grundlagen für die agrarische Nutzung können vielmehr als günstig bis sehr günstig angesprochen werden, wobei ein gewisses S-N-Gefälle von hochwertigen Getreide-Böden (Löss) im S (Hellweg-Zone) bis zu mageren Heide-Sand-Böden beidseits der Lippe besteht (vgl. DEGE, 1983:116 sowie Kap. 2.2).

Es ist unschwer zu erkennen, dass Landwirtschaft und Industrie genau dieselben Standorte bevorzugen: ebenes Land mit guter Wasserversorgung (Grund- und Oberflächenwasser). Der heutige Kernraum des industriellen Ruhrgebietes befindet sich im Bereich der Lössböden (bis 12 m mächtig, Bodenzahl um 80) der Hellwegzone zwischen Duisburg und Unna, somit im besten Ackerbaugebiet.

Anfang bis Mitte des letzten Jahrhunderts liess sich noch eine **Zunahme der landwirtschaftlichen Nutzfläche** feststellen. Neues Ackerland wurde durch grossangelegte Rodungen ausgedehnter Wälder gewonnen - Wälder, die heute fehlen und wiederaufgeforstet werden müssen, leider häufig noch zu eintönigen "Waldäckern". Der Waldanteil im Ruhrgebiet betrug 1985 aber immerhin rund 17 %.
Grund der Ausdehnung der landwirtschaftlichen Anbaufläche war die wachsende Bevölkerung und damit verbunden die steigende Nachfrage nach landwirtschaftlichen Produkten. Ab etwa 1850 setzte der Verdrängungsprozess Industrie - Landwirtschaft ein. Die Landwirtschaft musste mit Industrie- und Wohnanlagen (Werkssiedlungen), Zechen, Verkehrswegen und zusätzlich noch mit ausländischen Anbietern (Niederlande, USA, Frankreich, Preussen), welche bedeutend billiger produzierten, konkurrieren. Die landwirtschaftliche Nutzung ging in dem Masse zurück, in dem die Industrie sich ausbreitete. Dies veranlasste einen Kenner der Verhältnisse bereits um 1912 zu der folgenden Feststellung: "Wenn man die Verhältnisse im Industriegebiet längere Zeit genau verfolgt, und wenn man sieht, wie ein Bauernhof nach dem andern vom Grosskapital aufgesogen wird, so wird man sich sagen müssen, dass die Landwirtschaft hier auf einem verlorenen Posten steht. Schreitet die Industrie hier in dem Masse weiter fort, wie es in den letzten Jahren der Fall ist, so wird vielleicht die Zeit nicht mehr ganz ferne sein, wo man einen

eigentlichen Bauernstand des rheinischen Ruhrkohlengebietes nur noch vom Hörensagen kennt" (AVERECK 1912:87, zit. nach ECKART 1982:1).

Durch den Bau von Werkswohnungen und die Erschliessung von gewaltigen Industrieanlagen schnellten die **Bodenpreise** innert kürzester Zeit in schwindelerregende Höhen. Die Bewirtschaftung des Bodens wurde zugunsten des Verkaufs des Bodens oft aufgegeben. Es fand ein regelrechter Ausverkauf des Bodens statt. Wer Grund und Boden verkaufen konnte, hatte die Möglichkeit, durch sein investiertes Kapital ein höheres und müheloseres Einkommen zu erzielen. Als Folge befindet sich heute ein grosser Teil der landwirtschaftlichen Nutzfläche im Besitz der Industrie, welche diesen nur mit **einjährigen Pachtverträgen** (!) zur Nutzung freigibt. Wenn man bedenkt, dass rund 60% des Bodens durch Pachtbetriebe bewirtschaftet werden, kann man sich unschwer ausmalen, dass eines der grössten Strukturprobleme der hiesigen Landwirtschaft in diesem von der Industrie kontrollierten Pachtsystem zu suchen ist.

Diese Pachtsituation verstärkt ohne Zweifel die Tendenz, Mittel- und Kleinbetriebe aufzugeben. Heute ist deshalb auch im Ruhrgebiet eine **Zunahme der grossen Vollerwerbsbetriebe** zu beobachten, obschon der Flächenaufstockung zur Schaffung leistungsfähiger Vollerwerbsbetriebe die grosse Zersplitterung der landwirtschaftlichen Nutzfläche inmitten von Siedlungen und Verkehrsanlagen entgegensteht (DEGE 1983).

Die heutige Bedeutung der Landwirtschaft ist volkswirtschaftlich gesehen, und gemessen an ihrem Beitrag zum Bruttoinlandprodukt von nur 0,4%, verschwindend klein.
Auch in Bezug auf die **Arbeitsplätze** absorbiert die Landwirtschaft nur noch rund 1,3% der Berufstätigen (1983 waren dies rund 27'300 Personen, verteilt auf 9000 Betriebe, wovon 36% grösser als 20 ha sind - eine verschwindende Anzahl Beschäftigte verglichen etwa mit den 270'000 Arbeitslosen des Jahres 1986).

Eher erstaunt hat uns angesichts dieser geschrumpften wirtschaftlichen Bedeutung jedoch die **flächenmässige Bedeutung** der Landwirtschaft, belegt dieser Wirtschaftszweig doch auch heute - trotz der immensen Ausdehnung von Siedlung, Verkehrs- und Industrieflächen - immer noch knapp die Hälfte der gesamten Wirtschaftsfläche des Ruhgebiets (vgl. Abb. 7.1). Dieser hohe Durchschnittswert ist natürlich v.a. den beiden immer noch sehr ländlichen Kreisen Unna und Wesel zu verdanken. In den städtischen Kreisen hingegen sinkt der Anteil der landwirtschaftlichen Nutzfläche drastisch ab.

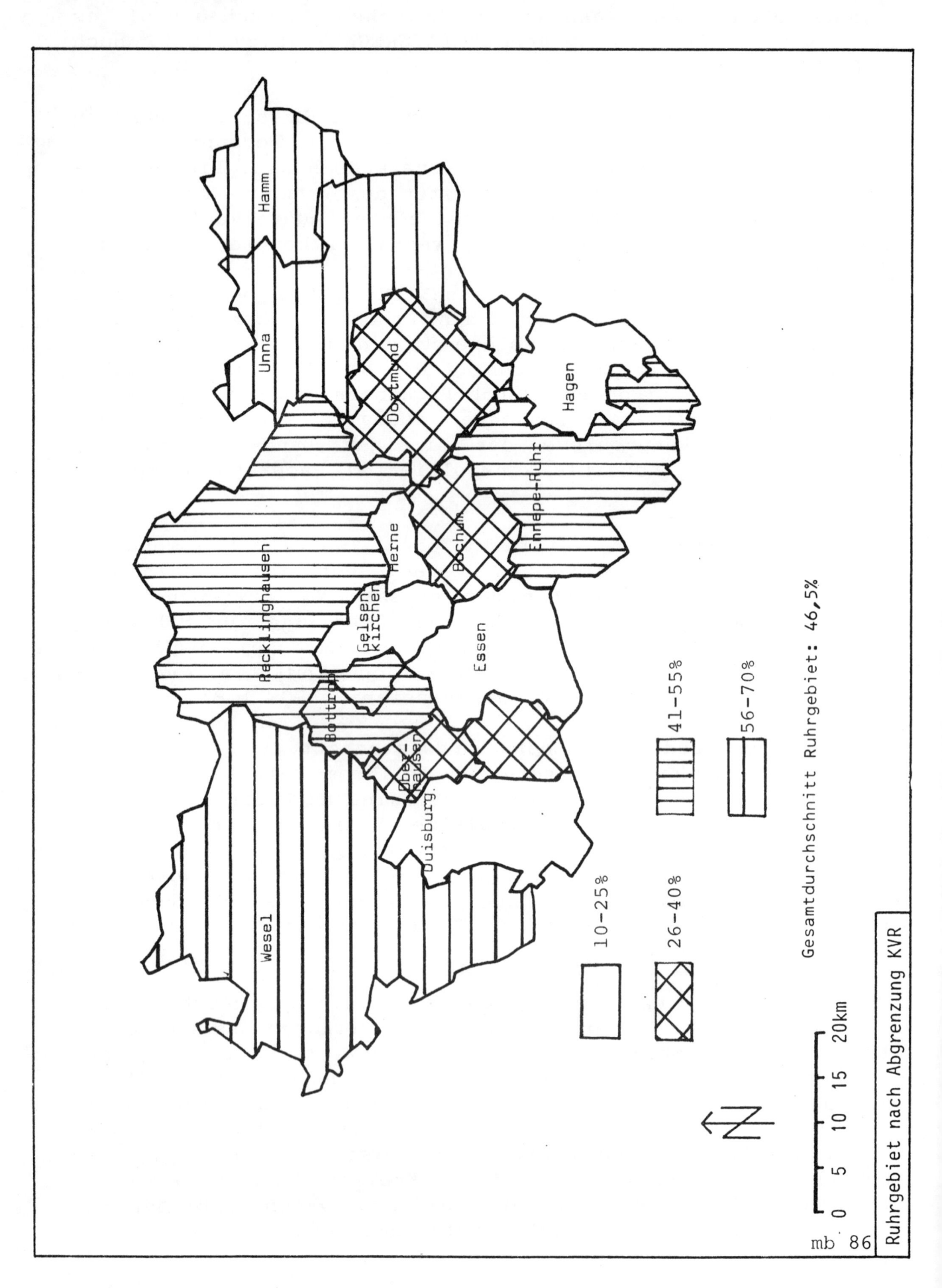

Abb. 7.1: Landwirtschaftsfläche in % der Gesamtwirtschaftsfläche (1977)

Quelle: ECKART, 1982: 2

7.3 Zur aktuellen Produktionsstruktur

Nach DEGE (1983:120) erlauben die natürlichen und wirtschaftlichen Produktionsbedingungen im Ruhrgebiet ein recht **vielseitiges Produktionsprogramm**, allerdings bei beträchtlichen regionalen Unterschieden. Hierbei soll der arbeitskräftesparende **Getreideanbau** überwiegen (Gerste, Roggen, Winterweizen, dies v.a. als Futtergetreide).

Die **Grünlandwirtschaft** mit bis zu 200 Stück Grossvieh je 100 Hektar findet sich traditionell v.a. im nördlichen Teil des Ruhrgebietes und dem südlichen Münsterland, sowie in der Niederrhein-Ebene.
Es ist aber auch ein **aktueller Vergrünlandungsprozess** zu beobachten, sei dies im Rahmen einer marktorientierten Spezialisierung oder mancherorts auch als unabänderliche Folge von bergbaubedingten Bodenabsenkungen, welche bestes Ackerland innerhalb kurzer Zeit in den Bereich von Grundwasser-Vernässungen bringen können, so dass nur noch eine Umstellung auf Grünlandnutzung übrigbleibt (vgl. DEGE, 1983:119).

Weitere wichtige Produktionszweige sind **Gemüse- und Obstanbau**, daneben noch verschiedene Spezialkulturen. Spezialisierung und regionale Arbeitsteilung waren zwangsläufige Anpassungen an den städtischen Markt. Die grossen Gemüseanbaugebiete liegen grösstenteils im Bereich des frühesten Frühlings (30. April): Generell kann gesagt werden, dass die gewerbsmässig Gemüse produzierenden Betriebe im Lee der vorherrschenden SW - Winde unter 300 m über Meer liegen. Hierbei kommt allfälligen Bodenunterschieden wegen des Einsatzes von Kunstdünger heute keine entscheidende Rolle mehr zu. Hauptsächliche Anbauprodukte sind Spargel, Bohnen, Gurken, Spinat, Tomaten sowie Feldgemüse (z.B. Kohl). Da der Bedarf die Produktion bei weitem übersteigt, wird viel Gemüse aus den Niederlanden eingeführt.

Beim **Obstanbau** sind Niederstammkulturen (Aepfel und Birnen) vorherrschend. Eine spezielle Anpassungen an den städtischen Markt sind Baumschulen und Saatzuchtbetriebe für Blumen. Durch den grossen Aufschwung beim Bau von Eigenheimen finden solche Produkte einen stabilen Markt vor.

Die hohe Kaufkraft der Bevölkerung zwingt die Landwirte im Verdichtungsraum ständig zu relativ **kurzfristigen Anpassungen an Konsumentenwünsche**. Die Bauern produzieren ausgesprochen marktorientiert. Manche Landwirte stellen ihre Betriebe von Ackerbau auf Spezialkulturen um. Weitere solche marktwirtschaftliche Anpassungen sind intensive Schweine- und Geflügelhaltung, Umwandlung des Hofes in eine Reitschule sowie der Zuckerrübenanbau.

Der **Anbau von Zuckerrüben** reicht zurück bis zur Kontinentalsperre (1806) und wurde unter französischer Herrschaft in linksrheinischen Gebieten eingeführt. Nach dem Wiener Kongress (1814/15) gingen die Betriebe wieder ein. Erst nach 1850, als die ersten Zuckerfabriken gegründet wurden, nahm der Rübenanbau wieder einen wichtigen Platz in der landwirtschaftlichen Produktion ein. Die Zuckerrüben werden traditionell in der "Rheinischen Fruchtfolge" Zuckerrübe - Winterweizen - Wintergerste angepflanzt. Durch den Preiszerfall auf den EG-Getreidemärkten veränderte sich in den letzten Jahren diese Fruchtfolge hin zu einer Intensivierung des Zuckerrübenanbaus. Vergleicht man die Hektarerträge von Gerste (65 q/ha) mit denjenigen von Zuckerrüben (530 q/ha), wird die Intensivierung verständlich.

Die Steigerung des Anbaus hat aber auch negative Folgen:
- Verdichtung des Bodens durch den Einsatz von immer grösseren und schwereren Maschinen.
- Auslaugung des Bodens durch monokulturelle Bearbeitung.
- Ungehemmter Einsatz von chemischen Mitteln.

Zur Zeit lohnt sich der Anbau von Zuckerrüben noch, doch dürfte sich in ein paar Jahren der Raubbau am Boden als ökologischer Bumerang erweisen.

7.4 Der Bauer als Bewahrer einer "intakten Umwelt" - neue Ansprüche an den Ruhrlandwirt

Wenn auch die volkswirtschaftliche Bedeutung der Landwirtschaft im Industriezeitalter verschwindend klein geworden ist, so haben die Landwirtschaftsgebiete in Agglomerationsräumen zunehmend wichtige Ausgleichsfunktionen zu übernehmen. In diesem Zusammenhang hat auch die Landwirtschaft im Ruhrgebiet neben der Bereitstellung von landwirtschaftlichen Gütern vordringlich zwei weitere Aufgaben zu erfüllen, nämlich:
- Reinigungsfunktion für die belastete Umwelt.
- Generelle Erhaltung und Pflege der Landschaft (Bereitstellen einer "intakten" Landschaft für erholungsbedürftige Städter).

Erhalten und Pflegen der Landschaft: Bereitstellen einer "intakten Umwelt" für erholungsbedürftige Städter

Hohen Stellenwert hat die "Landschaft", im Ruhrgebiet als Freiraum bezeichnet, im Bereich der Naherholung. Sie ermöglicht physische und psychische Regeneration. Gemeint ist damit die Entlastung von Lärm, Stress, schlechter Luft und vielem mehr. Weiter ermöglicht sie eine Begegnung mit der Natur, Freizeitgestaltung wie Wandern, Radfahren oder ein Picknick im Grünen, als Kontrast zu den doch mehrheitlich grauen Städten.

Ebenso wichtig ist die Gliederung der Siedlungsstrukturen durch Grünstreifen und -gürtel als Trennzonen zwischen hoch verdichteten Räumen ohne zusammenhängendes Grünsystem. Die Erhaltung des Naturraumes ist auch vordringlich zur Sicherung von Lebensraum für Flora und Fauna, als ökologische Nische, sowie als Trinkwasserspeicher und -filter (Grundwasser).

Der Knappheit an Landschaft steht das grosse Bauvolumen gegenüber. Die Quantität der Nachfrage lässt sich in marktwirtschaftlich orientierten Verhältnissen kaum steuern. Demzufolge sollte ein über das nötige Minimum an Landverschleiss hinausgehender Landschaftsverbrauch mittels planerischer Instrumente verhindert werden.

Im Ruhrgebiet sind nun Anstrengungen zu erkennen, die Landschaft nicht nur als zweckmässig nutzbaren Raum zu betrachten. Man hat erkannt, dass es wichtig ist, neben dem Ballungsgebiet auch über einen intakten Ergänzungsraum für die erholungsbedürftigen Städter zu verfügen.

Dabei kommt der Landwirtschaft eine entscheidende Bedeutung zu. Sie ist aber gegenüber anderen Produktionszweigen mehrfach benachteiligt: Die Produkte können nicht zu dem Preis verkauft werden, der einen Paritätslohn garantiert und die Produktion lässt sich auch nicht beliebig ausdehnen, da es schwierig ist, neue Bedürfnisse zu schaffen. Nun kommt noch die Aufgabe hinzu, landschaftspflegerische Aspekte mitzuberücksichtigen. Aufgaben, die zwar von der Allgemeinheit und der öffentlichen Hand gefordert, aber durch diese in keiner Art und Weise abgegolten werden.

Es ist heute doch so, dass das Produzieren von Nahrungsmitteln höher bewertet wird, als die Erhaltung der Landschaft durch sinnvolle Bewirtschaftung. Der Bauer kann also nicht Landschaftspfleger im Dienste der Allgemeinheit sein. Es fehlt ganz einfach der Wille zu einer angemessenen finanziellen Entschädigung. Diese Situation lässt sich allein durch ein Ueberdenken unserer Wertvorstellungen ändern, wobei das quantitative Wirtschaftsdenken zunehmend durch eine qualitative Betrachtungsweise zu ersetzen ist.

Reinigungsfunktion für die belastete Umwelt

Der Freiraum, den wir hier mit landwirtschaftlicher Fläche gleichsetzen, hat gerade im industriellen Verdichtungsraum vielfältige Reinigungsfunktionen zu übernehmen. Diese betreffen u.a.:
- Schutz des Bodens
- Verbesserung des Stadtklimas
- Lärmschutz
- Filtern der immissionsbelasteten Luft

Dem **Schutz des Bodens** kommt zentrale Bedeutung zu. Als Standort für Flora und Fauna, als Wasserfilter und somit als erste Stufe bei der Trinkwasseraufbereitung, als land- und forstwirtschaftliche Produktionsfläche, sowie als Träger mineralischer Rohstoffe. Der Erhaltung des natürlichen Bodenprofils ist besondere Aufmerksamkeit zu schenken, da nur ungestörte Bodenverhältnisse die optimale Wasserfilterung und Bodenneubildung garantieren.

Das Vorhandensein, die Lage und Ausgestaltung der unbebauten Flächen haben einen entscheidenden Anteil an der **klimatischen Situation der Stadt**. Freiflächen sind in der Regel, im Gegensatz zu überbauten und versiegelten Gebieten, Kaltluftproduzenten. Diese verschiedenen Temperaturverhältnisse ermöglichen, vor allem bei austauscharmen und stabilen Wetterlagen, das Zustandekommen von lokalen Winden. Der so entstehende Luftaustausch verfrachtet die stark immissionsbelastete Luft in Gebiete mit weniger Belastung. Es findet somit eine Durchmischung statt, welche zwar die Qualität der "Stadtluft" verbessert, aber gleichzeitig diejenige der "Landluft" verschlechtert.

Seit wenigen Jahren sind nun endlich Anstrengungen im Gang, welche darauf hinzielen, die Luft wenn möglich nicht mehr stärker zu belasten, sondern umweltbelastende Stoffe durch z.B. Rauchgasentschwefelungsanlagen gar nicht nicht erst in Zirkulation zu bringen (vgl. Kap. 5).

Besondere Bedeutung misst man den **Wäldern** (grüne Lungen des Ruhrgebietes) zu. Erhaltung, Pflege und Wiederaufforstung der reviernahen Wälder sind Schwerpunkte von Landschaftspflege und Waldwirtschaft. Zum Erholungswert kommt noch die ökologische Gleichgewichtskomponente hinzu. Wälder binden Teile des Staubes, wirken als Lärmschutz und sorgen für sauberes Grundwasser. All diesen Aufgaben der "Landschaft" (oder eben der Landwirtschaft) haftet wiederum das Problem an, dass sie als Leistungen für die Allgemeinheit erbracht werden müssen und bisher nicht entschädigt wurden.

Man darf sich aber nicht darüber hinwegtäuschen lassen, dass auch die **Landwirtschaft selbst ein grosser Verursacher von Umweltproblemen** ist. Einige wenige Beispiele seien herausgegriffen:
- Nitrat im Grundwasser durch die intensive Schweinehaltung.
- Ueberdüngung des Bodens durch ständigen Chemieeinsatz.
- Bodenverdichtung mit nachfolgender Vernässung durch immer schwerere und grössere Maschinen.

Zusammenfassend können wir feststellen, dass die modernen Ansprüche an den Bauern im Ruhrgebiet recht vielfältig sind. Lösungen der Probleme sind aber keinesfalls nur von landwirtschaftlicher Seite her zu erwarten. Es bedarf vielmehr einer Aenderung der Wertvorstellung aller, vom Industriellen bis zum Konsumenten und schliesslich der öffentlichen Hand. Umweltprobleme lassen sich auch im Ruhrgebiet nur durch vernetztes Denken und Handeln lösen.

7.5 Rekultivierung - "Neuland" für die Landwirtschaft

In diesem Kapitel wird auf die Problematik der Rekultivierungsgebiete des **Braunkohletagebaus westlich von Köln** eingegangen. Anlässlich einer Exkursion in den besagten Raum wurde sie uns auf eindrückliche Art und Weise vorgestellt. Die Rekultivierungsproblematik im eigentlichen Ruhrgebiet existiert ebenfalls, auch wenn ihre Entstehungsgründe woanders zu suchen sind (alte Industrieflächen, Deponien, etc.).

Die Rekultivierung früherer Tagebaugebiete ist mit einer Neugestaltung der Umwelt grössten Formates verbunden. Wir gehen im folgenden nur auf die **landwirtschaftliche Rekultivierung** ein. Weitere Probleme, wie etwa die Wiederherstellung naturnaher Ausgleichsgebiete, können hier nicht behandelt werden (vgl. hierzu u.a. GLäSSER/VOSSEN, 1985 sowie Kap. 4.4 und den Tagesbericht vom 29.9.86).

Die Situation der Landwirtschaft im Rekultivierungsgebiet ist schwierig, da nicht "nur" Menschen, Gehöft und Einrichtungen umgesiedelt werden, sondern auch die Betriebsfläche ersetzt werden muss. Die Bereitstellung von Ersatzland ist besonders schwierig, da durch den Bergtagebau im W von Köln mehr als die Hälfte der dortigen landwirtschaftlichen Fläche verlorengeht. Insgesamt entstanden bis Ende 1982 5'828 ha Neuland für die Landwirtschaft. Die Flächenbilanz seit 1900 weist jedoch insgesamt einen Verlust von ungefähr 8'000 ha landwirtschaftlicher Fläche auf (BRANDT u.a., 1980).

Die besten Chancen für die Weiterführung des Betriebes haben Landwirte mit ausreichend grossem eigenem Besitz. Pächter (und das sind die meisten) sind häufig zur Erwerbsaufgabe gezwungen, da nicht genügend Pachtland und zudem nicht langfristig zur Verfügung steht.

Diejenigen Bauern, die dann schliesslich umsiedeln, müssen sich damit abfinden, nicht mehr in einer Dorfgemeinschaft, sondern in einem Weiler mitten in rekultiviertem Land zu leben.

Landwirtschaftliche Rekultivierung im grossen Stil ist nur machbar dank der mächtigen Lössböden. Diese ermöglichen die vollständige Bedeckung des abgesetzten Abraumes mit einer Lössschicht von einem bis zwei Metern Mächtigkeit, wobei dem Löss in der Regel noch eine rund zwei Meter dicke, wasserdurchlässige Kiesschicht unterlegt wird. Damit soll das Auftreten von Staunässen verhindert werden.

Beim Lössauftrag unterscheidet man nach RHEINBRAUN (1985) zwei Verfahren:
- Das "Trockenverfahren" beruht auf mechanischer Verteilung des Löss. Er wird mittels Förderbändern und Absetzern aus möglichst geringer Fallhöhe über die Flächen verteilt. Das abschliessende Planieren mit Spezialraupen wird auf ein Minimum beschränkt, damit möglichst ein lockeres Bodengefüge beibehalten werden kann.
- Beim "Nass- oder Spülverfahren" wird der Löss mit Wasser, normalerweise im Verhältnis 1:1,5 gemischt (kommt auf den Zustand des Löss an), und durch Rohrleitungen in drei bis vier Hektar grosse Polder gepumpt. Das Wasser versickert, verdunstet oder kann oberflächenhaft abgesogen werden. Dieses Verfahren ist heute in der Landwirtschaft beliebt, da die Böden ein hohes Porenvolumen (48-50%) aufweisen, kostet indessen viel mehr als das Trockenverfahren.

Diesen Neulandböden muss das gesamte Bodenleben künstlich, mittels Rohbraunkohle als Humussäureträger, zugeführt werden. Bei sorgfältiger Rekultivierung sollen die Neulandböden nach 4 - 6 Jahren Zwischenbewirtschaftung mit den Naturböden der Region vergleichbar sein (nach Auskünften der Rheinbraun). Tatsache ist, dass dieses künstliche Sediment mindestens 1'000 Jahre braucht, um wieder zu einem stabilen Wasser- und Nährstoffhaushalt zu kommen (BAUER, 1963). Die von der Rheinbraun gerühmten hohen Erträge und die gute Bodenqualität lassen sich demnach nur durch grossen Einsatz von Kunstdünger erklären!

Durch unsachgemässes Ausbringen sind jedoch häufig Muldenbildung (durch Bodensenkungen) und Vernässungsstellen zu beobachten. Der Grund liegt darin, dass beim Absetzen oftmals die wichtige Kiesschicht weggelassen worden ist. Diese Vernässungsstellen bilden das grösste Problem der neuen Landwirtschaftsbetriebe. Durch zu frühes Bearbeiten des Neulandes, bevor sich der Boden gesetzt hat, wird dieser verdichtet und es können sich Stauhorizonte bilden. Der hohe Mechanisierungsgrad der Landwirtschaft verstärkt diese Tendenzen. Der nasse Boden verlangt nach immer stärkeren (bis zu 150 PS starken) Traktoren und schwereren Arbeitsgeräten, welche trotz breiter Niederdruckreifen bis an die Achsen im Lössboden einsinken können.

Zur Behebung der Vernässungsprobleme bestehen grundsätzlich drei Sanierungsmöglichkeiten:
- Drainage
- Tiefenlockerung
- Sanierungswirtschaft

Drainage und Tiefenlockerung verlangen einen hohen Kapitaleinsatz, den die Bauern nicht erbringen können. Man rechnet mit gut 10'000.- DM je Hektar. Die Rheinbraun, als Betreiberin des Braunkohletagebaus, kommt nicht, oder nur nach gerichtlicher Verfügung, für diese Folgekosten auf. So bleibt der Landwirtschaft als einzige Möglichkeit die Sanierungswirtschaft. Dabei wird der Fruchtfolge während mindestens 5 Jahren die Zuckerrübe entzogen. Sie wird durch Luzerne (Tiefenwurzelung) und Wintergerste ersetzt. Für den Landwirt bedeutet dies einen erheblichen finanziellen Verlust, der von Rheinbraun nicht entschädigt wird.

Bei der **Besichtigung des Weilers "Quadrat" bei Ichendorf** westlich von Köln, gaben uns die Herren Pütz (Betriebsleiter) und Feldkämper (Landwirtschaftskammer Rheinland) einen guten Einblick in die Probleme der Landwirtschaft im Braunkohlerevier.

Der von uns besuchte Neusiedlerhof verfügt über 83 ha Land und wird durch zwei Vollbeschäftigte bewirtschaftet. Das Produktionsschwergewicht liegt bei der Saatzucht und bei Zuckerrüben. Die Anlage- und Gerätekosten für den neuen Betrieb betrugen nahezu eine Million DM (wobei uns unbekannt blieb, welcher Anteil von der Rheinbraun übernommen wurde).

Ganz im Gegensatz zum Ruhrgebiet herrscht hier reines Ackerland (95 %) gegenüber Grünland (5 %) vor. Die durchschnittliche Betriebsgrösse beträgt 34 ha. Insgesamt werden im Erftkreis 45'000 ha bewirtschaftet. Viele Betriebe sind hundertprozentig auf Ackerbau und Saatzucht ausgerichtet. Bis 1982 wurden 36 Betriebe auf Neuland gegründet.

7.6 Landwirtschaft im Ballungsraum: Milch aus dem Tetrapack

Auch wenn die Statistik dem Ruhrgebiet mit 47 % landwirtschaftlicher Nutzfläche einen relativ "grünen Anstrich" verleiht (vergleiche demgegenüber die nur rund 30 % an landwirtschaftlicher Fläche in der Schweiz), darf man sich jedoch nicht von diesen Zahlen blenden lassen. Die Bewohner der Ballungszentren dürften in Wirklichkeit in ihrer alltäglichen Umgebung wenig vom "ländlichen Charakter" ihres Ruhrgebietes fühlen. Die Kühe weiden höchstens reviernah. Den schmalen Grünstreifen zwischen den Städten haftet ein kosmetischer Charakter an, da diese trotz allem Schutz eine vielschichtige Nutzung (Verkehr, Stromstrassen, etc.) erfahren und nicht der Landwirtschaft vorbehalten sind. Wie wir gesehen haben, sind es die Kreise Unna und Wesel, die dank ihres ländlichen Anstrichs die Statistik ins "Grüne" abdriften lassen. Im Ruhrgebiet nimmt die Landwirtschaft, trotz den beschönigenden Anstrengungen von Publizisten und Politikern, nur eine marginale Stellung ein. Daran ändert auch der Slogan vom "grünen Ruhrgebiet" wenig. Und für viele Kinder (und auch Erwachsene?) wird die Milch weiterhin aus dem Tetrapack und nicht von einer Kuh kommen - auch wenn im Ruhrgebiet immer noch Kühe weiden!

7.7 Literatur

AVERECK, W., 1912: Die Landwirtschaft unter dem Einfluss von Bergbau und Industrie im Rheinischen Ruhrkohlengebiet. Leipzig.

BAUER, H.J., 1963: Landschaftsökologische Untersuchungen im ausgekohlten rheinischen Braunkohlerevier auf der Ville. Rheinische Landeskunde. Heft 19. Dümmer Verlag.
BIRKENHAUER, J., 1984: Das Rheinisch-Westfälische Industriegebiet. Paderborn.
BRANDT, R., SCHMITZ, H.-P., 1980: Hambach - Das grösste Loch der Welt. Klenkes. Aachen.
BURRICHTER, E., 1973: Die potentielle natürliche Vegetation in der westfälischen Bucht. Münster.
DEGE, W., DEGE, W., 1983: Das Ruhrgebiet. Geocolleg. Berlin und Stuttgart.
ECKART, K., 1982: Die Entwicklung der Landwirtschaft im hochindustrialisierten Raum. Fragekreise Nr. 23559. Paderborn.
GLäSSER, E., VOSSEN, K., 1985: Aktuelle landschaftsökologische Probleme im Rheinischen Braunkohlerevier. Geographische Rundschau, 37, Nr. 5.
HAUBRICH, H., 1984: GR - Dokumentation - Agrarentwicklung in der BRD - Strukturdaten. Geographische Rundschau, 36, Nr. 4. Kommunalverband Ruhrgebiet, 1986: Revierreport. Essen.
LANDESREGIERUNG NORDRHEIN-WESTFALEN, 1979: Bericht der Landesregierung Nordrhein-Westfalen. Landesentwicklung Nordrhein-Westfalen. Düsseldorf.
LANDESREGIERUNG NORDRHEIN-WESTFALEN, 1980: Bericht der Landesregierung Nordrhein-Westfalen. Landesentwicklung Nordrhein-Westfalen. Düsseldorf.
OTREMBA, E., 1969: Atlas der deutschen Agrarlandschaft. Wiesbaden.
RHEINBRAUN, 1985: Neues Ackerland folgt dem Tagebau. Brühl.
ROGGE, K.-H., 1982: Rekultivierung. Geographie heute, Jg. 3, Nr. 10.

Mündliche Auskünfte verdanken wir:
- Herrn Michelbring und Herrn Steingräber von der Rheinbraun AG
- Herrn Pütz, Neusiedler-Landwirt bei Ichendorf
- Herrn Feldkämper, von der Landwirtschaftskammer Rheinland

8. STAATLICHE PLANUNGSKONZEPTIONEN VERSUS WIRTSCHAFTLICHE ENTWICKLUNGSTRENDS: MÖGLICHKEITEN UND GRENZEN DER LENKENDEN PLANUNG IM VERDICHTUNGSRAUM

Bernhard Meier

Staatliche Planungskonzeptionen, mit dem Ziel, im gesamten Bundesgebiet gleichwertige Lebensbedingungen zu schaffen, sind das eine, die Umsetzung dieser Theorien an der Basis der Planungspyramide das andere.

Das eine: Ideen und Vorstellungen des Staates, entstanden aus dem Bedürfnis alle raumwirksamen Aktivitäten der öffentlichen Hand aufeinander abzustimmen, festgeschrieben in Gesetzen und Programmen der verschiedenen Verwaltungsebenen.

Das andere: Die Planungsrealität der Gemeinden, der untersten Verwaltungsebene, welche die parzellenscharfen Pläne erarbeitet haben. Auf sie versuchen die verschiedensten Interessengruppen Einfluss zu nehmen: Vom an der Wiederwahl interessierten Lokalpolitiker über die Wirtschaftsförderer, die geeignetes Gewerbegebiet benötigen, bis zu den Umweltschutzorganisationen und Bürgerinitiativen, die mehr Lebensqualität fordern. Dabei wird oft mit ungleichen Mitteln gekämpft und Ausnahmen werden vor allem den Interessenvertretern aus Wirtschaft und Politik zugestanden.

Am 8. April 1965 setzte die Bundesregierung mit dem **Raumordnungsgesetz** die Spitze auf die damals, mit wenigen Ausnahmen, nur in Plänen und Konzeptionen bestehende Planungspyramide. Der im Ruhrgebiet ansässige **Siedlungsverband Ruhrkohlebezirk** (im Folgenden mit SVR abgekürzt) bildete nicht nur die gewichtigste Ausnahme, vielmehr bezog man Erfahrungen aus dem damals bereits 45 Jahre bestehenden SVR in die nationale Konzenption mit ein.

Die Gründung des SVR in den 20er Jahren als raumordnerische oder gar umweltschützerische Grosstat? Wie wirkte sich die allmähliche Einbettung des SVR in die übergeordnete Planungsstruktur im Ruhrgebiet aus? Wie ist denn diese nationale Raumordnung überhaupt aufgebaut? Welche Form und Funktion hat die staatliche Planung im Ruhrgebiet heute? Ein Versuch, die Konturen der staatlichen Planungspyramide im Ruhrgebiet herauszuarbeiten und das Kräfte- und Spannungsfeld im Basisbereich etwas zu beleuchten.

8.1 Zur Geschichte des Siedlungsverbandes Ruhrkohlebezirk (SVR)

Das Gebiet des Ruhrtales war vor dem Einsetzen der industriellen Ausbeutung und Verwertung der Steinkohle weitgehend agrarisch geprägt. Die Siedlungen hatten dörflichen oder höchstens kleinstädtischen Charakter (siehe hierzu auch Kap. 2).
In der 2. Hälfte des 19. Jh. wurde es möglich, Kohle auch aus tieferliegenden Schichten zu fördern. Die Kohle wurde zum Anziehungspunkt vielfältiger Nachfolgeindustrien und der Bergbau und die Schwerindustrie erlebten ihre ersten Boomjahre. Dies hatte einen gewaltigen Zustrom von Arbeitskräften, vor allem aus Osteuropa, zur Folge.

Von einer geplanten oder geordneten Entwicklung konnte keine Rede sein. Nach Gutdünken bauten die Zechenbesitzer und Industriebosse ihre Zechenanlagen, Fabriken und Arbeitersiedlungen. Die vormals ländlichen Siedlungen wollten und konnten sich diesem Sog nicht entziehen und wurden innerhalb weniger Jahrzehnte zu Grossstädten. **Extreme Gemengelagen** von Industrie-, Zechen- und Siedlungsflächen resultierten.

Erste Anläufe zur Raumordnung

Nach der Jahrhundertwende begannen sich einige Leute Sorgen um die Zukunft des Ruhrgebietes zu machen. Dies führte u.a. 1910, im Gefolge einer Seuchenepidemie, die durch die Absenkung des Emschergebietes ausgelöst wurde, zur Gründung eines **Wasserwirtschaftsverbandes**. Gleichzeitig entschlossen sich die Städte Düsseldorf, Duisburg, Essen, Mühlheim, Oberhausen, Elberfeld und Barmen und die Landkreise Düsseldorf, Essen, Mettmann und Dinslaken eine "**Grünflächenkommission**" zur Erhaltung der noch verbleibenden Wald und Grüngürtel einzusetzen. Robert Schmidt, der an der Ausarbeitung des ersten Grünflächenplans beteiligt war, schlug vor, die Ausführung dieses Planes, verbunden mit anderen Aufgaben aus den Bereichen Siedlungsbau und Verkehr, einem Zweckverband aller interessierten Kommunen zu übertragen. Gedanklich lehnte er sich an den bereits 1908 gegründeten Grossraumverband Berlin an.

Die zuständigen Behörden verabschiedeten das Gesetz über den SVR aber erst, als es nach dem 1. Weltkrieg, im Zusammenhang mit den Reparationsforderungen der Alliierten, nötig wurde, 150'000 neue Arbeitskräfte mit ihren Familien im Revier anzusiedeln.

Gegen die Gründung des SVR setzten sich vor dem Krieg vor allem die beiden preussischen Provinzen Westfalen und Rhein, sowie die Regierungsbezirke Düsseldorf, Münster und Ansberg zur Wehr. Sie befürchteten, das Revier könnte als Einheit zu stark werden und zudem stelle der SVR den Ansatz zu einer selbstverwalteten Ruhrprovinz dar.
Die Ansiedlung der Arbeitskräfte hatte aber ausschliesslich im Ruhr-Lippe-Gebiet zu erfolgen, wo keine Kommune diese Aufgabe alleine übernehmen konnte. Daraus entstand nach dem Krieg ein politischer Sachzwang, der schliesslich zur Gründung des Siedlungsverbandes Ruhrkohlenbezirk führte.

Der Siedlungsverband Ruhrkohlenbezirk: Von der Siedlungs- zur Gebietsentwicklungsplanung

Am 5. Mai 1920 wurde der SVR, ausgestattet mit weitreichenden Planungskompetenzen, gegründet. Die gesetzliche Verankerung war also nicht so sehr das Produkt umweltschützerischer Voraussicht, sondern primär ging es darum, eine Organisation zu gründen, die die Ansiedlung der neuen Arbeitskräfte und die damit verbundenen Auswirkungen plante und koordinierte.
Die Verbandsgründung lediglich auf den Neuansiedlungsauftrag zurückzuführen wäre aber sicher falsch: Zumindest bei den Initianten ergab sich die Motivation ebenso aus einer echten Sorge um den Zustand der Natur in diesem hochverdichteten Industrieraum. Dieses Anliegen kommt z.B. in einem Plakat aus den Gründerjahren des SVR, das zum schonenden Umgang mit den verbliebenen Grünflächen aufruft, deutlich zum Ausdruck (vgl. Abb. 8.1).
Der Freiflächenschutz gehört bis heute zu einer der wichtigsten Aufgaben des SVR. Das 1985 im Entwurf vorgelegte "Regionale Freiraumsystem Ruhrgebiet" ist das bisher letzte Werk in dieser langen Tradition (vgl. KVR 1986).

Die damalige Verbandsversammlung des SVR setzte sich aus Vertretern der Kommunen und Repräsentanten aus der Wirtschaft (Arbeitgeber und Arbeitnehmer) zusammen. Die drei Regierungsbezirke, die offiziell die politische Oberaufsicht über das Revier hatten, waren nur als Beobachter zugelassen.
Der Machtkampf zwischen dem SVR und den Regierungsbezirken zieht sich seither wie ein rotes Band durch die Verbandsgeschichte. Von der Kürzung der Finanzmittel über Einschränkungen im Kompetenzbereich bis zum Vorwurf der Korruption und Misswirtschaft im 2. Weltkrieg wurde alles versucht, um den SVR in Ungnade fallen zu lassen. Durch verschiedene "glückliche Umstände" konnte die Auflösung des SVR bis 1975 verhindert werden.

Abb. 8.1: Der KVR (SVR) bemüht sich seit 60 Jahren um die Erhaltung von Grünflächen im Ruhrgebiet

(a) Plakat des SVR aus den 20er Jahren

Der Siedlungsverband mahnt:
Unverstand und Habsucht zerstören das Grünen und Blühen der Natur, drohen Stadt und Landschaft in eine trostlos ungesunde Steinwüste zu verwandeln.

Kinder und Erwachsene,
folgt dem höheren Kulturstand, tretet Waldfrevel, Holzdiebstahl und Feuergefährdung entgegen, wahrt den Wald wie ein Heiligtum, gönnt jedem Nachkommenden die ungeschmälerte Freude an den Naturschönheiten, dann fördert Ihr das Gemeinwohl, gebt Kindern und Kindeskindern Gesundheit, Herzlichkeit, Lebensfreude.

Helft Alle!
Schützt und erhaltet die Grünflächen!

(b) Aktuelle regionale Freiraumplanung

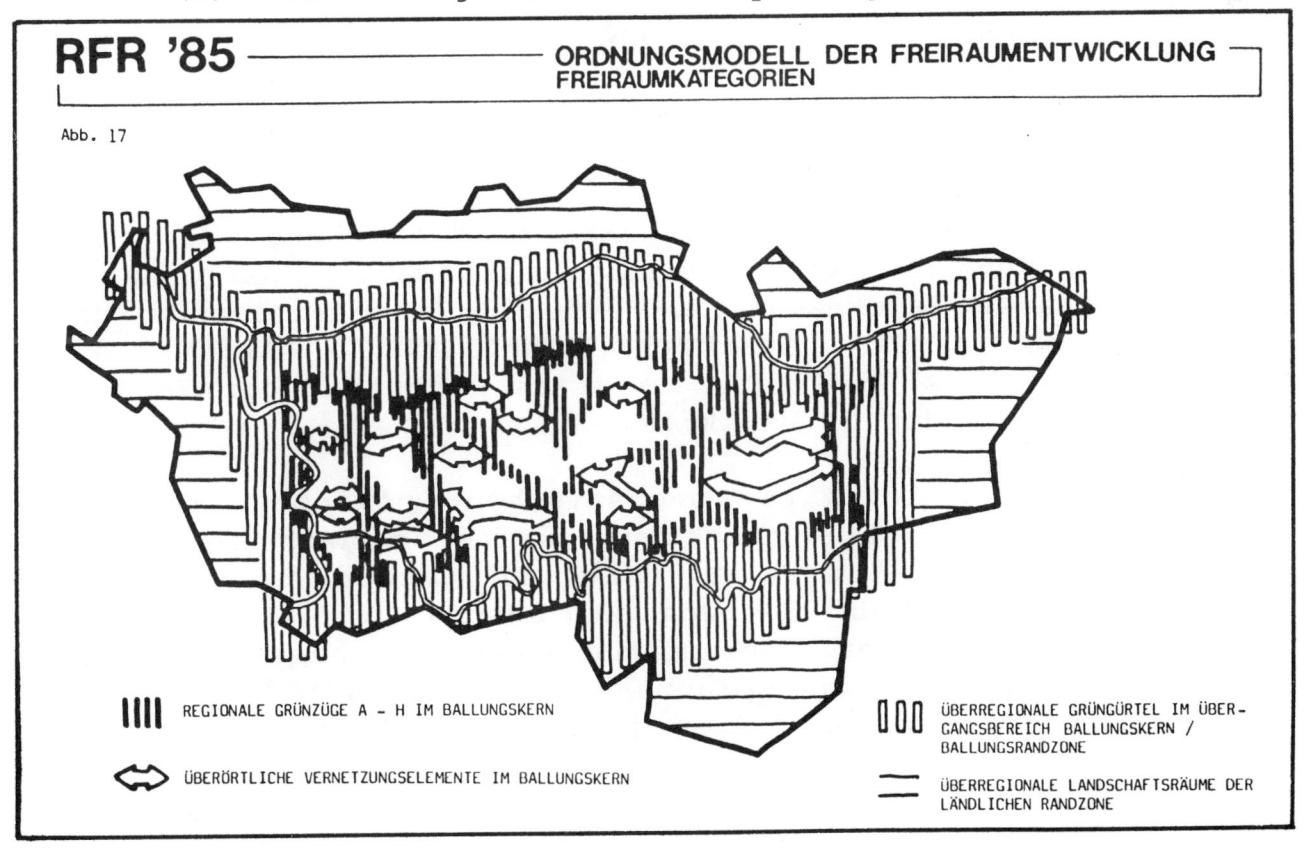

RFR '85 — ORDNUNGSMODELL DER FREIRAUMENTWICKLUNG
FREIRAUMKATEGORIEN

Abb. 17

|||| REGIONALE GRÜNZÜGE A - H IM BALLUNGSKERN

⇔ ÜBERÖRTLICHE VERNETZUNGSELEMENTE IM BALLUNGSKERN

000 ÜBERREGIONALE GRÜNGÜRTEL IM ÜBERGANGSBEREICH BALLUNGSKERN / BALLUNGSRANDZONE

— ÜBERREGIONALE LANDSCHAFTSRÄUME DER LÄNDLICHEN RANDZONE

Quelle für beide Figuren: KVR 1986

Das erste grosse Projekt nach der Ansiedlung der 150'000 Arbeiter mit ihren Familien hatte die Erschliessung des Ruhrgebietes mit einem **Schnellstrassennetz** zum Ziel. Die zentrale Achse dieses Projektes war eine dreispurige Verbindungsstrasse ("Ruhrschnellweg") zwischen Hamm und Geldern. Bis 1933 erstellte der SVR in eigener Regie 150 km Verbandsstrassen, was ihn, wegen der schlechten Zahlungsmoral der Kommunen und der sich abzeichnenden Weltwirtschaftskrise, in arge Finanznöte brachte. Per Dekret musste deshalb 1934 der Unterhalt der Strassen den beiden preussischen Provinzen übergeben werden. Der SVR blieb weiterhin für die Planung der Strassen zuständig.

1938 veröffentlichte der SVR den ersten Teil eines **Generalverkehrsplanes**, der die Strassen- und Schienenwegsplanung im Ruhrgebiet regelte. Die im Gesetz von 1920 festgeschriebene Generalklausel, der Verband solle "alle Angelegenheiten verwalten, die der Siedlungstätigkeit im Verbandsgebiet dienen", ermöglichte es dem SVR in sogenannten **Wirtschaftsplänen** (zwischengemeindliche Abmachungen) verbindliche Richtlinien für die Gebietsentwicklung festzulegen. Bis 1933 entstanden 42 solcher Pläne, die es erlaubten "Flächen vor vorschneller Bebauung zu sichern, Erholungsräume zu sichern und zu gestalten, geschundenes Land wiederherzustellen und Konzepte zum Wohle der Gesamtregion zu entwerfen" (KVR 1986:6). Aus dem anfänglichen Auftrag leitete der Verband sehr schnell eine breite Planungskompetenz ab. Gleichzeitig begann der Verband ein Raumbeobachtungsinstrumentarium aufzubauen.
Es ist nicht übertrieben zu sagen, der SVR habe mit solchen Aktivitäten den Gedanken des Umweltschutzes und der Zukunftsplanung aufgenommen, lange bevor man anderswo davon sprach!

Im 2. Weltkrieg beschuldigten namhafte Nazigrössen den Verband der Korruption und der Misswirtschaft. Sie sahen zudem in der relativ demokratischen Struktur des Verbandes das Führerprinzip aufs stärkste verletzt. "Dank" der Intervention eines NS-Staatskommissars überstand der Verband als Organisation den 2. Weltkrieg.

Waren es vor dem Krieg die preussischen Provinzen, die dem Verband das Leben sauer machten, zweifelte nach dem Krieg das Land Nordrhein-Westfalen (NRW) an dessen Zweckmässigkeit. Aber einmal mehr überwog der Respekt vor dem Revier. Das Land sicherte dem Verband im **Landesplanungsgesetz** von 1950 (Vorläufer des Landesplanungsgesetzes von 1979) die Zuständigkeit bei Planungsfragen im Ruhrgebiet vollumfänglich zu.

In der Nachkriegszeit intensivierte der Verband seine Bemühungen zum Schutz von Freiflächen (heute sind 59% des Verbandsgebietes als Verbandsgrünflächen ausgewiesen), zur Stadtplanung (Dienstleistungsangebot für die Mitgliedskommunen) und zur Freizeitplanung (Revierparks u.ä.). Detaillierte Kartenwerke, klimatologische Studien und Luftbildauswertungen erreichten einen methodischen Standard. Das planerische Hauptwerk der 60er Jahre ist der **Gebietsentwicklungsplan von 1966** (GEP 66), der erstmals die Einzelplanungen zusammenfasste und koordinierte. Kurz vor seiner Auflösung verabschiedete der Verband **1974** den **Spezialplan "Regionale Infrastruktur"**. 1975 wurde der SVR im Rahmen der kommunalen Gebietsreform aufgelöst, bzw. in die Nachfolgeorganisation KVR umgewandelt.

Ein Rückblick auf die Stärken und Schwächen des SVR

Die Stärken des SVR sind unseres Erachtens relativ klar auszumachen: Erstens liegen sie in der planerischen Kompetenz, die sich dieser Verband durch langjährige Erfahrung und durch sein Vordenken auf dem Gebiet der Regionalplanung erarbeitet hatte. Hier spielte sich endogene Planung ab, lange bevor sie heute wieder als d i e Chance der Regionalpolitik gepriesen wird.
Zweitens betreffen sie das frühe Erkennen von Umweltproblemen und das daraus folgende sachorientierte Handeln. Dieses hat dem SVR und dem Ruhrgebiet nicht zu unrecht den Titel "Keimzelle des Umweltschutzes" eingebracht.

Etwas schwieriger wird es, wenn wir herauszufinden versuchen, welches denn eigentlich die "Schwächen" des SVR waren, die schliesslich zu seiner Auflösung führten. Auf diese Frage haben wir weder aus der Literatur noch aus unseren Gesprächen mit verschiedenen Exponenten der Wissenschaft und Wirtschaft im Ruhrgebiet selber eine klare Antwort erhalten. Verschiedene Indizien deuten darauf hin, dass es u.a. mit der Macht zu tun hatte, die dieser Verband darstellte. Wo Interessenvertreter aus Wirtschaft und Politik zusammensitzen, regelte man auch schon früher, als noch nicht der sogenannte "Konsens" als quasi-öffentliche Aufgabe gepriesen wurde, einiges unter der Hand.
Das Bündnis, das die grossen Konzerne, die Gewerkschaften und die Politiker nicht zuletzt im Rahmen des SVR nach der Nachkriegshausse eingegangen sind, hat bis heute seine Auswirkungen (siehe Kap. 10).

Solange die deutsche Stahl-, Chemie- und Bergbauindustrie noch die Stützen der Wirtschaft waren, wagte es niemand, den SVR aufzulösen.

Einige Vermutungen zur Auflösung des SVR im Jahre 1975

Von einer Auflösung im eigentlichen Sinn kann zwar nicht gesprochen werden, konstituierte sich doch der ehemalige SVR im Oktober 1979 neu als "Kommunalverband Ruhrgebiet" (KVR). Das entsprechende Gesetz wurde am 1. Oktober 1979 vom Landtag Nordrhein-Westfalens verabschiedet. Mit dem neuen Gesetz änderten sich aber nicht nur der Name, sondern auch die Aufgaben und Kompetenzen dieses Zweckverbandes recht deutlich.

Die einschneidenste Veränderung ist sicher der **Verlust der Planungskompetenz** gewesen. Der KVR darf, im Gegensatz zum SVR, keine rechtsverbindlichen Regionalpläne mehr ausarbeiten und ist nicht mehr Prüfungsinstanz für die Flächennutzungs- und Bebauungspläne der Gemeinden. Diese Aufgaben übernehmen neu die **Bezirksplanungsräte** der Regierungsbezirke Münster, Düsseldorf und Arnsberg! Diese Gremien setzen sich aus Vertretern der verschiedenen Gemeinden und kreisfreien Städte des entsprechenden Bezirks zusammen.

Die Folgen dieser Reform sind für das Ruhrgebiet in zweifacher Hinsicht ungünstig: Erstens wurde 1975 das bisher einheitliche Planungsgebiet des Reviers dreigeteilt, was alle regionalen Planungsvorhaben administrativ erschwert. Zweitens wurde die Planungshoheit Räten übertragen, deren Vertreter grösstenteils nicht aus dem Revier stammen. Die Umsetzung der Pläne übertrug man zudem Verwaltungen, die ihren Hauptsitz nicht im Kernraum des KVR haben.

Man kann sich deshalb mit Recht fragen, wieso der SVR überhaupt auflgöst und als planungsamputierter KVR wiedergegründet worden ist?

Die Hauptgründe stehen sicher im Zusammenhang mit der **Kommunalen Neugliederung** im Jahre 1975, und zwar in doppelter Hinsicht: Erstens ist die Uebertragung der Planungskompetenz an die Bezirksplanungsräte eine rein verwaltungstechnische Korrektur, überträgt der Staat doch die Aufgabe der Regionalplanung der dafür vorgesehenen Verwaltungsebene. Trotzdem ist es erstaunlich, dass der SVR nicht heftiger auf die Kompetenzbeschneidung reagiert hat. Daraus folgt zweitens: Die einzelnen Mitgliedskreise und Städte waren im Rahmen der kommunalen Neuordnung so intensiv damit beschäftigt, ihren

Status als Ober- oder Mittelzentrum zu wahren, bzw. verwaltungslos werdende Gebiete einzugemeinden, dass der SVR nebensächlich wurde.
Diese Bemühungen sind im Zusammenhang mit den Veränderungen der gesamtwirtschaftlichen Situation im Ruhrgebiet zu sehen. Der unaufhaltsame Niedergang des Bergbaus und der Eisen- und Stahlindustrie erforderte die Ansiedlung von neuen Firmen und neuen Branchen; Gewerbeflächen auf unbelastetem Boden, Versorgung mit zentralörtlichen Diensten, genügend Arbeitskräfte, flexibles Kapital und die in Aussicht gestellten Vergünstigungen und Subventionen waren Voraussetzungen dafür. Dabei wurden Begriffe wie "Ober- oder Mittelzentrum" zu werbewirksamen Schlagwörtern.

Dass der SVR ohne heftigste Proteste von seiten der Mitglieder aufgelöst wurde, erstaunt weiterhin.

Könnten die Ueberlegungen nicht dahingehend gemacht worden sein, dass der SVR in dieser schwierigen wirtschaftlichen und ökologischen Situation gescheiter Verantwortung an den Staat abtreten sollte? Oder, dass Planungskompetenz gar nicht so wichtig sei, denn im Zweifelsfalle sind Bezirksplanungsräte auf die Informationen des KVR angewiesen und somit beeinflussbar?
Wie immer bei gewichtigen Entscheiden spielten verschiedenste Ueberlegungen mit. Für einmal hat sich das Land gegenüber der Region durchgesetzt. Wer weiss, vielleicht mit denselben Argumenten, mit denen das Land 55 Jahre vorher die Gründung des SVR verhindern wollte.
Wie sich der Nachfolgeverband in der aktuellen Planungslandschaft gebärdet, wie seine heutige Struktur aussieht und was für Aufgaben er sich 1979 gab, wird im übernächsten Abschnitt erörtert. Vorerst werfen wir einen Blick auf die nationalen Planungsinstrumente, in welche sich auch die regionalen Planungsanstrengungen im Ruhrgebiet einzupassen haben.

8.2 Die Planungsorganisation in der BRD und in Nordrhein-Westfalen: Ein aktueller Ueberblick mit einigen kritischen Nachgedanken

Nachfolgend möchte ich einen knappen Ueberblick über die recht komplexen Planungsstrukturen der BRD geben, welche sich hierarchisch von Bundesebene bis hinunter auf die lokale Bauplanungsebene erstrecken (vgl. Abb. 8.2). Hierbei ist darauf hinzuweisen, dass jedes Bundesland die Landes- und Regionalplanung nach individuellem Muster entwickelt hat. Das vorgelegte Organigramm bezieht sich nur auf NRW. Der KVR, der Nachfolgeverband des SVR, ist in diesem Schema nicht aufgeführt (vgl. Abb. 8.4).

Abb. 8.2: Planungssystem der Bundesrepublik Deutschland

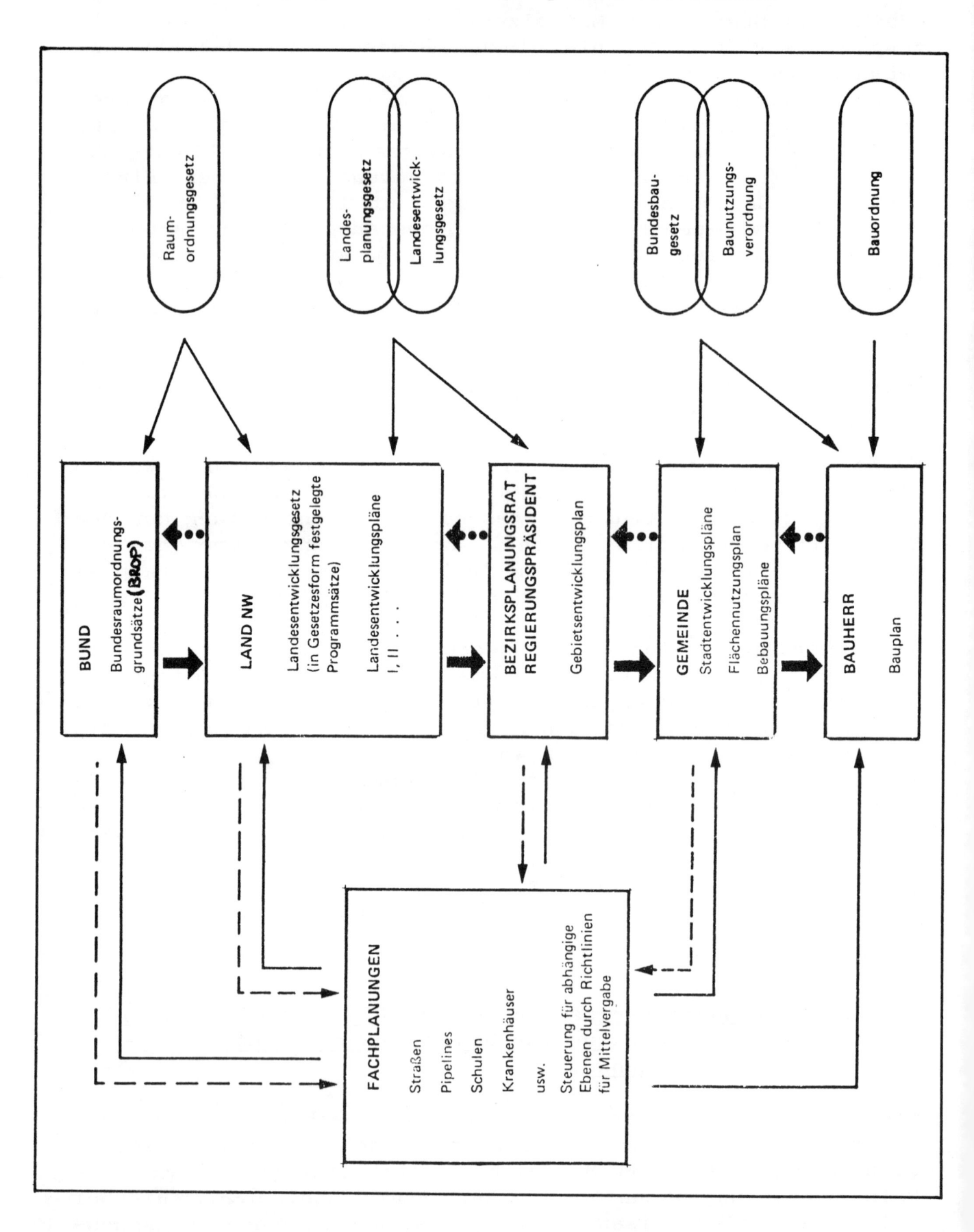

Quelle: KRAEMER, 1979: VI

Vom Bundesraumordnungsgesetz zur Landesplanung in NRW

Nach längeren Vorarbeiten verabschiedete der deutsche Bundestag am 8. April 1965 das **Raumordnungsgesetz** (ROG). Der **Auftrag** zur Raumordnung leitet sich aus Art. 2 des Grundgesetzes ab: "Jeder hat das Recht auf freie Entfaltung seiner Persönlichkeit". Dafür sind im ganzen Bundesgebiet gleiche Lebensbedingungen notwendig. Vor dem Erlass des ROG wurde dieser Verfassungsgrundsatz von den einzelnen politischen Fachressorts erfüllt. Die Summe der Einzelmassnahmen erwies sich aber für einen bestimmten Raum oft als negativ. In Paragraph 2 des ROG (Abs.1. Ziff.1) sind die Grundsätze der Raumordnung, die negative Entwicklungen verhindern sollen, festgelegt: "Die räumliche Struktur der Gebiete mit gesunden Lebens- und Arbeitsbedingungen sowie ausgewogenen wirtschaftlichen, sozialen, kulturellen Verhältnissen soll gesichert und weiterentwickelt werden. In Gebieten in denen eine solche Struktur nicht besteht, sollen Massnahmen zur Strukturverbesserung ergriffen werden". Als besonders gefährdet gelten: Verdichtungsräume und Entleerungsgebiete, im besonderen die Zonenrandgebiete.

Das **Ziel** aller staatlichen Massnahmen soll sein, in den zentralen und peripheren Räumen der BRD "Lebens- und Arbeitsbedingungen sowie eine Wirtschafts- und Sozialstruktur zu schaffen, die denen im gesamten Bundesgebiet gleichwertig sind" (ROG 2, Abs.1, Ziff.4). Als primäre "Massnahmen zur Erreichung dieser Ziele sind eine vorausschauende örtliche und regionale Planung, die Verbesserung der Verkehrsverhältnisse und von der Versorgung der Bevölkerung dienenden Einrichtungen sowie die Entwicklung von Gemeinden zu Entlastungsorten für die Aufnahme von Wohn- und Arbeitsstätten in angemessener Entfernung" (ROG 2, Abs.1, Ziff.6) vorgesehen.

Dem föderalistischen Aufbau der BRD entsprechend, wird die weitere Planungskompetenz den **Ländern** übertragen, mit der Auflage, die Grundsätze des ROG zu beachten. Das ROG ist für alle Behörden und Planungsträger des Bundes bindend (ROG, 3, Abs 1).

Um die Koordinierung der Fachplanungen auf Bundesebene zu leisten, wurde es nötig, auf "...der Grundlage einer konkreten räumlichen Zielvorstellung, die regionale Verteilung der raumwirksamen Bundesmittel in einem **Bundesraumordnungsprogramm** (BROP) festzulegen" (SCHMITZ 1982:313). Das BROP wurde am 22. April 1975 (!) von der Bundesregierung verabschiedet (d.h., das Parlament war an der Erarbeitung des Programms nicht beteiligt). Wesentliche Inhalte des BROP: "Es legt

Ziele fest zur Verbesserung der Infrastruktur, der Umweltqualität und der regionalen Wirtschaftsstruktur. Das Programm sieht gleichwertige Lebensbedingungen dann erreicht, wenn für die Bürger aller Teilräume bestimmte Mindesterfordernisse für eine vertretbare Lebensqualität vorhanden sind. Das Programm betont auch noch einmal das Ziel einer ausgewogenen Raumstruktur. Die Unterversorgung mit vielfältigen Arbeitsmöglichkeiten, Infrastruktureinrichtungen und städtischen Lebensmöglichkeiten in den ländlichen Gebieten einerseits und die regional auf die Verdichtungsgebiete konzentrierten Wachstumstendenzen mit ihren Umweltbelastungen andererseits müssen verhindert bzw. schrittweise abgebaut werden" (GATZWEILER 1986:434).

Erste Ansätze für eine Raumordnung in NRW gehen auf die beiden Regierungsprogramme "Entwicklungsprogramm Ruhr" von 1968 und das "Nordrhein-Westfalenprogramm" von 1975 zurück. Das letztere, 1979 fortgeschrieben, geht auf das **Landesentwicklungsgesetz** (LPG) vom 19. März 1974 zurück. (In NRW ist das Landesentwicklungsgesetz als Programm verabschiedet und wird demnach auch etwa **Landesentwicklungsprogramm** (LEPro) genannt. Das Parlament war bei der Ausarbeitung diese Gesetzes beteiligt). Diese Programme legen relativ kurzfristige Ziele für das Land fest.

Für die mittel- und langfristige Planung schuf man das Instrument der sachbezogenen **Landesentwicklungspläne** (LEP). Diese legen, unter der Beachtung der langfristigen Ziele und Grundsätze des ROG und des Landesplanungsgesetzes vom 28. November 1979, die mittelfristigen Ziele der Raumordnung und der Landesplanung fest. Die Landesentwicklungspläne werden als Gesetz verabschiedet und sind "von den Behörden des Bundes, des Landes, den Gemeinden und Gemeindeverbänden, von den öffentlichen Planungsträgern sowie im Rahmen der ihnen obliegenden Aufgaben von den bundesunmittelbaren und den der Aufsicht des Landes unterstehenden Körperschaften, Anstalten und Stiftungen des öffentlichen Rechts bei raumbedeutsamen Planungen und Massnahmen zu beachten" (MINISTER FUER LANDES- UND STADTENTWICKLUNG 1984:3).

In Abbildung 8.3 sind die bis jetzt verabschiedeten Landesentwicklungspläne und ihre inhaltlichen Schwerpunkte zusammengestellt. Bei der Ausarbeitung der LEP's sind die Landesplanungsbehörde, der Landtagsausschuss für Planung und, über das Mitwirkungsverfahren, je nach Art des Planes die Gemeinden, die Bezirksplanungsräte, private Institutionen oder sogar der einzelne Bürger beteiligt.

Abb. 8.3: Die Landesentwicklungspläne in Nordrhein-Westfalen

Name, Nummer und erstmaliges Erscheinungsdatum des Landesentwicklungsplanes	Inhaltliches Schwergewicht
LEP I/II: Raum- und Siedlungsstruktur 1. Mai 1979	• Abgrenzung von Verdichtungs- und Entleerungsgebieten • Zentralörtliche Gliederung • Darstellung des Systems der Entwicklungsschwerpunkte- und Achsen • Bevölkerungsentwicklung • Zentralörtliche Arbeitsteilung und Funktion einzelner Mittelzentren
LEP III: Gebiete mit besonderer Bedeutung für die Freiraumfunktion, Wasserwirtschaft und Erholung 12. April 1976	• Koordination und Förderung von Einzelmassnahmen auf dem Sektor Erholung • Festlegung von Freizeit- und Erholungsschwerpunkten • Ausscheiden von Freiflächen und Wasserschutzgebieten
LEP IV: Fluglärm 8. Februar 1980	• Ausscheidung von Gebieten mit Planungsbeschränkungen zum Schutze der Bevölkerung vor Fluglärm
LEP V: Abbauwürdige Lagerstätten in Vorbereitung	• enthält nach heutigem Erkenntnisstand die räumliche Verbreitung der abbauwürdigen und landesbedeutsamen Lagerstätten
LEP VI: Festlegung von Gebieten für flächenintensive Grossvorhaben 8. Dezember 1978	• Standortvorsorge für Energie- und Wirtschafts-Unternehmungen (Private und Oeffentliche)

Alle Landesentwicklungspläne bestehen aus einem Textband und einem ausführlichen Kartensatz. Die Landesentwicklungspläne I/II und III wurden bereits überarbeitet.

Quelle: eigene Zusammenstellung

Vom Landesentwicklungsplan zum Gebietsentwicklungsplan

Je weiter wir in der Planungshierarchie nach unten kommen, desto konkreter werden die Planwerke, die Verbindlichkeitsstufen werden breiter; gleichzeitig nimmt das Konfliktpotential zu.

Ist es Aufgabe und Gegenstand der Landesentwicklungsplanung "landesplanerische Regelungen und Festlegungen für ein entwicklungspolitisches Gesamtkonzept des Landes" zu erarbeiten (LANDESENTWICKLUNGSBERICHT 1979:206), so soll die **Gebietsentwicklungsplanung** (GEP) einerseits die Ziele der Raumordnung und der Landesplanung für den jeweiligen Regierungsbezirk zu umsetzbaren Zielen und Leitlinien für die kommunale Entwicklung konkretisieren und andererseits die Einzelinteressen der Gemeinden zusammenfügen und im Einvernehmen mit der Landesplanung zu einem tragfähigen Regionalkonzept vereinen (SCHMITZ 1982:363).

Der räumliche Bezug des GEP ist die Region, diese ist in NRW mit den Bezirken gleichzusetzen. Der GEP wird von den Bezirksplanungsräten ausgearbeitet und muss anschliessend von der Landesplanungsbehörde genehmigt werden. Die rein technische Erarbeitung obliegt der Bezirksplanungsbehörde, deren Leiter der "Bezirksplaner" ist. Der Bezirksplaner ist vom Land angestellt.

Als weiterer wichtiger Punkt im Zuständigkeitsbereich der Bezirksplanungsräte ist die Prüfungskompetenz für die Flächennutzungs- und Bauleitplanungen der Gemeinden zu erwähnen.

Pläne auf Gemeindeniveau

Die Aufstellung der Flächennutzungs- und Bauleitplanungen ist nach Bundesbaugesetz die Aufgabe der Gemeinden. Die durch das ROG und das Landesplanungsgesetz vorgegebenen Bestimmungen müssen zwar erfüllt sein, können aber, "dank" entsprechenden Gesetzeslücken und Gummiparagraphen relativ leicht umgangen werden. (siehe dazu auch die Ausführungen zur Kommunalplanung in Kap 9.4).

Einige kritische Nachgedanken

Die Planungspyramide ist gebaut. Obwohl sie an einigen Orten bereits wieder abbröckelt, stellt sie ein eindrückliches

Bauwerk dar, das mit konzeptionellem Sinn und viel Liebe im Detail errichtet worden ist.

Trotzdem, das Bild trügt: Mancheiner stellt heute begreiflicherweise die Frage, was denn nun die Resultate von 20 Jahren Raumordnungsgesetz seien. Untersuchungen über die raumstrukturellen Veränderungen der letzten 20 Jahre ergeben keine signifikanten Beweise über die Verbesserung der Raumstruktur als Folge der Raumordnung. Die räumlichen Disparitäten, die langfristig hätten abgebaut werden sollen, bestehen weiterhin.

Es wäre zu einfach, die Schuld für die in Realität eher "ungeplant" ablaufende Raumentwicklung der Raumordnung und ihren Planungsinstrumenten in die Schuhe schieben zu wollen. Es ist aber nicht zu übersehen, dass **im Vollzug des Raumordnungsgesetzes** und seiner Entsprechungen auf Landesebene einiges allzu large behandelt wurde und wird. Die Raumplanung hatte von Anfang an nur rahmengebende Funktion, wenn auch mit Koordinierungsauftrag. Langfristig setzte sich aber das ebenfalls verfassungsrechtlich verankerte **Ressortprinzip** durch: Die Raumordnungsminister sind bei der Beachtung von raumordnerischen Rahmenvorschriften auf den Goodwill ihrer Kollegen angewiesen.

Durch den extremen Wandel der räumlichen Struktur in den beiden letzten Jahrzehnten mussten die Strategiekonzepte und Instrumentarien der Raumordnung mehrmals angepasst werden. Der Uebergang vom anfänglichen "Zentrale Orte-Konzept" bis zum heute vieldiskutierten "Konzept der endogenen Entwicklung" ist nicht nur die Folge neuer wissenschaftlicher Erkenntnisse, sondern ebenso ein Ausdruck des gesamtgesellschaftlichen Umbruchs: Ein wachsender Teil der Gesellschaft hat denn auch den Glauben an die "von oben herab" kommende Kraft der Raumordnung verloren. Der Raumplanung wird vielmehr vorgeworfen, sie diene nur dem ohnehin ablaufenden Strukturwandel, wobei sie höchstens akute Sozialkonflikte verhindere und indem die Anpassungsleistungen in einer erzwungenen Mobilität allein der Arbeit aufgebürdet werde (nach NASCHOLD:1978 in BOESLER 1983: 152).

Schliesslich sei noch auf den Problemkreis der sogenannten **"Raumordnungsklausel"** hingewiesen. Bei der Raumordnungsklausel "handelt es sich um Vorschriften vieler Fachgesetze darüber, dass Ziele oder Grundsätze oder Erfordernisse der Raumordnung und Landesplanung bei den Fachplanungen zu beachten sind" (ERNST, 1983:7). Die Formulierungen und die Auslegungen solcher Klauseln lassen einigen Ermessensspielraum offen, der vor allem auf Gemeindeebene voll ausgeschöpft wird.

Durch die inneren Unstimmigkeiten und die äusseren Einflüsse wurde die Planungspyramide in den letzten Jahren arg in Mitleidenschaft gezogen. Es ist an der Zeit, besonders auch aus ökologischen Gründen, die Raumordnung mit neuen Konzepten und Strategien zu beleben. Dazu sind die gesetzlichen Strukturen voll zu nutzen oder allenfalls zu verbessern.

8.3 Zur Entwicklung des KVR seit 1979

Mit dem Gesetz über den Kommunalverband Ruhrgebiet (KVR) vom 1. Oktober 1979 legte das Landesparlament **die Aufgaben** des traditionsreichen Verbandes neu fest. Abbildung 8.4 gibt einen Ueberblick über die wichtigsten Aufgaben, die der Verband heute im Ruhrgebiet wahrnimmt.

Aus dem anfänglich reinen Planungsverband SVR hat sich ein mit vielfältigen Aufgaben und Pflichten ausgestatter KVR entwickelt. Neben den traditionellen Funktionen wie Freiflächenschutz, Verbesserung des Freizeitangebots, Planung und Raumbeobachtung sind im Zusammenhang mit der wirtschaftlichen Krise die kommunalen Beratungsstellen und im besonderen die stark intensivierte Oeffentlichkeitsarbeit zu erwähnen.
Das Ruhrgebiet hat nach wie vor das nachteilige Image des rauchgeschwärzten Reviers. Begriffe wie "rauchgeschwärzt" und "Revier" sollen verschwinden. Die Multivision "Ruhrgebiet - ein neues Bild vom Revier" ist eines von vielen Werbemitteln des KVR, das auf "Imagetour" geschickt wird.
Die Imagepflege ist natürlich nur äusserliche Kosmetik. Gegen innen versucht der KVR deshalb, mit Tagungen und Seminaren einen Beitrag zur Ueberwindung der Krise zu liefern.

Juristisch ist der KVR eine "Körperschaft des öffentlichen Rechts mit dem Recht der Selbstverwaltung". Er nimmt die übergemeindlichen Aufgaben wahr, die ihm von den elf kreisfreien Städten und vier Kreisen (siehe Abb. 8.5) übertragen sind. Finanziert wird der KVR von seinen Mitgliedern.
Die Verbandsversammlung ist nach wie vor das oberste Organ des KVR. Sie hat seit 1984 71 Mitglieder (43 Vertreter aus den Stadtparlamenten und Kreistagen mit vollem Stimmrecht, 28 beratende Mitglieder, davon je fünf Vertreter der Arbeitgeber und Arbeitnehmer Organisationen im Ruhrgebiet, 3 Bezirksplanungsräte und 15 Hauptverwaltungsbeamte). Sie wird von einem aus 16 Vertretern bestehenden Verbandsausschuss geleitet, dessen Vorsitzender der Verbandsdirektor ist.

Abb. 8.4: Die Aufgaben und Tätigkeiten des KVR

- Sicherung von Grün-, Wasser-, Wald- und ähnlicher von der Bebauung freizuhaltender Flächen mit überörtlicher Bedeutung für die Erholung und zur Erhaltung eines ausgewogenen Naturhaushaltes.

- Entwicklung, Pflege und Erschliessung der Landschaft, Behebung und Ausgleich von Schäden an Landschaftsteilen.

- Errichtung und Betrieb von öffentlichen Freizeitanlagen überörtlicher Bedeutung.

- Oeffentlichkeitsarbeit für das Ruhrgebiet.

- Planerische Dienstleistungen in den Bereichen Stadtentwicklungsplanung, Bauleitplanung, Stadterneuerung.

- Vermessungs- und Liegenschaftswesen mit Fernerkundung sowie Stadtplanwerk Ruhrgebiet.

- Kommunale Technologieberatung mit den Bereichen Energiewirtschaft, Wirtschaftlichkeit/Organisation, Kommunikationstechnologien und neue Medien.

- Fachliche und organisatorische Dienstleistungen für die kommunalen Verwaltungen: Erarbeitung und Aufbereitung von Grundlagendaten über die Region; Fachliche Beratung in den Bereichen Landschaftspflege, Forstwirtschaft, Freizeitwesen und Wohnumfeldverbesserung.

- Behandlung, Lagerung, und Ablagerung von Abfällen und Vorhalten aller Art.

Quelle: KVR, 1986: Wechsel auf die Zukunft

Abb. 8.5: Einige Daten und Fakten über den KVR

- Im Verbandsgebiet (4432 Quadratkilometer) leben ungefähr 5,3 Mio Menschen. Die Einwohnerdichte beträgt zur Zeit 1'173 Einwohner/qkm.

- Mitgliedsstädte:
  Bochum, Botrop, Dortmund, Duisburg, Essen, Gelsenkirchen, Hagen, Hamm, Herne, Mülheim, Oberhausen.

- Mitgliedskreise:
  Ennepe-Ruhr-Kreis, Recklinghausen, Unna, Wesel

- Flächennutzung:
Waldfläche	17%
Gebäude- und Hofflächen, Hofräume	19%
Oeffentliche Strassen, Plätze	7%
Landwirtschaftliche Nutzfläche	45%
Flächen sonstiger Nutzung	10%

  Fläche Total 4432 qkm

Quellen: diverse Publikationen des KVR

Politisch dominiert die SPD das Verbandsgeschehen, setzte diese Partei sich bei den letzten Wahlen 1984 (es wird im 5 Jahresrythmus gewählt) doch wie üblich durch. Sie hat 28 Vertreter mit vollem Stimmrecht. Die restlichen 15 Sitze beansprucht die CDU. Die übrigen Parteien sind nicht vertreten.

Die Stärke der SPD überrascht nicht: Das Ruhrgebiet ist seit den 50er Jahren die absolute SPD Hochburg. Böse Zungen behaupten, die Leute würden selbst einen mit "SPD" angeschriebenen Esel wählen (vgl. Abb. 8.6).

Abb. 8.6: Das Ruhrgebiet ist seit mehr als 20 Jahren eine SPD-Hochburg

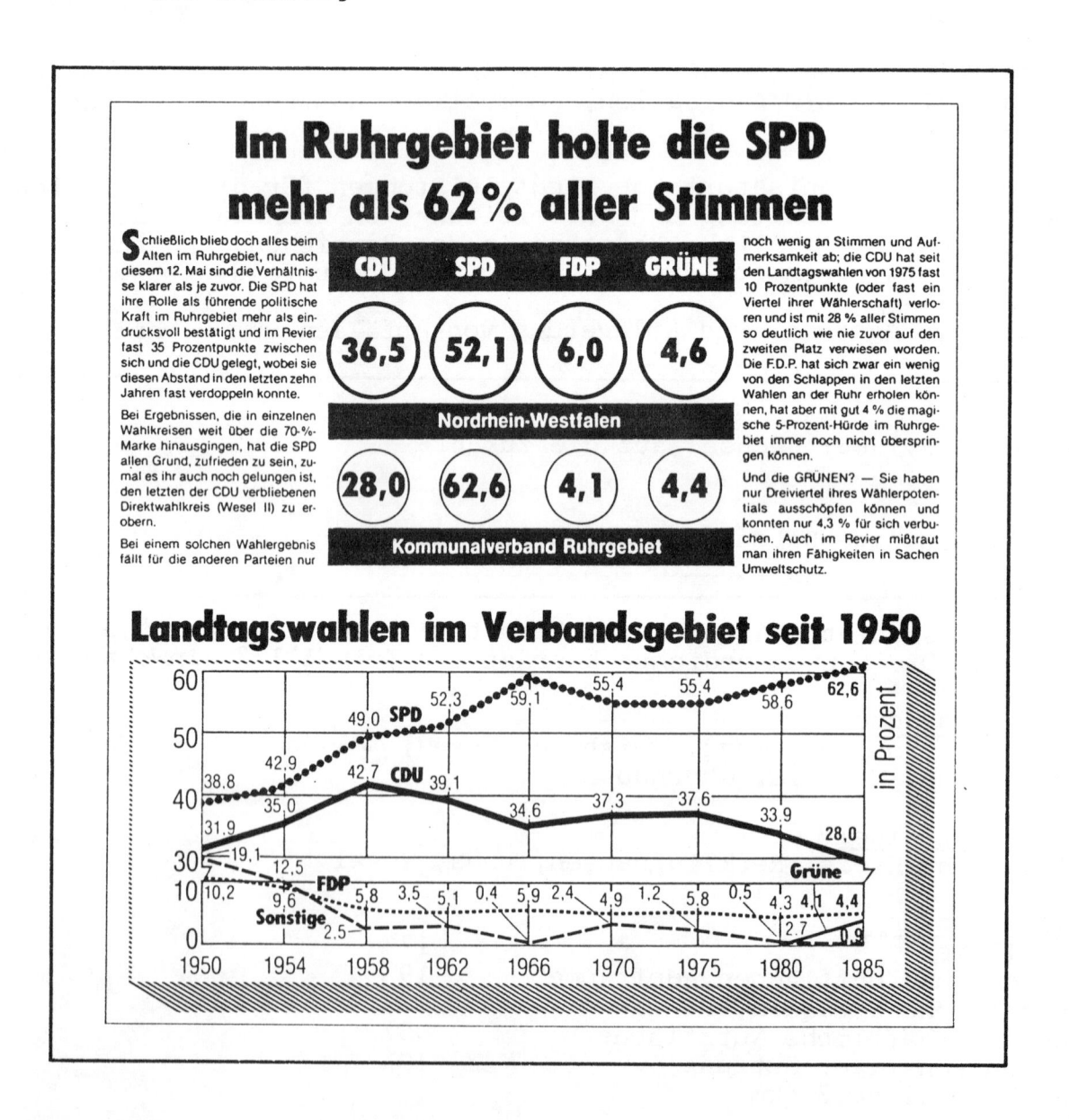

Quelle: KVR aktuell 1/1985

Als Mitgliedervertreter amten meistens die Oberbürgermeister der betroffenen Städte und Kreise selbst. Die Ruhrwirtschaft ist zur Zeit mit Vertretern aus dem Ruhrverband, der Handwerkskammer, den Industrie- und Handelskammern und den chemischen Werken Hüls dabei. Die Arbeitnehmer sind mit allen wichtigen Gewerkschaften vertreten (DGB, IG Metall usw.).

Der KVR beschäftigte 1986 360 Mitarbeiter. Dazu kommen weitere 250 Beschäftigte in zugewandten GmbH's. Das Jahresetat betrug 1986 91 Mio DM. Soweit die Fakten: Das nächste Kapitel versucht, das Kräftefeld, in dem der KVR heute politisch und planerisch steht, etwas zu beleuchten.

8.4 "Eigentlich interessiert uns nur die parzellenscharfe Planung" - Wirtschaft, Politik, und Verwaltung im Clinch mit den staatlichen Planungskonzeptionen.

Betrachtet man die Planungspyramide von "unten", mag diese Aussage eines Wirtschaftsvertreters zutreffen. Was interessieren mich als Bauherr oder Wirtschaftsförderer all die übergeordneten Planungen mit Zielkatalogen, die niemals konkret werden. Relevant ist der Bebauungsplan mit exakten Vorschriften über Nutzungsart und Bebauungstyp einer jeden Parzelle. Dieser stellt die Gemeinde auf.
Auf Gemeindebene wird über Sein oder nicht Sein einer Gewerbefläche für Hightech-Betriebe in einem Grüngürtel entschieden. Klar, der übergeordnete Gebietsentwicklungsplan ist für die Gemeindeväter verbindlich. Die Gesetzeslücken und das Argument des "Allgemeinwohls" lassen aber genügend "Raum" für individuelle Abmachungen (vgl. auch Kap 9).

"Konsens" anstelle (demokratischer) Planung?

Bei "individuellen Abmachungen" kommt dann der von Wirtschaftsvertretern vielgepriesene Konsens ins Spiel. Unter **"Konsens"** verstehen diese Kreise die reibungslose und möglichst informelle Zusammenarbeit von Politikern, Verwaltungsbeamten, Wissenschaftlern und Wirtschaftsbossen.
Ich vermute, dass die Zahl der "Abmachungen" mit fortschreitender Wirtschaftskrise grösser wird. Für die Raumordnung im Verdichtungsraum Ruhr würde dies dann heissen: Je stärker dieser Raum unter wirtschaftlichen Schwierigkeiten leidet, die nicht nur aus unternehmerischer Sicht, sondern ebenso aus gesellschaftspolitischen Überlegungen zum Handeln auffordern, desto weniger kann die staatliche Planung lenken.

Sie wird zum reagierenden Instrument, das vorgespurte Entwicklungen bestenfalls noch bestätigen kann.

Die Städte und Kreise des Ruhrgebiets nehmen nämlich seit der Kohle- und Stahlkrise und den damit verbundenen wachsenden Arbeitslosenzahlen (März 1986:14,3% im KVR-Gebiet) extreme Konkurrenzpositionen ein, wenn es um die Neuansiedlung von Firmen geht. Dabei werden oft Flächen, die aus raumplanerischer Sicht erhaltenswert sind, überbaut. Dies, weil diese neuen Betriebe (v.a. die Hightech-Betriebe) auf die "grüne Wiese" wollen und sich kaum mehr auf alten Industrieflächen ansiedeln lassen.
Diese individuellen Lösungen sind für die Verantwortlichen auf Gemeinde- und Firmenebene sicher interessant; zudem sind sie wahrscheinlich nicht einmal die schlechtesten.
Der Bürger aber, der bei der Aufstockung seines Hauses an Planungsvorschriften scheitert, kann schwerlich mit dem "Allgemeinwohl" argumentieren. Wenn in Ausnahmefällen doch gebaut werden kann, ist dies nicht selten dem neuen "Konsens" oder dem alten Interessenfilz im Ruhrgebiet zuzuschreiben.

Dieser **informelle Bereich der kommunalen Wirtschaftspolitik** darf dabei nicht mit dem Bündnis verglichen werden, das nach dem Krieg "Grossindustrie, Grosskapital, Gewerkschaften und Politiker" eingegangen sind (KUNZMANN 1985:121).
Kunzmann sieht in diesem "informellen Sektor" oder "Konsens" "ungenutzte Potentiale, die den regionalen wirtschaftlichen Aufschwung beflügeln könnten" (KUNZMANN 1985:121). Ein Beispiel dafür ist sicher das Essener Technologie und Entwicklungszentrum ETEC (siehe dazu Kap. 10.4).

Obwohl sich der neue "Konsens" auch in einer neuen Managergeneration manifestiert, wird man den Verdacht nicht los, dass es sich hierbei nur um eine neue Spielart des alten Machtgefüges handelt.
Auf die Raumordnung bezogen heisst dies: Die verschiedenen Interessenvertreter geben sich "Mühe", auf dem löcherigen Boden der raumordnungspolitischen Realität zu bleiben. Diese Bemühungen zeigen vor allem auf Gemeindeebene ihre Wirkung.

8.5 <u>Bilanz: Planung abschaffen?</u>

Daraus den Schluss zu ziehen, die übergeordneten Planungsebenen ersatzlos zu streichen, ist meines Erachtens falsch. Die Planungspyramide hat durchaus ihren Sinn. Im jetzigen Zeitpunkt steht sie allerdings auf einer schwachen Basis und die momentane Wirtschaftslage kann nicht unbedingt zu ihrer Stärkung beitragen. Ungleichheiten vor Gesetz, Lücken im Paragraphenwald, Spannungen im Verwaltungsapparat sind die Folgen. Dies drückt sich nicht zuletzt in der steigenden Zahl der Bürgerinitiativen aus, die gegen bauliche Vorhaben in planerisch geschützten Zonen Sturm laufen.

Aus konzeptionellen, verfassungsrechtlichen, gesellschaftlichen und besonders ökologischen Ueberlegungen, ist die Planungspyramide unumgänglich. Je länger aber an der Planungsspitze niemand daran interessiert ist, Gesetze und Programme, die zur Verhinderung von räumlichen Fehlentwicklungen geschaffen wurden, zu verwirklichen, desto grösser wird der Missbrauch bei individuellen "Abmachungen" werden.
Dies heisst nun nicht, die Regional- und Kommunalplaner sollen auf den "Gong" von oben warten. Mit kommunalen und regionalen Planungsinitiativen, gekoppelt mit anderen regionalpolitischen Massnahmen, kann die Raumordnung ebenso von unten her gestärkt werden.

Der KVR als Chance?

Der KVR, der das Vertrauen fast aller Beteiligter geniesst, könnte dabei eine wichtige Rolle spielen. Sein Raumbeobachtungsinstrumentarium und die Kompetenz bei landesplanerischen und ökologischen Sachfragen sind anerkannt. Auch wenn der Verband 1975 die Planungshoheit verlor, kann sich die Planungsabteilung nicht über mangelnde Arbeit beklagen. Selbst die Bezirksplanungsräte sind auf die Dienste des KVR angewiesen.
Aus dem Auftrag, Grün-, Wasser- und Waldflächen von regionaler Bedeutung zu schützen, entstand 1985 das **"Regionale Freiraumsystem Ruhrgebiet"**. Der KVR erarbeitete quasi einen thematischen Gebietsentwicklungsplan für das Verbandsgebiet. Der Plan legt Ziele für aktuelle und potentielle Freiraumfunktionen fest. Im Moment liegt er als Entwurf vor, und wird den Mitgliedern zur Begutachtung unterbreitet.

Die Erarbeitung dieses Planes stiess nicht bei allen Mitgliedern auf Wohlwollen. So erklärten beispielsweise die Stadtentwicklungsplaner von Duisburg, die für die Stadt Duisburg einen eigenen Freiflächenplan erarbeitet hatten, der KVR hätte seine Kompetenzen überschritten, könne er doch nicht einen Plan für alle Mitglieder verbindlich erklären, den er ohne eigentlichen Auftrag selber erarbeitet habe.
Dadurch entsteht die etwas paradoxe Situation, dass die Stadt Duisburg, die in der Verbandsversammlung Einfluss auf

den KVR hätte (die Sitzungsmoral soll nicht besonders grossartig sein), ein regionales Freiraumkonzept vorgelegt bekommt, das in verschiedenen Bereichen nicht mit ihren eigenen Vorstellungen übereinstimmt.

Dieser Fall scheint aber eher eine Ausnahme zu sein, haben wir doch aus unseren bisherigen Informationen den Eindruck gewonnen, dass der KVR trotz fehlender juristischer Planungshoheit sich faktisch recht gut zu behaupten weiss. Den fehlenden gesetzlichen Auftrag zu regionaler Planung scheint der KVR übrigens seit den letzten Jahren mit einer neuen Strategie wettzumachen, der **"persuasiven Planung"**: Überzeugen und Durchsetzen mit Kompetenz, Einfluss und Geld. Niemand kommt bei Planungsfragen am KVR vorbei.
Ich bin überzeugt, dass der KVR auch ohne volle Planungskompetenz einen wichtigen Beitrag zur planerischen und regionalpolitischen Diskussion leisten kann und auch auf dem Gebiet der Regionalplanung mit neuen Wegen und Ideen zur Stärkung der nationalen Raumordnung beitragen könnte.

Ein zu positives Bild?. Die fachliche Arbeit des KVR überzeugt; die schon beinahe historische Machtposition des Verbandes erlaubt ihm, bei der "Konsenfindung" ein gewichtiges Wort mitzureden. Auch die Planung passt ihre Mittel an!

8.6 Literatur

AKADEMIE FUER RAUMFORSCHUNG UND LANDESPLANUNG, 1982: Grundriss der Raumordnung. Hannover.
BOESLER, K.-A., 1983: Politische Geographie. Teubner Studienbücher der Geographie. Stuttgart.
BOESLER, K.-A., 1982: Raumordnung. Erträge der Forschung, Band 165. Darmstadt.
BIRKENHAUER, J., 1984: Das Rheinisch - Westfälische Industriegebiet. UTB Nr. 1214. München, Wien, Zürich.
BUNDESMINISTER FÜR RAUMORDNUNG, 1985: Programmatische Schwerpunkte der Raumordnung.Schriftenreihe des Bundesministers für Raumordnung, Heft 06.057. Bonn.
DAVID, C., 1981: Organisation der Raumplanung. In: Daten zur Raumplanung. Akademie für Raumforschung und Landesplanung. Hannover.
GATZWEILER, H.-P., 1986: Zwanzig Jahre Bundesraumordnungsgesetz. In: Geographische Rundschau Heft 9: 434-437.
GATZWEILER, H.-P., SOMMERFELDT, P., 1986: Raumstrukturelle Veränderungen seit Verabschiedung des Bundesraumordnungsgesetzes 1965. In: Geographische Rundschau Heft 9: 441448.
GLOCK, W., SCHLIEPER, A., 1983: Strukturanalyse Ruhrgebiet. Essen.

KRAEMER, H., 1979: Duisburg, Ziele zur Stadtentwicklung. Reihe: Untersuchungen zur Stadtentwicklung Band 3. Duisburg.

KUNZMANN, K., 1985: Spuren in die Zukunft des Ruhrgebietes. In: Institut für Landes- und Stadtentwicklungsforschung (Hrsg.). Beiträge zur Raumforschung und Landesplanung. Dortmund.

KVR, 1984: Ruhrgebiet aktuell: Zeitschrift des KVR. Heft 3/84. Essen.

KVR, 1986: Regionales Freiraumsystem Ruhrgebiet. Teil 1, Entwurf. Essen.

KVR, 1986: Wechsel auf die Zukunft. Essen.

MINISTER FÜR LANDES- UND STADTENTWICKLUNG, 1984: Freiraumbericht. Düsseldorf.

MINISTERPRÄSIDENT DES LANDES NRW, 1985: Landesentwicklungsbericht Nordrhein-Westfalen 1984. Dortmund.

MINISTERPRÄSIDENT DES LANDES NRW, 1979: Landesentwicklungsbericht Nordrhein-Westfalen 1979. Düsseldorf.

OESTERREICHISCHES INSTITUT für Raumplanung (ÖIR), 1984: Räumliche Entwicklung und gesamtstaatliche Raumordnung. Schriftenreihe des österreichischen Instituts für Raumplanung Reihe B, Band 6. Wien.

SCHLIEPER, A., 1984: Das Ruhrgebiet. Statement für die Pittsburgh-Konferenz. KVR, Essen.

SCHMITZ, G., 1982: Regionalpläne. In: Akademie für Raumforschung und Landesplanung (Hrsg.): Grundriss der Raumordnung. Hannover.

STIENS, G., 1986: Raumordnungspolitische Strategien und Instrumente im Wandel. In: Geographische Rundschau Heft 9:437-441.

WERNER, E., 1983: Aufgabeninhalte und Kompetenzen des Bundes im Bereich der Raumordnung. In: DISP, Heft 75. Zürich.

9. VON DER SCHMUTZIGEN INDUSTRIESIEDLUNG ZUM SAUBEREN LEBENSRAUM EINER DIENSTLEISTUNGSGESELLSCHAFT - EINFLUESSE DES WIRTSCHAFTLICHEN WANDELS AUF DIE SIEDLUNG IM RUHRGEBIET

Hugo Staub, Peter Wisler

9.1 Städtebau im Schlepptau der Wirtschaftsentwicklung

Es wäre falsch, anzunehmen, der strukturelle Wandel der Wirtschaft im Ruhrgebiet wirke sich nicht auch auf die Siedlung aus! Funktion und Erscheinungsbild einer Siedlung stehen immer in sehr engem Zusammenhang mit der Wirtschafts- und Lebensweise ihrer Bewohner; wenn diese sich verändert, so verändert sich auch die Siedlung (u.a. BOEHME 1984: 39; ROSSI 1984: 26)!
Nur ist die Siedlung sehr viel träger als die wirtschaftliche Konjunktur oder einzelne demographische Entwicklungen (insbesondere Wanderungen), weshalb der Wandel der Siedlung immer mit einer gewissen Verspätung folgt. HILLBRECHT (1962: 42) formulierte diesen Zusammenhang folgendermassen: "**Die Stadtentwicklung wurde von der Wirtschaft betrieben und der Städtebau befand sich in ihrem Schlepptau**" (zitiert nach FRIEDRICHS 1985: 23). Zechensiedlungen im Ruhrgebiet illustrieren diese Verzögerung sehr deutlich. Während eine grosse Anzahl Zechen geschlossen und Fördertürme abgebrochen wurden, erlebten Zechensiedlungen vielerorts zwar eine Veränderung der Berufs- und Sozialstruktur ihrer Bewohner, baulich blieben sie aber erhalten. Ihre Wohnqualitäten werden heute sogar regelrecht wiederentdeckt.

Auf Wohn-, Wohnumfeld- und Umweltqualität wird auch im Ruhrgebiet immer mehr Wert gelegt. Die "Entindustrialisierung" der Siedlung ist aber noch nicht so weit fortgeschritten, dass diese Qualitäten überall geboten werden könnten (vgl. Abb. 9.1).
Diese neuen Bedürfnisse kann die Siedlung heute nur teilweise befriedigen, obwohl mit Sanierungsprogrammen versucht wird, hässliche Quartiere zu verschönern, Strassen und Plätze attraktiver zu gestalten und mit Grünzonen Industrie- und Wohngebiete voneinander zu trennen. In diesem Defizit liegt ein grosses Problem: Wer seine Wohnbedürfnisse nicht befriedigt sieht, mobil genug ist und es sich finanziell leisten kann, der wird das Ruhrgebiet verlassen und in eine andere Gegend ziehen. Durch die wirtschaftliche Krisensituation und die Probleme auf dem Arbeitsmarkt wird diese Abwanderung zusätzlich gefördert.

Abb. 9.1 Wohnwert im Ruhrgebiet

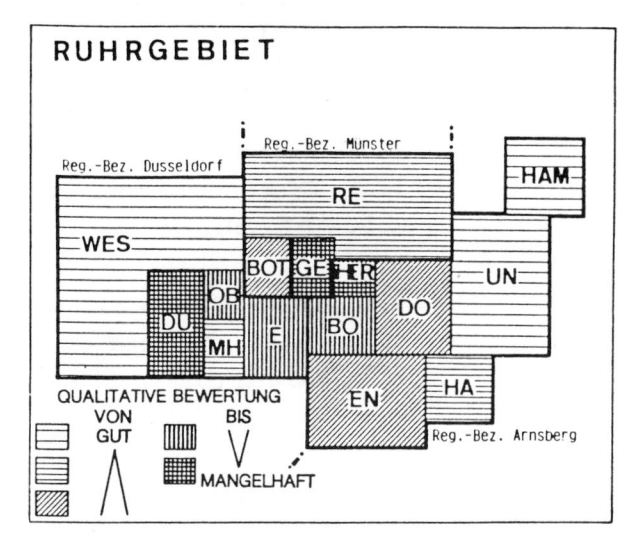

Bei der Darstellung des Wohnwertes wurden folgende Faktoren berücksichtigt:
1. Anzahl der Räume je 100 Einwohner
2. Anteil der Wohnungen mit mehr als fünf Räumen
3. Grünfläche je Einwohner in m²
4. Besiedelte Fläche in Prozent der Gesamtfläche
5. Anzahl der 1983 fertiggestellten Wohnungen je 1.000 Einwohner 1983
6. Beschäftigte im tertiären Sektor in Prozent der Erwerbstätigen 1983
Die Städte mit besonders schlechtem Wohnwert hatten in der Vergangenheit auch die höchste Bevölkerungsabnahme zu verzeichnen, so daß anzunehmen ist, daß neben Problemen des Arbeitsmarktes die Unzufriedenheit mit der Wohnsituation Hauptgrund für eine Abwanderung war. Es überrascht nicht, daß die Randzonen durchweg einen hohen Wohnwert aufweisen.

QUELLE: BRONNY, H.M., 1985: Das Ruhrgebiet - Daten zur Bevölkerung.

Abb. 9.2 Entwicklung der Siedlungsfläche zwischen 1900 und 1983

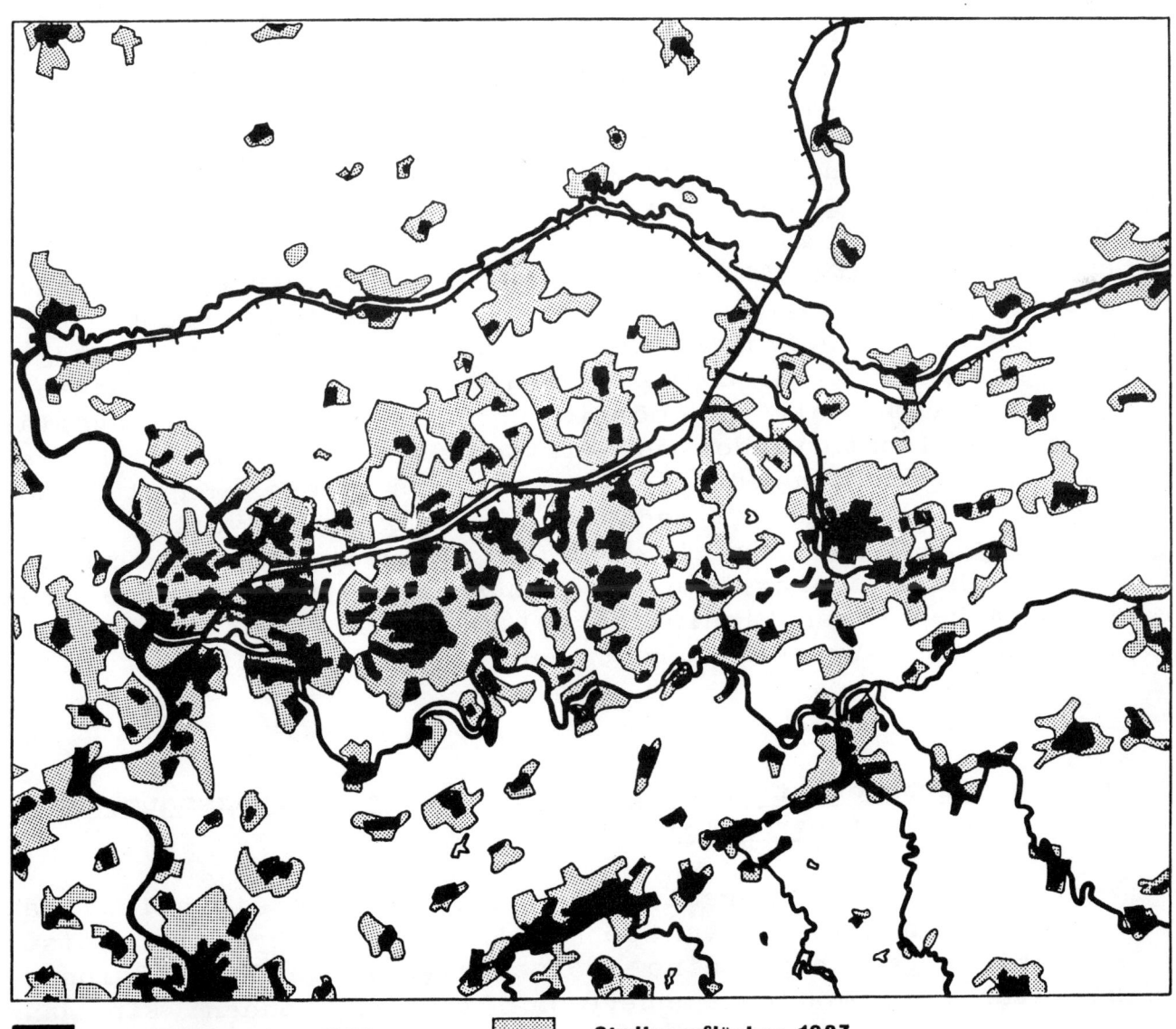

■ Siedlungsflächen 1900   ▒ Siedlungsflächen 1983

QUELLE: KVR, 1986: RFR'85 - Regionales Freiraumsystem Ruhrgebiet, Teil 1.

Das Problem besteht nun darin, dass nicht der ganze soziale Querschnitt einer Bevölkerung fortzieht, die Abwanderung erfolgt selektiv, am stärksten in Kreisen hochqualifizierter Facharbeiter und Intellektueller (u.a. LICHTENBERGER :1986), für welche nicht nur ein lokaler oder regionaler, sondern ein nationaler Arbeitsmarkt offen steht. Nach BURGHES (1929!) können deshalb bei hoher Mobilität sogenannte "Gebiete der Demoralisierung" entstehen (zitiert nach FRIEDRICHS 1977: 102). Diese Verluste kann sich das Ruhrgebiet aber nicht leisten! Soll ein struktureller Wandel aus dem Ruhrgebiet wieder einen starken Wirtschaftsraum machen, so müssten die entscheidenden Akteure, die "Motoren" dieses Wandels, im Gebiet bleiben.

Es besteht also nicht nur eine Abhängigkeit der Siedlung von der Wirtschaft, sondern auch **der Wirtschaft von der Siedlung**, indem diese den gestiegenen Anforderungen an Wohn- und Lebensqualität jener Fachkräfte genügen muss, die durch ihr Verbleiben, respektive durch ihren Zuzug ins Ruhrgebiet, den strukturellen Wandel ermöglichen sollen.
Dazu ist es notwendig, dass sich die (Siedlungs-)Planung von der Defensive in die Offensive wagt und die "Entdichtung" des Ballungsraumes, d.h. den heute stattfindenden Schrumpfungsprozess, nutzt, um neue "Qualität" zu schaffen.

In den folgenden Abschnitten wollen wir versuchen, die Siedlungsentwicklung seit der Auflösung des Siedlungsverbandes Ruhrgebiet grob zu skizzieren und die aktuellen Trends und Probleme der stattfindenden Entwicklung anzusprechen. Zudem möchten wir einige Einflussmöglichkeiten der Planung auf diese Prozesse aufzeigen und ein paar Aspekte der Strategie "Sanierung" mit ihren Massnahmen und Auswirkungen darstellen, mit dem Ziel, den möglichen **Beitrag der Siedlungsplanung zum Strukturwandel der Wirtschaft** kritisch zu diskutieren. Wir sind uns dabei bewusst dass dieses Kapitel zur Siedlung im Ruhrgebiet weder vollständig, noch völlig ausgewogen ist. Dazu wäre eine vertiefte Auseinandersetzung mit diesem Thema nötig. Dennoch glauben wir aber, einige zentrale Aspekte der Siedlungsproblematik im urban-industriellen Ballungsraum erfasst zu haben.

9.2 Das Ruhrgebiet: Ein polyzentrischer Ballungsraum, aber keine Weltmetropole!

Verschiedene Ballungsgebiete der Welt müssten eigentlich das Ruhrgebiet beneiden, denn der Ballungsraum Ruhrgebiet weist, historisch gewachsen, eine **Vielzentrigkeit in der Siedlungsstruktur** auf, von der andere nur träumen können. Ein ganz bedeutender Unterschied zu London, Paris oder New York besteht eben darin, dass im Ruhrgebiet der Ballungsraum durch das Zusammenwachsen verschiedener Siedlungszellen, und nicht durch Wachstum um einen einzigen Kondensationskern herum entstand.

Fassen wir **einige Aspekte der historischen Siedlungsentwicklung** kurz zusammen: Schon vor der Industrialisierung der Kohle- und Stahlverarbeitung konnten im Ruhrgebiet wenigstens **drei Zonen** unterschieden werden (vgl. hierzu Abb. 1.4 in Kap. 1): Im Süden, entlang den Ausläufern des Bergisch-Märkischen Landes die Ruhrtal-Zone, wo verschiedene Marktorte lagen, die als Brückenköpfe bedeutend waren. In der Mitte die sogenannte Hellwegzone, mit den Städten Duisburg, Essen, Mühlheim, Bochum und Dortmund, die auf das Ruhrgebiet einen starken Kristallisationseffekt ausübten (verstreut zwischen diesen Städten lagen bäuerliche Siedlungen). Und im Norden das Gebiet der Emscher und Lippe, welches nur sehr dünn besiedelt war.

Im 18. Jahrhundert begann im Gebiet der Ruhr die industrielle Entwicklung des Bergbaus und der Eisenverhüttung (vgl. hierzu auch Kap. 2). Von dort aus verschoben sich die Standorte dieser Industrien nach und nach nordwärts. In dieser ersten Phase wuchsen die Marktorte der Ruhr zu Mittelstädten, die durch ein lockeres Siedlungsband miteinander verbunden waren. Im Zusammenhang mit ihrer kontinuierlichen Nordwärtswanderung hat die Eisen- und Stahlindustrie dieses Gebiet heute bereits verlassen, übrig blieben einige industriegeschichtliche Denkmäler und kontaminierte Böden. In der Hellwegzone trafen die Industrien auf die bereits erwähnten, stark handelsorientierten Städte. Dadurch wurde vielerorts ein weiteres Wachstum dieser Oberzentren gehemmt. Durch die erneute Standortverlagerung der Kohle- und Stahlindustrie wandelten sich auch die südlichen Orte der Emscherzone zu Bergbausiedlungen und später erfolgte deren Zusammenwachsen mit den Hellwegstädten. Als der Bergbau dann den nördlichen, nur dünn besiedelten Teil der Emscherzone erreichte, wurden die Standorte der neuen Zechen nach rein bergbaulichen Kriterien gewählt, oft mitten auf der grünen Wiese. Für die Arbeiter wurden deshalb Zechensiedlungen angelegt. Die Siedlungsentwicklung ging in diesem Bereich also nicht von der vorhandenen Struktur, sondern von den Zechen und Schächten aus (DEGE/DEGE 1983: 43ff). Die Abbildung 9.2 zeigt die flächenhafte Ausdehnung der Siedlung seit der Jahrhundertwende.

Die massivsten Probleme im Siedlungsbereich finden wir heute im Gebiet der Hellwegzone und im südlichen Teil der Emscherzone. Die enge Nachbarschaft von Industrie und Siedlung führte hier zu einer grossen Anzahl sogenannter **Nahtlagen**, zu teilweise prekären **Altlasten** und, mit der Auflösung vieler Betriebe, zu **innerstädtischen Brachen** beachtlichen Umfangs!

Kehren wir **zurück in unser Jahrhundert**. Polyzentrische Struktur hat Vor- und Nachteile, davon soll in den folgenden Abschnitten die Rede sein. Weitere Details zur allgemeinen Genese des Ballungsraumes sind dem Kapitel 2 zu entnehmen. Wir möchten uns hier auf die Betrachtung der nahen Vergangenheit beschränken, auf die Entwicklung der letzten zehn bis fünfzehn Jahre, und auf eine ganz wichtige, treibende Kraft dieser Entwicklung, auf die **Konkurrenz zwischen den Städten**.

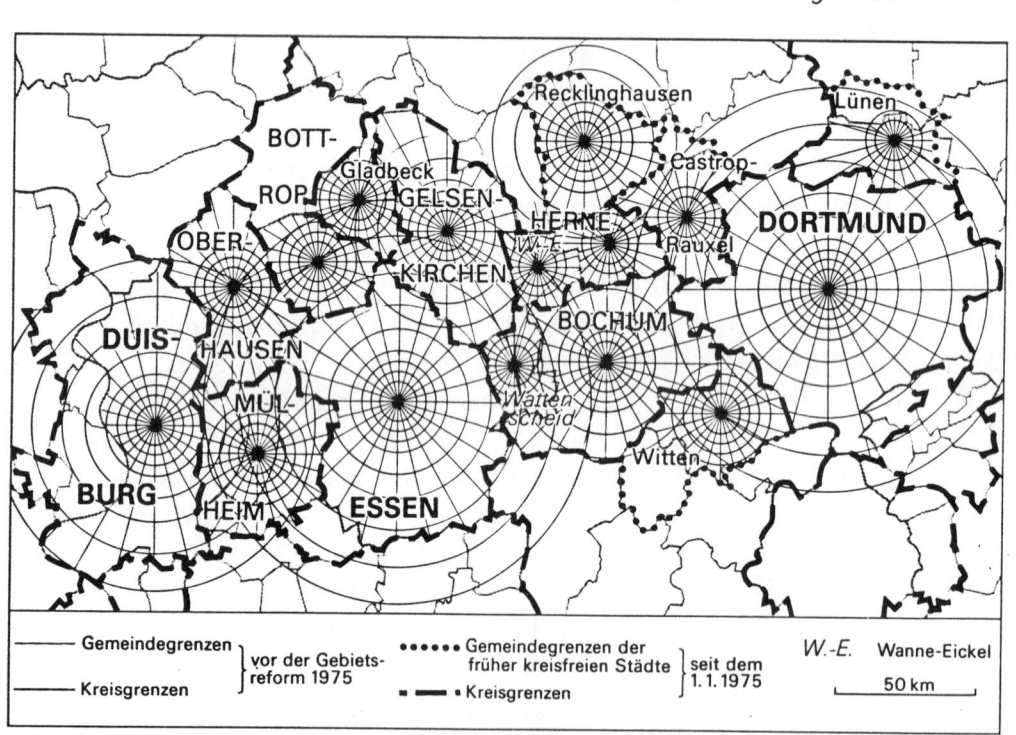

Abb. 9.3   Zentren und ihre Einflussbereiche im Ruhrgebiet

Polyzentrischer Aufbau und Einflußbereiche im Ballungsraum Ruhr
Die Radiallinien zeigen die eigenzentrierten Struktur- und Entwicklungssysteme im Ruhrgebiet. Die konzentrischen Kreise deuten die Bereiche überwiegender Berufspendler- und Zentralitätsbeziehungen an (nach BUCHHOLZ, 1973)

QUELLE: DEGE, W./DEGE, W., 1983: Das Ruhrgebiet.

Konkurrenz und Wachstum war die Mischung, welche das Ruhrgebiet zum wirtschaftlichen Kernraum Deutschlands werden liess, sie war die Zauberformel für den Wiederaufbau nach dem Zweiten Weltkrieg, und sie prägte die Entwicklung bis hin zum Oelschock und zur Stahlkrise Mitte der 1970er Jahre. Was sich danach änderte, war das Vorzeichen beim Wachstum, nicht aber die Konkurrenzsituation! Wir sind uns bewusst, dass dies eine stark vereinfachende Sicht der Dinge ist, sie ist aber dennoch (oder deshalb?) geeignet, ein paar Phänomene der jüngsten Siedlungsentwicklung zu beschreiben.

Die räumliche Gliederung der Ruhrgebietsstädte nach ihren Einflussbereichen (vgl. Abb. 9.3) dokumentiert sehr deutlich, dass zentralörtliche Einrichtungen sehr dezentral über das ganze Gebiet gestreut sind. Dortmund, Essen und Duisburg, um die drei grössten Städte zu erwähnen, liegen sehr nahe beieinander und sind durch Hochleistungsstrassen bestens miteinander verbunden. Ihre Einzugsgebiete überschneiden sich, sie decken sich vor allem fast vollständig mit den Einzugsgebieten der kleineren Zentren wie Bochum oder Hagen (vgl. Abb. 9.3). Obwohl Essen als "heimliche Hauptstadt des Ruhrgebietes" bezeichnet wird, fehlt ein wirklich dominantes Oberzentrum. Daraus ergeben sich drei Konflikte, die auch für die Siedlungsentwicklung von Bedeutung sind.

1. Konflikt - die "Infrastrukturschlacht"

Dienstleistungsangebote, Infrastruktureinrichtungen und gute Erreichbarkeit zeichnen ein Zentrum aus. Da noch kein Oberzentrum im Ruhrgebiet klar dominiert, der Thron quasi noch frei ist, besteht ja die Chance, diesen dank Infrastrukturausbau doch noch erobern zu können. So scheint in verschiedenen Städten argumentiert worden zu sein. Anders ist vieles nicht zu erklären, so zum Beispiel der enorme Ausbau der Verkehrsinfrastruktur (v. a. im privaten Bereich), die Rieseninvestitionen im Bildungsbereich (insb. auch in Hochschulen), oder die kulturelle Aufrüstung der letzten zwanzig Jahre (insb. Museen und Bühnen).
Im Zusammenhang mit der kommunalen Neugliederungen von 1975 (vgl. 2. Konflikt) wurden vielerorts die bisher selbständigen Zentren der aufgehobenen Gemeinden als sogenannte **Siedlungsschwerpunkte** (SSP) ausgeschieden, als eine Art untergeordnete Zentren innerhalb einer Stadt. Sie sollten Konzentrationspunkte darstellen, an denen Bevölkerung und Infrastruktur angesiedelt, respektive zusammengezogen werden sollte. Damit hätten die notwendigen Dichtewerte erreicht werden sollen, welche Investitionen wie die Schnellbahn erst

Abb. 9.4: Geplante Siedlungsschwerpunkte in Duisburg (Ausschnitt Stadtmitte-Südteil)

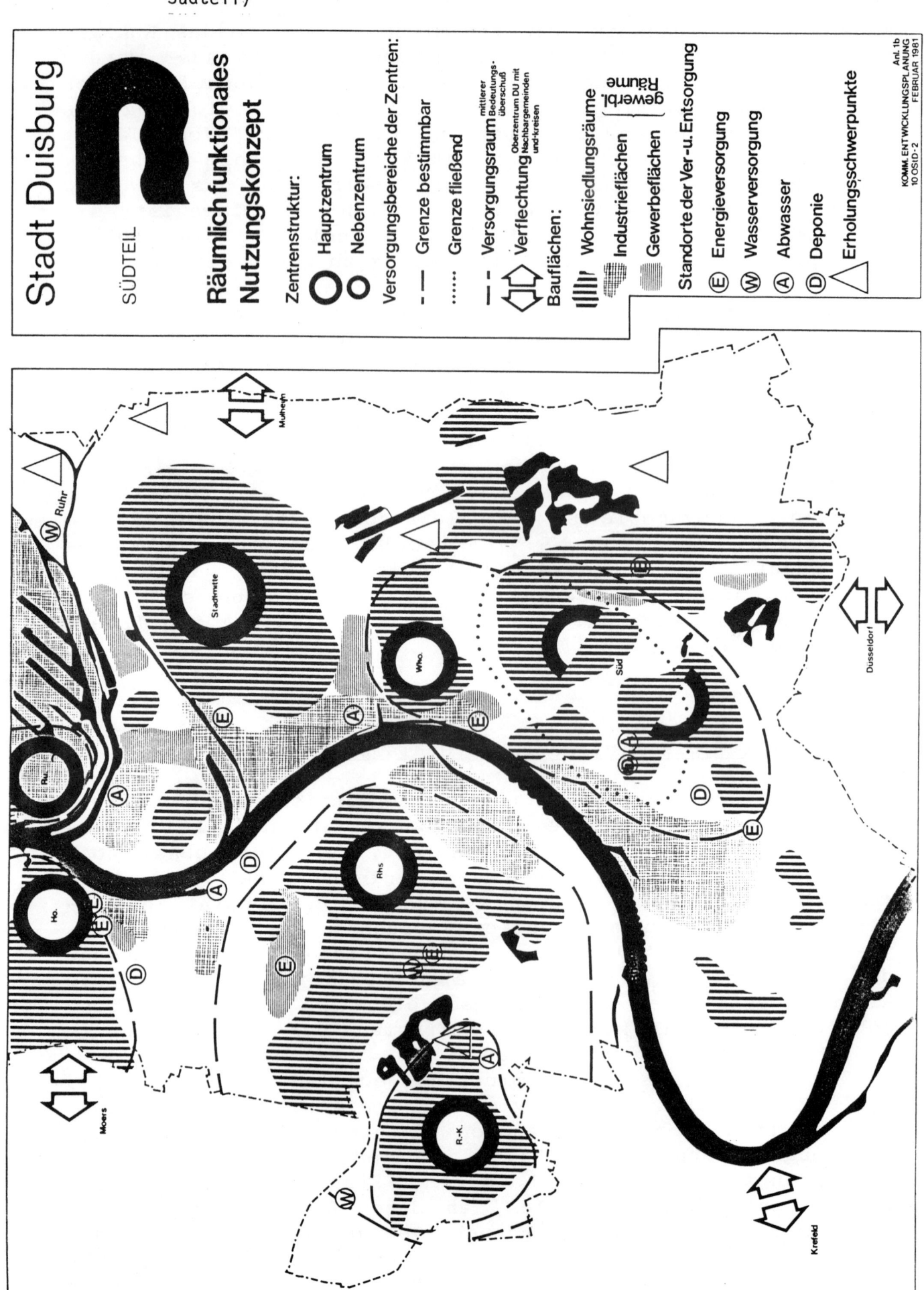

Quelle: Stadt Duisburg 1981

rentabel erscheinen liessen. Zudem sollten die SSP auch eine gleichmässige Versorgung der grossen Stadtgebiete mit gewissen Infrastrukturleistungen sicherstellen (vgl. als Beispiel die geplanten Siedlungsschwerpunkte im Raum Duisburg in Abb. 9.4).

Man kann heute aber feststellen, dass diese sehr unterschiedlich auf die SSP verteilt sind. Als die Finanzen knapp wurden, konzentrierten die Städte ihre Infrastrukturausgaben auf den Ausbau ihrer Kernzonen und vernachlässigten dabei zum Teil ihre übrigen Gebiete. In typischen Arbeitersiedlungen, meist in Nahtlagen mit Industriebetrieben, dominieren heute Infrastrukturen mit sozialer Funktion wie Kinderhorte, Spielplätze, Altenclubs oder Altengaststätten. In den vorwiegend von Angestellten bewohnten Gegenden aber, oft in der Nähe von Grünzonen gelegen, herrschen weiterführende Schulen, Arztpraxen, Apotheken und Altersheime vor. Diese ungleiche Verteilung und die vergleichsweise geringe Mobilität der Arbeiterschicht machen diese Einrichtungen zum Privileg der besser verdienenden Bevölkerung (HERLYN, 1981).

Zugegeben, viele dieser Investitionen in die Infrastruktur sind als Nachholen einer versäumten Entwicklung zu bewerten und sie vermögen die Attraktivität des Ruhrgebietes sehr zu steigern. Gleichzeitig belastet der Unterhalt dieser Einrichtungen aber die Budgets der Gemeinden sehr stark, die ungleiche Erreichbarkeit dieser Einrichtungen für verschiedene soziale Schichten wurde nicht verhindert und das parallele Wachstum an verschiedenen Punkten verunmöglichte die Herausbildung eines wirklich urbanen Zentrums im Ruhrgebiet. Urbanität ist eben nicht mit Infrastrukturdichte zu verwechseln! Sie ist vielmehr eine Frage der Erlebnisvielfalt und des Lebensgefühls in einem Stadtraum, ein Gefühl also, welches im Ruhrgebiet weder die Einwohner (was uns in Gesprächen verschiedentlich bestätigt wurde), noch den Besucher in der Art erfasst, wie das "richtige Weltmetropolen" tun.

2. Konflikt - die "Verwaltungsschlacht"

Damit sich die grossen Investitionen in den Ausbau der Infrastruktur auch lohnten, mussten sich die grösseren Zentren ihre Einzugsgebiete neu organisieren. Dies geschah - und das ist wiederum eine gewagte Vereinfachung unsererseits, für welche aber gewisse Indizien sprechen - mit den **kommunalen Neugliederungen**, die bereits zu Beginn dieses Jahrhunderts, dann wieder am Ende der Sechziger Jahre für den ländlichen und 1975 für den städtischen Raum durch-

Abb. 9.5: Kommunale Neugliederung in Nordrhein-Westfalen

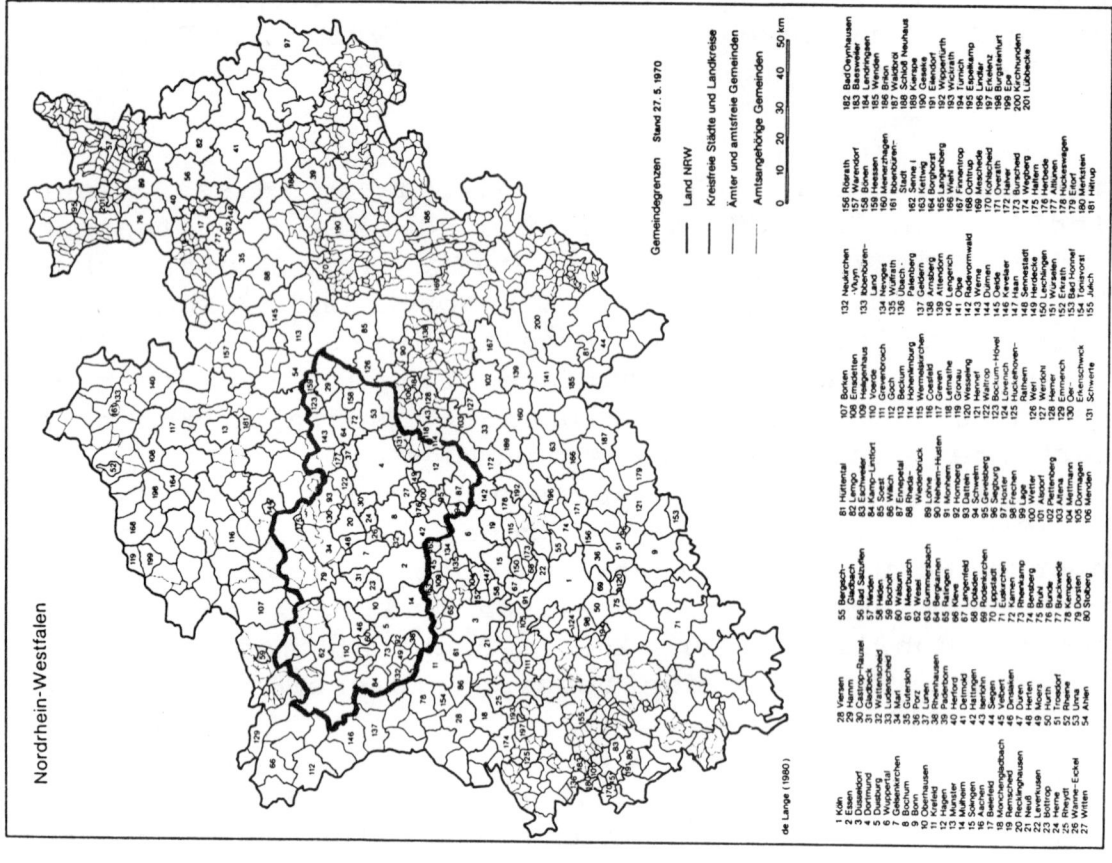

Quelle: de LANGE, 1980: Beilage

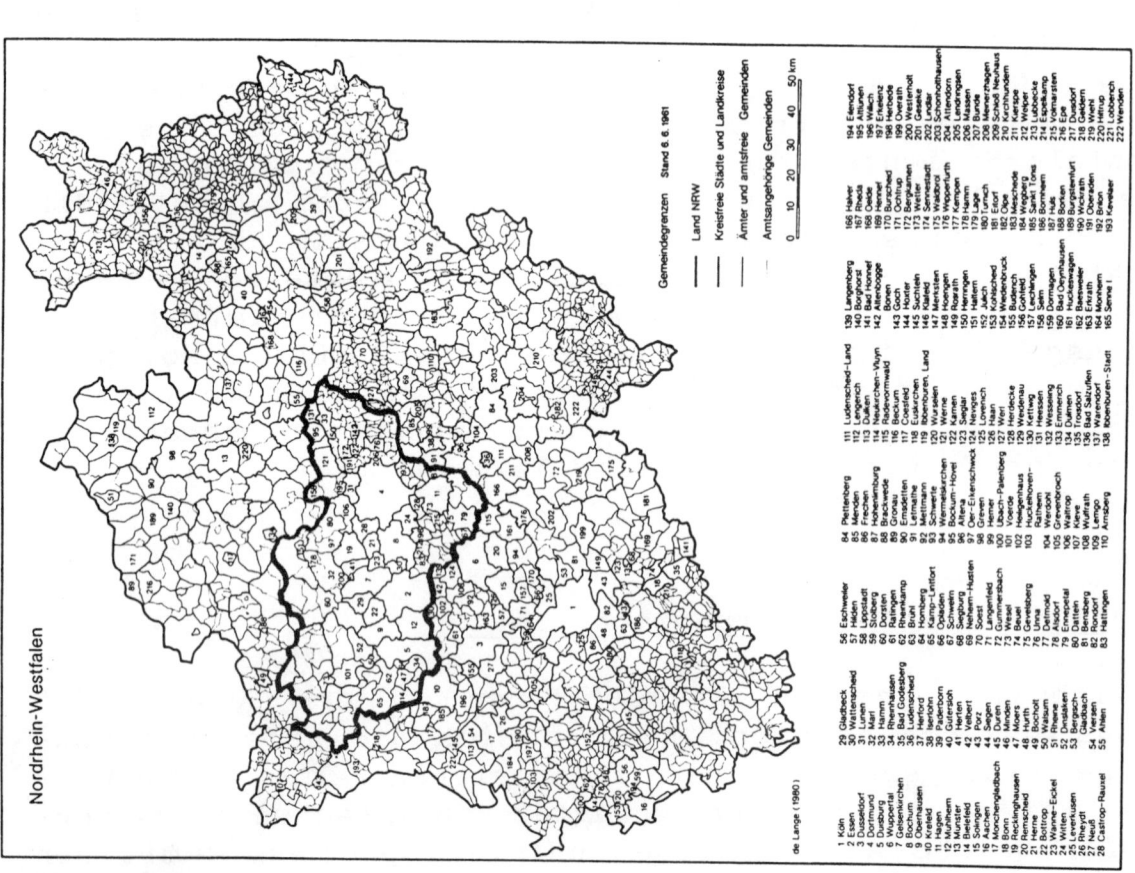

geführt wurden. Diese Massnahmen wurden zwar primär als Verwaltungsreformen bezeichnet, mit denen grosse Vereinfachungen, Einsparungen und Vereinheitlichungen erzielt werden konnten, was unbestritten auch erreicht wurde. Gleichzeitig dehnten die grösseren Zentren damit aber auch ihren Einflussbereich auf die umliegenden Gemeinden aus und erreichten die notwendigen Einwohnerzahlen, um im Konzept der zentralen Orte als höheres Zentrum zu gelten (vgl. Abb.9.5 und 9.6).

Eingemeindungen fanden bevorzugt in nördliche Richtung statt. Die Zentren der Hellwegzone verhinderten damit erfolgreich die Entwicklung von Oberzentren in der Emscherzone und sicherten sich ihre Stellung in der Zentrenhierarchie des Ruhrgebietes. Ein Kunstgriff also, der es ermöglichte, das parallele Wachstum und die Infrastrukturschlacht auf einer neuen, höheren Ebene weiterzuführen.

Abb. 9.6 Bevölkerungsentwicklung und Kommunale Neugliederungen

Kreisfreie Stadt		1816/1818	1852	1871	1885	1895	*1905	*1925	*1933	1939	1946	1950	1961	1970	*1975	1980
Duisburg	F	37,5	37,5	37,5	37,5	37,5	40,2	70,6	143,3	143,3	143,3	143,3	143,3	143,3	233,1	233,0
	E	5,4	9.6	30,5	47.5	70,3	192,3	272,8	440,4	434,6	356,4	410,8	503,0	454,8	599,8	558,1
Essen	F	9,2	9,2	9,2	9,2	9,2	24,5	98,2	188,4	188,4	188,4	188,4	188,4	194,8	210,1	210,3
	E	4,5	10,5	51,1	65,1	96,1	231,4	470,5	654,5	666,7	524,7	605,4	726,6	698,4	684,1	647,6
Mülheim (Ruhr)	F	8.0	8,0	8,0	8,0	8,0	56,6	78,5	78,2	88,2	88,2	88,2	88,2	88,2	91,2	91,2
	E	5,0	11,1	14,3	24,5	31,4	93,6	127,4	132,3	137,5	132,4	149,6	185,7	191,5	190,7	181,3
Oberhausen	F	–	–	13,1	13,1	13,1	13,1	23,5	77,0	77,0	77,0	77,0	77,0	77,0	77,0	77,0
	E	–	–	12,8	20,4	30,2	52,2	105,4	192,3	191,8	174,1	202,8	256,8	246,7	239,9	228,9
Bochum	F	6,2	6,2	6,2	6,2	6,2	27,4	27,4	121,4	121,4	121,4	121,4	121,4	121,4	145,3	145,4
	E	2,1	5,8	21,2	40,8	53,8	118,5	157,3	324,5	305,5	246,5	289,8	361,4	344,0	417,3	400,8
Dortmund	F	27,7	27,7	27,7	27,7	27,7	30,8	74,9	271,5	271,5	271,5	271,5	271,5	271,5	279,8	280,2
	E	4,3	13,5	44,4	78,4	111,2	175,6	321,7	540,9	542,8	436,5	507,3	641,5	639,6	636,9	608,3

QUELLE: DEGE, W./DEGE, W., 1983: Das Ruhrgebiet

F: Fläche   E: Einwohner   (alle Angaben in Tausendern)

* jeweilige Auswirkungen kommunaler Gebietsreformen

3. Konflikt - die "Steuerschlacht"

Solange wirtschaftliches Wachstum genügend Einnahmen sicherte und die demographischen Trends auch kein Ende des Zuwachses an Arbeitskräften und Konsumenten anzeigten, war es möglich, dass beinahe alle Gemeinden Jahr für Jahr mit mehr Einwohnern, mehr Steuereinnahmen und mit grösseren Budgets rechnen konnten. Die Rechnung ging meistens auf.

Mit der Stahlkrise wurde aus dem Wachstum für alle jedoch ein Umverteilen des "Vorhanden" oder anders ausgedrückt, ein relatives Wachstum der Starken; auch punkto Steuereinnahmen. Abwerbung war und ist ein Weg, wie Gemeinden diese Umverteilung bewerkstelligen: Mit lockenden Angeboten, mit Steuervergünstigungen (bis hin zur vorübergehenden Steuerfreiheit), mit der Bereitstlleun von Gebäuden und Arealen oder mit der Uebernahme von Risikogarantien bei Betrieben auf Altlastgeländen wird heute immer wieder versucht, Betriebe zu einer Standortverlagerung zu bewegen. Unter dem Strich schaut dabei oft für die Gemeinden, vor allem aber für die Region, eigentlich nichts raus ausser erheblichen Kosten!
Wir erfuhren auf einer Exkursion im Raum Bochum von folgendem Beispiel: Einer Gemeinde gelang es, mit Fördermitteln (d.h. teilweise mit Steuergeldern) eine Möbelfirma aus der Umgebung anzuwerben. Im nun härteren Konkurrenzkampf auf diesem Marktsegment unterlag eine andere Möbelfirma, welche schon längere Zeit in der Gemeinde ansässig war und die mit ihrer Gewerbesteuer die ausgeschütteten Fördermittel mitfinanzierte. Alles in allem entstand für die Gemeinde weder finanziell noch arbeitsplatzmässig noch punkto Differenzierung eine positive Bilanz.

Viele Betriebe haben natürlich längst bemerkt, dass sie sich von verschiedenen Gemeinden zuerst "Steuerfussangebote" machen lassen können, bevor sie sich für einen neuen Standort entscheiden. Daraus resultiert ein Klima der Verunsicherung, von welchem die gewieften Unternehmen in der Regel profitieren - und die öffentliche Hand zahlt.

Diese drei Konflikte, es existieren sicher noch weitere, wirken nicht nur auf die Siedlung, sondern sie beeinflussen eigentlich alle im Ruhrgebiet ablaufenden gesellschaftlichen und wirtschaftlichen Prozesse. Sie kennzeichnen aber in ganz besonderem Masse die Siedlungsentwicklung der letzten Jahre, welche dem **schwindenden Lohnwert** des Ruhrgebietes nur sehr beschränkt **steigenden Wohnwert** gegenüberzustellen vermochte. Es gibt noch sehr viele Gebiete, in welchen höchstens ein paar kosmetische Massnahmen zur Wohnwerterhöhung durchgeführt worden sind und welche durch den Refrain eines Liedes vom "Liedermeier" sehr gut beschrieben werden: "Hinter mir der Verschiebebahnhof, vor mir das Naturschutzgebiet, damit der kleine Helmut, nicht nur Krupp und Bayer und den Bahnhof sieht".

9.3 Probleme mit dem Trend

Die Stahlkrise brachte für das Ruhrgebiet in vielen Bereichen eine Trendwende: War man sich bis anhin steigende Nachfrage und positive Wachstumsraten gewohnt, so entstand nun Angebotsüberhang und Wachstumsrückgang.
Die **Bevölkerungsentwicklung** des Ruhrgebietes zeigt für die Kreisfreien Städte seit Anfang der 60er Jahre, für das ganze Gebiet seit Anfang der 70er Jahre und für die Kreise seit dem Beginn der 80er Jahre einen deutlichen Rückgang mit einer Abnahme der Bevölkerung von insgesamt 8,08% (Kreisfreie Städte 14,81%) oder 458'531 Personen zwischen 1961 und 1984 (vgl. Abb. 4.1 in Kap. 4). Im gleichen Zeitraum betrug die Wachstumsrate der Bevölkerung der BRD insgesamt noch 8,66% (KVR, 1985b: 30). Gemäss ROSSI (1984) befindet sich das Ruhrgebiet damit in einem fortgeschrittenen Stadium der **Desurbanisation**.

Zurückzuführen ist dieser Bevölkerungsrückgang einerseits auf einen deutlichen Rückgang des naürlichen Bevölkerungswachstums, mit Geburtendefiziten seit 1970 und andererseits auf eine mehr oder weniger konstant negative Wanderungsbilanz seit 1962 (KVR, 1985a: 32). Während sich das Geburtendefizit mit der zunehmenden Ueberalterung und dem Trend zur Kleinfamilie erklären lässt, liegen die Ursachen der Abwanderung in der wirtschaftlichen Entwicklung, d.h. im damit verbundenen **Abbau von Arbeitsplätzen**.

Die Folgen davon zeigen sich natürlich auch in einer **Abnahme der Steuereinnahmen**. Der Ertrag aus der Gewerbesteuer (netto), einschliesslich der Lohnsummensteuer, kletterte in den Ruhrgebietsstädten seit 1976 von 100 Punkten auf nur etwa 125 Punkte 1984, während er im Schnitt der Städte im Bundesgebiet immerhin rund 150 Punkte erreichte. Dass überhaupt noch eine Zunahme zu verzeichnen war, lag wohl daran, dass durch die gleichen Rationalisierungsmassnahmen, welche zu Arbeitsplatzreduktionen führten, auch die Bruttowertschöpfung an den verbliebenen Arbeitsplätzen gesteigert wurde. Die Zunahme liegt aber in den Kreisfreien Städten mit 2,3% für 1982/83 deutlich tiefer als beispielsweise in Düsseldorf (4,6%) oder Köln (6,3%) (alle Angaben vom KVR anlässlich einer Orientierung, siehe Tagesbericht vom 30.9.86).

Auf der Ausgabenseite sind die Gemeinden aber sehr stark belastet durch das **hohe Niveau der Infrastrukturausstattung** und die **Sanierung der Citybereiche**. In einzelnen Gebieten wird eine Reduktion des Infrastrukturangebotes aus Kostengründen notwendig werden. In Duisburg sollen beispielsweise 3 von 20 Hallenbädern geschlossen werden. Mit diesem Abbau muss man allerdings sehr vorsichtig umgehen, denn es wäre kontraproduktiv, die Attraktivität der öffentlichen Einrichtungen zu verringern.

Unter dem Stichwort Attraktivität und Kosten wären auch die hohen Aufwendungen der Gemeinden zu erwähnen, die im Zusammenhang mit der **Neu- und Umnutzung von städtischen Brachen** entstehen und vor allem noch entstehen werden. Dazu ist aber kaum Geld vorhanden. Dennoch wäre diese Wiederverwendung von Industriebrachen und ihre teilweise Umwandlung in Wohn- oder Gewerbegebiete, respektive in Grünzonen, von grosser Bedeutung, damit eine Entwicklung innerhalb des heutigen Siedlungsgebietes überhaupt stattfinden kann. Zudem gehören Industriebrachen - mittlerweile gibt es davon im Ruhrgebiet 80,92 qkm, wovon etwa 66% in den Kreisfreien Städten (KVR, 1985a: 66) - weder zu einem attraktiven Wohnumfeld, noch zu einem investitionsanimierenden Klima. BONNY und EBERT (1984: 1085) betonen neben dem volkswirtschaftlichen Vermögensverlust infolge des Zerfalls von leerstehenden Gebäuden "die erhebliche negative Ausstrahlung auf das Umfeld der Brache ... Der Mietwert der umliegenden Immobilien und die Investitionsbereitschaft der Hauseigentümer fällt mit dem sozialen Status des Gebietes ... Ein negativer Circulus vituosus ist nicht ausgeschlossen".

Die grosse Hoffnung, man könne durch ein starkes Wachstum des **Dienstleistungssektors** viele Verluste kompensieren, hat sich bisher noch nicht erfüllt: Der Anteil des Tertiärsektors an der Bruttowertschöpfung der Wirtschaft in den Kreisfreien Städten betrug 1983 erst 50,2% gegenüber 73,5% in Düsseldorf oder 62,6% in Köln (KVR, 1985b: 265). In einzelnen Orten, zum Beispiel in Duisburg, nahmen die Arbeitsplätze im Tertiärsektor sogar im Innenstadtbereich ab (AMT FÜR STAT. DER STADT DUISBURG, 1983).
Betrachtet man all diese Entwicklungen, so muss man zum Schluss kommen, dass das "Szenario Trend" im Ruhrgebiet vermieden werden muss, weil Trend **Erosion der eigenen Entwicklungsmöglichkeiten** bedeuten würde.

9.4 "Null Bock auf Planung?!"

"Die Zukunft ist die Geschichte der Planung". Mit diesen Worten leitet KUNZMANN (1985: 118) seinen Artikel "Spuren in die Zukunft des Ruhrgebietes" ein. Im Zusammenhang mit dem bisher Gesagten müsste man aus dieser Aeusserung eigentlich folgern, dass die Planung u.a. Wohn- und Lebensqualität zu fördern und das oben erwähnte "Szenario Trend" zu verhindern habe. Damit wäre ein wichtiger Schritt in Richtung eines positiven Strukturwandels und einer positiven Zukunft des Lebens- und Wirtschaftsraumes Ruhrgebiet getan.

Kann die Planung diesen Anforderungen aber überhaupt gerecht werden? Stehen ihr die nötigen Instrumente und Mittel zur Verfügung? Gehen Planer mit genügend Ueberzeugung und Optimismus an ihre "noble" Aufgabe heran? Auf diese Fragen möchten wir in den folgenden Abschnitten eingehen, wobei wir uns hier auf die Möglichkeiten der Siedlungsplanung auf Gemeindeebene beschränken. Für Einzelheiten zu anderen Planungsbereichen (Wirtschafts-, Erholungsplanung etc.) und weiterführenden Informationen zu den höheren Planungsebenen (Bund, Land, Bezirk), verweisen wir auf die entsprechenden Kapitel dieses Berichtes.
Im Kapitel 8 sind die einzelnen Ebenen der Planungspyramide vom Bund über die Länder und die Bezirke bis auf die Stufe Kommune dargestellt worden. Wir wollen uns im Folgenden nun etwas ausführlicher mit der **Kommunalplanung** beschäftigen (vgl. da Beispiel Duisburg, Abb. 9.7).

Die Nutzung der Grundstücke in den Gemeinden wird durch die Bauleitplanung festgelegt. Dabei wird unterschieden zwischen einer vorbereitenden und einer verbindlichen Bauleitplanung; die erste besteht aus dem **Flächennutzungsplan**, die zweite aus dem **Bebauungsplan** (BBauG 1).
Der Flächennutzungsplan (FNP) wird durch die Gemeinde aufgestellt und bedarf der Genehmigung der höheren Verwaltungsbehörde, in Nordrhein-Westfalen des Bezirksplanungsamtes oder des Regierungspräsidenten (BBauG 5 und 6). Die im FNP ausgeschiedenen Nutzungsarten werden in der Baunutzungsverordnung (BauNVO 1977) festgelegt. Vier Hauptnutzungsflächen werden unterschieden: Wohnbauflächen, gemischte Bauflächen, gewerbliche Bauflächen und Sonderbauflächen. Diese Kategorien können weiter aufgegliedert dargestellt werden, so zum Beispiel als 'Kleinsiedlungsgebiete', 'Dorfgebiete' oder 'Kerngebiete' (BauNVO 1 ff). Dabei ist wichtig, dass im FNP immer nur die Art und nicht das Mass der Nutzung festgelegt wird. Dies geschieht erst im Bebauungsplan (= definitive Bauleitplanung, einziges grundeigentümerverbindliches Instrument dieser Planungsebene). In Uebereinstimmung mit dem FNP soll er die Art und zusätzlich

auch das Mass der **Nutzung parzellenscharf festsetzen** (ROG 8). Er regelt auch Bauweise, Mindestgrösse, Mindestbreite und -höhe u.a.m. (ROG 9). Wie der FNP wird der Bebauungsplan durch die Gemeinde erarbeitet und durch die höhere Verwaltungsebene genehmigt.

Für den Bauherrn verbindlich ist also vorerst nur die Bauordnung (gem. Bauordnungsgesetz Nordrhein-Westfalen, 1984), welche die Bauweise nur in groben Zügen reglementiert. Die konkrete Baugestaltung ist das Ergebnis eines Dialoges zwischen Planungsamt und Bauherr. Sie wird erst durch die Genehmigung des Bebauungsplanes verbindlich.

Dieser Gestaltungsfreiraum sei beabsichtigt, wurde uns im Stadtplanungsamt in Duisburg versichert, man verspreche sich davon besser an die Siedlungsumgebung angepasste Resultate.

Abb. 9.7: Das Planungssystem der Stadt Duisburg

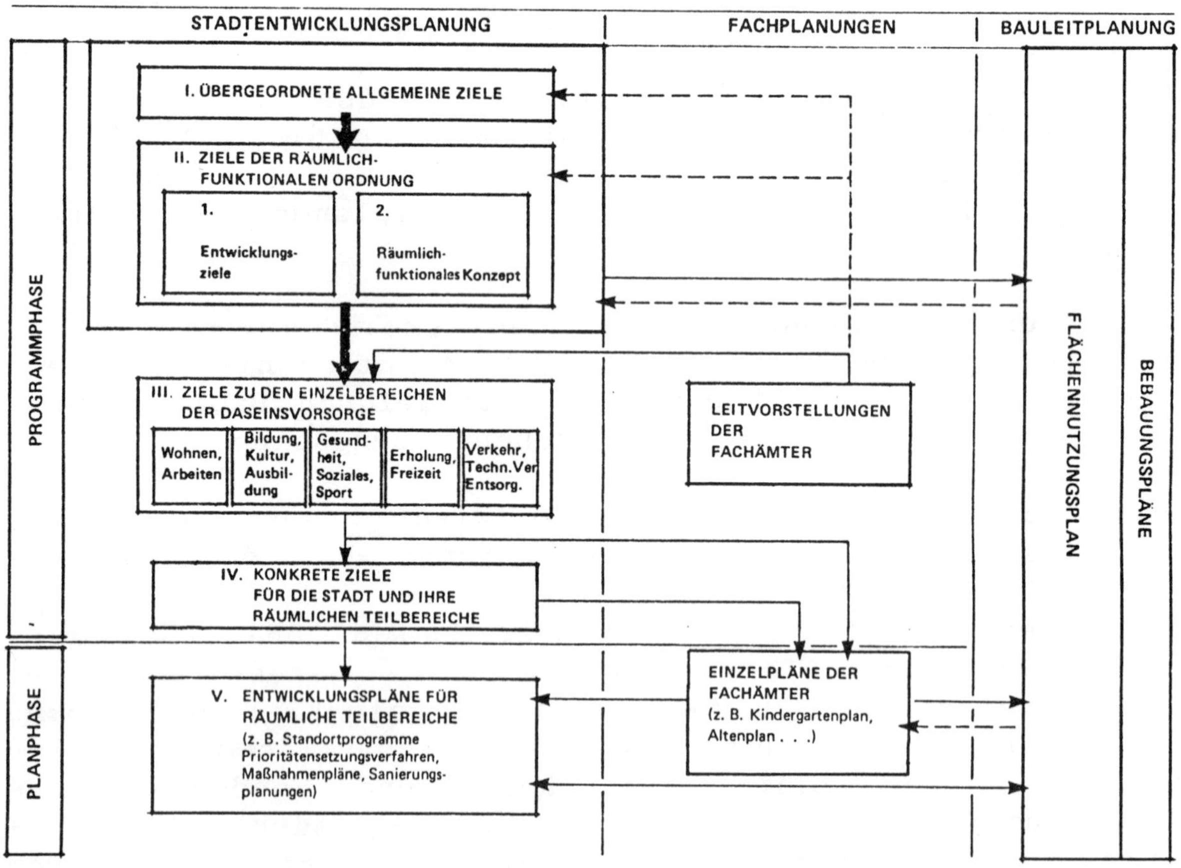

Quelle: Stadt Duisburg, 1979: XI

Was taugt dieses aufwendige Planungssystem in Wirklichkeit? Zwischen Bund und Kommunen erscheint alles klar gegliedert und die Abfolge durchgehend: Jede Planungsebene bildet die Grundlage für die folgende, untergeordnete Planung (Planung von oben nach unten). Auf den einzelnen Planungsebenen bestehen aber doch **rechtliche Lücken und sehr grosse Ermessensspielräume**. So zum Beispiel im Artikel 9a BBauG. Mit diesem Artikel kann eine Gemeinde verlangen, dass die Nutzung eines Baugebietes erst erfolgt, wenn die Erschliessung durch den öffentlichen Verkehr, die Abwassersammlung und die Abfallbeseitigung gesichert ist. In diesem Artikel, den die Gemeinde ja nur anzuwenden braucht, wenn sie das auch wirklich will, werden zudem noch Ausnahmen angeboten, ohne dass die Umstände, unter welchen sie gewährt werden, genauer beschrieben würden. Die Verbindlichkeit eines solchen Artikels regelt also nicht das Gesetz, sondern, von Fall zu Fall, die Kommunalpolitik (beachte in diesem Zusammenhang insbesondere das Stichwort "Konsens" im Kap. 8).

Es wäre eigentlich zu erwarten, dass die Planungsämter ein System mit weniger Lücken wünschten. So mag im ersten Moment die Aussage eines Beamten des Stadtentwicklungsamtes in Duisburg überraschen, der die Planungsinstrumente als ausreichend bezeichnete (er beklagte sich "nur" über zuwenig Geld und Einfluss). Die Lücken werden offenbar als Chance, als planerischer Freiraum betrachtet. Dies gelte besonders in Krisenzeiten, in denen die Planung in eine reagierende Position gedrängt werde und in ihrem Handeln stark eingeschränkt sei.

Oft wird aber dabei übersehen, dass diese **"Lückenwirtschaft"** auch Gefahren in sich birgt: Einerseits setzt man sich immer mehr dem Einfluss von Wirtschaft und Finanz aus, man kollaboriert und ist auch erpressbarer, andererseits widersprechen solche Einzellösungen dem Koordinationsauftrag der Raumplanung und u.U. auch den Zielsetzungen übergeordneter Konzepte und Planungen. Sie können sich auch kontraproduktiv auf die Schaffung von mehr Wohn- und Lebensqualität auswirken.
Wer dem "Wohl der Allgemeinheit" dient, dem steht ein noch direkterer Weg zur Umgehung fast aller Planungsauflagen offen, denn "... die Baugenehmigungsbehörde (kann) im Einzelfall im Einvernehmen mit der Gemeinde und mit Zustimmung der höheren Verwaltungsbehörde Befreiung (vom Bebauungsplan) erteilen, wenn Gründe des Wohls der Allgemeinheit die Befreiung erfordern ..." (BBauG 31). Mit anderen Worten: Ein Plan, der zum Wohl der Allgemeinheit aufgestellt wurde, kann zum Wohl der Allgemeinheit auch wieder ausser Kraft gesetzt werden. Folge: Ein Unternehmer, der mit dem Wegzug seines Betriebes aus einer Gemeinde und dem Abbau von Ar-

beitsplätzen droht, der wird eine Baubewilligung erhalten , auch wenn seine neue Villa - zum Wohl der Allgemeinheit natürlich - in einen geschützten Grünstreifen zu stehen kommt (vgl. Tagesbericht 22.9.86).

Ein weiteres Problem in der Stadtplanung stellen die **Altlasten in den Siedlungsgebieten** dar (vgl. hierzu auch Kap. 5.5). Altlastenflächen liegen in vielen Fällen brach. Neue Gewerbe- und Industriebetriebe lassen sich heute aber lieber im Grünen, ausserhalb der Städte, nieder. Die Nachfrage nach neuen und das Angebot an alten Flächen besteht also nicht am selben Ort (Bsp. Essen: Nachfrage im Süden, Angebot im Norden der Stadt). Die Wiedernutzung der Altlastflächen, auch **Flächenrecycling** genannt, wäre ein Mittel, die weitere Zersiedelung der Stadtrandgebiete zu verhindern. Nun gilt aber im Altlastenbereich das Verursacherprinzip, d.h. Industrie und Gewerbe sind für die Sanierung ihrer alten Grundstücke selber verantwortlich. Bei diesen Arbeiten (Entfernung von Fundamenten, Aushub und Reinigung der verseuchten Erde etc.) entstehen allerdings sehr hohe Kosten, Kosten, die wesentlich höher liegen als der mögliche Erlös aus dem Verkauf eines Grundstückes. Deshalb kommen eigentlich nicht mehr benötigte Flächen gar nicht auf den Grundstückmarkt, d.h. es werden eigentlich freie Industrie- und Gewerbeflächen gehortet. Eine Beteiligung der Gemeinden an den Sanierungskosten ist bei der gegenwärtigen Finanzlage ausgeschlossen. Damit bleibt eine mögliche **räumliche Entwicklungsreserve ungenutzt** (vgl. dazu auch Kap. 9.2).

Der Einfluss von Wirtschaft und Finanz auf die Planung und das fehlende Geld zur Altlastensanierung sind nur zwei Beispiele, die aufzeigen, wie stark die **Planung in der Strukturkrise des Ruhrgebietes unter Druck** geriet. Die trotzdem noch vorhandenen Handlungsmöglichkeiten werden an vielen Stellen nicht oder kaum wahrgenommen. Ein Beispiel hierzu wären **kulturelle Aktivitäten in vernachlässigten Altbauquartieren**: Diese Kulturbewegung, auch als "Kreativität von unten" bezeichnet (während die traditionelle Planung von oben kommt), hat in vielen Stadtgebieten wertvolle Impulse zur Erhaltung und Verbesserung von Wohnqualität und Siedlungsstruktur gegeben. Die Planungsämter im Ruhrgebiet berücksichtigen solche Aktivitäten in ihrer Arbeit aber kaum. Oft werden sie sogar verdrängt" (KUNZMANN 1985: 128). KUNZMANN meint weiter: "Den offiziellen Institutionen der Region ist im politischen Alltagsgeschäft die **Phantasie für den positiven Blick in die Zukunft verloren** gegangen" (1985: 118). Das klimgt sehr stark nach Apathie und Resignation, nach einer Atmosphäre, die Neues eher abblockt, die kaum eine "take-off-Stimmung" hervorzubringen vermag und die, wenn sie sich auf die Innovationsbereitschaft neuer Betriebe oder auf die Wohnstandortwahl der Bevölkerung überträgt, ganz klar trendfördernd und nicht trendhemmend wirkt.

Die Planung wurde durch die Strukturkrise im Ruhrgebiet stark verändert, ihre Anliegen wurden zu Gunsten von Wirtschaftsförderung und Arbeitsplatzerhaltung sehr oft in den Hintergrund gedrängt. Die Planungslust scheint deshalb dem Planungsfrust Platz zu machen und es erstaunt nicht, dass die Devise "Null Bock auf Planung" (d.h. soviel wie keine Lust auf Planung) heute offenbar nicht nur bei der Wirtschaft, sondern teilweise sogar in den Planungsämtern gilt. Dabei wäre es nötig, dass neue Mittel und Wege gefunden würden, mit denen kreativ an der Zukunft gearbeitet werden könnte. Ohne diese neuen Impulse ist es nur schwer vorstellbar, dass der Planung die Realisierung ihrer hehren Ziele gelingen wird.

9.5 Sanierungen - Ein Konzept im Wandel

Sanierung ist ein Schlagwort, das man nicht nur in der Architektur, sondern auch im Städtebau schon seit langer Zeit kennt. Was sich hinter diesem Begriff verbirgt, hat sich in den letzten ca. zehn Jahren aber sehr stark gewandelt. Während man früher flächenhafte **Totalsanierungen** meinte, geht es heute vielerorts um sanfte, **"erhaltende Sanierungsmassnahmen"**, wobei sich 'erhaltend' nicht nur auf die Bauten, sondern auch auf die Sozialstruktur eines Sanierungsgebietes beziehen soll.
Das folgende Beispiel soll dieses Umdenken illustrieren.

Totalsanierung ist nicht mehr gefragt - Das Beispiel Ruhrort

1969 schrieb ACHILLES (1969: 121) zur **Sanierung von Ruhrort** (Stadt Duisburg): "Im Zuge der Totalsanierung war die Altstadt 1967 bereits zu drei Vierteln abgebrochen. Obwohl durch den Abbruch der Altstadt Ruhrort etwas Individuell-Traditionelles als Schiffahrtsstadt verliert, wird die Totalsanierung wegen der unhaltbaren Wohnverhältnisse von allen Bürgern Ruhrorts begrüsst".
1983 kommentierte PIETSCH (in HEID et al., 1983: 397) dieselben Massnahmen mit den Worten: "Die in den sechziger Jahren durchgeführte Sanierung in Ruhrort hat zwar die Verkehrssituation verbessert und den Althausbestand modernisiert, hat jedoch viel von dem gewachsenen Städtegrundriss Ruhrorts zerstört, den ein behutsameres Vorgehen vielleich hätte retten können".

1984 publizierte das Stadtentwicklungsamt Duisburg einen kurzen Bericht zur "Konzeption der erhaltenden Stadterneuerung", welchem zu entnehmen ist, "Verbesserungsmassnahmen

sollen wegen der Mietbelastbarkeit der Bewohner und um die Sozialstruktur dieser Gebiete zu bewahren, nur behutsam und in Stufen vorgenommen werden"(Stadt Duisburg 1984; 1).
Dieser Wandel dokumentiert ein Umdenken in verschiedenen Bereichen. So ist offenbar die Zeit vorbei, in der sich Siedlungsplaner mit Totalsanierungen und den dazugehörenden "Eratzaufforstungen" in Form von Grossüberbauungen ihre Denkmäler setzen können. Es kommt ferner auch zum Ausdruck, dass die Bedeutung gewachsener Strukturen, in historischer, kultureller und sozialer Hinsicht, wenigstens theoretisch erkannt wurde.
Ehrlicherweise muss aber gesagt werden, dass dieses Umdenken nicht nur aus freien Stücken geschah. Erhaltende Stadterneuerung ist auch eine Konzession an die Machbarkeit, im politischen und im finanziellen Sinne. BOLLEREY und HARTMANN bezeichnen dies als die Verbrüderung "der konjunkturellen Ebbe mit der neuen Moral vom historischen Erbe" (1975: XIII).

Sanierung hat sich also von einer Summe baulicher Verbesserungsmassnahmen zur Strategie einer Siedlungspolitik entwickelt, die, wie bereits erwähnt, einen Beitrag zur strukturellen Genesung des Ruhrgebietes leisten soll. Nebst baulichen Massnahmen gehören zu diesem erweiterten Sanierungsbegriff beispielsweise auch Massnahmen in den Bereichen Arbeitsplatzangebot und Lufthygiene.

Im folgenden wollen wir **auf jene Sanierungsmassnahmen näher eingehen, die die Siedlung direkt betreffen** und zwar nicht im zentralen Citybereich, sondern in den Wohngebieten. Es handelt sich dabei um die Modernisierung des alten Wohnungsbestandes, die Wohnumfeldverbesserung und die Standortsicherung von Betrieben in Gemengelagen.

Modernisierung alter Wohnungen

Der **Modernisierung**sbedarf ist in vielen Städten des Ruhrgebietes sehr gross. Dies ist z.T. darauf zurückzuführen, dass beim Wiederaufbau der im Zweiten Weltkrieg zerstörten Gebiete Bauten entstanden, die mit ihrer Ausstattung nicht mehr den heutigen Ansprüchen genügen. Weitere Ursachen für diesen Modernisierungsrückstand sind in der teilweise mangelnden Investitionsbereitschaft der Hauseigentümer zu suchen (was mit dem sozialen Status einzelner Wohngebiete und den vorherrschenden Migrationsströmen zusammenhängt), oder im Umstand, dass immer auch eine grosse Nachfrage nach billigstem Wohnraum vorhanden war (insb. von Gastarbeitern). Bei den meisten Modernisierungsmassnahmen geht es darum,

eine sogenannte Normalausstattung der Wohnungen zu erreichen, d.h. Sammelheizung, wohnungseigenes WC und Bad zu realisieren.
1978 betrug der Anteil der Wohnungen ohne diese Normalausstattung in den Kreisfreien Städten des Ruhrgebiets rund 50% (GONZALES 1983: 199). In einzelnen Stadtteilen, so beispielsweise in Duisburg-Hochfeld, waren die Zustände lange Zeit noch extremer: 1975 waren dort erst 20 % aller Wohnungen an eine Sammelheizung angeschlossen (STADT DUISBURG 1980: 61).

Der Nachholbedarf ist enorm und verschlingt auch heute noch entsprechende Summen. Mit 387 Mio DM wurden so zwischen 1979 und 1981 in den Kreisfreien Städten insgesamt 131'058 Modernisierungen gefördert. Die finanziellen Mittel für diese Förderungen stammen aus verschiedenen Programmen von Bund und Land, welche auf dem Städtebauförderungsgesetz von 1976 basieren (Art. 71 StBauFG). Unumstritten ist diese Unterstützungspraxis allerdings nicht, denn jährlich können höchstens 3% des Wohnungsbestandes gefördert werden. Beachtet man zudem, dass die ausgelöste Nachfragesteigerung Preisanstiege im Ausbaugewerbe für Arbeit und Material bewirkten und dass durch die Ueberlastung dieser Branche z.T. die Qualität der verrichteten Arbeit sank (GONZALEZ 1983: 192ff), so sind gewisse Vorbehalte gerechtfertigt. Besonders fragwürdig erscheinen die Programme, wenn man berücksichtigt, dass nur 11% der Wohnungseigentümer, die zwischen 1974 und 1979 Mittel aus dem "Bund-Länder Modernisierungsprogramm" erhielten, angaben, sie hätten ohne Förderung nicht modernisiert (GONZALEZ 1983: 191).

Wohnumfeld-Verbesserung

Der **Verbesserung des Wohnumfeldes** kommt im Ruhrgebiet eine besondere Bedeutung zu. Es ist typisch für einen Ballungsraum dieser Grösse, dass verschiedenste Nutzungen auf sehr engem Raum aneinandertreffen. Zudem stiess die Industrie bei ihrer Nordwärtswanderung mitten ins Siedlungsgebiet hinein (vgl. Kap. 9.1). Dass dabei die Beeinträchtigung der Wohnnutzung ein besonders gravierendes Ausmass angenommen hat, wurde bereits erwähnt. Das Hauptproblem besteht offenbar darin, dass sehr viele Wohngebiete stark mit Durchgangsverkehr belastet sind. Entsprechend zielen verschiedene Massnahmen der Wohnumfeldverbesserung auf eine Umlenkung und Beruhigung des Verkehrs durch Verändern von Strassen und Plätzen. Die Gestaltung und Oeffnung von öffentlichen und privaten Flächen (insbesondere von Innenhöfen), die Verbesserung der infrastrukturellen Versorgung der Wohngebiete und die

Abb. 9.8: Beispiel für die Planung einer kombinierten Quartiersanierung – das Hochfeld in Duisburg

Sanierung ist das Kernstück

Der Teilbereich Hochfeld hat fast 30 000 Einwohner, ist also ein Schwerpunkt des Wohnens. Gleichzeitig ist er aber auch ein bedeutender Standort der Grundstoff- und weiterverarbeitenden Industrie mit insgesamt mehr als 10 000 Arbeitsplätzen.

Die Wohnqualität muß aus mehreren Gründen verbessert werden:
- wegen der engen Nachbarschaft der Industrie,
- wegen des hohen Anteils alter Wohnungen (fast die Hälfte ist vor 1919 entstanden),
- wegen der überwiegend dichten Bebauung, die für Freiflächen und Gemeinbedarfseinrichtungen wie z. B. Kinderspielplätze, Sportplätze u. ä. wenig Platz gelassen hat,
- wegen der hohen Lärmbelastung durch Kraftfahrzeuge.

Das Kernstück zur Verbesserung der Lebensqualität ist die laufende Sanierung, die eine Reihe von Einzelmaßnahmen zusammenfaßt:
- 4-spurige Umgehungsstraße westlich des Stadtteils
- Abstandsfläche zwischen Industrie und Wohnen
- Anlage neuer Freiflächen
- Wohnungsneubau
- zusätzliche Einrichtungen für den Gemeinbedarf.

Es ist klar, daß die Wohnqualität im Stadtteil entschieden durch eine Verminderung der Schadstoffe in der Luft verbessert wird. Dieses Ziel kann nur erreicht werden, wenn:
- die industriebedingten Belastungen abgebaut werden (der Luftreinhalteplan der Landesregierung sieht hierfür Maßnahmen vor)
- die Belastungen aus den vielen Schornsteinen von Wohngebäuden und kleinen Gewerbebetrieben gesenkt werden.

Das soll durch den Ausbau des Fernwärmenetzes der Stadtwerke und die Verlagerung störender Gewerbebetriebe erreicht werden.

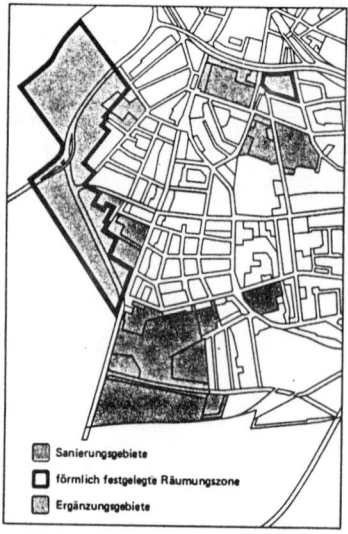

Ergänzende Maßnahmen sind:
- gezielte Förderung der Modernisierung
- Stadtbildpflege
Der Stadtteil hat eine Reihe städtebaulich interessanter Straßenzüge und Plätze mit ansprechenden Fassaden. Sie sollen erhalten und modernisiert werden.
- Weiterbau der U-Bahn in der Wanheimer Straße und Einrichtung als Fußgängerzone. Für das an der Wanheimer Straße gelegene sehr gut entwickelte Einkaufszentrum des Stadtteils soll nach Fertigstellung der Umgehungsstraße eine Fußgängerzone folgen. Weiter soll später die Stadtbahn in Richtung Düsseldorf als U-Bahn durch die Wanheimer Straße führen.
- Weiteres Grün auf den Straßen beim Ausbau der Fuß- und Radwege

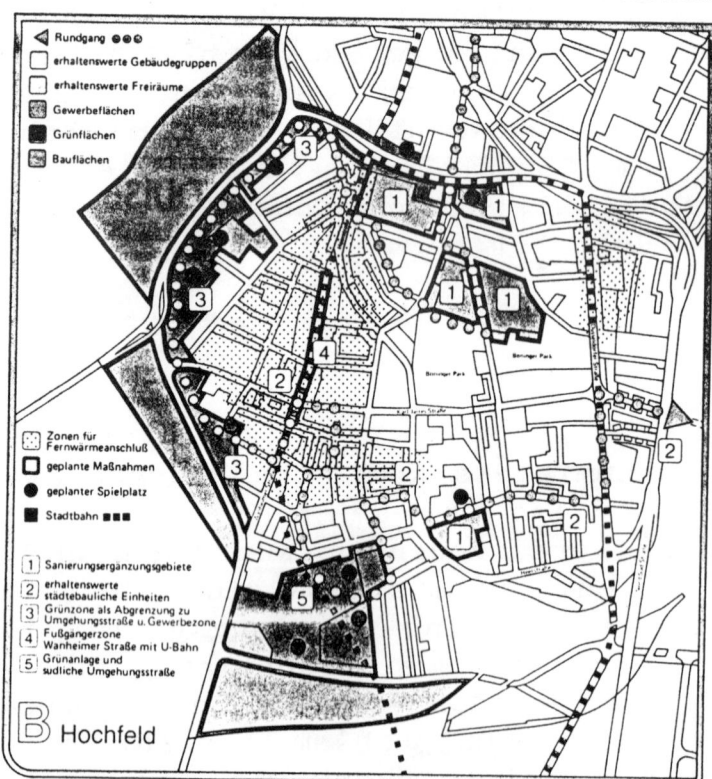

Sanierungsprogramm

- 4-spurige Umgehungsstraße westlich des Stadtteils zur Entlastung der Wohngebiete vom Verkehr
- Abstandsfläche zwischen Industrie und Wohnen durch Aufgeben der industrienahen Wohngebäude mit einer Breite zwischen 150 und 450 m, bestehend aus nichtstörendem Gewerbe, Umgehungsstraße und Grün.
- Anlage neuer Freiflächen (120 000 m² neues Grün)
- Wohnungsneubau auf bisher gewerblich genutzten Flächen im Stadtteil zur Verbesserung der Wohnungsqualität. Die dafür vorgesehene Verlagerung von Feuerwehr, Fuhrpark und drei Gewerbebetrieben aus dem Wohnbereich ist zugleich eine erhebliche Umweltverbesserung im Stadtteil.
- Zusätzliche Einrichtungen für den Gemeinbedarf
  - zusätzliche Spielplatzflächen von rd. 20 000 m²
  - zusätzliche Sportplatzflächen von rd. 20 000 m²
  - Bau von drei Schulsporthallen
  - zwei Ersatzbauten für Schulgebäude, die durch die Sanierung fortfallen, eine Schulerweiterung
  - ein Bürgerhaus

Quelle: Stadt Duisburg 1979b.

Reduktion der Industrie- und Gewerbeimmissionen stellen weitere Schwerpunkte der Wohnumfeldsanierung dar (STADT DUISBURG 1984: 2).

Einmal mehr klingt alles gut, bis man von den Finanzen redet! Die Massnahmen werden gegenwärtig zu 10% von den Kommunen und zu 90% von Bund und Land getragen. Diese übergeordneten Ebenen leisten ihren Beitrag aber nur, wenn die Gemeinden ihre 10% aufzubringen vermögen. Dies ist in vielen Fällen aber nicht möglich, weil die Verschuldung der Gemeinden zu gross ist und die notwendigen Mittel entsprechend knapp sind (KUNZMANN 1985: 120). Da Investitionen ins Wohnumfeld nicht so kurzfristig Erfolge zeigen, wie viele Politiker sich das auch aus wahltaktischen Gründen wünschten, fliesst das Geld meist in eine andere Richtung. Für das **Gebiet Hochfeld in Duisburg** bestehen z.B. Planungen, die für 1985 ein ganzes Paket von Wohnumfeldmassnahmen vorsahen. Bei der Besichtigung des Gebietes fanden wir aber nichts davon realisiert (vgl. Abb. 9.8).

Standortsicherung von Betrieben

Mit der **Standortsicherung von Betrieben in Gemengelage**, ebenfalls ein Ziel der Wohnumfeldsanierung, ist innerhalb der Sanierungskonzeption ein Zielkonflikt programmiert. Auf der einen Seite geht es darum, die Immissionen in Wohngebieten zu reduzieren, was im konkreten Falle Auslagerung resp. Umweltschutzauflagen für viele Betriebe bedeuten würde. Auf der anderen Seite will die Gemeinde aber nicht die verbliebenen Arbeitgeber und Gewerbesteuerbezahler aus ihrem Gebiet drängen. Deshalb ist diese Standortsicherung wohl auch als ein Zeichen der Behörden an die Betriebe zu deuten, dass man nicht rigorose Sanierung betreiben will (kann), sondern einen Kompromiss sucht. Dieser Kompromiss kann z.B. die Sanierung von sogenannten "Nahtlagen" beinhalten, d.h. die bessere Entmischung von emittierendem Gewerbe und Wohnen und die Trennung entsprechender Zonen durch Grünflächen. Sehr viel kleinere Probleme stellen da natürlich Betriebe des Tertiärsektors oder Hightech-Firmen, die aber kaum in sanierungsbedürftige Wohnquartiere zu bringen sind.
Neben diesen drei Bereichen der Wohnumfeldverbesserung sollte auch die **Denkmalpflege** erwähnt werden, die ihre Aufgabe längst nicht mehr in der Erhaltung von historischen Bauten erschöpft sieht. "Bei der Bewahrung historischer Bauten und Bereiche geht es ... nicht nur um Monumente aus der Vergangenheit, sondern um die Qualität unseres Lebensraumes", (BOLLEREY/HARTMANN 1975: 5) und um Elemente der Umwelt, welche für die Menschen einen hohen Identifi-

kationswert haben (STADT DUISBURG 1979 10).

"Sanierung" steht heute als Name für ein ganzes Bündel von Massnahmen, welche der Verbesserung der Lebensqualität dienen. Da kann ja keiner dagegen sein. Sanierung bedeutet aber nebst direkten Kosten in vielen Fällen auch eine Verringerung der Nutzungsintensität und die Förderung der Nutzungsqualität (z.B. weniger, aber grössere Wohnungen). In dieser Diskussion bringt man aber den Konsens von vorhin nicht mehr so leicht zustande, weil kaum ein Grund- oder Liegenschaftseigentümer sich den Ertrag aus seinem Eigentum schmälern lassen will. Die Folge davon ist, dass Sanierungsmassnahmen in den meisten Fällen das Niveau der Mietpreise anheben und **Verdrängungsprozesse** stattfinden, von denen sozial schwächere Schichten besonders hart getroffen werden. Eine Mietzinserhöhung von DM 3.30 auf 5.50 pro Quadratmeter (Angaben, die wir anlässlich einer Exkursion erfuhren) und die Erhaltung der sozialen Struktur in einem Sanierungsgebiet widersprechen sich grundsätzlich. Dass man dafür Ausdrücke wie "Anhebung des sozialen Niveaus" (HEINEBERGER/MAYR, 1983: 139, zur Sanierung der Altstadt von Hattingen) verwendet, wirkt da schon eher zynisch, vor allem in einem Bundesland, das des öftern die positiven sozialpolitischen Aspekte seiner Stadtentwickungspolitik so betont.

9.6 "... und bin so klug als wie zuvor?" - Eine Art Bilanz

In der Einleitung zu diesem Kapitel haben wir in Aussicht gestellt, dass wir am Schluss den möglichen **Beitrag der Siedlungsentwicklung** zum **Strukturwandel der Wirtschaft** diskutieren möchten. Dieses Thema werden wir nicht abschliessend behandeln können, der Bericht sollte uns aber doch erlauben, einige Betrachtungen anzustellen. Damit wir hier nicht allzu lange werden, verweisen wir noch auf die bilanzierenden Ueberlegungen am Ende der Abschnitte 9.1 bis 9.4, wo auch die finanziellen Aspekte des Problems etwas ausführlicher dargestellt sind, und konzentrieren uns hier auf einige wenige ergänzende Punkte.

Bereits in der Einleitung unseres Beitrages haben wir dargestellt, dass Rückwirkungen der Siedlungsentwicklung auf die Wirtschaft existieren. Die Situation, wie wir sie im Ruhrgebiet angetroffen haben, lässt uns aber vermuten, dass diese Zusammenhänge in vielen Kreisen bisher nicht erkannt wurden, oder aber, dass sich das Handeln verschiedener Akteure nicht nach dieser Erkenntnis richtet. Die Dominanz von Kirchturmpolitik über Regionalpolitik, von Politikerinteressen über Politikinteressen und von Unternehmerinteressen über Wirtschaftsinteressen, kombiniert mit einer gewissen Phantasielosigkeit verschiedener öffentlicher und privater Institutionen, führt zu einer verkrusteten Situation, zu Stagnation und Pessimismus. Auch diese passive Haltung wird früher oder später zu einer Lösung der Strukturprobleme im Ruhrgebiet führen, es fragt sich nur, auf welchem Niveau (Einwohnerzahlen, Beschäftigung etc.) man bis dahin angekommen sein wird. Grundsätzlich ist ein tiefes Niveau weder im Interesse des Staates, der Wirtschaft, noch der Bevölkerung. Es gibt kein einfaches Rezept, wie diesen "Tiefen" ausgewichen werden kann.

Ein entscheidendes Stichwort in diesem Zusammenhang scheint uns **"längerfristiges Denken"** zu sein. Dieses könnte weg von der sektoralen und hin zu einer **integraleren Denkweise** führen, auch zu mehr Zusammenarbeit und zur Beachtung von Entwicklungsimpulsen, die nicht von aussen, z.B. von einer fernen Verwaltung kommen, sondern von der Bevölkerung, von lokalen Gruppierungen, Kulturschaffenden oder Bürgerinitiativen. In verschiedenen Sanierungsgebieten haben wir gesehen, dass die besten Resultate immer dann erreicht wurden, wenn die Verwaltung in der Lage war, mit den Bewohnern zusammen eine Lösung zu erarbeiten. Was bei einzelnen Sanierungen möglich war, könnte doch auch in anderen Bereichen Erfolg haben!

Eine längerfristige Denkweise in den Bereichen Politik, Wirtschaft, Verwaltung, Wahlverhalten der Bürger u.s.w. würde wohl dazu führen, dass viele Konflikte nicht mehr kurzsichtig auf Kosten der Lebens- und Umweltqualität (schein-) gelöst würden.

Natürlich schafft diese Denkweise die Probleme nicht einfach aus der Welt, aber sie ermöglicht vielleicht das Erkennen neuer Lösungen. Nehmen wir beispielsweise die mangelnden Finanzen der öffentlichen Hand, welche grosse Investitionen in die Wohnumfeldverbesserung nicht erlauben. Wer sagt denn, dass deshalb nichts getan werden soll? Wie wär's mit Projektwettbewerben zur Wohnumfeldverbesserung unter Beteiligung der Betroffenen, mit mehr Möglichkeiten der Anwohner zur Gestaltung des öffentlichen Raumes? Die Interessen von Detailhandel, Bewohnern und Gewerbetreibenden in einem Quartier sind vielleicht viel näher beisammen als man meinen könnte, vor allem eben, wenn wir von einer längerfristigen Denkweise ausgehen. Sind die Möglichkeiten ausgeschöpft, dass diese direkt betroffenen Parteien in ihrem Wohnumfeld agieren und investieren können? Sollten bestehende Reglemente, die die Nutzung dieses Potentials verhindern, nicht geändert werden?

Wie steht's ferner mit den längerfristig bekannterweise positiven Auswirkungen von Kleinkunstaktivitäten und Strassenkultur auf die Ambiance eines Stadtgebietes? Werden sie erkannt und entsprechend gefördert? Man könnte hier weiterfahren und noch mehr Gewohnheiten in Frage stellen.

Entscheidend scheint uns, dass der Ausweg aus den Problemen im Ruhrgebiet nicht einseitig in den Bereichen Wirtschaftsförderung, Hightech-Industrie oder japanische Konzerne gesehen wird, sondern auch in der **gezielten Förderung der Lebensqualität** und der Verbundenheit der Bevölkerung mit ihrer Umwelt. Die Unterstützung der Eigeninitiative - manchmal reicht ja schon das blosse Zulassen - kann sehr viel zur Verstärkung einer regionalen Identität beitragen. **Kreatives Mitgestalten am Wohnumfeld** kann deshalb bewirken, dass Bewohner in ihrem Stadtteil bleiben, weil sich die Qualität ihres Lebensraumes, sei es nun real oder "nur" im Empfinden der Betroffenen, verbessert hat. Solche Zellen könnten stimmungsmässig sehr viel gegen Resignation und Pessimismus ausrichten. Die vermehrten sozialen Kontakte, die in einem solchen Umfeld möglich sind, können durchaus auch zu wirtschaftlichen Aktivitäten führen, man denke nur an das "Neue Unternehmertum" oder an verschiedene Selbsthilfegruppen, die, in einer Notsituation geschaffen, schon längst zur Institution geworden sind.

Bei den beschriebenen Problemen der Siedlungsentwicklung handelt es sich um eine Art "moderne Problemkategorie", um Probleme nämlich, deren Bewältigung oft in erster Linie mehr geistige Flexibilität und erst in zweiter Linie materiellen Aufwand erfordert.
Sind die Voraussetzungen zur Lösung dieser Probleme im Ruhrgebiet so vielleicht doch besser, als wenn's gerade umgekehrt wäre?

9.7 Literatur

ACHILLES, F.W., 1969: Typen sanierungsbedürftiger städtischer Wohnviertel im Ruhrgebiet. In: Geographische Rundschau, H. 4:121-127.
AMT FÜR STATISTIK DER STADT DUISBURG, 1983: Arbeitsstätten und Beschäftigte in Duisburg 1983.
BÖHME, H., 1984: Stadtgestalt und Arbeitswelt - Wandlungsprozesse und Perspektiven. In: ARCH+-Zeitung: Berichte und Kommentare. Sondernummer zum Thema "Stadt und Neue Technologien", Nr. 75/76. Köln.
BOLLEREY, F./ HARTMANN, K., 1975: Wohnen im Revier - 99 Beispiele aus dem Ruhrgebiet. München.
BONNY, H.W./ EBERT, R., 1984: Städtebauliche Brachen und kulturelle Initiativen. In: Informationen zur Raumentwicklung, Heft 10/11. Bonn.
BRONNY, H.M., 1985: Das Ruhrgebiet - Daten zur Bevölkerung. Reihe: Das Ruhrgebiet, H. 7. Münster.

DEGE, W./DEGE, W., 1983: Das Ruhrgebiet. Geocolleg 3. Berlin.
FRIEDRICHS, J.(Hrsg.), 1985: Stadtentwicklung in West- und Osteuropa. Berlin.
FRIEDRICHS, J., 1977: Stadtanalyse - soziale und räumliche Organisation der Gesellschaft. Opladen.
Gesetzestexte in: BBauG (16.A)., Beck-Texte. dtv Band 5018. München.
GONZALEZ Y ALDA PRUNTE, V., 1983: Wohnungsmodernisierung in den Städten des Ruhrgebietes. Frankfurt.
HEID, L. et al. (Hrsg.), 1983: Kleine Geschichte der Stadt Duisburg. Duisburg.
HEINEBERG, H./ MAYR, A.(Hrsg.), 1983: Exkursionen in Westfalen und angrenzenden Regionen. Festschrift zum 44. Deutschen Geographentag in Münster. Münstersche Geographische Arbeiten, Nr. 16. Münster.
HERLYN, U., 1981: Kleinräumige Bevölkerungsmobilität und kommunale Infrastrukturausstattung - Thesen. In: Dortmunder Beiträge zur Raumplanung, Band 23. Dortmund.
KVR (Kommunalverband Ruhrgebiet), 1985a: Statistische Rundschau. Essen.
KVR (Kommunalverband Ruhrgebiet), 1985b: Städte- und Kreisstatistik Ruhrgebiet. Essen.
KVR (Kommunalverband Ruhrgebiet), 1986: RFR'85 - Regionales Freiraumsystem Ruhrgebiet, Teil 1. Essen.
KUNZMANN, K., 1985: Spuren in die Zukunft des Ruhrgebiets. In: Institut für Landes- und Stadtentwicklungsforschung (Hrsg.): Beiträge zu Raumforschung, Raumordnung und Landesplanung. Dortmund.
LICHTENBERGER, E., 1986: Stadtgeographie 1. Stuttgart: Teubner.
ROSSI, A., 1984: Neue Tendenzen in der Stadtentwicklung. In: DISP Nr. 75: 25-30.
STADT DUISBURG, 1979a: Ziele zur Stadtentwicklung. Duisburg.
STADT DUISBURG, 1979b: ABC des Stadtentwicklungsplanes. Informationen für Bürger (Faltblatt). Duisburg.
STADT DUISBURG, 1980: Entwicklungsplan Duisburg-Stadtmitte. Duisburg.
STADT DUISBURG, 1981: Räumlich-funktionales Nutzungskonzept und Siedlungsschwerpunkte in Duisburg. Duisburg.
STADT DUISBURG, 1984: Konzeption der erhaltenden Stadterneuerung in Duisburg - Gebietsbezogene Massnahmen zur Verbesserung des Wohnumfeldes und Ableitung aus der Gesamtstruktur der Stadt. Duisburg.

10. NEUE INDUSTRIEN UND NEUE TECHNOLOGIEN FUER EINEN ALTEN INDUSTRIERAUM: INSTITUTIONEN, PROGRAMME UND OPTIMISMUS DER WIRTSCHAFTSFOERDERER

Alfons Ritler

Der Phönix aus der Asche überrumpelt den sterbenden Riesen, ist man geneigt zu behaupten: Die jahrelange, beharrliche Arbeit von Bund, Land, Kommunen und Privaten des Ruhrgebiets, die Wirtschaft und die Lebensverhältnisse des "Reviers" zu verbessern, und der erwartete Erfolg lassen diesen Eindruck zu. "Das Ruhrgebiet. Ein starkes Stück Deutschland", der Leitspruch des Kommunalverbandes Ruhrgebiet (KVR), belegt - wenigstens gegen aussen - den vorherrschenden Optimismus der politischen und wirtschaftlichen Entscheidungsträger.

Dutzende von Milliarden D-Mark Bundes- und Landessubventionen, welche in den Siebziger Jahren ins Ruhrgebiet gepumpt worden sind, verhinderten jedoch nicht eine überdurchschnittlich hohe Arbeitslosenrate, die 1986 im Revier bei 14.5 Prozent zu stagnieren schien (ARBEITSMARKT RUHRGEBIET, 1986). Und die Ideologie von Wirtschaftswachstum und Machbarkeit, die wir hier den politischen und wirtschaftlichen Akteuren vorerst pauschal vorhalten, ruft Fragen nach Ressourcenverfügbarkeit, Umwelt- und Sozialverträglichkeit hervor.

10.1 "Neue Industrien", "Neue Technologien": Einige Bemerkungen zur allgemeinen Begriffsklärung

Seien wir ehrlich: Was exakt unter "Neuen Industrien" und "Neuen Technologien" zu verstehen ist, weiss niemand so genau. Erst recht nicht einfacher wird die Sache, wenn wir den Begriff "High Tech" einführen, der wohl ähnliche Assoziationen wie "Neue Technologien" weckt. (Ist denn "neu" "high" oder gar "high" "neu"?!)
Dennoch spielen diese Begriffe in den Achtziger Jahren eine zunehmend wichtige Rolle im optimistischen Vokabular der Dritten Industriellen Revolution.

Das zentrale Element von "Neuen Industrien" und "Neuen Technologien" stellt zweifellos der Computer und die **EDV-gestützte Forschung, Entwicklung und Produktion** dar.

Immerhin lassen sich nach SCHWAMM (1986:15) drei Situationen beim Einsatz "Neuer Technologien" unterscheiden: "In einer ersten geht die technologische Neuerung aus der Produktion hervor, welche die Notwendigkeit zur Erneuerung erst zutage fördert und auch die dazu notwendigen Kenntnisse liefert. In einer zweiten entspringt sie dem Unternehmen aus wirtschaftlichen Erwägungen wie zum Beispiel der Reaktion gegen schwindende Ueberlebenschancen, Sorge um die Erschliessung neuer Märkte, Entwicklungsstrategie. In einer dritten Situation schliesslich geht die Erneuerung direkt aus der wissenschaftlichen Forschung hervor, das heisst, man produziert, um neue, von der Technik gebotene Möglichkeiten zu entwickeln."

Festzustehen scheint: Die Devise der Zukunft heisst "Neue Industrien" und "Neue Technologien". Damit lassen sich auch Politikerinnen und Politiker für eine wirtschaftsfreundliche Politik gewinnen: "Oberbürgermeister, Kommunalpolitiker und Wirtschaftsförderer stehen Schlange, um Finanzmittel für (...) Technologieparks in ihren Städten einzuwerben" (KUNZMANN, 1985:124).

10.2 Die Förderinstitutionen: Viele Möglichkeiten, neue Bissigkeit

Who is who im Förderdschungel?

Will ein Unternehmen seine Produktion erneuern oder neue Produktionsbereiche aufbauen, stehen ihm verschiedene Institutionen der Wirtschaftsförderung offen, die vor allem finanzielle Leistungen und Kredite aus öffentlicher und privater Hand und Know-how vermitteln sowie Standortfragen beraten helfen (vgl. nachfolgende Abb. 10.1).

Eine eigene Abteilung für Wirtschaftsförderung halten sich sämtliche **Kommunen** im Ruhrgebiet, aber auch die **Industrie- und Handelskammern** (IHK), teils in Zusammenarbeit mit Hochschulinstituten und Universitäten.
Die IHKs sind Körperschaften des öffentlichen Rechts, bundesgesetzlich vorgeschrieben und umfassen kraft Gesetzes alle gewerbetreibenden Betriebe (ohne Handwerk, Landwirtschaft und freie Berufe) innerhalb ihrer festgelegten Bezirke. Sie haben "die Aufgabe, das Gesamtinteresse der ihr zugehörigen Gewerbebetriebe wahrzunehmen und zur Förderung der gewerblichen Wirtschaft beizutragen, wobei sie die Interessen einzelner Gewerbezweige oder Betriebe abwägend und ausgleichend zu berücksichtigen" haben (IHK ESSEN 1985:1).

Abb. 10.1: Uebersicht über die Förderinstitutionen in Nordrhein-Westfalen und im Ruhrgebiet

Stufe \ Trägerschaft	Bund, Land, Kommunen	Private Vereine, Gesellschaften und Institutionen
Bund		.Battelle-Institut, Frankfurt a.M. .Fraunhofer-Gesellschaft zur Förderung der angewandten Forschung e.V., Dortmund .VDI-Technikzentrum Berlin, Zweigstelle Mülheim a.d.R.
Land	.Gesellschaft für Wirtschaftsförderung in Nordrhein-Westfalen mbH (GfW) Düsseldorf .Forschungseinrichtungen der Universitäten, Fach- und Hochschulen des Landes	.Arbeitsgemeinschaft der Grossforschungseinrichtungen (AGF), Bonn .Arbeitsgemeinschaft industrieller Forschungsvereinigungen e.V. (AIF), Köln .Freie Berater .Gründer- und Technologiezentren .ZENIT - Zentrum in Nordrhein-Westfalen für Innovation und Technik GmbH, Mülheim a.d.R.
Ruhrgebiet		.Industrie- und Handelskammern zu Bochum, Dortmund, Duisburg, Essen, Hagen, Münster .Technologieberatungsstelle Ruhr e.V., Bochum
Kommunen	.Bochum .Bottrop .Castrop-Rauxel .Dortmund .Duisburg .Essen .Gelsenkirchen .Gladbeck .Herne .Mülheim a.d.R. .Oberhausen .Recklinghausen .Witten } Wirtschaftsförderungsämter	

Quelle: IHK NORDRHEIN-WESTFALEN, 1984: 6ff.

Von Kopf bis Fuss auf Wirtschaftsförderung eingestellt sind die in ihrer Aktionsreichweite weniger eingegrenzten, **privaten regionalen Institutionen**, so z. B. die "Technologieberatungsstelle Ruhr" ("tbr") in Essen, das "Zentrum in Nordrhein-Westfalen für Innovation und Technik" ("ZENIT") in Mülheim an der Ruhr, sowie die Regiegesellschaft des **Landes** "Gesellschaft für Wirtschaftsförderung in Nordrhein-Westfalen" ("GfW") in Düsseldorf.

Auf **Bundesebene** bieten sich auch die privaten Institutionen "VDI-Technologiezentrum Berlin" mit einer Zweigstelle in Mülheim an der Ruhr an, die "Fraunhofer-Gesellschaft zur Förderung der angewandten Forschung" in München, mit einer Zweigstelle in Dortmund, und das "Battelle-Institut" in Frankfurt am Main (IHK NORDRHEIN- WESTFALEN, 1984:4ff).

Diese Institutionen unterscheiden sich in ihren Mitteln undin ihrer Ausrichtung erheblich und stellen damit nicht für jede unternehmerische Idee gleichermassen den idealen Ansprechpartner dar. Ein Unternehmen muss daher vorerst in einer verwirrlichen Vielfalt von Institutionen "seinen" Förderer finden.

Die Kleinen an die Hand nehmen

Da grosse Unternehmen Modernisierungen dank eigenen Forschungs- und Entwicklungsabteilungen meist aus eigenen Kräften durchführen können, sind technologische Beratungen und Vermittlungen vorab für neu zu gründende oder gegründete und kleine und mittlere Betriebe von grossem Interesse und Gewicht. In Finanzierungsfragen ist die Bedeutung der Wirtschaftsförderung ebenfalls für die neuen, kleinen und mittleren Betriebe zumindest mitentscheidend für einen Erfolg, wogegen sich grössere Unternehmen, wie Herr Blaudzun von der GfW erklärte, eigene Beraterstäbe halten, die möglichst günstige Finanzierungsformen austüfteln.
80 Prozent der Unternehmenspleiten in Nordrhein-Westfalen gehen auf Betriebe unter acht Jahren Alter und damit auf meist kleine und mittlere Betriebe zurück, die oft mit Kapital- und Erfahrungsmangel kämpfen (NORDRHEIN-WESTFALEN, 1985:I).

Dass gerade die Förderung der kleinen und mittleren Betriebe für die Zukunft des Ruhrgebiets entscheidend ist, zeigt die **Prioritätenverschiebung in der Wirtschaftspolitik** des Landes: Mit der "Politik für den Mittelstand" (NORDRHEIN-WESTFALEN, 1985) legte die Landesregierung 1984 einen Bericht vor, der die Bedeutung dieser Unternehmen für die Gesamtwirtschaft betont: Die kleinen und mittleren Betriebe reagierten flexibler auf wirtschaftliche und konjunkturelle Entwicklungen, wirkten oft innovativ auf dem Markt und seien als Zuliefer- und Nahversorgungsbetriebe unersetzlich. Ausserdem erwirtschafteten diese 450'000 Betriebe in Nordrhein-Westfalen zwei Drittel des Sozialproduktes des Landes und stellten 85 Prozent der Ausbildungs- und vier Millionen Arbeitsplätze im Land (NORDRHEIN-WESTFALEN, 1985:I).

Förderung mit mehr "Biss"

Mit diesem neuen Programm wurden die Förder-Leitsätze aus den Sechziger und Siebziger Jahren, die vor allem Subventionen, finanzielle Erleichterungen und Reorganisationshilfen für die kriselnden Grossbetriebe des Kohle- und Stahlbereiches sowie Infrastrukturmassnahmen beinhalteten, an den Nagel gehängt, nicht zuletzt deshalb, weil Dutzende von Milliarden D-Mark (BAHRO, 1985:280ff und BRONNY, 1984) den Niedergang dieser beiden Sektoren bestenfalls verlangsamt haben. Ausserdem seien Direktsubventionen, gemäss Herrn Nienaber von der IHK Essen, bisher einzig und allein "mitgenommen" worden und nirgends produktiv eingesetzt worden.

Der neue Stil in der Wirtschaftsförderung lässt sich treffend am Beispiel der 1984 gegründeten "ZENIT" in Mülheim an der Ruhr zeigen: Das Zentrum betreibt zur Hauptsache Informations- und Kontaktvermittlung für kleinere und mittlere Betriebe, organisiert Seminare, Kolloquien, Ausstellungen, Vorführungen, informiert und berät über technische und finanzielle Probleme und Möglichkeiten bei Innovationen und zieht bei "Schlüsselproblemen" mehrere ähnlich gelagerte Unternehmen zu Gruppenprojekten zusammen (ZENIT, 1985, vgl. auch Abb. 10.2).
Die dynamische "ZENIT" steht mit ihrer sehr aktiven Strategie gewissermassen an der Spitze der Förderinstitute. Auch ältere, traditionellere Institute haben sich seit Beginn der Achtziger Jahre vermehrt diesen Stil angeeignet, nachdem sich die wirtschaftliche Lage im Ruhrgebiet verschärft hatte und die bis zu diesem Zeitpunkt gepflegten Reaktionsschemata für die wachsende Krise nicht mehr ausreichten (nach JOCHIMSEN, o.J.:11).

Abb. 10.2: Neuer Stil in der Wirtschaftsförderung – die ZENITH GmbH

ZENIT GmbH

```
                        Geschäftsführung
                               |
        ┌──────────────────────┼──────────────────────┐
    Verwaltung                                Öffentlichkeitsarbeit,
                                              Erfolgskontrolle
                               |
        ┌──────────────────────┼──────────────────────┐
    Gruppe 1:               Gruppe 2:              Gruppe 3:
 Informationen,          Analysen,              Finanzierung,
 Veranstaltungen         Modellvorhaben         Personaltransfer
```

Gruppe 1:
- Basisinformationen, Datenbanken, Recherchen
- Informationstransfer, Kontakte, Auskünfte
- Veranstaltungen, Seminare, Strategietage

Gruppe 2: z. B.:
- Fertigungstechnik
- Werkstofftechnik
- Verfahrens-, Meß- und Regeltechnik
- Umwelttechnik
- Energietechnik
- Mikroelektronik
- Informationstechnik

Gruppe 3:
- Innovationsbezogene Unternehmensfinanzierung
- Risikokapital, Risikokredit
- Förderhilfen
- Venture-Analysen
- Personaltransfer

Gesellschafter Die ZENIT GmbH wird zu jeweils einem Drittel getragen
— vom Trägerverein ZENIT e.V.
— vom Land Nordrhein-Westfalen, vertreten durch den Minister für Wirtschaft, Mittelstand und Technologie
— von der Westdeutschen Landesbank-Girozentrale

Aufgaben Die 1984 gegründete ZENIT GmbH ist eine Einrichtung der Wirtschaftsförderung auf dem Gebiet der Technik. Sie soll in praxisgerechter Verknüpfung mit bestehenden Einrichtungen verwandter Aufgabenstellung zur technischen Modernisierung kleiner und mittlerer Unternehmen in Nordrhein-Westfalen beitragen.

Adressaten Adressaten der in der ZENIT GmbH gebündelten Analyse-, Beratungs- und Problemlösungskapazität sind alle die produzierenden Klein- und Mittelbetriebe in Nordrhein-Westfalen, die ein besonderes Interesse an technischen Innovationen haben.

Arbeitsweise Die Arbeit der ZENIT GmbH ist projektmäßig organisiert. Sie orientiert sich am konkreten Innovationsgeschehen in der mittelständischen Wirtschaft.
Um die der ZENIT GmbH aufgetragenen Förderziele zu erreichen, werden vor allem folgende Instrumente eingesetzt:
— Informations- und Kontaktvermittlung, Symposien, Seminare, Ausstellungen, Vorführungen, Kolloquien
— Informationen/Beratungen zu technischen Innovationsproblemen
— Gruppenprojekte (z.B. Gemeinschaftsentwicklungen) zu Schlüsselproblemen technischer Innovationen gleich- bzw. ähnlich gelagerter Unternehmen
— Modellvorhaben zur praktischen Erprobung und Vorführung beispielhafter Innovationen
— Informationen/Beratungen zur Finanzierung von Innovationen (einschließlich öffentliche Förderhilfen)
— Förderung des innovationsbezogenen Personaltransfers aus den Hochschulen in die Wirtschaft

Konditionen

— Kontaktgespräche, Problemdefinitionen, Kurzauskünfte, Kontaktvermittlungen	kostenfrei bis zu 1 Projektleiter-Manntag
— Einzelberatungen, -analysen, -auskünfte (firmenspezifisch)	Honorar: DM 750,—/Projektleiter-Manntag (vom 2. Tag an; incl. Nebenkosten, ggf. zuzgl. vereinbarter Fremdkosten; zuzgl. gesetzl. MwSt.)
— Teilnahme an Gruppenprojekten	projektabhängig lt. jeweiligem Angebot
— Seminare, Symposien etc.	veranstaltungsabhängig lt. jeweiliger Einladung
— Strategietage für einzelne Firmen	Honorar: DM 5.000,— (zuzgl. gesetzl. MwSt.)
— Venture-Analysen	Honorar: DM 3.800,— (zuzgl. gesetzl. MwSt.) (Grobanalyse; Feinanalyse lt. jeweiligem Angebot)

Mitarbeiter Derzeit beschäftigt die ZENIT GmbH 12 Mitarbeiter mit Hochschulabschluß. Sie haben überwiegend eine technisch-naturwissenschaftliche, zum Teil eine wirtschafts- bzw. sozialwissenschaftliche Ausbildung absolviert. Die meisten Mitarbeiter besitzen mehrjährige Betriebserfahrungen.

"Geld gibt's genug, nur..."

Nebst den eigenen Möglichkeiten und Aktivitäten stützen sich die Wirtschaftsförderer bei ihren Vermittlungen auf Einrichtungen von Bund, Land und privaten Vereinigungen. Zur Verfügung stehen spezialisierte Informations- und Dokumentationsstellen, aber auch öffentliche und private Finanzen, sofern die daran geknüpften Bedingungen erfüllt werden.
Ueber die "Arbeitsgemeinschaft industrieller Forschungsvereinigungen e.V." in Köln können beispielsweise Zuschüsse für Personalkosten, für expandierende Unternehmen mit Personalzuwachs und gesteigerten Investitionen angefordert werden (NORDRHEIN-WESTFALEN, 1985:15ff).

Abgestützt auf das sogenannte **"Aktionsprogramm Ruhr 1979"** des Ministerpräsidenten des Landes wurden für einige entscheidende Wirtschaftsbereiche **"Technologieprogramme"** erlassen, die Zuschüsse an entsprechende Unternehmen erlauben. Diese Technologieprogrammme richten sich an die Bereiche Bergbau, Stahl, Wirtschaft, Energie und Zukunftstechnologien. In dieser Art direkter Projektförderung laufen auch die **Fachprogramme des Bundesministers für Forschung und Technologie** zu verschiedenen technisch-wissenschaftlichen Bereichen (IHK NORDRHEIN-WESTFALEN, 1984:24ff, vgl. zudem Abb. 10.3).

Schliesslich bilden Kapital- und Kredithilfen, insbesondere Risikokapital und steuerliche Vergünstigungen, mitentscheidende Grössen bei unternehmerischen Ambitionen. Geld sei in der Bundesrepublik genug vorhanden, schwierig sei es aber, daran heranzukommen, erklärte uns Herr Nienaber von der IHK Essen anlässlich eines Gesprächs. Vor allem Risikokapital sei im Ruhrgebiet schwierig zu bekommen; alle Förderungsanstrengungen seien diesbezüglich bisher praktisch gescheitert. In jüngster Zeit, seit zwei Jahren, würden sich jetzt aber doch grosse Banken des Problems annehmen und eigene "Venture-Capital"-Abteilungen gründen, die teils auch gleich Wirtschaftsberatung mitlieferten.

10.3 Exkurs: Strukturpolitische Programme als Instrumente der Wirtschaftsförderung

Die Vorgänger des bereits erwähnten "Aktionsprogrammes Ruhr 1979" (APR) und das APR selber bildeten mittelfristige Handlungspläne der Landesregierung zur Bewältigung der stark vernetzten wirtschaftlichen, sozialen und kulturellen Probleme des Landes und des Ruhrgebietes.

Abb. 10.3: Strukturpolitische Programme in der BRD, in Nordrhein-Westfalen und im Ruhrgebiet seit 1969

Ebene / Zeit	Bund	Land	Ruhrgebiet	Kommunen
1968 / 1969 / 1970	• Gemeinschaftsaufgabe "Verbesserung der regionalen Wirtschaftsstruktur"; hieraus u.a. folgende Fachprogramme des Bundesministers für Forschung und Technik:	• Nordrhein-Westfalen-Programm (NWP 75) 1971-1975, Handlungsplan der Landesregierung	• Entwicklungsprogramm Ruhr (ERP) 1968-1973, Handlungsplan für die Landesregierung	
1974	Elektronik, Technische Kommunikation, Informationsverarbeitung, Fachinformation, Biotechnologie, Materialforschung, Chemische Verfahrenstechnik, Physikalische Technologien, Energieforschung- und -technik,			• Gebietsentwicklungsplan Regionale Infrastruktur 1974: Bochum 1974, Dortmund 1977, Essen 1978, Bottrop 1977, Gelsenkirchen 1978, Mülheim a.d.R. 1980
1979	Luftfahrtforschung und -technologie, Transport- und Verkehrssysteme, Bauforschung und -technik, Umweltforschung und -technik,		• Aktionsprogramm Ruhr 1979 (APR), 1980-1984, Handlungsplan für die Landesregierung	
1984	FuE im Dienste der Gesundheit, FuE zur Humanisierung des Arbeitslebens	• Politik für den Mittelstand, Technologieprogramme (TP): Wirtschaft, Bergbau, Stahl, Energie, Zukunftstechnologien.		

Quellen: BAHRO, 1985:286ff., HESSE, o.J.:38., IHK NORDRHEIN-WESTFALEN, 1984:24-27.

"Das Ruhrgebiet war (...) schon immer Gegenstand politischer, das heisst staatlicher und kommunaler Steuerversuche gewesen." Bereits während der Industrialisierung und "erst recht" nach dem ersten Weltkrieg seien Industrie-Ansiedlungen "nach dem Gesichtspunkt einer möglichst unabhängigen Energiepolitik betrieben" worden (HESSE o.J.:38).

Als erstes derartiges Programm (vgl. im folgenden Abb. 10.3) wurde 1969 das **"Entwicklungsprogramm Ruhr 1968-73"** (ERP) vorgelegt, welches nicht zuletzt als methodisches Vorbild für die folgenden Programme Bedeutung erlangte (LAUFFS, ZUELKE, 1976 in: BAHRO, 1985:288).
Das ERP wurde 1971 von seinem Nachfolger, dem **Nordrhein-Westfalen-Programm 1971-75 (NWP)** zeitlich und räumlich überlagert. Die zeitliche Beschränkung dieser Programme bezieht sich auf die Einsetzungsphase und nicht auf die Dauer der einzelnen Teilbereiche und -programme, welche teilweise bis heute Gültigkeit haben.

1979, kurz vor den Landtagswahlen, legte die damalige Landesregierung unter Ministerpräsident Rau mit dem **Aktionsprogramm Ruhr 1980-84** schliesslich das bisher jüngste Gied in der Serie politisch motivierter Strukturverbesserungsprogramme vor.
Mit diesem Aktionsprogramm "beanspruchte die Landesregierung, eine **Gesamtkonzeption zur regionalen Strukturverbesserung** für das Ruhrgebiet vorgelegt zu haben" (KRUMMACHER, 1982:108, Hervorhebung: A.R).

Kritische Beobachter sehen hinter diesem Programm, wie auch schon hinter seinen Vorgängen, aber eher **kurzfristige Wahlkampfmotive** als langfristige Sanierungsstrategien für das Ruhrgebiet.

"Beweggründe für die Formulierung dieser Programme waren nie unabhängig von Wahlterminen und parteipolitischen Ueberlegungen. Viele Programmteile waren geschickt neu verpackte Instrumente laufender Finanzierungsprogramme zur Beruhigung der Oeffentlichkeit, zum Beweis dafür, dass etwas gemacht wurde, um bestehende Missstände zu beseitigen, oder um zu demonstrieren, wie aktiv sich die Landesregierung um die wirtschaftliche und soziale Zukunft in einer ökologisch gesunden Umwelt bemüht" (KUNZMANN, 1985:123).

Auch KRUMMACHER (1982:108f.) ist dieser Ansicht und wirft dem Programm sogar vor, eher den zusätzlichen Belastungen als Lösungen im Ruhrgebiet Vorschub zu leisten.

BAHRO (1985) schliesslich tituliert die Serie der regionalen Strukturverbesserungsprogramme relativ lakonisch mit "Leere Wort - Welke Hoffnungen..." und weist darauf hin, dass die bisherige Wirtschaftsförderung durch Strukturpolitik ihr Ziel verfehlt habe, weil sie sich **nicht den eigentlichen Strukturproblemen des Ruhrgebietes gestellt**, sondern nur versucht habe, den ablaufenden wirtschaftlichen Strukturwandel "für die Betroffenen mit Leistungen zu Lasten der Allgemeinheit zu erleichtern" (S. 294).

"Es ist aber notwendig, die wirklichen Probleme des Ruhrgebietes - wiederum - zu nennen und damit eine allein illusionäre oder legitimatorische Politik von Bund und Land aufzudecken: Das Ruhrgebiet verliert seit 25 Jahren seine natürliche, an die Steinkohlenlagerstätten gebundene Standortgunst. Es ist ein riesiges Ouro Preto, eine Goldgräberstadt, deren Schätze ausgebeutet sind. Für die dort wohnende Bevölkerung muss mit dem allmählichen, je nach Konjunkturlage schnelleren oder langsameren Schwinden der wirtschaftlichen Grundlage der Montanindustrie eine neue Lebensgrundlage geschaffen werden." (BAHRO, 1985:294).

Auf welcher wirtschaftlichen Basis sollen diese "neuen Lebensgrundlagen" geschaffen werden? Können alle Hoffnungen und Erwartungen auf den jüngsten "Technologieboom" gerichtet werden? Oder ist hier nicht vor etwas übersteigertem Optimismus zu warnen?

Mit solchen Ueberlegungen wollen wir uns im folgenden Abschnitt unterhalten.

10.4 "Neue Unternehmer braucht das Land"

Kein Zweifel: An der technologischen Front "boomt" es tüchtig: Technologiezentren, Gewerbeparks, Gründerzentren und ähnliche Institutionen schiessen zur Zeit wie Pilze aus dem Boden.

Von 0 auf 24 Firmen in einem Jahr: Das Essener ETEC

"Wenn Sie nicht jemand sind, der 25 Stunden im Tag arbeiten will, dann werden Sie besser nicht Unternehmer." Der dies sagt, ist Dr. Tröscher, ehrenamtlicher Leiter des "Essener Technologie- und Entwicklungs-Centrums" (ETEC).

Abb. 10.4: Die sieben Prinzipien der ETEC-Strategie

ETEC Bausteine für den unternehmerischen Erfolg

Das Essener Technologie- und Entwicklungs-Centrum bietet technologieorientierten und innovativen Unternehmen ein Dach, unter dem sie sich optimal entwickeln können. Die Gewähr dafür gibt das ETEC-Konzept mit den 7 Erfolgsbausteinen des „Essener Modells".

1. Das ETEC nutzt die Stärken der Region

- in wirtschaftlicher und wissenschaftlicher Hinsicht
- in reichlichem Angebot an qualifizierten Fachkräften und
- in der ausgezeichneten Infrastruktur.

2. Das ETEC setzt die Schwerpunkte auf Technologiebereiche mit ausgezeichneten Markt- und Wachstumschancen

- Energietechnik
- Umwelttechnik
- Medizintechnik
- Informations-, Kommunikations- und Automatisierungstechnik.

3. ETEC kooperiert sehr eng mit Wirtschaft, Wissenschaft, Verwaltung und Politik

Das ETEC ist eine Gemeinschaftsinitiative der Stadt Essen, des „Vereins zur Förderung der Essener Wirtschaft", dem die IHK zu Essen und zahlreiche namhafte Unternehmen der Essener Wirtschaft angehören und der „s-Beteiligungsgesellschaft Essen mbH & Co. KG – Innovations- und Existenzgründungsförderung der Sparkasse Essen".
Der Verein zur Förderung der Essener Wirtschaft dient dem Zweck, das ETEC und die darin angesiedelten Unternehmen durch Beratung und Kontaktvermittlung zu unterstützen.
Ferner besteht zwischen der Universität – Gesamthochschule – Essen und ETEC ein Kooperationsvertrag.

4. Gemischte Struktur der Unternehmen im ETEC

Das ETEC wendet sich nicht nur an Neugründer, die zum ersten Mal in die Wirtschaft einsteigen, sondern auch an Innovatoren, die bereits in einem Unternehmen tätig sind und sich – sei es mit oder ohne finanzielle Hilfe ihrer Firma – selbständig machen wollen.
Und es sollen auch die Unternehmen angesprochen werden, die eine Entwicklungsgruppe aus organisatorischen oder sonstigen Gründen auslagern möchten, ohne daß sich diese Gruppe von ihnen löst. 
im ETEC, insbesondere diejenigen, die möglichst rasch Zugang zu den neuesten internationalen Entwicklungen haben müssen und ihre Produkte exportieren wollen.

5. Service-Angebot von ETEC

Das ETEC bietet den Unternehmen
- kostengünstige Büro-, Entwicklungs- und Produktionsräume
- zentralen Sekretariatsservice mit allen Kommunikationsmöglichkeiten, von der Telefondame bis zum Schreibdienst
- Beratung in allen betriebswirtschaftlichen Fragen
- Managementbetreuung der jungen Unternehmen durch einen Senior-Berater-Service. Pensionierte Unternehmer und Manager aus der Essener Wirtschaft haben sich bereit erklärt, den jungen Unternehmern bei ihrem Schritt in die Selbständigkeit zu helfen.
- Vermittlung von Kapital.

6. Das ETEC kooperiert mit Technologietransferstellen im In- und Ausland

Von der Kooperation mit ausländischen Technologietransferstellen profitieren alle Unternehmen

7. Das Gebäudekonzept des ETEC

ist gekennzeichnet durch einen stufenweisen und am Bedarf orientierten Ausbau:
- Die erste Stufe mit rd. 2400 m² im umgebauten Altbau ist seit Oktober 1985 in Betrieb und vermietet. Sie umfaßt die Gemeinschaftseinrichtungen, Büro-, Entwicklungs- und Produktionsräume.
- Die zweite Stufe mit 4000 m² Büro-, Labor- und Produktionsfläche im Neubau wird bis August 1986 fertiggestellt.
- Die weiteren Stufen werden bis zum Endausbau von 27000 m² Büro-, Labor- und Produktionsflächen bedarfsabhängig neu ausgebaut.

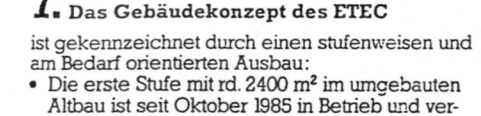

Wenn Sie ein innovativer und technologieorientierter Unternehmer sind; wenn Sie Ideen Ihre starke Seite sind; wenn Sie glauben, daß Ihre Entwicklungen zur eine echte Marktchance haben; wenn Sie den Mut zur Selbständigkeit haben – dann sind wir der richtige Ansprechpartner für Sie.

Bitte schreiben Sie uns oder rufen Sie uns an.

Dr. Herbert Töscher
Geschäftsführer der ETEC
Essener Technologie- und Entwicklungs-Centrum GmbH
Kruppstr. 82 · 4300 Essen 1 · Tel. 0201/61054-0

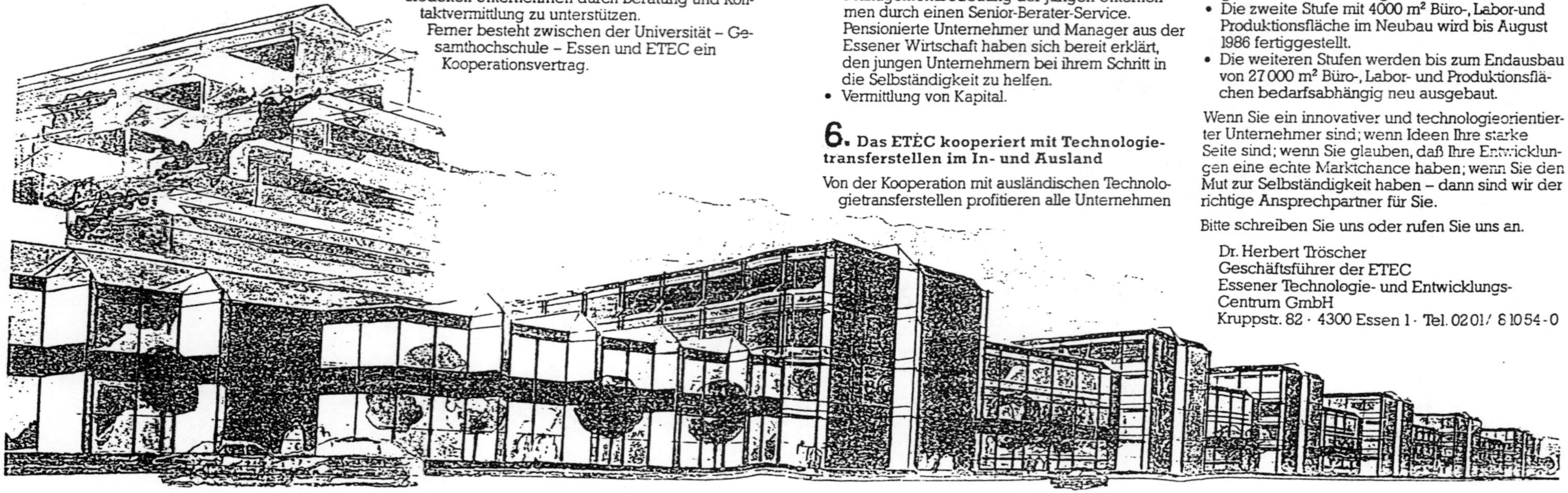

Das ETEC wurde im Juni 1985 gegründet, steht untypischerweise nicht auf der grünen Wiese, dafür verkehrsgünstig im Zentrum von Essen auf einem ehemaligen Werkgelände einer Krupp-Tochter, hat im September 1986 bereits 24 Firmen unterm Dach (!) und vergrössert sich nach einer Art Baukasten-Prinzip vorläufig im Sechsmonate-Rhythmus. Angepeilt werden im Endausbau rund 80 Firmen mit zusammen etwa 1000 Arbeitsplätzen. Herr Dr. Tröscher, der ein Jahr nach der Gründung des ETEC die Evaluation ansiedlungswilliger Betriebe für das Zentrum immer noch im Alleingang vornimmt, zeigt damit gleich selber, wie das mit dem 25-Stunden-Tag gemeint ist. Nach seinen Ausführungen ist das ETEC vor allem nach amerikanischen Vorbildern organisiert worden. Es soll sowohl Neugründungen, "spin-offs" wie auch ganzen Entwicklungsabteilungen von bestehenden Firmen ein "gemeinsames Dach" für eine optimale Entwicklung anbieten. Wie der in Abb. 10.4 wiedergegebene Werbeprospekt zeigt, baut die ETEC-Strategie auf **sieben Prinzipien** auf: Man will bewusst an die vorhandenen regionalen Grundlagen anknüpfen, sich v. a. in Wachstumstechnologien engagieren, eng mit Wirtschaft, Wissenschaft und Staat zusammenarbeiten, einen günstigen Betriebsmix erreichen, einen vielseitigen, gemeinsam nutzbaren Service anbieten, eng mit Technologietransferstellen kooperieren und schliesslich mit einem flexiblen Gebäudeangebot möglichst auf alle Wünsche ansiedlungswilliger Firmen eingehen können.

Gemeinsam sind wir stark: Technologiezentren und Verwandtes

Weiten wir nach dieser kleinen Fallstudie wieder etwas den Blick auf die allgemeineren Zusammenhänge aus. Um vor allem jung-dynamischen Unternehmen bessere Marktchancen zu bieten und gleichzeitig die Synergievorteile zusammengeballter Kräfte stärker zu nutzen, sind seit Beginn der Achtziger Jahre in der Bundesrepublik gegen fünfzig Gewerbe- und Forschungsparks, Gründer- und Technologiezentren nach mehr oder minder amerikanischen und britischen Vorbildern geschaffen worden. Fünf davon stehen im Ruhrgebiet (STERNBERG, 1986:532ff).

Bei einer vergleichenden Betrachtung dieser Zentren in der ganzen Bundesrepublik sind allerdings gewisse Unterschiede in der Organisationsstruktur wie auch in den Zielsetzungen festzustellen: Vereinfacht können wir von einer Abnahme der konsequenten Ausrichtung auf Forschung und "Neue Technologien" in der terminologischen Reihenfolge "Forschungspark" - "Technologiezentrum" - "Gründerzentrum" - "Gewerbehof/-park" ausgehen. Wie schon "Neue Technologien" nicht sauber unter einem Begriff einzuordnen sind, geben auch die offiziellen Bezeichnungen dieser Technologieparks nicht immer ganz klar die Ausrichtung dieser Anlagen wieder. Vielmehr dürften oft Wunschdenken, politische Propaganda und Begriffsassoziationen die jeweilige Benennung des "Kindes" beeinflusst haben. Ein recht typischer Unterschied zwischen "Parks" und "Zentren" besteht darin, dass in "Zentren" alle Arten von gemeinschaftlichen Dienstleistungen angeboten werden (vgl. Abb. 10.4), während in "Parks" jede Firma für sich alleine arbeitet. Oft treten auf einem Gelände auch Mischformen auf.

Bei allen Organisationsunterschieden gibt es aber doch eine Gemeinsamkeit: Forschungsparks und Technologiezentren vereinen die Elite der kleinen technologieorientierten Unternehmen. Grossbetriebe sind dank ihrer Ausstattung mit Personal, Know-how und Infrastruktur auf derartige Einrichtungen nicht angewiesen.

Vier Mittel für eine erfolgreiche Ansiedlungspolitik: Standort, Impuls, Kapital und Konsens

Wovon der wirtschaftliche Erfolg bei der Ansiedlung neuer Unternehmen abhange, erklärte uns in einem längeren Gespräch Herr Nienaber von der IHK Essen: Nämlich von Standort, Impuls, Kapital und Konsens. Diese vier Grössen müssten denn auch in eine aggressiv-aktive Wirtschaftsförderung einfliessen und zwar auch unter Ausnutzung von Gesetzeslücken, wenn es sein müsse.

Beim **"Standort"** gehe es darum, ansiedlungswilligen Unternehmen möglichst adäquate Flächen zu verschaffen, wenn nötig auch im Grünen, denn Hochtechnologiebetriebe wollen in der Regel nicht auf alte Industriebrachen.

Mit **"Impuls"** umschreibt Herr Nienaber den "Anstoss" der Förderinstitution zur Realisierung einer unternehmerischen Idee. Dabei sei es nicht die Aufgabe der Wirtschaftsförderer, selber Ideen zu finden, sondern eine vorgetragene Idee absichern zu helfen, zu recherchieren, ob diese Idee marktfähig sei. Die Recherche kann beispielsweise mit Hilfe der von den IHKs eingerichteten **"Technologieberatungsstelle Ruhr"** abgewickelt werden, die weltweit mit praktisch allen wichtigen und zugänglichen Datenbanken in den Bereichen Recht, Markt und Technik in Verbindung steht.

Hinsichtlich **"Kapital"** gehe es weniger um die Quantität (Geld sei in der BRD ausreichend vorhanden), als um das Problem der Sicherheiten bei Risikokapital-Bedürfnissen. Der Versuch einer regionalen "Venture Capital- Beteiligungsgesellschaft sei leider nicht erfolgreich gewesen. Seit kurzem beginnen aber auch die grossen Banken eigene Risikokapital-Abteilungen aufzubauen.

Mit **"Konsens"** umschreibt Herr Nienaber schliesslich eine neue Art von Einverständnis unter einer **neuen Generation** von Politikern, Verwaltungsleuten, Unternehmern und Wissenschaftern, wirtschaftliche Probleme vereint anzugehen und mittels pragmatischem, weniger parteiideologisch gefärbtem Vorgehen zu lösen. So sei denn die Zusammenarbeit der IHK Essen und der regierenden Partei in Essen, der SPD, kaum ideologisch belastet, Ideologien würden nur noch sonntags gepredigt. Eine Zusammenarbeit der IHK Essen komme demnach mit allen "staatstragenden" Parteien in Frage; davon auszuschliessen seien die Grünen.
So wäre auch das ETEC ohne diesen "Konsens" nicht zustandegekommen. Das Startkapital des ETEC wurde nämlich zu je einem Drittel von der Stadt, der Stadtsparkasse und einem privaten "Verein zur Förderung der Essener Wirtschaft" aufgebracht.

10.5 Neuer Optimismus mit alter Ideologie?

Neuer Optimismus

Wir haben die verschiedenen besuchten Wirtschaftsförderungsinstitutionen auch gefragt, wie sie die Zukunft des Ruhrgebietes sehen.
Ein recht anschauliches Bild hat uns hierbei Herr Nienaber von der IHK Essen gegeben: "Irgendwann läuft 'ne Region voll, dann läuft sie über, dann entleert sie sich, dann fängt man an, Verbesserungen zu spüren und es gibt wieder eine Standorterneuerung...
Mit diesem Bild - frei nach der Theorie der "Langen Wellen" Kondratiefs (VAN DUJIN, 1983:18) - umschrieb Herr Nienaber die zyklische Entwicklung des Ruhrgebiets. Mit seinem Bild gesprochen befindet sich das Ruhrgebiet jetzt in der Phase, wo nach einem Ueberkochen in den Sechziger und Siebziger Jahren wieder Platz für frische Strukturen entstanden ist: Neue, dynamische Industrien verdrängen alte, zukunftsuntaugliche.
Die Zukunft des Ruhrgebietes werde auf einem schwächeren Feuer gekocht, die Arbeitslosigkeit werde sich bis in die

Neunziger Jahre halten, die Bevölkerung etwa auf vier Millionen Einwohner sinken und sich dort einpendeln.
Bis 1995 könnte, nicht zuletzt dank den geburtenschwachen Jahrgängen der Siebziger Jahre, Vollbeschäftigung wieder möglich werden.

Dieser Skizze Herrn Nienabers zur mittelfristigen Wirtschaftsentwicklung konnten anlässlich einer Diskussion mit allen Feldstudienlagerteilnehmern auch die Herren Dres. Bronny, Hilsinger und Prof. Hommel von der Ruhruniversität Bochum Sinn abgewinnen. Die Sanierung, der Wiederaufstieg des Ruhrgebiets scheint machbar zu sein (vgl. Kap. 11).

Alte Ideologie

"Mit Volldampf in die Neunziger Jahre" scheint der Tenor zumindest der Wirtschaftsfachleute zu sein. Von ökologischen und sozialen (Kehr-)Seiten wird in diesen Kreisen offenbar kaum gesprochen, jedenfalls nicht so ohne weiteres.
Einzig Herr Nienaber stellte persönlich ein Fragezeichen hinter die Sozialverträglichkeit der "Neuen Technologien". Die "Dienstmeinung" der IHK Essen sei jedoch, so Herr Nienaber, dass man diesbezüglich keine Bedenken zu haben brauche.

Mit Volldampf, aber ohne den üblichen Lärm, sind die "staatstragenden" Systemveränderer mit ihren "Neuen Technologien" am Werk. Mit dem primus inter pares, dem Sachzwang, revolutionieren sie den Arbeitsmarkt, teilen die Berufsleute in kreativ-dynamische, aufstiegsbewusste und daher hörige Stammbelegschaften und in angeheuerte Jobberinnen und Jobber, die sich für einige Zeit einem Betrieb verkaufen, via Agenturen vermittelt werden und bei sinkendem Bedarf wieder gefeuert werden können, weil der freie Markt keine horizontal organisierten Gruppen wünscht, die "lästige" und "hemmende" Rechte und Sicherheiten einfordern (frei nach KLEMMER, SCHRUMPF, 1982).

In den dazu notwendigen "Konsens" müssen auch die Medien einbezogen werden, oft fälschlicherweise als die "Vierte Gewalt" im Staate bezeichnet. Wenn nämlich Akteure aus Wirtschaft, Politik, Verwaltung und Wissenschaft konsensual der neu herrschenden, pragmatischen Einigkeit frönen, bleiben die Medien, die finanziell fast immer von zumindest einer dieser Gruppen abhängig sind, bestenfalls pseudokritische Postillen zur Integration von unsicheren Abweichlern. Die von Dr. Tröscher vom Essener ETEC angedeutete Disziplinierungsmöglichkeit einer (zu) kritischen Presse illustrieren diese Gedankengänge.

Schliesslich doziert uns eine - nicht namentlich gekennzeichnete - Publikation der IHKs Nordrhein-Westfalens mit dem Titel "Dynamisierung contra Wachstumsskepsis" **die offizielle, wirtschaftsorientierte Sicht der Dinge** (IHKs NORDRHEIN-WESTFALEN, 1986:5ff): Die Entkoppelung von Wirtschaftswachstum und ökologischer Belastung sei geglückt, derweilen die Vorbehalte gegenüber dem Wirtschaftswachstum jedoch eine weit verbreitete Grundströmung darstellten. Wachstumsgrenzen werden in Frage gestellt, die Bedürfnisse der Menschen als "faktisch unbegrenzt" dargestellt und nach einem detaillierten Rundumschlag gegen alle heute verbreiteten sozialen, wirtschaftlichen, kulturellen und ökologischen Fragwürdigkeiten und Widersprüche wird kühn "die Entfrachtung der ökonomischen Leitvorstellungen von einer Vielzahl von Bedenken und Einschränkungen" als "eine Voraussetzung für eine Dynamisierungsstrategie im Land" gefordert.

Zweifeln wir bereits an der angeblichen Entkoppelung von Wirtschaftswachstum und ökologischer Belastung, so suchen wir vergeblich nach demokratischen Entscheidungsstrukturen, die wirtschaftliche Vorhaben und Entwicklungen wünschen oder verbieten können. Ebenso befürchten wir einen zunehmenden Missbrauch der öffentlichen Güter Luft, Wasser, Boden und dessen mangelhafte Bestrafung.

Die Arroganz des neuen Konsens und die tönernen Füsse der Behauptung von der "entkoppelten" Wirtschaft-Umwelt-Problematik zeigten sich nicht zuletzt auch an den sich im Herbst 1986 häufenden Chemieunfällen und -katastrophen in der Schweiz und entlang des Rheins oder auch an der mangelhaften oder gänzlich fehlenden (selbst-)kritischen öffentlichen Diskussion um Atomindustrie, Genmanipulation, Biotechnologie oder neue Informationstechnologien.

Es scheint, die alte Ideologie des Wachstums steige als neu gestärkter und aufgerüsteter Phönix aus der Asche der gestorbenen ökologischen und sozialen Bewegungen und Utopien der Siebziger Jahre.

10.6 Literatur

ARBEITSMARKT RUHRGEBIET, August, 1986 (= monatliche Arbeitsmarkstatistik des KVR). Essen.
BAHRO, H., 1985: Fallstudie: Das Ruhrgebiet - Niedergang einer Wirtschaftsregion. In : GROSSER, D. (Hrsg.), 1985: Der Staat in der Wirtschaft der Bundesrepublik. Opladen.
BRONNY, H.M., 1984: Aspekte des Strukturwandels und der Industrieansiedlung im Ruhrgebiet. (Unveröffentlichtes Papier, Bochum).
ETEC (Essener Technologie-und Entwicklungszentrum) o.J.: Bausteine für den unternehmerischen Erfolg. Faltblatt. Essen.
HESSE, J.J., o.J. (eigentlich 1983): Politikprogramme für das Ruhrgebiet, Erfahrungen und Perspektiven. In: KVR (Kommunalverband Ruhrgebiet) Hrsg.: Strukturanalyse Ruhrgebiet, Bilanz-Kritik-Perspektiven. Essen.
KRUMMACHER U., 1982: Ruhrgebietskrise; wirtschaftsstrukturelle Ursachen und das "Aktionsprogramm Ruhr" der Landesregierung. In: KATALYSE TECHNIKERGRUPPE (Hrsg.): Ruhrgebiet-Krise als Konzept. Bochum.
IHK ESSEN, 1985: Industrie- und Handelskammer seit 1840. Information der IHK zu Essen. Essen.
IHK NORDRHEIN-WESTFALEN, 1984: Neue Technologien mit der IHK. Wegweiser der IHKs des Landes Nordrhein-Westfalen zur Forschungs- und Innovationsförderung. Dortmund.
IHK NORDRHEIN-WESTFALEN, 1986: Dynamisierung contra Wachstumsskepsis. Düsseldorf.
JOCHIMSEN, R., o.J. (eigentlich 1983): Politik für das Ruhrgebiet; Kontinuität, Perspektive, Prioritäten. In: KVR (Hrsg.): Strukturanalyse Ruhrgebiet, Bilanz-Kritik-Perspektiven. Essen.
KLEMMER, P., SCHRUMPF, H., 1982: Die Auswirkungen der Arbeitsmarktpolitik auf das Ruhrgebiet. Reihe: Strukturberichterstattung Ruhrgebiet des KVR. Essen.
KUNZMANN, K.R., 1985: Spuren in die Zukunft des Ruhrgebiets. In: Beiträge zur Raumforschung, Raumordnung und Landesplanung. Landesentwicklung Bd. 1.042 (118-129). Dortmund.
LAUFFS, H.-W., ZUELKE, W., 1976: Politische Planung im Ruhrgebiet - Analyse der staatlichen Planungen und Massnahmen zur Strukturverbesserung des Ruhrgebiets. Göttingen.
NORDRHEIN-WESTFALEN (Minister für Wirtschaft, Mittelstand und Verkehr des Landes NRW (Hrsg.), 1985: Politik für den Mittelstand. Düsseldorf.
SCHWAMM, H., 1986: Wie neue Technologien in die Regionen finden. In: Basler Zeitung, Ausg. 18.10 86. Basel.
STERNBERG, R., 1986: Technologie- und Gründerzentren in der Bundesrepublik Deutschland - Erste Ergebnisse einer bundesweiten Befragung vom März 1986. Geographische Rundschau 10 (532-535).
VAN DUJIN, J.J., 1983: The Long Wave in Economic Life. London.
ZENIT, 1985: Neues Innovationszentrum unterstützt kleine und mittlere Betriebe in Nordrhein-Westfalen. Mülheim an der Ruhr.

Wir danken folgenden Personen für Gespräche und Auskünfte:

- Herren Blaudsun und Dr. Jodas, Gesellschaft für Wirtschaftsförderung GmbH, Düsseldorf,
- Herren Dres. Bronny, Hilsinger und Prof. Hommel, Geographisches Institut Ruhruniversität Bochum,
- Herren Grüter, Römer, Wolfmeier, ZENIT GmbH, Mülheim an der Ruhr,
- Herrn Nienaber, IHK zu Essen, Essen,
- Herrn Dr. Tröscher, Herrn Kazmeier, ETEC Essen.

11. BILANZ UND AUSBLICK: DAS RUHRGEBIET, BALD WIEDER "EIN STARKES STUECK DEUTSCHLAND"?

Ruedi Nägeli[*]

Jede regionalpolitische Analyse ruft nach einer Art Synthese, einer Bilanz des Beobachteten, Erfragten, Gelesenen und Erfahrenen.
Dies trifft auch für unser Unternehmen "Ruhrgebiet" zu.
Wir haben versucht, eine solche Bilanz zu erstellen, indem wir in einer Plenumsdiskussion bereits vor Reisebeginn eine Art "Zwischenbilanz" unserer Vorbereitungen gezogen haben. Diese Zwischenbilanz haben wir gegen Ende unseres Feldaufenthaltes noch einmal mit unseren inzwischen gemachten Original-Erfahrungen konfrontiert, und haben auch die Gelegenheit wahrgenommen, etliche Punkte mit unseren Betreuern vom Bochumer Geographischen Institut (den Herren Dr. Bronny, Dr. Hilsinger und Prof. Hommel) zu diskutieren.

Aus diesen Bemühungen ist die im nachfolgenden Abschnitt präsentierte Bilanz entstanden. Hierbei wird versucht, themenweise die von uns erkannten wichtigsten Strukturprobleme, Entwicklungstrends und ungelösten Zukunftsfragen aufzulisten. Wir sind uns bewusst, dass ein solcher Syntheseversuch stückhaft bleiben muss - die Probleme des Ruhrgebietes sind zu komplex, als dass sie durch eine dreimonatige Beschäftigung mit Literatur und einen zweiwöchigen Feldaufenthalt völlig analysiert werden könnten!

Unsere Bilanz soll deshalb in erster Linie als ein Konzentrat dessen genommen werden, was ein rundes Dutzend Berner Geographen/-innen im Rahmen ihres Feldstudienlagers über das Ruhrgebiet in Erfahrung haben bringen können.

---

[*] Der Abschnitt 11.1 stützt sich auf gemeinsame Diskussionen mit allen Teilnehmern, die übrigen Abschnitte basieren auf meinen persönlichen Eindrücken und Beurteilungen.

11.1 Bilanz: Wichtige Strukturprobleme, Entwicklungstrends und einige ungelöste Fragen

INDUSTRIE

Strukturprobleme und Entwicklungstrends

Die industrielle Krise im Ruhrgebiet ist v. a. auf den Bedeutungsschwund der dominierenden Montanindustrie zurückzuführen, welcher durch generelle Nachfrageverschiebungen und wachsende überseeische Konkurrenz verursacht worden ist.

Als Folge schrumpfen die alten Branchen, was zu "struktureller Arbeitslosigkeit" führt, oder sie versuchen, mittels neuer Technologien und/oder Standortkonfigurationen zu rationalisieren, was zu "technologischer Arbeitslosigkeit" führt.

Obschon ein grosser Trend zur (überfälligen) Diversifizierung besteht, wird die Arbeitslosigkeit auch in Zukunft ein grosses Problem des Reviers bleiben, denn v. a. die Grosskonzerne werden in näherer Zukunft noch tüchtig weiterrationalisieren.

Die industrielle Restrukturierung wird v. a. auch stark durch die Altlastenproblematik behindert. Wegen der hohen Kosten sind Sanierungen problematisch und das Verursacherprinzip lässt sich aus Gründen der korrekten Zuordnung sowie wirtschaftlicher Sachzwänge nicht ohne weiteres durchführen.

offene Fragen

Welche Produktionsspielräume bleiben der Montanindustrie bei gesättigten und beschränkten (EG, USA) Absatzmärkten?

Inwiefern ist im alten Industrieraum überhaupt eine ausreichende Diversifikation der Industrie möglich?

Wie kann die zunehmende technologische Arbeitslosigkeit aufgefangen werden?

Welches zusätzliche Entwicklungspotential steckt allenfalls in der nicht unbedeutenden Schattenwirtschaft?

BEVOELKERUNG/ARBEITERSCHAFT

Strukturprobleme und Entwicklungstrends

Die industrielle Krise hat einen massiven Bevölkerungsschwund, verbunden mit selektiver Abwanderung von Fachkräften sowie Zuwanderung von (billigen und anspruchslosen) Gastarbeitern, zur Folge.

Die grosse Arbeitslosigkeit wird zu einer wachsenden Marginalisierung der Randgruppen (Behinderte, Aeltere, Jugenliche ohne Schulabschluss) und damit zu einer steigenden sozialen und räumlichen Polarisierung der Gesellschaft führen. Die bisher erst vereinzelt auftretende "neue Armut" könnte sich daher verschärfen.

Die sich seit der Industrialisierung konstant verschlechternde Wohn- und Lebensqualität im Revier scheint in den letzten Jahren an vielen Orten erfolgreich verbessert worden zu sein. Es bestehen also gewisse Aussichten auf eine Erhöhung der Wohnstandortattraktivität.

offene Fragen

Inwiefern kann mit gezielter Imagepflege die steigende Standortattraktivität auch im interregionalen Wettbewerb eingebracht werden?

Inwiefern treten heute vereinzelt "lokale Idendtitäten" an die Stelle der ehemals relativ homogenen "regionalen Ruhrpott-Identität", und wie könnten diese in den Erneuerungsprozess eingebracht werden?

Wie könnte das wachsende Heer von Arbeitslosen sinnvoll wiedereingegliedert werden?

SIEDLUNG/INFRASTRUKTUR

Strukturprobleme/Entwicklungstrends

Die generelle Verlaufsrichtung des Verdichtungsprozesses hat sich zumindest im Kernbereich des Ballungsraumes umgedreht: Durch den Rückgang der industriellen Arbeitsplätze und den Bevölkerungsschwund entsteht heute in den Kernstädten ein zunehmend grösseres Vakuum (Folgen: wachsende Finanznot der öffentlichen Hand, nicht mehr ausgelastete Infrastruktur, etc.). Grossräumig geht der urbane Zersiedelungsprozess des Reviers allerdings weiter.

Als Gegenbewegung zum industriell-demographischen Bedeutungsschwund findet jedoch eine laufende "Tertiärisierung" der Kernstädte statt. Dies wird zu einer wachsenden intraregionalen Polarisierung führen, indem die grossen Zentren laufend weiter aufgewertet, die kleineren Zentren jedoch abgewertet werden.

Dem grossen Sanierungsbedarf, v. a. von Wohnquartieren in älteren Siedlungsteilen, wird wegen der knapper werdenden Finanzen immer schwieriger beizukommen sein.

Eine offensichtliche "Inkonsistenz" zwischen übergeordneten Planungsrichtlinien und parzellenscharfen Planungserfordernissen "erlaubt" immer noch eine relativ ungesteuerte Bauweise, in deren Rahmen die einzelnen Objekte oftmals zwischen "Wirtschaft und Politik "ausgehandelt" werden.

offene Fragen

Mit welchen Planungsinstrumenten könnte die räumliche Ueberlagerung mehrerer negativer Prozesse im Ballungskern verhindert werden?

Inwiefern könnten die Möglichkeiten der städtischen Neunutzung von alten Industrieflächen (Flächenrecycling) durch eine Altlastensanierung verbessert werden?

Kann (und soll) Stadtentwicklung überhaupt planerisch gesteuert werden oder wäre eher eine fallweise pragmatische Flexibilität am Platz?

UMWELT

Strukturprobleme/Entwicklungstrends

Die Umweltbelastung scheint, so wie sie heute erfassbar(!) ist, per saldo rückläufig zu sein, die Gesamtsituation ist aber immer noch unbefriedigend.

Gesteuert durch eine gewisse "Autodynamik" des Wirtschafts- und Gesellschaftssystems wird in einer "Flucht-nach-vorne-

Politik" laufend nach neuen technischen Lösungen für die durch die Technik verursachten Umweltprobleme gesucht; und es wird eher auf Symptombekämpfung gemacht, als dass die Probleme der Emmissions- und Abfallbewirtschaftung grundsätzlich an ihrer Wurzel gepackt werden.

In Form von hochgiftigen "Altlasten" kommen heute im industriellen Verdichtungsraum zunehmend die Sünden früherer Entwicklungsphasen zum Vorschein. Diese "Zeitbomben" sind bisher weder systematisch erfasst, noch ist man sich darüber im klaren, wie man sie sanieren soll, bzw. wer dies zu bezahlen hat!

offene Fragen

Werden mit den heutigen Messnetzen wirklich alle wichtigen Indikatoren der Umweltqualität erfasst?

Welche Mittel könnten den Vollzugsrückstand der an sich vorhandenen Umweltgesetzgebung beschleunigen?

Wie könnte ein Strukturwandel der Industrie von einer blossen Ressourcenausbeutung/-verschwendung zu einer integrierten Recyclingwirtschaft in die Wege geleitet werden?

LANDWIRTSCHAFT

Strukturprobleme/Entwicklungstrends

Abgesehen von kontinuierlichen Flächenverlusten scheinen die landwirtschaftlichen Produktionsbedingungen vordergründig nicht allzu sehr von der industriellen Entwicklung eingeschränkt worden zu sein. In kleinräumiger Betrachtung machen u. a. aber Bergschäden, Vernässungen, Versteppungen oder äusserst kurze Pachtverträge zu schaffen.

Auf alten Industrieflächen ist wegen der "Altlasten-Problematik" kaum eine landwirtschaftliche Revitalisierung möglich - was übrig bleibt sind praktisch nur (passive) Grünzonen.

offene Fragen

Inwiefern geht die bisher noch recht intakte Landwirtschaft im nördlichen Ruhrgebiet durch das weitere Vordringen der Kohlezechen nach Norden einem ähnlichen Schicksal entgegen, wie es die ehemals prosperierende Landwirtschaft im südlichen und mittleren Revier erlebt hat?

ERHOLUNG

Strukturprobleme/Entwicklungstrends

Dank der sukzessiven Umweltregeneration v. a. im südlichen Ruhrgebiet sowie der Errichtung von etlichen Freizeitparks im mittleren Ballungsraum hat sich das Erholungsangebot in den letzten Jahren wesentlich verbessert.

Diese Freizeitanlagen können jedoch wegen z. T. nicht unbedeutender Kosten für Erholungsaktivitäten sowie der generell eher schlechten Erschliessung mit öffentlichen Verkehrsmitteln nicht von allen Bevölkerungsschichten gleich genutzt werden.

Das vom KVR bereits in den 1920er Jahren etablierte und in den 1960er Jahren fixierte regionale Grünflächensystem als "grüne Lunge" des Verdichtungsraumes ist seither von allen Seiten unter Druck geraten. Es wird sich noch zeigen müssen, inwiefern das neue "regionale Freiraumsystem" von 1985 diesen Druck vermindern oder umdenken kann!

offene Fragen

Inwiefern könnte die Erholungs- und Umweltsituation durch eine massive Förderung und Verbilligung des öffentlichen Verkehrs (auf Kosten des dominierenden Privatverkehrs) noch weiter verbessert werden?

Was für schleichenden Gefahren und Risiken wird die Bevölkerung ausgesetzt, wenn weiter schwersanierbare Altlastenflächen aus Kostengründen einfach in öffentliche Grün- und Erholungsgebiete "umgewandelt" werden?

PLANUNG

Strukturprobleme/Entwicklungstrends

Bedingt durch einen Bruch im Planungssystem (vgl. SIEDLUNG) sowie ein bereits sehr lange dauerndes "Bündnis" zwischen Wirtschaft und Politik ist eine frühzeitige Anpassung der Wirtschafts- und Raumstruktur an die heutigen Erfordernisse behindert worden.

Die Planung leidet sowohl unter vertikalen wie horizontalen Koordinationsproblemen; diese "Mobilitätszonen" werden von der Wirtschaft rasch zu ihren Gunsten ausgenützt.

Nachdem die Planung bereits in der Wachstumsphase immer den Trends nachhinkte, kommt sie jetzt in der Stagnation vom Regen in die Traufe, da ihre Instrumente die vereinzelt vorhandenen Wachstumsansätze noch zusätzlich behindern.

offene Fragen

Das über manche Jahre die Planungsphilosophie dominierende "Zentrale Orte-Konzept" scheint heute weitgehend ausgedient zu haben. Welche Konzepte/Philosophien stehen bereit, um auch im stagnierenden, bzw. alternden Verdichtungsraum eine möglichst sinnvolle Wirtschafts- und Lebensraumgestaltung zu erreichen?

Wie stark darf Raumplanung lenken, ohne die Ueberlebenschancen der Wirtschaft zu gefährden?

WIRTSCHAFTSFOERDERUNG/ NEUE TECHNOLOGIEN

Strukturprobleme/Entwicklungstrends

Gefördert wird heute auf allen Stufen und von zahlreichen Institutionen, die Koordination in diesem Förderungswirrwarr ist allerdings recht gering. Vermeintliche Neuansiedlungen in einem bestimmten Kreis sind aufs ganze Revier gesehen oft ein Nullsummenspiel, da die Unternehmen anderen Städten abgeworben wurden.

Die offizielle Wirtschaftsförderung geht v. a. Richtung Diversifikation und Restrukturierung mittels neuer Technologien. Die neuen Branchen und Hightech-Leute wollen aber nicht auf alte (verseuchte) Flächen in einem alten Industrieraum, sondern auf die grüne Wiese.

Mit Technologiezentren und neuen, kleinen Hightech-Unternehmen mögen zwar einige neue hochqualifizierte Arbeitsplätze geschaffen werden - dies steht jedoch in keinem Verhältnis zu den Tausenden von Arbeitskräften, welche in der Montanindustrie in naher Zukunft noch wegrationalisiert werden.

offene Fragen

Es ist noch völlig ungewiss, ob es dem Ruhrgebiet gelingen wird, den laufenden Niedergang mittels einer technologieorientierten Restrukturierungspolitik zu bremsen.
Inwiefern ist aber der derzeitige Technologiezentren-Boom nur eine überhitzte Modeerscheinung, oder bildet er wirklich den Beginn einer neuen industriellen Aera?

Welche Möglichkeiten stecken in den neuerdings verschiedentlich propagierten Konzepten einer "alternativen Regionalentwicklung" - sind dies bloss etwas weltfremde Utopien, oder bergen sie ev. Potentiale für eine neue Inwertsetzung sowohl der regionalen Ressourcen, als auch des Heeres von Arbeitslosen?

11.2 Die Probleme mögen erkannt sein, doch welche Lösungen sind in Sicht?

Vielleicht das Wichtigste, was wir aus unserem Unternehmen gelernt haben: Die Probleme des Ruhrgebietes sind komplex! Und deshalb gibt es auch **keine einfachen Lösungen**. Darin sind sich eigentlich alle von uns konsultierten Autoren einig, vom liberalen bis zum linken Lager.
Etliche Ansatzmöglichkeiten für Lösungen liegen auch **ausserhalb des Reviers**: Im Bereich der staatlich gesteuerten Regionalpolitik, der nationalen Wirtschaftspolitik, der internationalen Wettbewerbs- und Welthandelspolitik etc.

Dies darf aber nicht davon abhalten, **dass es auch im Revier selber Möglichkeiten für Aenderungen gibt - wenn man diese Aenderungen will**, resp. wenn die dominierenden Politiker und Wirtschaftsführer diese wollen!

So gibt es denn auch die von mehreren Autoren vertretene These, dass grundsätzliche Aenderungen im Ruhrgebiet schon lange hätten in die Wege geleitet werden können, wenn nicht

"Grossindustrie, Grosskapital, Gewerkschaften und Politiker im Ruhrgebiet ein festes dauerhaftes Bündnis eingegangen (wären), das für Veränderungen, für Innovationen zuwenig aufgeschlossen war, weil es nie um seine politische Legitimation fürchten muss" (KUNZMANN, 1985:121f).

Eine Gruppe kritischer Sozialwissenschafter geht sogar soweit, die nun schon lange dauernde Ruhrgebietskrise als **ein eigentliches "Konzept"** zu entlarven, mittels welchem sich die oben erwähnten "Bündnispartner" auch in den heutigen Zeiten ihren Einfluss über die Masse der Bevölkerung, die Ressourcenausbeutung oder die Richtung der Raumentwicklung bewahren wollen (vgl. KATALYSE Technikergruppe 1982).

Es ist deshalb kaum verwunderlich, dass sich in den letzten Jahren an verschiedenen Orten der **Widerstand** zu regen begonnen hat. Vorerst lokal und vereinzelt, aber doch mit der Hoffnung, dereinst eine tragfähige "Gegenmacht" aufbauen zu können.

Es sind in diesem Zusammenhang auch bereits einige Ueberlegungen und Entwürfe aufgetaucht für eine **alternative Entwicklungspolitik im Ruhrgebiet**; selbstverständlich dezentralisiert, auf lokalen Ressourcen und bisher unausgeschöpften Potentialen aufbauend, arbeitnehmerorientiert und Rücksicht nehmend auf die geschändete Umwelt, wie auch auf die sozialen Beziehungen im weitesten Sinne (vgl. etwa BLUME, 1982; STRATMANN, 1982; LOESCH/WIENEMANN, 1982; BOEMER, 1984; BLUME u. a., 1984; BRUNN, 1984; KRUMMACHER u. a., 1985; KUNZMANN, 1985).

An Ideen fehlt es also nicht. Die Probleme liegen vielmehr bei deren Durchsetzung, auch deren Durchsetzungschancen. Denn eine "Gegenmachtbewegung" muss schon sehr stark werden, bis sie ein derart starkes "Bündnis", wie es sich im Verlauf von manchem Jahrzehnt im Ruhrgebiet herausgebildet und eingenistet hat, aus dem Sattel heben kann.

Meine persönliche Beurteilung der Zukunft des Ruhrgebietes bleibt deshalb zwiespältig:

- Die **Ressourcenausbeutung im grossen Stil** wird weitergehen, wenn auch die Umweltschutzauflagen stärker werden (vgl. Abb. 11.1).

- Der technologische Fortschritt wird die industrielle **Restrukturierung** unterstützen, aber um den Preis eines weiter wachsenden Heeres von Arbeitslosen (vgl. Abb. 3.1 in Kap. 3).

- Aber auch die **lokalen Widerstandsaktionen** werden häufiger und heftiger werden, wie wir dies im Falle des giftverseuchten Dortmunder Dorstfeldes selber erleben konnten (vgl. Abb. 11.2), oder wie dies im Falle des von der Schliessung bedrohten Stahlwerks "Henrichshütte" in Hattingen kürzlich aus der Tagespresse zu entnehmen war (vgl. Abb. 11.3).

Insgesamt gewinnt man den Eindruck, dass die zukünftige Entwicklung deshalb am ehesten in Richtung einer **verstärkten regionalen und sozialen Polarisierung** gehen wird: Hier die hochqualifizierten, gutverdienenden, in einer noch intakten oder bereits regenerierten Umwelt lebenden Hightech-Leute, dort das Heer der aus dem Arbeitsprozess, v.a. der Montanindustrie, Ausgestossenen, der wachsenden "neuen Armut", in veralteten, heruntergekommenen Wohnsiedlungen, ohne Aussichten auf grosse Veränderungsmöglichkeiten ihrer Lebenssituation...

Wenn diese eher pessimistische Utopie nicht Wirklichkeit werden soll, wenn der Traum vom wiederum erstarkten Ruhrgebiet **für alle dort lebenden Menschen** eine gewisse Realisierungschance erhalten soll, braucht es meines Erachtens im "alten Industrieraum" Ruhrgebiet **nicht nur eine technologische, sondern auch eine im weitesten Sinne soziale Restrukturierung!**

Abb. 11.1: Die grossräumige Ressourcenausbeutung wird weitergehen

Folgen des Bergbaus im Ruhrgebiet

Eine Landschaft sackt ab

Naturschützer wehren sich dagegen, daß künftig die Flöze bis ins Münsterland vorangetrieben werden

(---)

Lünen-Gahmen am nordöstlichen Rand des Ruhrgebiets: Eine ganze Siedlung ist hier in Schieflage geraten, weil sich der vom Kohlebergbau ausgehöhlte Untergrund binnen kurzem um schätzungsweise acht bis zehn Meter gesenkt hat. Eine Erdbewegung mit tiefgreifenden Folgen für die Menschen: Sie leben in ständigem Schwindelgefühl, mit undichten Fenstern und Türen, die Badewannen fließen nicht mehr ab, die Suppenteller können nur noch zur Hälfte gefüllt und unter die Betten müssen Holzklötze geschoben werden, damit die Schlafenden nachts nicht herausrollen. Im Zentrum des Ortes muß die aus den Fugen geratene Kanalisation neu gerichtet werden, ein Pumpwerk arbeitet rund um die Uhr, damit die Exkremente nicht aus den Toiletten quellen. Diejenigen, die trotzdem bleiben wollen, erhalten zum Ausgleich zusätzlich zu den ohnehin günstigen Mieten monatlich 50 Mark von der Ruhrkohle.

Eine Begegnung der Dritten Art mit dem Bergbau, wie man sie nicht selten im Revier erleben kann. Denn die Zechen haben das Ruhrgebiet seit mehr als einem Jahrhundert in ihrem unersättlichen Hunger nach Kohle mit einem weitverzweigten Stollennetz untergraben und dabei nur zu oft Raubbau an Natur und Landschaft betrieben. Seit 1820 wurden rund neun Milliarden Tonnen Kohle aus der Erde gegraben. Das Tunnelsystem war schließlich so dicht, daß die etwa 60 Kilometer lange Strecke von Dortmund nach Duisburg unterirdisch zurückgelegt werden konnte. Umweltschutz und Landschaftsplanung waren dagegen in den längst vergangenen Boom-Jahren der Kohle Fremdworte; heute sind nur noch mühsame und kostspielige Reparaturarbeiten möglich. Die Ruhrkohle mußte zwar für einen Großteil der sogenannten Bergschäden aufkommen. Eine Gesamtabschätzung der volkswirtschaftlichen Schäden, die der Bergbau hinterlassen hat, liegt dagegen bis heute nicht vor.

Die Diskussion über die umweltpolitischen Gefahren der Kohle beschränkt sich noch immer ausschließlich auf die Belastung der Luft durch die Verbrennung in Kraftwerken. Welch schwerwiegende Konsequenzen bereits die Kohlegewinnung für die Natur mit sich bringt, ist dagegen weithin unbekannt: riesige Abraumhalden, weitflächige Bodenabsenkungen von bis zu 20 Metern wegen der nach und nach einstürzenden „ausgekohlten" Flöze (mit einer Vielzahl von Folgewirkungen) und Gefahren für das Grundwasser. Im Norden Dortmunds ist zum Beispiel eine der gewaltigen Berghalden zu besichtigen, auf die bis zum Jahre 2018 mehr als 30 Millionen Tonnen Abraum gekippt werden sollen und die schließlich das ebene Umland als 95 Meter hoher, künstlich begrünter Berg überragen wird. 150 Hektar Fläche werden dafür verbraucht, 400 Menschen müssen ihre Häuser aufgeben. Die mit giftigen Schwermetallen durchsetzte Halde ist schon heute eine der größten Umwelt-Altlasten. Sie muß an der Oberfläche mit Ton abgedichtet werden, damit nicht verseuchtes Sickerwasser ins Grundwasser gelangt.

(---)

Die Kohlereserven im Ruhrgebiet sind inzwischen weitgehend erschöpft: am Jahresende schließt die Zeche „Zollverein", der letzte Pütt in Essen, die Tore; Ende März 1987 folgt „Minister Stein", die letzte Dortmunder Zeche. Die Ruhrkohle aber hat schon zum Marsch in eine neue Region angesetzt: sie will den Flözen folgen und sich ab 1988 auf 130 Kilometer breiter Front von Kevelaer am Niederrhein bis Beckum bei Münster nach Norden vorschieben. Sechs Milliarden Tonnen Kohle ruhen dort beiderseits des Rheins unter der Erde. Die im Revier hinterlassenen Umwelt- und Landschaftsschäden haben jedoch in den von der „Nordwanderung" betroffenen, bislang rein bäuerlich strukturierten Regionen wahre Schreckensvisionen ausgelöst. Insbesondere im südlichen Münsterland mit seiner reizvollen, wald- und gewässerreichen Hügellandschaft, regt sich Widerstand. Und die nordrhein-westfälischen Umweltschützer haben sich bereits zu einer breiten Abwehrfront zusammengeschlossen: Der Bund für Umwelt und Naturschutz (BUND), die Landesgemeinschaft Natur und Umwelt (LNU) und der Deutsche Bund für Vogelschutz mit landesweit rund 500 000 Mitgliedern fürchten, daß das „südliche Münsterland zum neuen Ruhrgebiet" werden könnte.

(---)

aus: SUEDDEUTSCHE ZEITUNG, 16.12 1986 (Ausschnitte)

Abb. 11.2: Die lokalen Widerstandsaktionen werden häufiger und heftiger werden: Giftskandal im Dortmunder Dorstfeld

Giftboden-Siedler stoppten die Lastwagen vor Sanierungsbeginn

Dortmunder: Kein Umzug vor einem Kaufangebot der Stadt

Von SUSANNE MÄDER und ROLF MAUG waz DORTMUND

Ein grauer Morgen, pfeifender Wind, die Kälte, die durch die Kleidung kriecht, klirrt hier auch zwischen Bürgern und Verwaltung: Sanierungsbeginn in Dorstfeld-Süd, der Neubausiedlung, die die Stadt Dortmund auf dem durch hochgiftige Rückstände verseuchten Gelände einer 1963 geschlossenen Kokerei errichtete. Fast 1000 Menschen leben noch hier. Gestern rollten die ersten Schwerlaster an – fünf Jahre, nachdem ein Bauherr beim Ausheben seiner Baugrube Geruchsbelästigungen und Bodenverunreinigungen entdeckt und gemeldet hatte. Die Lastwagen kamen nicht weit: Aufgebrachte Familien versperrten mit Transparenten die Einfahrt zur Baustraße, auf der ab November mindestens ein Jahr lang von 7 bis 20 Uhr alle sieben Minuten ein schwerer Lkw entlangrollt.

Sie wollen die vom Rat der Stadt beschlossene Sanierung – wegen der voraussichtlichen Kosten „45-Millionen-Ding" genannt – so lange verhindern, bis alle Anwohner, die wegziehen wollen, von der Stadt ein Kaufangebot erhalten.

Grund der Bauzaun-Blockade ist die Teilung des Gift-Areals in Kern- und Randgebiet. Im Kerngebiet, das als besonders belastet gilt, kaufte die Stadt 32 Häuser zum Durchschnittspreis von etwa 570 000 DM. Das „Kerngebiet" soll ein drei Meter hoher

Schutzzaun

Schutzzaun umschließen, Tag und Nacht kontrolliert. Seine Sanierung wird im günstigsten Falle im Frühjahr 1988 abgeschlossen sein.

Den etwa 160 „Randgebietlern" dagegen wurden keine Kaufangebote unterbreitet. Und das, obwohl die Stadt bei weiteren Untersuchungen im „Randgebiet" auf 23 von 34 beprobten Grundstücken ebenfalls Boden austauschen muß.

Demzufolge spitzt sich die Diskussion weiter zu: „Es dauert nicht mehr lange, dann brennt der erste Lkw", heißt es offen aus den Reihen der Siedler. Sie führen an, daß es in Dorstfeld bereits zu elf Krebsfällen gekommen sei. Die psychische Belastung der Bewohner gehört als „Dorstfeld-Süd-Syndrom" zum Standard-Vokabular in einschlägigen Ratsreden. Er fühle sich wie ein „Versuchskaninchen", sagt „Randgebietler" Karl Niestroj, während die Frau neben ihm per Kassette den Gefangenenchor aus der Verdi-Oper „Nabucco" erklingen läßt.

91 Siedler haben jetzt Schadenersatzansprüche gegen die Stadt geltend gemacht. Streitwert: bis zu 50 Millionen DM.

Diese Familien wollen nicht dabeisein, wenn die Sanierungstrupps den verseuchten Boden bis zu sechs Meter tief ausheben und die Löcher mit Mutterboden auffüllen lassen. Ein halbes Jahr kann es dauern, bis der Boden unter einem Haus ausgetauscht ist.

Eine „Reifenwaschanlage"

MIT TRANSPARENTEN AUF DER STRASSE: Verbitterte Siedler sprachen auch mit Diplom-Ingenieur Heinz Hasse (links), dem technischen Leiter des Sanierungsvorhabens der Stadt.

wird die Lkw reinigen. Sprinkler werden die gefürchtete Staubentwicklung dämmen. Ein tragbarer Gas-Chromatometer mißt ständig den Gehalt giftiger Gase in der Luft, fünf Chemiker tun täglich Dienst.

Die Bauarbeiter tragen Mundschütz, Spezial-Handschuhe und Schuhe. Sie müssen regelmäßig zum Arzt. Jeder hat zwei Spinde, einen für private Kleidung, einen für den giftigen Arbeitsdress.

Eigentlich hatte die Stadt schon im Juni mit den Vorarbeiten beginnen wollen. Doch

Verbrennen

der Häuserkauf und die zusätzlichen Untersuchungen dauerten länger als geplant. Auch die Rechnung, die besonders stark vergifteten Böden auf den Sondermüll-Deponien Emscherbruch oder Ochtrup loszuwerden, ging nicht auf.

Daher setzt die Stadt jetzt nicht mehr auf Ablagerung, sondern auf Verbrennung. An dem Zwischenlager auf einer Industriebrache in Huckarde wird die Stuttgarter Firma Züblin zunächst eine kleine, später eine größere transportable Sondermüllverbrennungsanlage errichten, die für knapp 5,5 Millionen DM den Giftboden aus Dorstfeld sauberkochen soll.

aus: WAZ, 23.9.1986

Abb. 11.3: Hattingen, Ruhrgebiet: Das brutale Ende der Stahlindustrie bedroht eine ganze Stadt

Auch Bäcker und Metzger marschieren mit

VON ROLAND KIRBACH

Mucksmäuschenstill ist es in der riesigen Werkshalle. Rund 4000 Stahlarbeiter lauschen einem Lied, das von einem Kassettenrecorder über die Lautsprecheranlage abgespielt wird. «Die Henrichshütte im Hattinger Tale...», krächzt es zur Melodie von Peter Alexanders Hit «Die kleine Kneipe». Die Hütte, sie «muss bleiben, so, wie sie ist».

Doch das wird sie nicht, die Arbeiter ahnten es längst. Rund 2900 der über 4700 Beschäftigten werden bis Mitte nächsten Jahres ihren Arbeitsplatz verlieren. Zunächst, vor der Bundestagswahl im Januar, verkündete die Duisburger Thyssen Stahl AG, zu der die Henrichshütte gehört, nur

Stillgelegt

Die westdeutsche Stahlindustrie will 25 000, vielleicht sogar 30 000 Arbeiter entlassen. Die Konkurrenz aus Billiglohn-Ländern fordert ihren Preis – und die jahrzehntelang vernachlässigte Strukturpolitik. Beispiel Hattingen: Die kleine Ruhr-Stadt lebte lange Zeit von einem einzigen Grossbetrieb: der Henrichshütte. Jetzt werden die Hochöfen stillgelegt.

die zwei Hochöfen mit 305 Arbeitsplätzen würden stillgelegt. Doch kaum war die Wahl vorüber, wurde die Katze aus dem Sack gelassen: Nicht nur die Hochöfen, sondern auch die sogenannte 4,2-Meter-Grobblech-Walzstrasse sowie die Stranggussanlage und das Elektrostahlwerk werden bis September nächsten Jahres schrittweise stillgelegt. Lediglich eine Rumpfbelegschaft von 1800 Beschäftigten in der Weiterverarbeitung soll die Hütte dann noch haben.

Für Hattingen ist das eine Katastrophe. Die knapp 60000 Einwohner zählende Stadt am südlichen Rand des Ruhrgebiets ist von der Hütte abhängig. Von den 18 400 Arbeitsplätzen in der Stadt stellt die Henrichshütte 4770 – mehr als jeden vierten. Und dies, obwohl allein in den letzten zehn Jahren schon über 3000 Arbeitsplätze auf der Hütte vernichtet wurden. Noch grösser ist die Abhängigkeit bei den Lehrstellen: Mit derzeit 462 Ausbildungsplätzen stellt die Hütte mehr als die Hälfte aller Lehrstellen in Hattingen.

«Die Henrichshütte im Hattinger Tale...» Mit versteinerten Mienen hören die Arbeiter bei der ausserordentlichen Belegschaftsversammlung das Lied. Fäuste ballen sich, und manchem gestandenen Stahlarbeiter laufen Tränen übers Gesicht. «Einige Leute werden sich noch wundern, wozu wir noch fähig sind, wenn man uns das Messer an den Hals setzt», ruft der Betriebsratsvorsitzende Rolf Bäcker in die Halle. Als der Vorstandssprecher der Henrichshütte, Peter von Bargen, eine Erklärung abgeben will, kommt er nicht zu Wort. Immer wieder wird er von Pfiffen und handfesten Drohgebärden unterbro-

aus:
DIE WELTWOCHE,
9.4.1987

«Mieser Stil», «arrogant-obrigkeitliche Art»: Demonstrierende Stahlarbeiter
Foto: Manfred Vollmer

chen. «Rübe ab!» und «Aufhängen!» fordern die Stahlwerker.

«Mit Entsetzen und Empörung» hat die Stadt die «fast völlige Demontage der Henrichshütte» aufgenommen, heisst es in einer Resolution, die einmütig von allen Ratsfraktionen (SPD, CDU, Grüne und DKP) verabschiedet wurde. Bürgermeister Günter Wüllner, ein redlicher Sozialdemokrat von 60 Jahren, ist vor allem über den «miesen Stil» und die «arrogant-obrigkeitliche Art» verbittert, mit der Thyssen auch die Stadt vor vollendete Tatsachen stellt. In einer lapidaren, 27 Zeilen langen Pressemitteilung hatte der Konzern die Verwaltung im Februar über das Kahlschlag-Konzept unterrichtet. «Eine Erzsaurerei», befand sogar der stellvertretende CDU-Landesvorsitzende Dieter Pützhofen.

Otto König, der Erste Bevollmächtigte der Industrie-Gewerkschaft (IG) Metall in Hattingen, ist vor allem erbost, dass Thyssen auch die Lehrwerkstatt schliessen will. Diesen Herbst sollen nur noch halb so viele Lehrlinge eingestellt werden wie sonst, und nächstes Jahr gar keine mehr. Fieberhaft versucht die IG Metall nun, wenigstens die Lehrwerkstatt mit Zuschüssen des Landes Nordrhein-Westfalen oder anderer öffentlicher Träger unabhängig von den Massenentlassungen weiterzuführen. «Ist das nicht furchtbar», fragt Otto König, «dass gesunde junge Menschen sich wünschen, sie wären alt?» Denn wer über 50 Jahre alt ist, profitiert vom Sozialplan und hat ein etwas erträglicheres finanzielles Auskommen.

In den Geschäften, auf den Strassen stehen die Menschen beieinander und kennen nur ein Thema. «Wenn das so weitergeht, müssen wir am Jahresende zumachen», sagt die Inhaberin eines Uhren- und Schmuckgeschäfts. Ihr Umsatz hat sich durch die bisherigen Entlassungen und Kurzarbeit auf der Hütte bereits halbiert. Schon seit drei Jahren wird kein Uhrmacherlehrling mehr ausgebildet.

Der Wirt der Gaststube «Zur Windmühle», Herbert Schwedes, merkt es auch schon: «Früher hab' ich 30 bis 40 Hektoliter im Monat ausgeschenkt. Heute wär' ich froh, wenn es die Hälfte wär'.» Das Rheinisch-Westfälische Institut für Wirtschaftsforschung in Essen hat errechnet, dass von zehn Stahlarbeitsplätzen 17 weitere indirekt abhängen.

Wirtschaftliche Macht und ein Gefühl der Ohnmacht

Die Hattinger spüren, dass es um die Existenz ihrer Stadt geht, die ja in der Vergangenheit schon arg gebeutelt wurde. Viele mittelständische Betriebe gingen in den letzten Jahren in Konkurs oder rationalisierten kräftig. Schlagzeilen machte vor drei Jahren der erbitterte, doch letztlich erfolglose Kampf der Beschäftigten des Flanschen- und Schmiedewerks Mönninghoff um den Erhalt ihres Betriebs. Damals gingen nahezu 800 Arbeitsplätze verloren. Bei über 15 Prozent liegt die Arbeitslosenquote jetzt schon. «Nach den Entlassungen auf der Hütte», sagt der Gewerkschafter Otto König, «haben wir eine Arbeitslosenquote von 28 bis 30 Prozent. Damit werden wir den bundesdeutschen Spitzenreiter Leer/Papenburg in Ostfriesland überflügeln.»

So deutlich hätten die Menschen noch nie «wirtschaftliche Macht und das Gefühl der Hilflosigkeit» empfunden, sagt der 67jährige Willi Michels, der einst Bürgermeister im Hattinger Ortsteil Welper und bis 1972 SPD-Bundestagsabgeordneter war. Nach dem Krieg arbeitete Michels als Schmied auf der Hütte und wirkte damals federführend daran mit, die britischen Besatzer von ihren Plänen abzubringen, die Hütte zu demontieren.

Gemeinsam mit anderen Veteranen von damals hat Michels den «Senioren-Aufruf» initiiert: «Wir haben 1949 die Demontage der Henrichshütte verhindert – verteidigen wir 1987 gemeinsam den Stahlstandort Hattingen!» Aber zuversichtlich ist Willi Michels nicht: «Das Gefühl, wir werden es schaffen, war damals stärker.»

Bitter rächt sich nun, dass die Stadtväter stets nur das Wohl der Hütte im Auge hatten. «Hattingen und die Henrichshütte waren fast 135 Jahre lang buchstäblich eins», sagt Bürgermeister Wüllner. Von überall her kamen die Menschen, seit 1855 der erste Hochofen angeblasen wurde. Zu Zeiten wirtschaftlicher Prosperität unterbanden die Stadtoberen die Neuansiedlung von Industrie, damit der Hütte nicht Arbeiter abgeworben und die Löhne in die Höhe getrieben würden. Für die Erweiterung der Hütte nach dem Krieg wurde sogar die Ruhr umgebettet.

Die Arbeiterbewegung wurde zur Bürgerbewegung

Eine Stimmung aus Wut und Resignation herrscht heute in der Stadt. «Das ist das erste Mal in der Geschichte der Bundesrepublik, dass ein ganzer Stahlstandort vernichtet werden soll», sagt Otto König. Und er verweist darauf, dass inzwischen «aus der Arbeiterbewegung eine Bürgerbewegung» geworden ist. Neben dem «Senioren-Aufruf» gibt es den «Hattinger Aufruf» von Betriebsrat und IG Metall («Verteidigen wir unsere Arbeitsplätze!»), eine Frauen-Initiative («Mütter, Töchter, Väter, Söhne – alle kämpfen gegen die Arbeitsplatzvernichtungspläne»), eine Jugendinitiative («Hattingen ohne Hütte ist Jugend ohne Zukunft») sowie ein überparteiliches «Bürgerkomitee». Es wird getragen von allen Parteien, ausser der FDP, sowie von rund 50 Hattinger Vereinen, vom «Volkschor Harmonie 1874» bis zum Kaninchenzüchterverband.

Wenn die IG Metall zu Demonstrationen aufruft, gehen nicht nur die Betroffenen auf die Strasse – auch Bäcker und Metzger schliessen dann ihre Geschäfte und reihen sich ein; so etwa vor fünf Wochen, als Ministerpräsident Johannes Rau nach Hattingen kam und sich die Nöte vortragen liess. Versprechen konnte er freilich nichts.

Die Ungewissheit über die Zukunft nagt an den Nerven. «Mein Mann arbeitet bei der Hütte als Starkstromelektriker», sagt Rita Sieberg-Karwatzki von der Frauen-Initiative. «Am Anfang haben wir das Problem einfach verdrängt.» Als das nicht mehr ging, kam das Grübeln: «Soll ich mich schon mal woanders bewerben?» hat sich ihr Mann gefragt. Das hiesse die Kinder aus der Schule und ihrer gewohnten Umgebung herausreissen. Die Stimmung in der Familie wurde aggressiver. «Man lässt dann vieles an den Kindern aus», sagt die junge Ehefrau.

Der Leiter des Hattinger Arbeitsamts, Eberhard Riefenstahl, sieht sich von einer Lawine überrollt: «Mit Umvermittlungen ist da nichts mehr zu machen.» Knapp die Hälfte der zu Entlassenden sind Hüttenfacharbeiter, die in anderen Branchen gar nicht untergebracht werden können. «Da sind Umschulungen erforderlich.» Wer soll das bezahlen? Riefenstahl weiss es nicht.

Die Not macht die Hattinger erfinderisch. Keine Woche vergeht ohne aufsehenerregende Aktionen, und immer ist die ganze Stadt dabei. Mal stellen die Henrichshütte-Senioren Mahnwachen vor dem Thyssen-Verwaltungsgebäude in Duisburg; mal demonstrieren nur Frauen und Kinder. Diese Woche wird ein spektakulärer Auto-Corso von Hattingen nach Bonn fahren, um Bundeskanzler Helmut Kohl 20000 Unterschriften von Hattinger Bürgern zu übergeben – verbunden mit der Aufforderung, endlich einen nationalen Stahlausschuss zur Lösung der Probleme an Rhein und Ruhr einzuberufen. Nach Ostern wollen die Bürger eine Menschenkette rund um die Hütte bilden, um ihre Arbeitsplätze zu «schützen».

Doch Bürgermeister Wüllner ist skeptisch, ob der grosse Kahlschlag noch abzuwenden ist: «Unsere Möglichkeiten bestehen ja nur darin, uns auf höherer politischer Ebene einzusetzen.» Und wehmütig fügt er hinzu: «Haben Sie schon gesehen, wie schön wir die Altstadt wieder hergerichtet haben? Wir haben Hattingen in den letzten Jahren zu so einem liebenswerten Kleinod gemacht.» □

11.3 Literatur

BLUME, A. u.a., 1984: Ruhrgebiet - alternative Aneignung einer Region. In: W.GRYCZAN u.a.(siehe dort: 181-197).

BLUME, A., 1982: Gedanken zu einer Utopie regionalen Wirtschaftens. In: KATALYSE TECHNIKERGRUPPE (siehe dort: 209-232).

BOEMER, H., 1984: Ohne Vergesellschaftung keine Krisenlösung. In: W.GRYCZAN u.a. (siehe dort: 39-52).

BRUNN, E., 1984: Ansichten zur freien Stadtentwicklung. In: W.GRYCZAN u.a. (siehe dort: 258-285).

GRYCZAN, W. u.a. (Hrsg.), 1984: Zukünfte für alte Industrieregionen. Raumentwicklungsstrategien in der Diskussion. Dortmunder Beiträge zur Raumplanung Heft 38.Dortmund: IRPUD.

KATALYSE TECHNIKERGRUPPE (Hrsg.), 1982: Ruhrgebiet - Krise als Konzept. Untersuchungen zu Situation und Zukunft eines industriellen Lebensraumes. Bochum: Germinal.

KRUMMACHER, M., 1982: Ruhrgebietskrise - wirtschaftsstrukturelle Ursachen und das "Aktionsprogramm Ruhr" der Landesregierung. In: KATALYSE TECHNIKERGRUPPE (siehe dort: 77-115).

KRUMMACHER, M., BRECKNER, I. u.a. (Hrsg.), 1985: Regionalentwicklung zwischen Technologieboom und Resteverwertung. Die Beispiele Ruhrgebiet und München. Bochum: Germinal.

KUNZMANN, K.R., 1985: Spuren in die Zukunft des Ruhrgebietes. ILS-Schriftenreihe Landesentwicklung 1.042 (118-129). Dortmund.

LOESCH, W. und WIENEMANN, M., 1982: Wege aus der taylorisierten Fabrik. In: KATALYSE TECHNIKERGRUPPE (siehe dort: 175-208).

STRATMANN, E., 1982: Oeko-Region Ruhrgebiet. Ueberlegungen zur Umstrukturierung einer Stahlregion. In: KATALYSE TECHNIKERGRUPPE (siehe dort: 165-174).

GEOGRAPHICA BERNENSIA

Arbeitsgemeinschaft GEOGRAPHICA BERNENSIA
Hallerstrasse 12
CH-3012 Bern

GEOGRAPHISCHES INSTITUT
der Universität Bern

			sFr.
A		AFRICAN STUDIES	
A	1	WINIGER Matthias (Editor): Mount Kenya Area - Contributions to Ecology and Socio-economy. 1986 ISBN 3-906290-14-X	20.--
A	2	SPECK Heinrich: Mount Kenya Area. Ecological and Agricultural Significance of the Soils - with 2 Soil Maps. 1983 ISBN 3-906290-01-8	20.--
A	3	LEIBUNDGUT Christian: Hydrogeographical map of Mount Kenya Area. 1 : 50'000. Map and explanatory text. 1986 ISBN 3-906290-22-0	28.--
A	4	WEIGEL Gerolf: The soils of the Maybar /Wello area. Their potential and constraints for agricultural development. A case study in the Ethiopian Highlands. 1986 ISBN 3-906290-29-8	18.--
A	5	KOHLER Thomas: Land use in Eastern Laikipia, Kenya. 1987 ISBN 3-906290-23-9	1987
A	6	FLURY Manuel: Rain-fed agriculture in Central Division (Laikipia District) - Suitability, Constraints and Potential for Providing Food.	in Vorbereitung
B		BERICHTE UEBER EXKURSIONEN, STUDIENLAGER UND SEMINARVERANSTALTUNGEN	
B	1	AMREIN Rudolf: Niederlande - Naturräumliche Gliederung, Landwirtschaft Raumplanungskonzept. Amsterdam, Neulandgewinnung, Energie. Feldstudienlager 1976. 1979	5.--
B	6	GROSJEAN Georges (Herausgeber): Bad Ragaz 1983. Bericht über das Feldstudienlager des Geographischen Instituts der Universität Bern. 1984 ISBN 3-906290-18-2	18.--
B	7	Peloponnes. Feldstudienlager 1985. Leitung/Redaktion: Attinger R., Leibundgut Ch., Nägeli R. 1986 ISBN 3-906290-30-1	21.--
B	8	AERNI K., NAEGELI R., THORMANN G. (Hrsg.): Das Ruhrgebiet. Ein starkes Stück Deutschland. Probleme des Strukturwandels in einem "alten" Industrieraum. Bericht des Feldstudienlagers 1986. 1987 ISBN 3-906290-36-0	20.--
G		GRUNDLAGENFORSCHUNG	
G	1	WINIGER Matthias: Bewölkungsuntersuchung über der Sahara mit Wettersatellitenbilder. 1975	10.--
G	3	JEANNERET François: Klima der Schweiz: Bibliographie 1921 - 1973; mit einem Ergänzungsbericht von H.W. Courvoisier. 1975	10.--
G	4	KIENHOLZ Hans: Kombinierte geomorphologische Gefahrenkarte 1 : 10'000 von Grindelwald, mit einem Beitrag von Walter Schwarz. 1977	36.--

			sFr.
G	6	JEANNERET F., VAUTIER Ph.: Kartierung der Klimaeignung für die Landwirtschaft der Schweiz. 1977 Levé cartographique des aptitudes climatiques pour l'agriculture en Suisse. Textband Kartenband	20.-- 36.--
G	7	WANNER Heinz: Zur Bildung, Verteilung und Vorhersage winterlicher Nebel im Querschnitt Jura - Alpen. 1978	20.--
G	8	Simen Mountains-Ethiopia, Vol. 1: Cartography and its application for geographical and ecological Problems. Ed. by Messerli B. and Aerni K. 1978	27.--
G	9	MESSERLI B., BAUMGARTNER R. (Hrsg.): Kamerun. Grundlagen zu Natur und Kulturraum. Probleme der Entwicklungszusammenarbeit. 1978	35.--
G	10	MESSERLI Paul: Beitrag zur statistischen Analyse klimatologischer Zeitreihen. 1979	20.--
G	11	HASLER Martin: Der Einfluss des Atlasgebirges auf das Klima Nordwestafrikas. 1980. ISBN 3-260 04857 X	15.--
G	12	MATHYS H. et al.: Klima und Lufthygiene im Raume Bern. 1980	15.--
G	13	HURNI H., STAEHLI P.: Hochgebirge von Semien-Aethiopien Vol. II. Klima und Dynamik der Höhenstufung von der letzten Kaltzeit bis zur Gegenwart. 1982	24.--
G	14	FILLIGER Paul: Die Ausbreitung von Luftschadstoffen, Modelle und ihre Anwendung in der Region Biel. 1986 ISBN 3-906290-25-5	20.--
G	15	VOLZ Richard: Das Geländeklima und seine Bedeutung für den landwirtschaftlichen Anbau. 1984 ISBN 3-906290-10-7	27.--
G	16	AERNI K., HERZIG H. (Hrsg.): Bibliographie IVS 1982 Inventar historischer Verkehrswege der Schweiz. (IVS). 1983	250.--
G	16	id. Einzelne Kantone (1 Ordner + Karte)	je 15.--
G	17	IVS Methodik	in Vorbereitung
G	18	AERNI K., HERZIG H. E. (Hrsg.): Historische und aktuelle Verkehrsgeographie der Schweiz. 1986 ISBN 3-906290-27-1	28.--
G	19	KUNZ Stefan: Anwendungsorientierte Kartierung der Besonnung im regionalen Massstab. 1983 ISBN 3-906290-03-4	16.--
G	20	FLURY Manuel: Krisen und Konflikte - Grundlagen, ein Beitrag zur entwicklungspolitischen Diskussion. 1983 ISBN 3-906290-05-0	5.--
G	21	WITMER Urs: Eine Methode zur flächendeckenden Kartierung von Schneehöhen unter Berücksichtigung von reliefbedingten Einflüssen. 1984 ISBN 3-906290-11-5	20.--
G	22	BAUMGARTNER Roland: Die visuelle Landschaft - Kartierung der Ressource Landschaft in den Colorado Rocky Mountains (U.S.A.). 1984 ISBN 3-906290-20-4	28.--
G	23	GRUNDER Martin: Ein Beitrag zur Beurteilung von Naturgefahren im Hinblick auf die Erstellung von mittelmassstäbigen Gefahrenhinweiskarten (Mit Beispielen aus dem Berner Oberland und der Landschaft Davos). 1984 ISBN 3-906290-21-2	36.--
G	25	WITMER Urs: Erfassung, Bearbeitung und Kartierung von Schneedaten in der Schweiz. 1986 ISBN 3-906290-28-X	21.--
G	26	BICHSEL Ulrich: Periphery and Flux: Changing Chandigarh Villages. 1986 ISBN 3-906290-32-8	18.--
G	27	JORDI Ulrich: Glazialmorphologische und gletschergeschichtliche Untersuchungen im Taminatal und im Rheintalabschnitt zwischen Flims und Feldkirch (Ostschweiz/Voralberg). 1987 ISBN 3-906290-34-4	28.--

sFr.

P GEOGRAPHIE FUER DIE PRAXIS

P 1 GROSJEAN Georges: Raumtypisierung nach geographischen Gesichtspunkten als Grundlage der Raumplanung auf höherer Stufe. 1982 (3. ergänzte Auflage) 40.--

P 2 UEHLINGER Heiner: Räumliche Aspekte der Schulplanung in ländlichen Siedlungsgebieten. Eine kulturgeographische Untersuchung in sechs Planungsregionen des Kantons Bern. 1975 25.--

P 3 ZAMANI ASTHIANI Farrokh: Province East Azarbayejan - IRAN, Studie zu einem raumplanerischen Leitbild aus geographischer Sicht. Geographical Study for an Environment Development Proposal. 1979 24.--

P 4 MAEDER Charles: Raumanalyse einer schweizerischen Grossregion. 1980 18.--

P 5 Klima und Planung 79. 1980 15.--

P 7 HESS Pierre: Les migrations pendulaires intra-urbaines à Berne. 1982 10.--

P 8 THELIN Gilbert: Freizeitverhalten im Erholungsraum. Freizeit in und ausserhalb der Stadt Bern - unter besonderer Berücksichtigung freiräumlichen Freizeitverhaltens am Wochenende. 1983
ISBN 3-906290-02-6 10.--

P 9 ZAUGG Kurt Daniel: Bogota-Kolumbien. Formale, funktionale und strukturelle Gliederung. Mit 50-seitigem Resumé in spanischer Sprache. 1984
ISBN 3-906290-04-2 18.--

P 12 KNEUBUEHL Urs: Die Entwicklungssteuerung in einem Tourismusort. Untersuchung am Beispiel von Davos für den Zeitraum 1930 - 1980. 1987
ISBN 3-906290-08-5 25.--

P 13 GROSJEAN Georges: Aesthetische Bewertung ländlicher Räume. Am Beispiel von Grindelwald im Vergleich mit anderen schweizerischen Räumen und in zeitlicher Veränderung. 1986   ISBN 3-906290-12-3 1987

P 14 KNEUBUEHL Urs: Die Umweltqualität der Tourismusorte im Urteil der Schweizer Bevölkerung. 1987   ISBN 3-906290-35-2 12.50

P 15 RUPP Marco: Stadt Bern: Entwicklung und Planung in den 80er Jahren. Ein Beitrag zur Stadtgeographie und Stadtplanung. 1987
ISBN 3-906290-07-7 30.--

S GEOGRAPHIE FUER DIE SCHULE

S 4 AERNI Klaus et al.: Die Schweiz und die Welt im Wandel.
Teil I: Arbeitshilfen und Lernplanung (Sek.-Stufe I + II). 1979 8.--

S 5 AERNI Klaus et al.: Die Schweiz und die Welt im Wandel.
Teil II: Lehrerdokumentation. 1979 28.--
<ins>S 4 und S 5: Bestellung richten an:</ins>
Staatl. Lehrmittelverlag, Güterstr. 13, 3008 Bern

S 6 AERNI Klaus: Geographische Praktika für die Mittelschule - Zielsetzung und Konzepte in Vorbereitung

S 7 BINZEGGER R., GRUETTER E.: Die Schweiz aus dem All.
Einführungspraktikum in das Satellitenbild. 1981 (2. Aufl. 1982) 10.--

S 8 AERNI K., STAUB B.: Landschaftsökologie im Geographieunterricht.
Heft 1. 1982 9.--

S 9 GRUETTER E., LEHMANN G., ZUEST R., INDERMUEHLE O., ZURBRIGGEN B., ALTMANN H., STAUB B.: Landschaftsökologie im Geographieunterricht.
Heft 2: Vier geographische Praktikumsaufgaben für Mittelschulen.
(9. - 13. Schuljahr) - Vier landschaftsökologische Uebungen. 1982 12.--

sFr.

S 10 STUCKI Adrian: Vulkan Dritte Welt. 150 Millionen Indonesier blicken in
die Zukunft. Unterrichtseinheit für die Sekundarstufe II. 1984
ISBN 3-906290-15-8
- Lehrerheft — 24.--
- Schülerheft — 1.60
- Klassensatz — 12.--
- 56 Dias — 70.--

S 11 AERNI K., THORMANN G.: Lehrerdokumentation Schülerkarte Kanton Bern. 1986
ISBN 3-906290-31-X — 9.--

S 12 BUFF Eva: Das Berggebiet - Umsetzung der Berggebietsproblematik für den
Mittelschulunterricht. 1987   ISBN 3-906290-37-9   in Vorbereitung

U SKRIPTEN FUER DEN UNIVERSITAETSUNTERRICHT

U 1 GROSJEAN Georges: Die Schweiz. Der Naturraum in seiner Funktion für
Kultur und Wirtschaft. 1985 (3. Auflage) — 10.--

U 2 GROSJEAN Georges: Die Schweiz. Landwirtschaft. 1985 (4. Auflage) — 16.--

U 3 GROSJEAN Georges: Die Schweiz. Geopolitische Dynamik und Verkehr.
1984 (3. durchgesehene Auflage) — 12.--

U 5 GROSJEAN Georges: Die Schweiz. Städte. 1985 (2. Auflage)
ISBN 3-906290-17-5 — 16.--

U 6 AMREIN Rudolf: Allgemeine Kultur- und Wirtschaftsgeographie. Teil 1 — vergriffen

U 7 AMREIN Rudolf: Allgemeine Kultur- und Wirtschaftsgeographie. Teil 2:
Ländliche und städtische Siedlung-Energie-Industrie-Raumplanung-
Entwicklungsländer. 1984 (2. Auflage) — 20.--

U 8 GROSJEAN Georges: Geschichte der Kartographie. 1984 (2. Auflage)
ISBN 3-906290-16-7 — 32.--

U 9 GROSJEAN Georges: Kartographie für Geographen I. 1984 — vergriffen

U 10 GROSJEAN Georges: Kartographie für Geographen II.
Thematische Kartographie. 1981 (Nachdruck) — 14.--

U 11 FREI Erwin: Agrarpedologie. Eine kurzgefasste Bodenkunde.
Ihre Anwendung in der Landschaft, Oekologie und Geographie. 1983
ISBN 3-906290-13-1 — 27.--

U 13 MESSERLI B., WINIGER M.: Probleme der Entwicklungsländer.
Seminarbericht. 1977 — 18.--

U 16 AERNI K., ADAMINA M., NAEGELI R.: Einführungspraktikum in
geographische Arbeitsweisen. 1982 — 20.--

U 17 MESSERLI B., BISAZ A., LAUTERBURG A.: Entwicklungsstrategien im Wandel.
Ausgewählte Probleme der Dritten Welt. Seminarbericht. 1985 — 10.--

U 18 LAUTERBURG Andreas (Hrsg.): Von Europa Lernen? - Beispiele von Entwicklungsmustern im alten Europa und in der Dritten Welt. 1987
ISBN 3-906290-33-6 — 22.50